汤用彤先生编年事辑

赵建永 撰

中华书局

图书在版编目（CIP）数据

汤用彤先生编年事辑/赵建永撰. —北京:中华书局,2019.1
ISBN 978-7-101-12792-8

Ⅰ.汤… Ⅱ.赵… Ⅲ.汤用彤(1893～1964)-年谱
Ⅳ.K825.4

中国版本图书馆 CIP 数据核字(2017)第 220080 号

书　　名	汤用彤先生编年事辑
撰　　者	赵建永
责任编辑	刘　明
出版发行	中华书局
	(北京市丰台区太平桥西里 38 号　100073)
	http://www.zhbc.com.cn
	E-mail:zhbc@zhbc.com.cn
印　　刷	北京瑞古冠中印刷厂
版　　次	2019 年 1 月北京第 1 版
	2019 年 1 月北京第 1 次印刷
规　　格	开本/850×1168 毫米　1/32
	印张 14　插页 5　字数 350 千字
印　　数	1-3000 册
国际书号	ISBN 978-7-101-12792-8
定　　价	68.00 元

汤用彤先生（1893—1964）

青年时期的汤用彤先生

汤用彤先生与夫人张敬平（后排居左）、长子汤一雄（后排中间）、次子汤一介（前排居左）、幼女汤一平（前排居右）合影

任教西南联合大学时期的汤用彤先生

汤用彤先生为杨辛（左）、汤一介（中）授课

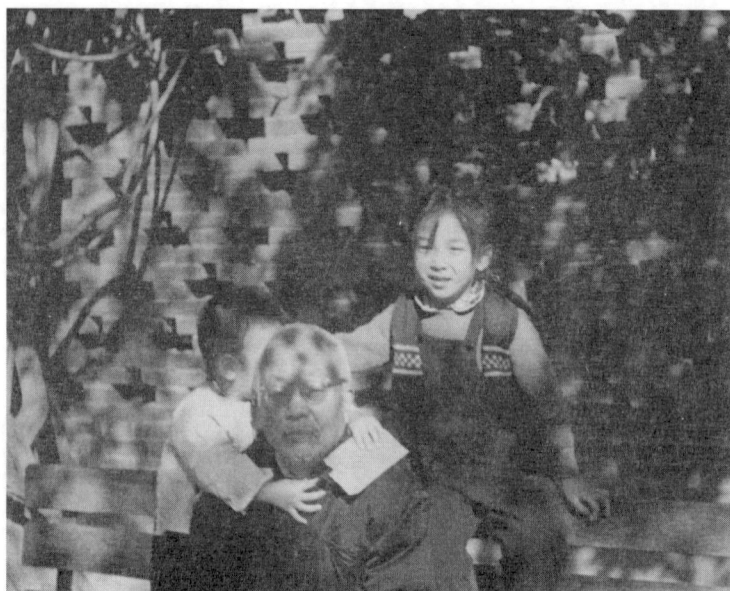

汤用彤先生与孙子（左）、孙女（右）

序

汤一介

近些年来，虽时有先父的选集、全集和评传出版，但一直缺乏一本权威的工具书式的编年事辑。赵建永博士十八年如一日，精心编撰的这本书，是第一部全面而详细地记述先父生平、学术、言行、事业及思想的编年体著作，也是中国学术史研究的重要成果。本书系从浩如烟海的各类史料里钩沉索隐、详考甄选而成，是涉足该领域的必读之作。

本书编撰采用资料性、学术性、传记性相统一的原则：以翔实可靠的历史文献为依据，大量使用手稿、档案等一手未刊材料；注意汲取国内外最新研究成果，并且经过研究考证有所发现和创新；写作上采用客观陈述的方法，辅以必要的考辨和评论。

本书以崭新的视角展现先父人生各阶段的风采：少时深厚家学渊源造就的扎实国学功底，青年时留学海外建功中华的雄心抱负，中年和晚年在西南联大等院校治学治校及其对北京大学学科、学风建设的奠定。尤其是先父贯穿一生的"事不避难、义不逃责"精神，为复兴中华和解决文明冲突而不懈探求；为维护民族尊严和推动现代化进程而热忱参与社会启蒙和改造；为北大复校鞠躬尽瘁，于危难中出任"老北大"的末任校长，领导北大度过新旧更替的过渡时期，成为"新北大"开山校长……我们从中可以清晰地看到一代人文宗师在专业领域里沉潜精进的身影，及其推进中国文化发展的平实足迹。

由于先父罕言往事,而前人对先父的记述也颇简略,所以他很多行迹已模糊不清。建永在全面掌握原始文献的基础上,结合调查访问等方法,从学术史的角度挖掘以往被遗忘的历史细节,重新考订先父的治学经历和一生事迹,订正了以往的诸多误记,力求呈现出更加清晰和准确的历史原貌。经过此番考察,先父的学行历程和思想分期已经基本得以厘清。

本书的显著特点,是材料详备,文笔谨严,且于细节考证之处颇见功力,堪称佳作。作者尽可能地搜集有关先父的资料,包括先父已刊、未刊著述及学界研究成果和各种记载,涉及各类原始材料数千万字。本书挖掘出来的大量史料系首次发表,不仅使先父的形象更加丰满,也纠正了一些以往似是而非的说法。比如,先父在顺天学堂、清华和哈佛就学始末的具体时间,在各地行止的年月等。先父到南开任教之年,通常的说法是 1926年。本书则根据先父的手稿,并结合哈佛大学白璧德档案等一手史料,考实先父是在 1925 年 8 月上旬抵达南开。又如,鉴于对先父主校北大期间的研究多有空白,建永专门查阅了数千份鲜为人知的北大档案,把此间主要活动一一理清。再如,先父早年发表《道德为立国之本议》、《论成周学礼》诸文和创办“天人学会”,对于文化启蒙和传统儒学现代转化的方向性意义,这都是人们以前不太了解的。诸如此类的新材料、新观点以及对旧材料的新诠释,在本书中比比皆是。

尚未收入现版《汤用彤全集》的各种遗稿,除我保藏的一部分外,还有不少散在四方。这类资料如不及时搜集整理,恐湮灭难补,更无法搜寻统览,所以建永一直在进行抢救工作。若无他苦心孤诣地汇总详载,很多珍贵的资料都难免散佚。这对学术史研究来说,是一项颇具创造性意义的工作。

建永善于搜集材料,其锲而不舍的精神更是难能可贵。例如:他为寻找先父与学衡派的材料而翻遍全部的《学衡》杂志。

为研究先父西学素养和学习经过，不仅通览先父外文手稿，还专赴收藏先父所有外文书的武汉大学，从哲学院资料室数万册书中逐一翻阅，鉴定出先父的全部外文藏书。为记述先父在某校工作的情形，就耐心遍查该单位的档案和出版物。为理清"哈佛三杰"、"岁寒三友"的学术互动，就遍阅陈寅恪、吴宓、钱穆和蒙文通等人的材料。而白璧德、兰曼、欧阳竟无、熊十力、冯友兰、梁漱溟、胡适、向达、任继愈、冯契、季羡林等先父师友和门生的有关史料，也在搜检之列。关于先父的一些佚文和佚事，建永知道的甚至比我还多。他长年沉浸书海，对学林掌故如数家珍，将现代学术谱系梳理得井井有条。

建永是汤学研究的领军者，在《汤用彤全集》的编纂中起了重要作用，并在《哲学研究》、《历史研究》等权威期刊发表大量相关论文。本书就是在此研究过程中日积月累著成的，既为他论文写作提供了坚实的资料基础，也与其博士后出站报告《汤用彤学术思想研究》形成彼此辉映的"双璧"，体现了论从史出的价值与魅力。本书不仅为学界更好地把握先父的生平和思想提供了一份学术精品，而且显示了新一代学者扎实的学风和学养。

总之，考镜源流，辨章学术，昌明国故，转化新知，让当代学人真正理解并接续前贤事业，要比流于空泛的"创新"更称得上是学术的进步。这部耗费多年心血完成的力作，发掘整理出许多宝贵的史料，初步解决了相关资料散漫匮乏的问题，为学界进一步研究奠定了基础，可谓汤学研究的里程碑。本书可信、可引、可学，希冀能为研讨先父的为人为学提供便利，也希望通过这一个案事例，有益于人们了解前辈学者的成长道路，进而推动中国学术的传承与发展。

2014 年 6 月于北京大学朗润园

目　录

汤用彤先生编年事辑卷一

（1893—1921）

1893 年（癸巳）　先生一岁

　　汤用彤先生光绪十九年阴历六月二十一日出生于甘肃省渭源县，字锡予。同年出生的中国杰出人物还有梁漱溟、张申府、顾颉刚、洪煨莲、范文澜、郭绍虞、毛泽东、顾祝同、宋庆龄、孙连仲、白崇禧、朱家骅、舒新城、阿炳、叶问、吕紫剑、杨虎城等。

　　先生原籍湖北省黄州府黄梅县孔垅镇汤大墩。汤门乃书香世家，名士辈出，家学渊源深厚。《汤氏宗谱》载其为商汤后裔，与"中国的莎翁"汤显祖同宗。黄梅的汤氏家族原居江西永丰，是当地名门望族，到了明朝中期已迁至湖北黄梅县孔垅镇东厢。先生的父亲汤霖（1850—1914），字雨三，号崇道，晚年号颐园老人；母亲梁氏（1850—1938）亦出同乡大族①。

　　《汤氏宗谱·学绩志》中说："（霖）同治十一年（1872）洪宗师科试取入县第一名。光绪元年（1875）王宗师科试考取一等三名，补廪；梁宗师科试考取一等第二名；高宗师科试考取一等第三名；张宗师岁科试均考取一等第一名。光绪乙亥（1875）、己卯

---

①黄梅梁氏族人梁萧先生对乡贤和近现代学人素有研究，为本书提供了不少相关史料，并校阅全书，谨此致谢！

（1879）、戊子（1888）科三膺房荐。己丑（1889）恩科中试举人，庚寅恩科会试，联捷进士，官知县。晚号颐园老人，两次丁艰，家居授徒，成材甚众。殁后，门人私谥元贞先生。"①

光绪十九年（1893）至光绪二十三年（1897），汤霖任兰州府渭源县知县。先生即出生在渭源县衙，并随父在此生活。汤霖是位有抱负和作为的清官，刚一上任就对当地民俗风情进行认真调研，革除陋习。《渭源风土调查录》谓其"名士风流，政尚平恕"，"民感其化，尽除险诈之风"，"在任善政甚多，邑人以汤青天呼之"②。他离任时万民送行，赠以"万民伞"。

汤霖平日谨遵家训，养成了勤政清廉的官风。据《莘夫赠公墓表》中说：他的母亲徐太夫人"性严肃，寡言笑，居家俭朴，事舅姑以孝，御下以恕。勖儿子居官以清、以慎、以勤"③。当时朝廷之制诰亦谓"徐氏乃同知衔甘肃碾伯县知县汤霖之母，淑慎其仪，柔嘉维则，宣训词于朝夕，不忘育子之勤"云云。对此汤一介先生认为："很可能是由于曾祖父母对祖父要求甚严，故祖父为官不敢不清廉也。"④汤一介先生家藏的《汤氏宗谱》中收录了汤霖的诗五首（多为应酬而写），文五篇，联语一，还有其门生的赞诗两首。

先生有一兄四姐，他排行最幼。长兄汤用彬（1876—1951），字冠愚，号颐公，晚号大林山人。他年长先生十七岁，自幼聪慧过人，很早就以诗文雄阔、学问渊深而誉驰乡校。

---

①汤一介：《我们三代人》，北京：中国大百科全书出版社 2016 年版，第5—6 页。
②文廷美纂，高光寿编：《渭源县风土调查录》，民国十六年（1927）铅印本，甘肃省图书馆藏，第 31 页。
③汤一介：《我们三代人》，第 11 页。
④汤一介：《我们三代人》，第 11 页。

1894 年（甲午） 先生二岁

《汤氏宗谱》收有汤霖《覆湖北巡抚曾中丞书》一通,从信中可知,汤霖本年回故乡黄梅守孝三年,先生跟随父亲同往。信开头说:"中丞太公祖,节前敬禀者:窃某承乏渭源,渥蒙培植,感恩知己,刻未能忘。月前接阅邸抄,欣悉宪台荣拜抚鄂之命,谨具手版申贺,乃蒙温谕下询,庄诵再三,殷拳恳挚,以为职系楚人,于楚中民情利弊,与夫官绅贤否,必能确有见闻,嘱密为申覆。仰见明公不弃,刍荛迄言,必察至意。伏思职庸腐书生耳,家世缥缃,距省窎远,为诸生时授徒讲学,课耕力田,从未干预外事。庚寅通籍来甘候铨,甲午丁艰回籍守制,在家授徒课子。"①该信祝贺曾铄担任湖北巡抚,并对湖北水利建设提出中肯建议。

1895 年（乙未） 先生三岁

本年,汤霖仍在黄梅守孝,在家授徒课子。

1896 年（丙申） 先生四岁

本年,汤霖仍在黄梅授徒课子。他素喜汉易,兼通佛学,亦深具文学修养。平时最爱吟诵具有浓郁忧国忧民意蕴的《桃花扇》之《哀江南》套曲和庾信的《哀江南赋》,常吟之终日,以寄其伤时之情。他在子女教育上颇为重视一个诗书之家应有的"家风",正如《哀江南赋》所云:"潘岳之文采,始述家风;陆机之词赋,先陈世德。"

先生幼时罕言语,貌似愚钝,但耳濡目染,本年一日忽模仿其父口吻,用湖北乡音一字不差地背出《哀江南》,父母甚为惊

①汤一介:《我们三代人》,第19页。

异。由此，他"幼承庭训，早览乙部"①，四岁便在父亲的书馆中
受教，逐渐对历史和佛教产生浓厚兴趣，承继了家传的佛学。先
生年长时，仍最喜欢用黄梅乡音吟诵《哀江南》和《哀江南赋》，
尤重承继"家风"，以至于汤家的子孙后代都能背诵这两首词赋，
此亦成为其家学之传统。

　　1942年，先生拿出庾信的《哀江南赋》让正在读中学的汤一
介先生看，并说："一个家族应该有家风，如果家风断了，那么这个
家族也就衰落了。"对于汤霖和先生为什么常吟诵《哀江南》和《哀
江南赋》，汤一介先生认为："我祖父是因为他看到清王朝大势已
去，而此对读书人说'立身行己'实是最为重要之问题。……(其
时)北京经八国联军之烧杀，残败之象毕露，正是清王朝将亡未亡
之前夕。我祖父其时还在北京，极思归田园居以终老，其痛苦心情
可想而知。父亲用彤先生也常吟诵《哀江南》和《哀江南赋》，我记

---

①先生早年所阅乙部史书对其文化保守主义思想的形成产生了决定性影
响，但他当年到底看过哪些史书，则尚无人论及。幸运的是，先生的藏书
由汤一介先生为后世保存下来。其中史籍甚丰，通过他所阅相关史书之
简目，可略知其心路成长历程之梗概：有《竹书统笺》、《逸周书》、《春秋
穀梁传记》、《左传事纬》(光绪戊寅本)、《越绝书》、《战国纪年》(道光戊
戌本)、《史记探源》、《史记天官书补目》(光绪十三年广雅丛书本)、《西
汉会要》(光绪甲午本)、《东汉会要》、《前汉书补注》(光绪王氏刊)、《后
汉书集解》(三十册，乙卯王氏刊)、《两汉三国学案》(龙溪精舍本)、《三
国志集解》、《补三国艺文志》、《晋书斠注》(六十册)、《晋略》(光绪二年
本)、《魏书》(明版残本)、《补宋书食货志》、《刑法志》(静常斋本)、《唐
书》、《南汉书》、《西夏纪事本末》(光绪乙酉本)、《宋史翼》(丁未本)、
《南宋书》(扫叶山房刊)、《宋元通鉴》(三十六册，文雅堂本)、《明史例
案》(嘉业堂刊)、《明季北略》(琉璃厂本)、《绎史》(四十八册，康熙九年
本)、《绎史补》、《百衲本已出十八史跋文汇刊》、《八史经籍志》(光绪本)、
《甲骨年表》、《历代史表》(光绪十九年古香阁本)、《震旦识略》、《通志》
(一百一十八册，乾隆十二年刊)、《通典》(四十册，同治十年学海堂刊)、
《钦定续通典》(四十册，武英殿刊)等。

得在抗日战争期间和抗战胜利后大打内战之时,几乎每天都可以听到他在无事之时用湖北乡音吟诵《哀江南》。其时也正处在'时势迁流,今后变幻不可测'之际,像我父亲这种知识分子的'忧患意识'大概深深地根植于其灵魂之中吧!"①

1897 年(丁酉) 先生五岁

本年,汤霖在故乡守孝期满后,带先生返回渭源任知县,并出任甘肃乡试考官。《汤氏宗谱·仕宦志》记载:汤霖此间"历充丁酉(1897)、壬寅(1902)、癸卯(1903)等科甘肃乡试同考官"②。

1898 年(戊戌) 先生六岁

本年,汤霖去职,到兰州,在西湖会馆课读士子,先生学于父亲所设之教馆。汤霖在维新变法失败之际丢官,此后数年未被任用,当因其与维新派多有牵连有关。

1899 年(己亥) 先生七岁

1900 年(庚子) 先生八岁

1901 年(辛丑) 先生九岁

1902 年(壬寅) 先生十岁

本年,汤霖再次出任甘肃乡试考官。汤用彬附贡生应光绪壬寅年顺天乡试,入京师大学堂译学馆。

①汤一介:《我们三代人》,第12—13页。
②汤一介:《我们三代人》,第22页。

1903 年(癸卯) 先生十一岁

本年,汤霖再任甘肃乡试考官。

1904 年(甲辰) 先生十二岁

本年,先生仍随父亲在甘肃。

1905 年(乙巳) 先生十三岁

9月,御史陈曾佑呈递《奏请变通学堂毕业奖励出身事宜折》,具陈八股之弊,新学之利,为新学鼓吹:"盖国家之所以广立学堂者,大旨有四:一教成人格,教育普及,则人人知人伦道德,而风俗纯;一教成国民,教育普及,则人人有政法思想,而国本强;一寓通国皆兵之意,小学普兴,则军人资格已具,而征兵之令可行;一寓富民足国之意,实业普兴,则民多才艺,而谋生之途较广。此四者,兴学之大旨也。是故兴学非尽为求官也。国家最利之事,在人人皆知求学,国家最不利之事,在人人皆思作官。人人皆知求学,则各谋其本业,而天下以安;人人皆思作官,则各忘本分,而侥幸奔竞之风作矣。"他还针对《奏定各学堂奖励章程》"学堂与仕进混合"、"所学非所用"的弊病,提出学生毕业只发文凭,不授实官[1]。此折交由政务处和管学大臣详议。汤霖的办学理念与此折主旨极为契合。先生后来对为学与为官的观点和态度可以溯源于此。

---

[1] 陈曾佑:《奏请变通学堂毕业奖励出身事宜折》,《光绪政要》卷三十一;亦见《申报》1905 年 8 月 27 日。陈曾佑(约 1870—1920),湖北黄州蕲水人,工诗,《虞渊集》、《晚晴簃诗汇》收其诗作。光绪十五年(1889)己丑科进士,次年入翰林,选庶吉士,授编修。1910 年,他在兰州筹办图书馆,于 1916 年 5 月正式开馆,定名为"甘肃公立图书馆",即今甘肃省图书馆的前身。

1906年(丙午)　先生十四岁

3月,汤霖与志同道合的故友陈曾佑等在兰州创办起甘肃优级师范学堂。该学堂规定修业期限为预科三年,本科二年。入学资格是贡生、生员、监生,由各府、州、县选送,名额为一百二十人。学堂监督为陈曾佑,教务长为甘肃人张林焱(翰林出身,曾官翰林院检讨),庶务长为汤霖和山东人郁华(举人)。教员有张焱(授历史)、郁华(授算学、图画、地理)、王泽闿(授理化)、李兴勇(授博物)、邵登凯(授算学)、邓宗(授教育、伦理、心理、英文)、谭其莊(授伦理、日文)、金常(授法制、理财)、文琳(旗人,授体操)等①。该学堂培养出了一批优秀学子,如西北史地学家张维②、教育家杨汉公、画家吴本钧等。

汤霖的学生江宁吴廷燮为《颐园老人生日讌游图》的题词中有"公茂志道,劬学毋缓……九夏师资,群伦效则"之语。汤霖弟子陈时隽1930年在对《颐园老人生日讌游图》题识的回忆中说:"师孳孳弗倦,日举中外学术治术源流变迁与夫古君子隐居行义,进退不失其正之故,指诲阐明,纤悉至尽。"可见汤霖当时对"新学"也颇为留心,也有认识,并持开放态度。他不仅办过新式学堂,也送先生兄弟进入新式学堂就读,这说明他看到了时世迁流之趋势。汤霖回北京后继续传道授业,弟子成材甚多。先生曾对汤一介先生说:"祖父(汤霖)对仕途并无多大兴趣,而对学

---

① 刘尊贤:《清末甘肃优级师范学堂》,《甘肃文史资料选辑》第十七辑,兰州:甘肃人民出版社1984年版。

② 张维(1889—1950),字维之,号鸿汀,甘肃临洮人。十三岁州试为诸生,复入甘肃优级师范学堂,毕业后,考取己酉科甘肃拔贡第三名,复试列二等第五名,授学部书记官。在甘肃长期从事文化教育及文史学术研究工作。他任甘肃省图书馆长时,购置图书万余册,并为编印藏书目录,又通函征访各省方志。

问颇有所求,对汉易有点研究,而无时间著述,深以为憾。这是因为他要为家庭糊口,而劳于吏事。"[1]

本年,章太炎在东京留学生欢迎会上演说,提出中国最紧要的两件事,一是"用宗教发起信心,增进国民的道德";二是"用国粹激动种性,增进爱国的热肠"。章太炎还发表《建立宗教论》(《民报》1906 年第 9 号),主张以佛教为基础建立无神无我的新宗教。先生一直对章氏著述相当关注,吸取其合理内核,并常与好友就其中理论缺陷提出质疑,展开讨论。

1907 年(丁未)　先生十五岁

先生 1914 年发表《惜庐笔记》回顾自己在大西北的生活环境时说:

余昔客陇者十余年,其地山川,别饶佳趣,人民恬愉无华,胸无机杼。今追维往事,亦多可记者。省治兰州,北带黄河,四面皆山,联舟为浮梁,北达白塔寺(明内监刘城建)之下,南对望河楼(在旧督署后)。原名镇远桥,齐世武所谓"天下第一桥"是也。合巨舟二十四,贯以铁索草缏,架以木梁,棚以木板,围以檐楯。两岸铁柱凡四,用支绳缏。桥长约百二十丈,冬季撤之,积冰厚逾数尺,轮蹄安济,以舟楫渡者无有。惟土人有以牛皮制囊,欲渡者卧囊中,驾囊者灌以气而束其口,踞其上浮游而过。事虽险顾,闿或有失,亦奇制也。

陕西邠州周太王旧居,其属明祖山麓。有水帘洞,玲珑可观,穴口泉泻如帘。岩石上刻石像甚夥,大小不一。明张金有《度水帘洞歌》摹画神似。像之最大者在大佛寺,旧名应福寺,又名庆寿寺。依山为洞,洞门高三丈,洞内坐像高

---

[1]汤一介:《我们三代人》,第147 页。

八丈五尺，两旁侍者亦高五六丈。座后出泉，上有层楼，楼亦高十余丈。洞内石上勒曰"唐贞观二年十一月十三日鄂国公尉迟敬德造"，然弗能详也。凉州至山丹道中，山岩上亦凿有佛像一，立而不坐，高六丈。宁夏城北，有卧佛，长亦数丈。相传西天四佛竞走，三佛力先竭，一遂止于山丹，一坐于邠州，一卧于宁夏。其一最捷足，直至燕西某府，始疲而立于其处，今其地亦有大佛像一云。①

值得注意的是，西北佛教文化对先生颇有影响。他后来在《汉魏两晋南北朝佛教史》里，对亲历的凉州等地作为佛教早期传播重镇的历史变迁，进行了详细考察。

兰州大学张书城教授撰文《与汤用彤先生认渭源同乡旧事》，记述了他解放前夕就读于北京大学哲学系时，与先生的交往。当先生得知张书城是渭源人时，深有感触地说："甘肃那个地方太好了！渭源那个地方太好了！那个地方的人太好了……"在与张书城的交谈中，先生询问了很多话题。先生还答应到兰州和渭源去讲学，到渭源看一看长育自己的故地。遗憾的是，由于时值战乱，通行非常困难，没能实现这一愿望②。

1908 年（戊申） 先生十六岁

本年，先生随父亲来到北京。他 1915 年发表《谈助》于《清华周刊》第 53 期，提到初来京城时的见闻："北京警政未兴以前，游民充斥，盗贼横行，时有掳人勒赎之事，命案常不得主名。盖前清八旗，类坐食口粮，每日携鸟臂雁，征逐郊市，未受教育，亦无职司，故恒流入匪党。余初到京之日，尚闻有一家七口，夜全为盗杀，人不知也。阅日，犬由窦中将人头出，邻右始知而鸣之

①汤用彤：《惜庐笔记》，《益智》第 2 卷第 3 期（1914 年）。
②据汤一介先生家藏文稿整理，时存北京大学燕南园。

官,然卒未得其究竟也。又某年有孝廉某入都就试,一日乘过市,忽有仆人急呼之为姑少爷,某惊问之。仆言某为其家主妇之婿,数年前与其妻反目外出,今始得见,力请言归。某亟言其误,仆谓其伪,劝之益亟。市人见之,亦以某乃不愿归,亦助仆。某初尚坚持,继闻其妇美,思一见而去。仆随至一宅,一老媪一少妇出迎,俱道相思,急设筵席使入座。某见妇美,不思去,留焉。妇力劝之饮,俄倾玉山颓,醒则已全身受缚。押至行刑处就戮,某心知其故,而中毒不能言,惟垂泪耳。时监斩官某,见其不类狱犯,又神色异常,就问之。某只以手作势,求笔墨,与之乃书其冤甚悉,遂见释。然法廷不敢索真犯,以案与某王公有关系也。盖王公之子弟犯杀人罪者,谳定,王公恒诱人于狱中互易之,执法者虽知之,然摄于王公势力不敢言。世情险戏,如是如是。"先生平素关心社会世情的习惯和小心谨慎的性格,盖由此耳闻目睹而养成。

本年,先生就学于北京顺天高等学堂,接受新式教育,除了上国文课外,还学习英文和数、理、化各科。先生在戊班,梁漱溟在丙班,张申府在丁班,李继侗与郑天挺在庚班,一个年级为一班[1]。他常与梁漱溟共读印度哲学之书与佛教典籍。梁漱溟当时名梁焕鼎,其回忆录中多次提及先生等昔日中学同窗。他1942年在《我的自学小史》中记述了该校的一般情况:

> 我于十四岁那一年(1906年)的夏天,考入"顺天中学堂"(地址在地安门外兵将局)。此虽不是北京最先成立的一间中学,却是与那最先成立的"五城中学堂"为兄弟者。"五城"指北京的城市;"顺天"指顺天府(京兆)。福建人陈璧,先为五城御史,创五城中学;后为顺天府尹,又设顺天中学。两个学堂的洋文总教习,同由王劭廉先生(天津人,与伍光建同留

————————

[1] 郑天挺在自传里曾提到这些同学。冯尔康、郑克晟编:《郑天挺学记》,北京:生活·读书·新知三联书店1991年版,第44、372页。

学英国海军)担任。汉文教习以福建人居多,例如五城以林纾(琴南)为主,我们则以一位跛腿陈先生(忘其名)为主。

当时以初设学校,学科程度无一定标准。许多小学比今日中学程度还高,而那时的中学与大学似亦颇难分别。我的同班同学竟有年纪长我近一倍者——我十四岁,他二十七岁。有好多同学虽与我们年纪小的同班受课,其实可以为我们的老师而有余。他们诗赋、古文词、四六骈体文都作得很好;进而讲求到"选学"——《昭明文选》。不过因为求出路(贡生、举人、进士)非经过学堂不可;有的机会凑巧得入大学,有的不巧就入中学了。

今日学术界知名之士,如张申府(崧年)、汤用彤(锡予)各位,皆是我的老同学。论年级,他们尚稍后于我;论年龄,则我们三人皆相同。我在我那班级上是年龄最小的。

当时学堂里读书,大半集中于英算两门。学生的精力和时间,都用在这上边。年长诸同学,很感觉费力;但我于此,亦曾实行过自学。[1]

顺天高等学堂前身是戊戌维新时期就开始筹设的顺天府中学堂,办学资金充裕。在金台书院原先每年3500两白银经费的基础上,又增拨8500两,作为学堂经费。学堂每年招收的学生定额为60人,以本地为主,并从全国各地选拔优秀生源。为让学生能专心读书,学堂不收学费,还按月发给膏火银(即灯油费,指求学费用)养家。学堂初办就聘中、西文教习各两人,分别传授学生"经史及一切经世之学"和"西国语言文字及艺政算学各书"[2]。

---

[1] 梁漱溟:《我的自学小史》,《梁漱溟全集》,济南:山东人民出版社1990年版,第676—677页。
[2] 朱有瓛主编:《中国近代学制史料》第一辑下册,上海:华东师范大学出版社1983年版,第754—755页。

关于先生在顺天高等学堂的起止时间，学界说法不一。综合先生自述及其同学、弟子以及《清华大学史料选编》等文献记载，当以 1908 年至 1911 年之间在顺天高等学堂最为确切。先生解放初的一篇讲话稿说自己"从前清光绪年间（1875—1908）就到北京上学"[1]。这表明先生至迟在光绪末年即 1908 年就已入学。而先生在哈佛大学硕士学位的申请表[2]中填写的入学日期为 1909 年。这种自相矛盾的现象，从学堂对入学年龄的限制中或可得到解答。当时顺天府从所属的 24 个州县推荐考录十六岁至二十四岁的廪、增、附生。先生 1908 年时不满十六岁。由此不难理解填成 1909 年的缘故。郑天挺、任继愈都说先生是 1908 年入学。郑天挺是先生当年的校友，任继愈则长期做先生的助手，先生晚年曾委托任继愈为自己撰写墓志铭，故他们的说法自有依据。

时人以为反传统就是属于进步和科学，把体现了传统道德的理学视为糟粕。加之对进化观的庸俗理解，遂使人在未深刻认识传统前便已有先入为主的偏见。这都妨碍了对理学的客观评价。先生起初亦受其影响，他说："于是，见不合时宜者恶之，见不同流俗者恶之，见理学先生则尤恶之。自入京师，即遇某理学先生，亦与同侪大斥之者屡。"但认真研习理学后，先生的思想发生了根本转变："在校无事时，偶手翻理学书，初格格不相入，然久之而目熟焉，知有所谓理，所谓性矣。复次而知程朱陆王矣，复次而溺于理学之渊矣。"[3]

---

① 该手稿未刊，本书写作时存北京大学燕南园。
② 由林伟博士于哈佛大学图书馆查找提供，档案号：Student Folder, Harvard University Archives, UAV 161. 201. 10 Box 105。
③ 汤用彤：《理学谵言》，《汤用彤全集》第 5 卷，石家庄：河北人民出版社 2000 年版，第 3 页。

1909 年（己酉） 先生十七岁

1910 年（庚戌） 先生十八岁

1911 年（辛亥） 先生十九岁

2 月，清华学堂通过考试录取了第二格学生 141 人。其中正取 116 人，备取 25 人。先生属于 116 名正取的第二格学生。

3 月 19 日，先生与吴宓分别从北京顺天学堂、西安宏道学堂入学刚成立的清华学堂中等科。两人性情虽异但志趣相近，意气相投，很快结为契友。当时该校为八年制留美预备学校，其学制、教材、师资多采自美国，毕业生可直接进入美国各大学三年级。

6 月 13 日，先生兄弟与父亲门生二十余人于北京万牲园（今北京动物园）为汤霖庆贺六十一岁寿辰，当时汤霖门人、固原画家吴本钧绘有长卷《颐园老人生日谯游图》纪此盛况。

6 月 25 日，汤霖为《颐园老人生日谯游图》所题五百余字的跋文，字字珠玑，凝铸了汤氏家训门风的精神内核，可以说是他留下的最有思想价值之遗产。

鉴于汤霖的诗文大多散佚，《颐园老人生日谯游图》题跋以往基本上是节选发表，且现行有关先生家学渊源的著述，对此多系辗转引用而生错讹。今据汤府家藏原件，分段标点，全录于下：

> 右图为门人固原吴本钧所绘。盖余生于道光庚戌年，至今年辛亥，岁星之周，复逾一岁。门人之宦京者怂儿辈，将于余生日置酒为寿。余力尼之，陈生时隽谓余："先生恒言京师危桌不可居，行将归隐，嗣后安能如长安辐辏，常集处耶？京师旧三贝子花园，今改农事试验场，于先生生日为长日之游，澌世俗繁缛之仪文，留师友追陪之嘉话，不亦可

乎?"余无以却之,乃于六月十三日为游园会。游既毕,吴生追作此图。

余维人生世间,如白驹过隙,寿之修短,复何足言。但受中生而为人,又首四民而为士,有所责不可逃也,有所事不可废也。余自念六十年来,始则困于举业,终乃劳于吏事。盖自胜衣①以后,迄无一息之安。诸生创为斯游,将以娱乐我乎? 余又内惭,穷年矻矻,学不足以成名,宦不足以立业,虽逾中寿,宁足欣乎? 虽然,事不避难,义不逃责,素位而行,随适而安,固吾人立身行己之大要也。时势迁流,今后变幻不可测。要当静以应之,徐以俟之;毋戚戚于功名,毋孜孜于逸乐。然则兹游也,固可收旧学商量之益,兼留为他日讠念之券。抑余身离国都前,所愿诏示诸生者,盖尽于此。

是役从游者,固原吴本钧,印江陈时隽,南昌黄云冕,德化徐安石,湖口刘太梅,乐安秦锡铭,蕲州童德禧,黟县舒孝光、舒龙章,同里邢骐、石山佀,外甥赵一鹤,婿项彦端,及儿子用彬、用彤,外孙邢文源、又源,孙一清,孙女一贞等,都二十余人。

宣统三年六月廿五日颐园老人汤霖记

《颐园老人生日谦游图》题跋全文按内容可分为三部分,先介绍游园祝寿缘起,再自述平生志业及其对时局变迁的认识和态度,最后记录同游人员。这篇跋文高度概括了汤霖融合儒道精义的为人为学大要,足能透显出他做人处世之宗旨,亦为汤氏家风奠定了基调。

"事不避难,义不逃责",是汤氏三代学人终生奉行的座右铭,亦可谓中国传统知识分子的风骨。经汤霖传下来的这种家

---

① "胜衣"谓少儿稍长,能穿起成人的衣服。

风,表现了"士"之担当与儒家气概,深刻影响了用彤先生一生,也同样影响着汤一介先生的立身行事。

10月10日,武昌新军起义,辛亥革命爆发。"以天下为己任"的汤霖在此前不久的《颐园老人生日谦游图》题跋中流露了他对时局的深切关注与深刻洞察。世事的发展正如他所预见的"时势迁流,今后变幻不可测"。此前一年,汤霖在《与连方伯书》中也说:"京师尘俗,时局奇变。抉伍胥之目,不可以五稔;化苌弘之血,奚待于三祀。投老穷居,不与人事,宁可自投浊流乎!"①这说明他已深知清廷危局无可挽救,就像他时常吟诵的《桃花扇·哀江南》中所说"眼见它起朱楼,眼见它宴宾客,眼见它楼塌了"的情形。他期望子弟"静以应之,徐以俟之","毋戚戚于功名,毋孜孜于逸乐",意为在当时复杂环境下,应静观变局,审时度势再决定出处;既不要急于追逐功名利禄,也不要沉迷于逸乐而消磨意志,当以进德修业为务。

汤霖是典型的中国传统士人,希望为国为民立德立功立言,因此其跋中说"有所责不可逃也,有所事不可废也"。他虽并不在意"寿之修短",但仍以未能建业立言为憾。在汤一介先生心目中:"我父亲在'毋戚戚于功名,毋孜孜于逸乐'这点上或颇受祖父之影响。除了这卷《颐园老人生日谦游图》之外,我再没找到任何一件祖父留下来的东西,而父亲为什么珍藏此图,而父亲又把它交给了我,大概正是因为父亲参加了这次游园,而且深深记住了'毋戚戚于功名,毋孜孜于逸乐'吧!"②

汤霖在跋中对同游者说,希望通过这次聚会,"收旧学商量之益,兼留为他日请念之券"。汤霖无意于"功名",但很留意"中外学术治术的源流变迁兴失"。汤一介先生认为:"这也许是祖父为

①汤霖:《与连方伯书》,《汤氏宗谱》,藏湖北黄梅汤用彤纪念馆。
②汤一介:《我们三代人》,第13页。

什么要把我伯父汤用彬和我父亲都送入新式学堂,而希望他们在'学问'上有所成就之原因。但我祖父却不希望他们从政……希望他们都能在'学问'上有成,以补其'学不足以成名'之憾。"①在"学问"之道上,先生和汤一介先生都未辜负汤霖的期望。

先生在回忆父亲时说:"先父雨三公教人,虽谆谆于立身行己之大端,而启发愚蒙则常述前言往行以相告诫。彤稍长,寄心于玄远之学,居恒爱读内典。顾亦颇喜疏寻往古思想之脉络、宗派之变迁。"②跋中汤霖明确说其"立身行己之大要",即"事不避难,义不逃责,素位而行,随适而安"。先生之所以走上学衡派"昌明国粹,融化新知"的新人文主义道路,与其诗书济世的家庭教育背景密不可分,他对历史文化的认识和为人处事都深受其家风之影响。

张伯苓时任清华教务长兼南开中学堂监督,他常在清华食堂发表演说,给同学们留下了"和蔼明通"的印象③。这是先生与张伯苓的最早接触。

自本年始,先生进入清华国文特别班研习国文典籍。据吴

①汤一介:《我们三代人》,第147页。汤一介先生还认为:"据我所知,父亲和伯父汤用彬虽无什么表面上的矛盾与冲突,但他们的关系并不密切,或者是由于我父亲认为我伯父没有按照祖父的意愿在'学问'上下功夫,而对作官颇有兴趣,而在感情上有着隔膜。……抗日战争前,伯父在北平与亲日派过往甚密,对此父亲颇有微辞。抗战中,伯父留北平,曾任北平市府秘书主任,与日本人也有不少来往,我见他的卧室中摆有一日本美女照片,上题有日本人的题词:'三人成众,三女为姦。'后由其在大后方子女之压力,辞任伪职,闲居北平,至抗战胜利后,于1946年底回归故里湖北黄梅。现我藏有伯父手写稿本一册。从这里看,我父亲和伯父走的是两条不同道路。"
②汤用彤:《汉魏两晋南北朝佛教史》,《汤用彤全集》第1卷,第655页。
③吴宓:《吴宓日记》第1册,北京:生活·读书·新知三联书店1998年版,第124、127页。

宓记载：

> 1911 至 1913 年，清华学校把国文较好，爱读国学书籍的学生七八人选出，特开一班，派学问渊博、有资格、有名望的国文教员姚茫父、饶麓樵诸先生来讲授。此特别班的学生，有何传骢（高等科）；有刘朴、汤用彤、吴宓、闻多（字一多）等……于是互相督促、切磋、共同勤读。①

先生于 1957 年把清末民初这一时期对比建国初期的发展时说：

> 我所知道的旧中国的兵士是衰老的、压迫人民的绿营兵，而现在新中国的军队是掌握了世界先进军事技术的人民自己的军队。我那时看到的工人是被帝国主义压榨的苦力，而现在则是做了国家主人的工人阶级。我们的农民正在摆脱贫困愚昧的状态，而将全变为丰衣足食的、有文化有教育的、先进的集体农民。我少年时代亲眼看到张之洞的新政不过是办一些针钉的工厂，而现在我们已经能够制造喷气式飞机、火车头、汽车和轮船。在前清末到民初我在清华学校前后学习了八年，那时学生生活与现在学生生活真有天渊之别，那些由外国招来的成绩很差的二十多岁的洋鬼子在学校里就是太上皇。他们课讲不了，反而把中国的教务长赶跑了。学生因为吃的太坏而对学校抗议，反而被开除了九个人。我家住在城里东城，那时没有汽车、电车等交通工具，洋车又坐不起，回家当日往返须步行六七十里……②

---

① 吴宓 1970 年 3 月 30 日交代稿，转引自吴学昭：《吴宓与汤用彤》，汤一介编：《国故新知：中国文化的再诠释——汤用彤先生诞辰百周年纪念论文集》，北京：北京大学出版社 1993 年版，第 22 页。

② 汤用彤：《实事求是，分清是非》，《人民日报》1957 年 5 月 26 日第 7 版。

　　先生在 1951 年所写的一份"思想检查"中说:我具有严重的自私自利的名位主义的思想,早在幼年时代便开始有了。我的父亲是士大夫阶层,也夹着一点新思想。他希望我好好读书,他在那个时代更希望我中西兼通,好出人头地,……使我自私自利的名位思想打下了基础。""后来我父亲为了要特别培养我,叫我从甘肃来到北京新式学堂。不久我就入了清华学校,开始接受资产阶级教育。"①先生检讨自己青少年时"名位"思想的表现时说:

　　　　比如作文,别人作得很长,我故意作得很短,因为短就容易精练,这样可以博得先生的称赞;在黑板上做算学练习题,我故意演得很快,目的是要大家佩服我的本领,在这样的场合我的心里都觉得洋洋得意。这一种自私自利的虚荣心理,当时学校自然不能纠正我。相反的,这种资产阶级学校教育,是自私自利为中心的,正好助长了我的个人名位思想。虽然表面上,我自负有救人救世的志愿,实则是十足为个人自私自利的名位打算。虽然我那时自己以为具有爱国家、爱民族的热情,但入了这一个留美预备学校已经甘心被培养为帝国主义的奴才。基本上是不认识什么是人民的立场,什么是民族的立场。②

　　汤一介先生认为,以上"自我检查",除了用彤先生自带了一

---

①汤一介:《我们三代人》,第147页。

②汤一介:《我们三代人》,第 148 页。这份材料是由先生口述、汤一介先生的堂姐夫衷俊笔录的,其中还有多处先生亲自修改的笔迹。"检查"材料共 8 页,没有标题和日期,从内容看,应是在他卸任北大校委会主席,改任北大副校长不久。这份"检查"大体上可分三部分:所受家庭影响,所受资产阶级思想影响,任职北大期间的种种错误。总之,他自认为受到资产阶级思想严重影响,而又以他接受的资产阶级思想毒害了青年。参见汤一介:《我们三代人》,第 146—155 页。

些不必要的大帽子外,大体上是实话,这可以说明几个问题:"为什么用彤先生的检查中用'名位思想'而不用'名利思想',也许他是有所考虑的。因为,有一部分中国知识分子追求的是在社会上出名和有社会地位,而不是为了金钱和权力。我想,我父亲注意的正是追求在社会上名誉和有地位。……用彤先生检查说他的'爱国家爱民族'、'救世救人的愿望'背后存在着'自私自利'的'名位思想',并给自己戴上'资产阶级'的帽子,在当时他这样说也不是故意做作,而是认为自己的那些'爱国家爱民族'、'救世救人的愿望'并没有能使'中国人民站起来',而有着一种'负疚'感。基于此,用彤先生给自己戴上一顶'资产阶级'的帽子应是真诚的。但是,我认为他对什么是'资产阶级'、什么是'无产阶级'的了解也是表面的,只是随着当时的形势而作的'必要'的检查吧!"①

1912 年(壬子) 先生二十岁

5 月,清华学堂重新开学,11 月改名清华学校。有关传记常误为先生辛亥革命后入清华学校。

暑假,先生与吴宓为阐发他们的人生道德理想,合著长篇章回体小说《崆峒片羽录》,据《吴宓日记》载:

8 月 4 日,"晚,及汤君用彤议著一长篇章回体小说,议决,明日着手编辑"②。

8 月 5 日,"与汤君议著小说事,定名为《崆峒片羽录》,全书三十回,因先拟定前十五回之内容。午后余为缘起首回,汤君则为第一回,未成而一日已尽矣"③。

---

①汤一介:《我们三代人》,第 148—149 页。
②吴宓:《吴宓日记》第 1 册,第 255 页。
③吴宓:《吴宓日记》第 1 册,第 255 页。

8月6日,"是日上午,余缘起首回告成。汤君之第一回至晚亦竣。每回十页,以后作法皆由余等二人共拟大纲,然后由汤君著笔编述,然后余为之润词。于是数日来,遂纯以此为二人之事业云"。①

8月7日,"是日为《崆峒片羽录》第二回,成"②。

8月8日,"是日为《崆峒片羽录》第三回,几于成矣"③。

全书拟撰三十回,只完成了缘起回及前三回(3万余字)。楔子为吴宓撰作,略仿韩愈《毛颖传》(韩愈此文将毛笔比拟为将军毛颖),借对于书写工具毛笔的议论,以说明著作小说之原理及方法。以下则由他们共拟大纲,再由先生执笔,吴宓润色。全书大旨,在写先生与吴宓"二人之经历,及对于人生道德之感想。书中主人,为黄毅兄弟及其妹黄英,皆理想人物"④。此稿从未刊布,吴宓于1923年10月由南京鼓楼北二条巷移寓保泰街时,被家人遗失。为此吴宓常深感痛心与遗憾,他1926年12月在自己的小说《如是我闻》跋中说:"每一念及,极为痛恨。盖少年心境,创作始基,终无由得见。其损失岂仅千金而已哉。"⑤

《崆峒片羽录》现仅残存部分回目:第一回:小学子味理解谈经,侠男儿拯溺独贾勇;第二回:乌水黔山初浮宦海,黄笏白简终误鹏程;第四回:燃春灯老制军陶情,捷秋闱小书生感遇。其余回目均佚。吴宓在西南联大时曾说,小说中主人公的籍贯是贵州修文,因为他与先生觉得修文两个字非常好。而王阳明在流

---

① 吴宓:《吴宓日记》第1册,第255—256页。

② 吴宓:《吴宓日记》第1册,第256页。

③ 吴宓:《吴宓日记》第1册,第256页。

④ 转引自吴学昭:《吴宓与汤用彤》,汤一介编:《国故新知:中国文化的再诠释——汤用彤先生诞辰百周年纪念论文集》,第23页。

⑤ 转引自吴学昭:《吴宓与汤用彤》,汤一介编:《国故新知:中国文化的再诠释——汤用彤先生诞辰百周年纪念论文集》,第23页。

放中悟道的龙场驿,就在修文县。这部小说反映了先生与吴宓早年共同的道德救世理想。随后,先生与吴宓不满足于创作小说来阐发人生感想,进而组织学会,联合志同道合之友,共同推行其理想事业。

本年,先生回故乡黄梅探亲。1915 年他发表《谈助》于《清华周刊》第 53 期,提到这次回乡观感:

> 诸葛武侯木牛流马之制,书虽传其大概,然失其秘诀。海禁初开时,吾乡某君见钟表之构造,而做成小型之木牛流马,亦称便利。此君并非精于数算物理,乃全赖脑力,故不久心力用尽而早死。使彼能得研究于今日学堂,当大有成就也。惜哉!闻君尝做小汽舟一,游行水器内颇速云。交通机关,各国奖励,不遗余力。非仅以其可发达工商业,非仅以其有军事上价值,实亦以其具教育上功效。中国交通不便,人民老死乡里,异方风俗人情,不但未见,抑且罕闻,固陋蔽塞,迷信由是而起,阻力由之而生。吾乡南滨大江,交通颇便。当摄影术初传至东方,某君曾去携摄影器一,为乡人摄影。乡人大恐,以为说部上之捉魂袋云。三年前余在家,遇一老者,彼知余自北京来。悻然问曰:"闻北京人杀鸡不以刀,实以绳断其颈有之乎?"又并问他事甚多,皆远于实情。此处地犹然,则西北诸省可知。近数年南北交通日繁,乡人之误会渐少,此则交通效力已著矣。

1913 年(癸丑) 先生二十一岁

本年,吴宓赠先生七言律诗《示锡予》:

> 风霜廿载感时迁,憔悴潘郎发白先。
> 心冷不为尘世热,泪多思向古人涟。
> 茫茫苦海尝忧乐,滚滚横流笑蚁膻。

醉舞哀歌咸底事,沧桑砥柱励他年。①

由此诗可遥想先生当年忧国忧民,伤今吊古,年方二十已华发早生。特立独行的他追踪先贤,以出世之心行入世之事,力图唤醒醉生梦死的众生,并与吴宓立志发愿,以延续文化命脉相勉。吴宓三次作诗赠先生,充分表现了他们的友谊和以天下为怀的使命感。

清华唐国安、周诒春相继掌校期间(1912—1913 年;1913—1918 年)是校务扩展、校风形成的重要时期。他们将耶鲁大学严谨求实、认真负责、处事条理、决不懈怠等精神带进清华。先生深受其益,在清华打下了扎实的国学和西方语言、科学等西学基础。

本年,先生于清华学校学完中等科,接着读高等科(1913—1917 年)。他所修课程除国文与英文贯穿始终外,还包括法语、德语、拉丁文、化学、物理、数学、高等几何、心理学、历史、体育、音乐、国际法等。

1914 年(甲寅)　先生二十二岁

3 月 13 日,吴宓对先生谈志向谓:

> 拟联络同志诸人,开一学社,造成一种学说,专以提倡道德、扶持社会为旨呼号。有济则为日本之福泽谕吉、美之佛兰克林;即不济者,使国亡种衰之后,世界史上尚得留一纪念,谓神州古国当其末季、风雨如晦之中,尚有此三数人者,期期于道义文章,则尚为不幸中之小幸耳。至进行之法,则发刊杂志多种,并设印刷厂,取中国古书全体校印一过,并取外国佳书尽数翻译,期成学术文章之大观,而于国

---

①吴宓:《吴宓诗集》,北京:商务印书馆 2004 年版,第 39 页。

家精神之前途,亦不无小补;而尤要之事则社友均当实行完全之道德,期为世之修学者、营业者树一模范,使知躬行道德未尽无用,且终致最后之成功,或者道可光明、俗可变易,则区区百年之志也。①

3月24日,先生的一篇文章发表于《清华周报》创刊号。《吴宓日记》记载:"是日本校政府公报《清华周报》第1号出版,虽有名言(锡予作),然皆铺张扬厉、歌功颂德之文也。"②《清华周报》是《清华周刊》前身,是由清华学生主编的校刊,是研究清华校史和中国人留学美国史的重要资料。可惜清华大学等地图书馆失收《清华周报》创刊号。

4月6日夜,先生与吴宓讨论起国亡时"吾辈将何作"的沉重话题。吴宓说:"上则杀身成仁,轰轰烈烈为节义死,下则削发空门遁迹山林,以诗味禅理了此余生。如是而已。"先生则谓:"国亡之后不必死,而有二事可为:其小者,则以武力图恢复;其大者,则肆力学问,以绝大之魄力,用我国五千年之精神文明,创出一种极有势力之新宗教或新学说,使中国之形式虽亡,而中国之精神、之灵魂永久长存宇宙,则中国不幸后之大幸也。"③此言令吴宓感到自己的境界还须提升,预为修养浩然之勇气,以图死节于亡国之后。

9月至次年1月,先生在《清华周刊》第13—29期连续17期发表的《理学赘言》(2.3万字),体现出他力图熔铸古今中西道德文明的初步尝试。用"赘言"(病中胡言)作标题,与时人非难传统有关。在反传统思潮弥漫之时,要为理学正名,不能不顾虑时尚所趋,故先生言:"我虽非世人所恶之理学先生者,然心有所

①吴宓:《吴宓日记》第1册,第312页。
②吴宓:《吴宓日记》第1册,第320页。原有着重号。
③吴宓:《吴宓日记》第1册,第331页。

见,不敢不言,以蕲见救于万一,于是擅论古人,著其语之有合于今日、尤有益于侪者于篇。"

《理学谵言》分"阐王"、"进朱"和"申论"三部分,分别对王阳明的知行合一、致良知、存养省察、克欲制情、克己改过、格物和朱熹的性理本体、天理人欲、主敬穷理、反躬实践进行阐释,均明其得失,详其利害,并针对时弊而发,探寻理学现代意义的用心跃然纸上。后世或黜王而推朱,或弃朱而言王,各有其所见,各行其所是。先生辨朱王之异同,不泥前说,而以为"朱子之学非支离迂阔者"。然就社会功用而言,先生反对"称王学而弃朱子",认为社会之病"以王学治之,犹水济水,不如行平正之学为得,此余阐王进朱子之微意也"。他提出:"阳明之于朱子实亦力为推许,力为辩护。""朱子论心性之处,陈言甚高,比之阳明之良知说甚同。"朱子乃惧专任天性之不足,"进以穷理思精,而人以为破碎矣"。

先生把对传统理学与现实问题的思考结合起来,强调当时盲目追求西化的迷失及中国传统断绝的危险,将时弊总结为"风俗弊趋于浮嚣","人心流于放荡","逾闲破矩而不加检束",导致盲从"不法律之自由,不道德之平等"。他对此有感而发:"时至今日,上无礼下无学,朝无鲠直之臣,野无守正之士,加以西风东渐,数千年之藩篱几破坏于一旦,而自由平等之说哄动天下之人心,旧学既衰,新学不明,青黄不接,岌岌可危。噫,伏生之不作,谁抱遗经? 孟子之不出,胡闻圣道? 潮流荡漾,水生黑海之波;风云变幻,雨洒西方之粟。名世者之不出,苍生益陷于涂炭。于是乃风俗猖披,人情诡诡。奸伪阴险,书尽南山之竹;暴戾恣睢,洗秽东海之波。"他提出理学是"中国之良药也,中国之针砭也,中国四千年之真文化真精神也",为补偏救弊之良药和驱浮去嚣的实学。

该文发表于第一次世界大战爆发后两个月,他尖锐地指出:"试问今日之精械利兵足以救国乎? 则奥塞战争,六强国悉受其病",认为国人应该从中吸取教训,应知科学如"无坚固之良知盾其后,适足为亡国之利器也",因此,他确信"国之强系于民德,而不系于民智。人心不良,理化者适助其日日制杀人之具,算数适增其机械计谋之毒"。青年仅"受教育而无道德,则危险异常",因为"知识愈广人欲愈滋,才力愈多而天理愈蔽。……泰西各国物质文明达于极点,而道德遂不免缺乏,近年以还,彼邦人士群相警戒,极力欲发达心理文明,且谓我国之真文化确优于其国,盖我国民性和平温厚,实胎酝自数千年也。顾我国学者,不知本末,无烛远之眼光,心羡今日之富强,而不为将来之长治久安计,不亦惑乎?盍也反其本耶?"

《理学谰言》认为引介西方文化应当注意中国国情,尤其是国民心理的特点:"吾国于世界上号称开化最早,文化学术均为本国之产,毫不假外求,即或外力内渐,吾国民亦常以本国之精神使之同化,而理学尤见吾国之特性。"但时人却偏于表面,"无深入之理想,取毛取皮而不究其根源,即如今日国学之不振,亦未尝非由于此病"。他分析原因说:"自西化东渐,吾国士夫震焉不察,昧于西学之真谛,忽于国学之精神,遂神圣欧美,顶礼欧学,以为凡事今长于古,而西优于中,数典忘祖,莫此为甚,则奴吾人、奴吾国并奴我国之精神矣。是非不明,理势之又一大病耶!知其病则宜常以心目共同观察,遇事遇物随地留心,精于锻制,工于取法,若此则全为朱子穷理之学。故治朱子穷理之学者,后日成功之张本也。"

《理学谰言》最后呼吁:"今也时当春令,为一岁之首,送尽严冬,催残腊鼓。是时也,诸君类当有一岁之新猷新谋,而于身心之际,尤当首加以省察。固不必朱子,不必阳明,而要以道德为指归,以正确之目光、坚强之心胸为准的,树德务滋,除恶务尽,自强自胜,则虽未学晦庵、阳明之学,亦实晦庵、阳明之所许也。记者之作《理学谰言》,亦非欲人人从二人之学,实仅欲明道德之要。"

9月至10月，先生所撰短篇纪实小说《孤鳌泣》，连载于《清华周刊》第13、15、16期。

10月，先生发表《理论之功用》于《清华周刊》第15期。

11月，先生在《清华周刊》第20期发表《新不朽论》，立论以为："如能发明药品，能去人身自发之毒，则人必可不死，是身体不朽，亦非不可见之事实，惟在此药品之发明耳。""然若能有法去此毒，死亦可逃，古之所谓长生药者，无乃指药能去此毒者而言耶？"该文结合当时科学前沿成果，重新诠释和转化了道家"长生药"的现代意义，表达了他对以现代科学手段实现生命不朽的期待。

12月至次年1月，先生连载《植物之心理》于《清华周刊》第27—29期。他引证现代科学发现，对亚里士多德所谓"动植物俱有灵魂，惟植物无感觉"旧说做出全新的诠释："在动物能受刺戟而动，则谓之为有知觉。夫植物固亦然，胡为谓之无知觉耶？人恒以他人为有知者，因见其言语动作一如己也。然二者动作尤为知觉强健之证据，故下等动物能动、能适其生存，则谓之有知觉也，而于植物何以又否也？是真大惑不解矣！故吾人已知植物与动物亦有心理之知觉，知刺戟、知运动，不过知觉极简单耳。以后之发明，或可证明植物有思想、有感情、有意思，亦未可定。"现代的科学实验已经部分证明了先生早年的这些科学假想。

本年，先生担任清华学校达德学会刊物《益智》的总编辑。《益智》杂志是清华学校达德学会的会刊，梁启超题字，栏目有"文篇"、"诗词"等，多用文言。达德学会由达德励志会和益智学会于1913年4月合并而成，是清华早期最主要的社团之一，宗旨为养成德智体三育兼优的完全人格。

本年，先生发表《惜庐笔记》于《益智》第2卷第3期。

本年，先生发表于《益智》杂志第2卷第4期"文篇"栏目的

《道德为立国之本议》是现知他最早的学术论文。文章以为道德人格的确立是立身行事乃至治国安邦的根本所在，注重个人道德修养与国家盛衰的关系，认为道德危机比国家危机更为紧要，主张家国盛衰，世运进退，皆以道德水准高低为枢机，并试图通过建构道德人格来改良世道人心，以挽救国家危机。在如何确立"道德人格"这一主调下，他从外来文化中国化的角度重点论述了新旧关系、家族主义与国家主义的关系、自由思想在中国传播过程中的异化、道德立国还是宗教立国等时代关键问题。

1915 年（乙卯）　先生二十三岁

2 月 24 日，先生与吴宓谈到献身中国文化要从办杂志入手："他日行事，拟以印刷杂志业，为入手之举。而后造成一是学说，发挥国有文明，沟通东西事理，以熔铸风俗、改进道德、引导社会。虽成功不敢期，窃愿常自勉也。"①乐黛云教授据此推断，这就是后来《学衡》杂志所标举的"昌明国粹，融化新知"的最早提法，可见创办《学衡》杂志的理想早有酝酿②。

2 月，先生于《清华周刊》第 30、31 期发表《快乐与痛苦》，此篇为未完稿。他指出：

> 圣哲之创学说宗教也，无不注意苦乐。孔孟之教以苦乐为警钟，所谓生于忧患死于安乐也；佛陀之教以苦乐为尘俗，所谓妄生分别，都无色相也。若西洋之哲学家更有乐利主义，或以苦为进德之媒，或以乐为得道之机要，其旨归无非欲脱苦乐之束缚，或利用之以造福社会耳。今日士大夫之论中国人也，或曰无爱国心，或曰无群性。所谓不爱国

①吴宓：《吴宓日记》第 1 册，第 410 页。原有着重号。
②乐黛云：《汤用彤与〈学衡〉杂志》，汤一介、赵建永编：《汤用彤学记》，北京：生活·读书·新知三联书店 2011 年版，第 146、147 页。

者,自私自利一己之祸福,昧其良知也。所谓无群性者,谋生自顾,重个人之忧乐,则不暇谋及社会也。论者有谓中国之腐败贫弱,由于遍国门户墙壁之所大书,童孺妇女之所咸识之"福"字,其语妙天下,耐人寻味矣。故欲救中国,欲救中国之民德,无他,即破除快乐与痛苦之观念是也。

4月1日,吴宓在日记中写道:"尝语锡予,旧曾约,数十年后,互作行传诔志。盖惟知之深,始能言之切也。而近日名流挽麦君孺博诗联,其述麦君性情等,均似为吾等写照。今日,见陈伯严作,有云:'温温常度藏忧患,耿耿微馨醉鬼神。'余谓此二语,尤可移赠锡予,恰有形似也。"①

9月17日,吴宓日记评论先生:"喜愠不轻触发,德量汪汪,风概类黄叔度。而于事之本理,原之秘奥,独得深窥。交久益醇,令人心醉,故最能投机。"②代表新文化运动另一潮流的学衡派思想的缘起,可追溯到吴宓、先生等人在清华学校对平生志业的规划,特别是他们创建的天人学会。

在《二十一条》签订之际,先生愤于国耻,联合吴宓、黄华诸友,于1915年冬,在清华学校组织起"天人学会"。会名为先生所定,吴宓的解释甚为符合全会成员的共识:"天者天理,人者人情。此四字,实为古今学术、政教之本,亦吾人之方针所向。至以人力挽回天运,以天道启悟人生,乃会众之责任也。"③该会用意在于"欲得若干性情、德智、学术、事功之朋友,相助相慰,谊若兄弟,以共行其所志"④。

---

①吴宓:《吴宓日记》第1册,第423页。
②吴宓:《吴宓日记》第1册,第495页。
③吴宓1916年4月3日《致吴芳吉书》,见吴宓:《空轩诗话》,吕效祖编:《吴宓诗及其诗话》,西安:陕西人民出版社1992年版,第211页。
④吴宓:《空轩诗话》,吕效祖编:《吴宓诗及其诗话》,第210页。

　　冯友兰入北京大学文科中国哲学门后不久,经好友张广舆①介绍后欣然递交志愿书而入会②。会员选择很严格,前后有先生、吴芳吉、汪缉斋、曾昭抡、王正基、张广舆、曹理卿等三十余人。吴宓回忆说:"昔在清华立天人学会,陈义甚高,取友殊严,希望甚大,初立之时,人少而极和洽,互为莫逆。"他尝发表演说:"天人兄弟,当取诚信相孚,识见高卓。无论其中何人,将来如何遭遇,处危疑之际,蒙诟负谤,纵举国举世,咸谓此人为奸为罪,证据确凿,不庸迟疑,而我天人中余人,到此地步,必仍信得过此人之别有深心,中实清白,仍然协赞不衰。天人之交情,必须至如此之深。物色会员,亦必信其与众能如此,乃敢介绍。"③"方其创立伊始,理想甚高,情感甚真,志气甚盛。"④从天人学会制定的会章⑤、会簿、介绍书和志愿书来看,虽有似美国大学的兄弟

---

① 张广舆(1895—1968),又名张仲鲁,河南省巩县人。早年毕业于清华大学,留美回国后,任河南省福中矿务大学校长、河南中山大学教务长、清华大学秘书长、河南大学校长等职。早在抗日战争前,就开始同情中国共产党,掩护和营救过地下党。解放战争时期,在中共中原局及武汉地下市委领导下,他在国民党军政界、企业界进行团结转化工作。建国后,历任燃料工业部计划司副司长、顾问,煤炭管理总局副局长,河南省人民政府委员,省交通厅厅长,政协河南省委员会副主席,政协河南省第二、三届委员会委员,中国民主同盟河南省委员会常委,河南省科学普及协会副主席。

② 蔡仲德:《冯友兰先生年谱初编》,《三松堂全集》附录,郑州:河南人民出版社 2001 年版,第 27 页。

③ 吴宓:《吴宓日记》第 2 册,第 114 页。

④ 吴宓:《空轩诗话》,吕效祖编:《吴宓诗及其诗话》,第 211—212 页。

⑤ 《天人学会会章》规定会员必须遵守的原则有五:"(一)行事必本道德;(二)人之价值以良心之厚薄定之;(三)谋生糊口以外,须为国家社会尽力,处处作完善及真实之牺牲;(四)持躬涉世,不计毁誉、成败利害,惟以吾心之真是非为权衡;(五)扶正人心,为改良群治之根本。险诈、圆滑、奔竞、浮华、残刻、偏私,皆今日恶习之最甚者,务宜攫抑(转下页)

会,但该会理论的系统性和组织的严密性、纪律性使其已具备了
8 党派的一些性质,先生与吴宓、冯友兰等在学会组织的各项活
动中建立了兄弟般的情谊。

该会要旨,除共事牺牲,益国益群外,还欲"融合新旧,撷精
立极,造成一种新学说,以影响社会,改良群治。又欲以我辈为
起点造成光明磊落、仁慈侠骨之品格。必期道德与事功合一,公
义与私情并重,为世俗表率,而蔚成一时之风尚"①。后来学衡
派乃至新儒家的主张,在会章中都可寻出端倪,初步显露了从学
衡派到新儒家关于文化运思的理路。

先生所撰《谈助》发表于《清华周刊》第 47 期。文章提到北
大和清华园及其周边环境典故:

> 宋徽宗运花岗石为艮岳于汴京。金人入汴,移之于燕
> 京。其石灵秀异常。又相传当蒙古初起时,臣服于金。其
> 境内有一山,石皆玲珑,势甚秀峭。金人望气者,谓此山有
> 王气,谋欲厌胜②,使人言,欲得此山以镇压我土,蒙古许之。

(接上页)净尽。"立会宗旨有七:"现时宗旨:(一)敦交谊;(二)励道德;
(三)练才识;(四)谋公益。其终极之宗旨:(一)造成淳美之风俗,使社
会人人知尚气节、廉耻;(二)造成平正通实之学说,折衷新旧,发挥固有
之文明,以学术道理,运用凡百事项;(三)普及社会教育,使人人晓然于
一己之天职及行事之正谊。"成员义务有四:"(一)会员当求为有益于世
之人,故先期一己有任事之才具,宜各就其地位及性之所近,殚精学业,
练习治事,异途同归,以道德良心为指针;(二)会员当相互切磋,毋隐毋
忌,相互扶助,必敬必诚;(三)会员当恪守本会会章,及其他规约,躬行实
践,并汲引同志,导人于善;(四)又在必需时量力筹集会费。"吴宓:《空
轩诗话》,吕效祖编:《吴宓诗及其诗话》,第 210 页。
① 吴宓:《空轩诗话》,吕效祖编:《吴宓诗及其诗话》,第 209—210 页。
② 厌胜为古代常用的一种巫术风俗,认为此法可以制服一定的人和物,俗
称为下镇物。所谓镇物就是偷偷放在别人房中、器物中的据说会给人带
来噩运的泥人、纸人、弓箭、剪刀等东西。在道教中,常设置一些(转下页)

金人乃大发卒,凿掘辇运至幽州城北。元胡入主,名万岁山,明名琼化岛,又仍宋名为艮岳。今在西苑,副总统居之。清华园故为明李戚畹园,名之可考者为挹海堂。堂北有亭,额曰"清雅",明肃太后手书也,均居园之中部,当在今之工字厅左近。园中牡丹、芍药甚夥。语谓"李园不酸,米园不俗",则闽中叶公向高所言也。

先生所撰《说今日》发表于《清华周刊》第 52 期。文章指出:

> 而不见夫行路者乎? 足之所履,步之所至,悉在其心目中。使彼不见目前,乃前望百步而遥者,则踬。反是,或回顾百步而遥者,则亦蹶。是无他,心不存也。心存则跛者可以攀峻岭,心不存则常人夷地而不能跬步。今夫人生亦如是耳。故少年而欲一日千里、乘风破浪者,不可不以顾及目前为第一义。若思虑徒及过去与未来,而毫不知现在者,则亦惟踬蹶耳。……吾说今日,非弃昨日之殷鉴,非灭明日之希望。注重今日,即所以见昨日之成功,即所以留明日之余步。吾重昨日,吾敬明日,吾尤爱今日。吾故谓殷鉴在昨日,希望在明日,而图强自治必自今日始。

本年,吴宓赠先生以诗《偶成示锡予》两首:

一

> 少年心久藏忧患,一蟹生涯想旧著。
> 亲狱无缘哭北阙,国仇有誓指东邻。
> 十洲芳草归芟刈,千载灵光总劫尘。
> 天意讵随人事改,晦霾醒醉怅何因。

(接上页)寓意吉祥或具有特殊意义的物品来镇邪驱魔,保护生灵。如,春节贴桃符,门神像钟馗、秦琼、尉迟恭等,端午佩艾叶、雄黄,借以驱邪。

二

柱国人材公漫诩，魑魔入鉴敢辞形。

铅华肤御同謷笑，邱壑胸藏别渭泾。

巢燕居鸠仍愦愦，卧薪尝胆尽惺惺。

激随我逊卿谋贵，常度温涵有至馨。①

本年，梅光迪入哈佛大学，师事白璧德，成为其首位中国弟子。他挑起"胡梅之争"，反对胡适废除文言的主张。

本年，欧阳渐在金陵刻经处侧龚家桥成立研究部，讲授佛学，为支那内学院的前身。研究部按讲学研究之需选择经书校刻，到1922年，共刻经书四十余种。主要有窥基《大乘阿毗达磨杂集论述记》、遁伦《瑜伽师地论记》等法相宗章疏，还有世亲的各种"释经论"、法救《杂阿毗昙心论》和普光《俱舍论记》等。这些原版经典在先生藏书中多有遗存。

1916年（丙辰）　先生二十四岁

元旦，袁世凯称帝，6月6日死。中国陷入北洋军阀统治的混乱时期。

本年初，在先生回黄梅探母前夕，吴宓赠诗《送锡予归省》三首：

一

皇皇何所事，风雪苦奔波。

堂上亲情切，斑衣孝思多。

江山舒秀色，文字遣愁魔。

劳我无端感，十年客梦过。

①吴宓：《吴宓诗集》，第72页。

二

毋为伤短别,已有岁寒盟。

远举图鹏奋,深心耻鹜争。

结庐云水好,励志箪瓢清。

沧海行暌隔,悬怜怅望情。

三

一卷青镫泪,斑斓着墨痕。

嘱君慎取择,与世共临存。

古艳名山闷,斯文吾道尊。

平生铅椠业,敢复怨时繁。

*《青镫(同"灯")泪传奇》,锡予乡人蒋公作,闻名有年矣。①

诗中"嘱君慎取择"诸句可见他们对普世价值的探索,以及吴宓拟选择报业作为留学的专业和一生的志业。他们心中的"报业救国"理想非以赢利为目的,而是秉持公正、引导公众、启蒙救亡。

2月26日和3月4日,洪深创作的我国现代戏剧史上第一部比较完善的剧本《贫民惨剧》在北平城内演出。该剧与先生所撰纪事文《孤嫠泣》立意一致,都展现了平民悲苦生活。先生与闻一多、李济、陈达、刘崇铉、程树仁等同学参与该剧义演工作,以募捐筹建"成府贫民职业小学"。很多名人前来观看,当场慷慨捐款。演出轰动戏剧界,并受到社会好评。演员们能透彻地理解与充分地发挥剧本的作用,是此戏剧表演成功的关键。

2月至3月,先生连载《谈助》于《清华周刊》第65、66、68、70期。《清华周刊》第65期《谈助》,阐述其文学观:

无道德者不能工文章,无道德之文章,或可期于典雅,

---

① 吴宓:《吴宓诗集》,第85页。

而终为靡靡之音;无卓识者不能工文章,无识力之文章,或
可眩其华丽,而难免堆砌之讥;无怀抱郁积者(即真实性情)
不能工文章,无怀抱郁积之文章,虽可敷衍成篇,然乏缠绵
悱恻之致。诗穷而后工,非诗之能穷力,实穷而后工也。文
章天成,天然之物,非有天与之爵禄,非有天赋之智识,非有
天生之情性,不能得之。

　　吾乡蒋西泉先生所著《青灯泪传奇》,仅词曲中未显著
之一种耳,亦仅吾乡人士得而知之,得而读之,得而赉之。
然先生作是书时,一腔情怀,正与蒲松龄著《聊斋志异》时
同。盖先生亦以孝廉终身,一生潦倒,虽写美人薄命,然寓
意实在名士怀才不遇。其曲未出,隐隐言及之,与蒲氏论叶
生一文,同一激昂慷慨,使先生而飞黄腾达,则自无此可贵
之文章。信乎立言之难而为三不朽之一也。

　　《青灯泪》歌遣一出,不落前人窠臼,文最善,吾家人类
相能背诵其一部,兹录其曲辞于此。

　　先生的书评《护民官之末运》发表于《清华周刊》第 74 期。
文章认为:"《护民官之末运》(*Rienzi*)为鲍瓦林登(Bulwer Lyt-
ton)所著。书叙凌锐(Rienzi)以一学者……愤杀兄之仇,苦心孤
诣,复兴祖国。终以愚民顽瞀,归于失败。志士热诚牺牲,终以
势孤而败,直堪一哭。故是书直可名为'民意毒',原著有历史上
价值,其所叙中世纪游侠之风(Knighthood)。罗马意大利之乱
象,教皇教徒之窘急,及贵族之专横,百姓之蚩蠢,俱可为读史者
之一助。而著者尤能设身处地,绝无偏敧。于凌说许其爱国,而
亦记其劣点。于莽堆(Monln Ce)、佛立德罗(Frederick Law)于
莎士比亚死后三百年纪念所著之《莎士比亚》八篇,亦当一
读也。"

　　5 月,先生于《清华周刊》第 75 期发表书评两篇。第一篇认

为:"《时象》(The Signs of Time)为英国哲学家嘉莱尔所著,极力诋当世物质文明之弊,谓当世文化徒重机械,宗教只重形式演说,学会只重声华外观,精神上之组织俱受物质所影响,而失其义。其文沉痛激昂,可至诵。其开端言时之义,及其言舆论之势力,皆名世之言。中国现处精神物质过渡时代,外洋科学之法则,机械之势力均渐输入。吾人或将为此新潮流中之重要人物,自不可不明其利害也。"先生身处一个新旧过渡的时代。这种过渡体现在政治、经济、文化各个方面。先生对此有清醒的自觉,他的全部思想即在这一过渡的时代背景下展开,以解决如何实现新旧顺利过渡的时代问题为其核心,并推动了这一时代学术发展的新陈代谢,从而其学术人生鲜明体现了时代的特点。

第二篇书评认为:"《市》(The City)见《论坛》杂志去年十一月号,为阿波林氏所作,以短篇小说寓今日都市之情形,其叙市民之贫困工作,于美术于风景,均著笔甚深,而终归之于理想诗辞,收束绝好,暇时读之,极可为消遣之资。又同号杂志中有关于斯宾塞尔之《新奴隶》(The Coming Slavery)一篇,言社会主义发达,将使人民脱政治之羁勒,而为社会之奴隶,亦不可不一读。《世纪》杂志四月号有伍德(Engene Wood)著之《挥发油之意义》一篇,谓今日美国汽车之发达,不仅有妨人民之生命,且有关人民之脑力。三月号《大西洋月报》有《狂澜之文化》一篇,谓今日文化皆为一不可避之激流所制。四月号《耶律》(Yale)杂志《如愚之智者》一篇,详论斯苗而、苟司密、波塞尔三文学家之行事,其论智慧极当,此皆有可观者也。又四月号《耶律》杂志有《近东战场》(Campaign in Western Asia)一篇,叙其地历史详尽,亦佳。"汤文中关于当时美国日益发达的汽车业从身体到心灵摧残人类的引述,大概是国人最早对环境污染和现代化弊端的关注。

5月,先生有书评两篇发表于《清华周刊》第76期。第一篇《九十三年》认为:"是书为法国文豪器俄(Victor Hugo)杰作之一。氏以诗著,其所译莎士比亚戏曲,甚知名,然其所作小说,若是书及《孤星泪》(*Les Miserables*)等,均脍炙人口,且俱有中英译本。书叙法国革命时事,大意在表彰人道。其中所描写情事,均有寓意。如以脱闩之炮喻国事,以小儿之天真及兵事之酷惨相照,以伸天理,而其末章言私义公理人道革命之位置,甚有分寸。嚣俄为人思想甚高,而其文又极透辟,其所著书皆有所为而言,且适值法国文艺复兴政治改革之后,故读其文,则当时情形历历活跃纸上。研究一时之历史,不如研究其时之文学较易得真相,非虚论也。"

第二篇书评认为:"《书中宝藏》(*Of King's Treasuries*)是作为露西根(Ruskin)《悦学篇》(*Sesame and Lilies*)中之第一篇。其第二篇为《女教》(*Of Queens' Gardens*)中言女子之位置,及男女教育之异点,洞中肯綮。其第三篇为《人生之奥义》(*The Mystery Life*)以身作则,示人生之要义,说者有称之为氏一生精粹之作,然所言多流于悲观,非之者亦夥。惟第一篇,言读书之益及读书之法,均经验有得之言。氏谓今人动奔走于达官贵人之门,十投刺而不得一见,不如求书中之人物,明窗净几,与之相对,绝无奔走之劳,而彼辈之尊贵,乃过当时人物万万。又氏谓吾人读书当设身处地,置身书中,不当置身书外,而其叹当时英人放弃文艺,言之痛切(诸君读之,当与今日之中国一比较)。诚学者不可不读之书,尤爱读之学者,所必须知之论也。"

5月,先生于《清华周刊》第78期发表短文《说衣食》,论及清华校风:"君子食无求饱,居无求安,又曰:饱食暖衣,逸居而无教,则近于禽兽。故吾人当求学时代,不当以衣食粗恶为耻,尤不当以衣食精美为的。且学生之在学校,视团体不重个人,然苟一人有求美求精之心,即有影响全校之势,即有造成风气之危。故一人之崇尚俭德,全校皆受其赐,一人之专事衣食,人人将受其染,不可不加之意也。清华学生,向至俭朴,盖一则清华地绝尘俗,不常与声华嚣陋之习近接,一则吾人常自内省,而自绝于求饱求暖之途也。然风气之普及速于疾病之传染,稍有不慎,全校完美之精神瞬息破坏,而不良之校风随之以入,是人人所皆当注意者也。"

《托尔斯泰传》书评发表于《清华周刊》第78期。书评认为:"语曰:'惟英雄能知英雄。'故吾侪欲为英雄,非能知天下之英雄不可。托尔斯泰,近世纪学界唯一之英雄也。其声望、其言动,全地球仰望之,吾侪所以不可不知此人也。此传为法人莎落来氏(Sarolea)所作。余寒假时,于火车中卧读,竟可驱睡,可见此书之有味矣。盖作者眼光极佳,为人作传能寻其一生之线索。全书分为十三章,一章有一章之宗旨。而其议论,亦恰到好处。如谓托尔斯泰少年之刚强不羁,至为日后成大业之基础,洵不磨之言。且书中所引托尔斯泰文字言语,多而得其要。无暇阅托尔斯泰全集者,读此书一过,亦必知托氏学说之概要矣。"

《侠隐记》(*The Three Musketeers*)书评发表于《清华周刊》第78期。书评认为:"是书为法小说家段马(Dumas)所作。中英文皆有译本。叙法国当利士留(Richeleau)生前死后事。其所描写均于历史上有关系,而着笔于教权政治。女后英王均有特识,而其言达特安(D'Artagnan)之忠正,阿托士(Athos)之智巧,颇图斯(Povthos)之质直。读之如见水浒、施公案中人物,更可唤起中国人之读者兴味。然其全书教忠教义、扶正黜暴之旨,则尤宜领会者也。仲马父子以小说名家,其所作尤以此篇之生动云。"

《欢迎新同学》发表于《清华周刊》第80期。文章指出:"本校自有生以来,名誉不致败坏者,盖由前此诸同学维持之力居多。以一校犹一国也,学生犹国民也。国民分子不良,则国家败亡。学生分子不良,则学校崩颓。虽学校职教员有教养保育之责,而人贵自立。待人而兴,即落下乘。《易》于乾之首即言'君子以自强不息',则圣人教人之意,概可知矣。夫食人之禄,忠人之事,臣子受保护于君上,亦犹学生受教育于学校。诸君既至斯校,吾知必已先有爱校心,而思竭其心力,为清华谋进步,无任欢迎。……清华声闻所及,佥谓学风加人一等。果使吾校学风纯良,则持盈保泰。亦宜兢兢致于不坠,况由前之言,则学风未必即已达于至粹之域。未达至粹之域,则去短取长,其道安在。旧同学在校既久,则或习焉不察,无从去取。语云:'当局者昧,旁观者清。'《诗》云:'他山之石,可以攻玉。'诸君子来自他校,必能以他校所长,补我所短。且凡人新履一地,其观察必有异吾。知诸君必以友谊而进善言、立法则,俾吾旧人得以了然于得失,而身心日趋于善,以增进清华优美之学风,尤无任欢迎。"

夏,吴宓于清华毕业。任继愈曾说:"那时体育不及格不让毕业。诗人吴宓留学晚了一年——让他学游泳去。我的老师汤用彤,学了三年没学好,就留在清华。"[1]

秋,由不满基督教青年会的学生领先在全国学校中发起清华孔教会,成为康有为、陈焕章、梁启超等倡导的孔教会分会之一,陈烈勋为首任会长。梁实秋是清华孔教会评议员之一,也是该会下设的乡村教育研究所所长,兼任会刊《国潮周报》编辑。入会者多达300人(时在校生568人),是清华最大的社团,其中教职员荣誉会员二十余人,是清华师生空前的大组合。会章以昌明孔教、救济社会为职志。先生对新文化运动打倒孔教持反对态度,所以他与吴宓都参与了孔教会在清华学校设立分会的发起活动,并成为该会重要成员。

本年,先生与黄冈人张敬平结婚,并回黄梅探亲。妻兄张大辛,亦民国初年国会议员,与汤用彬交谊甚笃。

本年至次年,先生担任《清华周刊》总编辑,后遂任该刊顾

[1] 王丽:《祖国的语文,为什么不学? ——访国家图书馆馆长任继愈》,《中国青年报》2006年10月25日。

问。《清华周刊》是清华学生办的综合性刊物,创刊于 1914 年 3 月,抗战时暂停,后随清华复校而复刊,是民国时期历史最长的学生刊物之一,在校内外都产生过深远影响。继先生之后,罗隆基、闻一多、梁实秋、潘光旦、贺麟皆曾担任《周刊》总编辑,并发表不少文章。

1917 年(丁巳)　先生二十五岁

1 月 11 日,蔡元培致函教育部请陈独秀担任北大文科学长。1 月 13 日,教育总长范源廉签发第 3 号“教育部令”委派陈独秀为北京大学文科学长。

6 月,由于先生在清华工作出色,荣获金奖。这枚金质奖章近年已由汤一介先生捐献给北京大学校史馆永久珍藏。

6 月,《清华周刊》第三次临时增刊的“课艺”①栏目发表《论成周学礼》。新文化运动时期,礼教遭到新派人物的猛烈批判,其人文教育精神被与封建纲常制度混同起来而全盘否定。鉴于对于礼教的认识,事关中国文化的基本评价,故先生写成专文加以阐发。该文主题词“成周”原指成就周代之道,如《尚书·金縢》:“武王愈,此所以待能念我天子事,成周道。”《大诰》:“先卜敬成周道。”周成王成年时天下太平而东都建成,遂取周道大成之意,命名为“成周”②。先生以“成周”指代周朝,蕴意当有集大成的周代礼学教育成就了周文化的辉煌,后人若能弘发其真精神,定能再铸国魂,从而寄托了他“吾其为东周”的救国理想。此

①“课艺”原指传统书院教育中生徒考课的八股文习作。“五四”前后,各类学生杂志的“课艺”栏目非常繁荣,多以发表优秀课业习作为主。先生此文当与其在清华所上国文特别班之类的课程有关。

②参见《尚书正义·多士》、《春秋公羊传注疏》引郑注《书序》。《春秋》及《尚书》中《召诰》、《洛诰》、《康诰》等篇历载周公、召公经营成周的经过。东周平王时迁都于成周(今洛阳)。

外,也不能排除另外一个因素,先生素来重视其宗族学脉的渊源。《汤氏宗谱》载汤姓源自"帝乙",即汤武,谥曰"成汤"(创成汤代之意),其后代中一支以此命氏而为汤姓。这多少会使深受诗礼传家熏陶的先生认为自己与成周殷民的血缘联系而有些认同感。

先生与吴宓、刘朴在清华上学时,被称为"三老",其缘由当与《论成周学礼》有关。他留学前夕写给吴芳吉的信说:"向吾校称雨僧及刘君朴与彤为三老。三老者,怪物之代名词也。然世之所谓怪物,无非不漂亮、不时髦、不同流俗耳。近读自由言论派之书,见其力辟时习之伪,大为感动。于是昔之不合时宜,嫉恶如仇者,皆加甚矣。此或为傲物骄人之见。然抚躬自问,既不合时宜,何不直抒胸臆以为之? 既嫉恶如仇,何不表而出之?"①先生的《论成周学礼》反复强调了周礼的尊老传统,如"三老在学","食三老、五更于大学,所以教诸侯之弟","听诸国老之论道","养老而后成教,成教而后国可安","大学之养老,亦所以教人尊师","养老之礼,后世间有行之","大学亦为备咨询之元老院,天子养老于学,所以敬老","子为国老"等。在近代社会大环境下,时俗以西方文化为先进,中国文化为落后。先生极力推崇礼教和理学,自然会被流俗误视为遗老遗少。

夏,吴宓入美国弗吉尼亚州立大学学习文学。先生在清华的七年半学习结束,终于毕业。他们同一批入校的学生,经过连

---

①先生还说:"则是犹有世俗务声华之见也。世人者,实事之奴隶也。实事者,饥寒也、人事也、苦乐也。然吾辈亦为前人精神之奴隶,前人精神又为无量数前人精神之奴隶,故吾不但为奴隶之奴隶,并为无量数人之奴隶。惟其如是,而又无气魄,故对于自身之信浅,万劫不复,为奴永世也。居此深渊,在此奴窟,其苦自不可状,然余必不乞援,盖精神陷溺,要当自救,其自救之成功与否,则吾人人格之试验也。"吴芳吉:《吴芳吉集》,成都:巴蜀书社1994年版,第1218页。

番考试淘汰最终只剩下57人。先生考取官费留学美国,因治疗沙眼和体育课游泳成绩未过关而缓行一年,留校任国文和中国历史课教员。钱穆曾提到:"其时校中缺一国文课教师,即命锡予以学生身份充任,其时锡予之国学基础亦可想见。"①

年底,《小大之辨》发表于《清华周刊》第94期。"小大之辨"是《庄子·逍遥游》的核心论题,先生则结合"素位而行"的家训予以阐发,立论以为:"人不欲为愚不肖,而欲跻其国家于文化之域者,不可不辨乎小大。虽然就皇古而言平等则昧,就今时而言君主则狂。对秦汉而言世界则谲,对近世而言闭关则亡。善用小大者,不在囿于小,亦不在趋于至大。故吾人当相时度势。在家言家,在国言国,毋以小失大,毋以少害众。无小无大,以之存心,知大知小,以之作事。取大去小,进化之基,舍大守小,退步之母。记者不敏,请以此为诸君新年之颂祷:功业未及建,夕阳忽西流。岁月不我与,去乎若云浮。"文中"今时而言君主则狂",当指其时张勋等复辟现象而言。

本年,先生长子汤一雄出生。

本年,先生担任清华1917届学生年级手册编辑。

1918年(戊午) 先生二十六岁

本年上学期,先生仍在清华学校教书。

8月14日,先生随同清华戊午级毕业生,乘坐上海东关码头的驳轮到吴淞口外,登上"南京号"远航客轮启程,取道横滨、檀香山前往美国。同船者除朱家骅等七教授外,还有楼光来、李济、张歆海、徐志摩、叶企孙、余青松、查良钊、张道宏、程其保、董任坚、杨石先、刘叔和等一百多人。当时留学生一般都自上海前

---

① 钱穆:《忆锡予》,《燕园论学集》,北京:北京大学出版社1984年版,第23页。

往美国,行程中需先乘船到美国西海岸港口,再坐火车横穿北美大陆。先生 1918 年夏从上海到汉姆林的旅程约需二十余日,若加上途中转乘、候车和休整,则将近一个月。

9 月 4 日,经过二十一天的航海生活,先生所乘"南京号"抵达旧金山。这群踌躇满志的留学生于此挥手泣别,各奔前程。李济与徐志摩、董任坚一道,经芝加哥、纽约去马萨诸塞州乌斯特的克拉克大学。先生则赴明尼苏达州(Minnesota)首府圣保罗城所在的汉姆林大学(Hamline University)哲学系。该校创建于1854 年,为该州历史最悠久的大学。当时清华学校规定,留学五年为期,一般是到美以后,先分派到普通的大学,完成大学毕业的课程,然后再进入有研究院的大学。

9 月 15 日,吴芳吉在日记中记录收到先生在出国前夕的来函。先生赞成他到东京留学的计划,但极力反对他去学艺术,力劝其改习新闻专业:"美术固可陶养性情,究非民生大计切时之务。至于以美感代宗教,则虽有其说而实属空谈,世界各国俱无发达到此程度者。至日本可成行,能学新闻业最妙。以此事近于文学,又不蹈空言,日后如有天人杂志出现,则请足下为之,尤驾轻就熟也。"①此处所言"天人杂志"即天人学会拟创办的会刊。

9 月,先生在汉姆林大学注册入学,英文名用"Yung-Tung Tang"②。

9 月,吴宓由弗吉尼亚大学转入哈佛大学。不久,梅光迪为他讲述白璧德思想要旨,介绍他读白璧德及其同道好友穆尔

---

① 吴芳吉:《吴芳吉集·日记》,第 1303 页。
② 2004 年笔者整理先生汉姆林大学文稿时,承蒙杜维明教授(时在北京大学讲学)告知,该校当时的哲学系主任与先生赴美前的清华学校早有渊源。而新近留学史料的发现,则为我们更为详细地了解其具体经过提供了可能。

(Paul Elmer More)的著作,又陪同拜谒白璧德①。白璧德为颇具影响之文学批评家,为20世纪初世界文化保守主义核心人物,其学说被视为现代新人文主义。吴宓对白璧德特别崇敬,早在先生来哈佛之前,久已写信告知老友自己师事白璧德,受知甚深的情况。先生的文化观和治学态度,多与白氏契合。

9月20日,吴宓日记曰:"迭接汤、曹诸人来函,知先后抵校。"②9月29日,吴宓再记:"锡予近来函甚多,足见关切公私之意,甚为欣幸。"③吴宓日记、自编年谱和吴芳吉日记中,多次提到他们与先生的信件往来。

先生抵美后继续致函吴芳吉,强调报业对国民性改造的重要作用:"夫觇国运者,恒视其报纸。"④10月29日,吴芳吉收到该函。后来,吴芳吉虽然留学日本计划没能成行,但其创办《湘君》杂志,使之成为《学衡》辅翼。他自己也成为《学衡》杂志重要撰稿人,与吴宓并号"二吴生",开一派文学新风。先生则成为《学衡》的"灵魂和核心",开辟了中西文化研究的新局面,并终

---

①白璧德(Irving Babbitt,1865—1933)生于美国俄亥俄州的兑顿(Dayton),1889年在哈佛大学毕业。他不愿作德国学派专重考据的博士论文,而去巴黎大学师从列维(Sylvian Levi)教授治梵文与佛教经典,并以巴黎为文艺复兴以来人文传统的故乡。1894年回哈佛大学任教,1912年晋升教授。他学识渊博,精通法文,兼通希腊文、拉丁文、梵文与巴利文,熟悉汉文化。其学说远承柏拉图、亚里士多德之精义微言,近接文艺复兴诸贤及英国约翰生、安诺德等遗绪,采撷西方文化菁英,考镜源流,辨章学术,卓然自成一家之言。白璧德培养了先生、吴宓、梅光迪、梁实秋等一代中国学人,被学衡派奉为精神导师,开启了新人文主义与中国文化沟通交汇的广阔空间,经过学衡派与新月派的传播,在中国文化现代化进程中起到了独特的作用。
②吴宓:《吴宓日记》第2册,第13页。
③参见吴宓:《吴宓日记》第2册,第16页;吴宓著,吴学昭整理:《吴宓自编年谱》,北京:生活·读书·新知三联书店1995年版,第184页。
④吴芳吉:《吴芳吉集·日记》,成都:巴蜀书社1994年版,第1275页。

生保持日常翻阅报刊的习惯,一直关注着国情民生。

10月,《汉姆林大学校友季刊》出版,其中一则消息提及先生与其清华同学程其保,皆由格雷戈里·沃尔科特(Gregory D. Walcott)教授的引荐而进入汉姆林大学:"这两位中国朋友与沃尔科特博士一同来校,他们给我们所有人留下了相当良好的印象。他们都是绅士和学生。"在清华读书时,美国沃尔科特博士曾教过他们心理学和伦理学课程,并首次在中国学生中进行智商测验。

10月,《海潮音》由太虚创刊,中华书局印行,宗旨是"发扬大乘佛法真义,引导现代人心正思"。民国时期,佛教界有各种报刊三百多种,短则数月,长者几十年。而太虚主持的《海潮音》坚持时间最长,发行面最广,内容渊博,被称为中国佛教的"《东方杂志》"。太虚的重要佛教改革主张都是首先在该刊上发表的,当时一流佛教学者如章太炎、梁启超、欧阳竟无、先生,及名僧圆瑛等都曾为之撰稿。该刊对内顺应时代潮流,参与救国运动;对外呼吁反对侵略,促进世界和平与文化交流,成为民国佛教的代表性刊物。

先生在汉姆林大学读书甚勤,系统地学习了西方哲学史以及那个时代最前沿的心理学和生理学理论,留下了十篇关于哲学、普通心理学和发生心理学的课业论文。他每次完成论文上交,均由指导教师加以仔细审阅和批改。论文成绩皆在95分到99分之间。指导教师发还论文后,先生将它们装订成16开本一大厚册,题名《1918—1919年写于汉姆林大学的论文集》(*Theses Written in Hamline University*〈1918—19〉)①。

---

①孙尚扬教授所著《汤用彤》"汉姆林再显才华"一节关注到这册文集的哲学洞见,认为该未刊文集整理研究的主要困难在于"篇幅既巨,而辨读亦难"。孙尚扬:《汤用彤》,台北:东大图书股份有限公司1996年版,第18—22页。2003年,先生这册文稿集与吴宓哈佛大学成绩单、陈寅恪诗作等,参展国家博物馆举办的"求学海外建功中华——百年留学历史文物展"。参见《中国国家博物馆举办百年留学文物展》,《人民日报》2003年3月26日。

　　这本论文集的第一部分,是四篇哲学论文,其余六篇涉及普通心理学和发生心理学,评述了新兴的心理学与哲学、科学之间关系诸问题,并谈了自己的研究心得。

　　12 月 3 日,先生着手写作哲学论文《前苏格拉底时期的存在概念》(The Concept of Being of the Pre-Socratic Period)。这是现知先生留学美国时期所作文章的第一篇。该文手稿一共 40 页,首页题目下写有:"汤用彤作于汉姆林大学哲学系,1918 年 12 月 3 日,97 分。"(by Yung-Tung Tang, Department of Philosophy, Hamline University, Dec. 3, 1918, 97%.) 文中阐述从泰勒斯到智者学派关于"存在"范畴学说的演进轨迹,以及他们的成就对于苏格拉底、柏拉图和亚里士多德学说形成的历史意义。其内容纲目如下:

1. 导言
2. 泰勒斯
3. 阿那克西曼德
4. 阿那克西美尼
5. 克塞诺芬尼
6. 巴门尼德
7. 芝诺与墨利索斯(Melissus)
8. 赫拉克利特
9. 过渡期间哲学诸派的共同主张(Common View of the Mediating Philosophies)
10. 恩培多克勒
11. 阿那克萨戈拉
12. 留基波
13. 毕达哥拉斯学派(Pythagoreans)
14. 智者学派(Sophists)

15. 总结

附：参考文献①

文章一开始就追问万有的缘起："世界起源究竟为何？我们是怎么产生的？万物何以会存在？"最后总结说：古希腊早期自然哲学家之说，与随后的发展相比较，所有此类尝试，价值似嫌甚微。然而如若公正地评判，就不应武断或折衷，而要历史地看待它。一方面，不能过分夸大、附会其成就；另一方面，因人类思想演化不够成熟，其说教有谬误在所难免，不能轻率指责。穴居人之改进石器与现代蒸汽引擎之发明同等重要。没有前者，后

---

① 文末附录参考文献 21 种，主要有柏拉图的《对话录》（Benjamin Jowett 英译），亚里士多德的《形而上学》（J. H. Mahon 1907 年英译），贝克维尔（Bakewell）的《古代哲学史料集》（*Source Book in Ancient Philosophy*, 1907），怀特克（Thomas Whittaker）的《新柏拉图学派》（*The Neo-Platonists*, 1901），摩尔（George Foot Moore）的《宗教史》（*History of Religions*, 2 vol., 1913—1919），朗格（Friedrich Albert Lange）的《唯物论史》（*History of Materialism*, 1873）英译本（Thomas 1892 年英译），伯内特（Burnet）的《早期希腊哲学》（*Early Greek Philosophy*, 1892），文德尔班（Wilhelm Windelband）的《哲学史教程》（*A History of Philosophy*, 上卷 Cushman 1899 年英译，下卷 Tufts 1907 年英译），海甫定（Höffding）的《哲学问题》（*The Problems of Philosophy*）英译本（G. M. Fisher 1905 年英译），蔡勒尔（Eduard Zeller）《苏格拉底之前的希腊哲学史》（*A History of Greek Philosophy from the Earliest Period to the Time of Socrates*, Vol. Ⅰ—Ⅱ）英译本，施维格勒（Albert Schwegler）的《哲学史》（*History of Philosophy*, 1856），埃德曼（Johann Eduard Erdmann）的《哲学史》第一卷（*A History of Philosophy*, Vol. Ⅰ., Williston S. Hugh 1910 年英译），泡耳生（Friedrich Paulsen）的《哲学导论》（*Introduction to Philosophy*, Frank Thilly 1895 年英译本），悌利（Frank Thilly）的《哲学史》（*A History of Philosophy*, 1914），特纳（Turner）的《哲学史》（*History of Philosophy*），宇伯威格（Friedrich Ueberweg）的《哲学全史》（*History of Philosophy*, Vols. Ⅰ—Ⅱ, 1871）英译本（Morris 1884 年英译）。这些都是当年美国大学哲学系学生必读著作书目。

者便无由产生。凡此先哲思想,尽管难臻完美,然而对于后来的进步和更深入地理解那个颇为神秘的"存在",无疑还是很有必要的。学衡派对古希腊文明的关注,在先生这篇文稿中已初露端倪。

先生此时研究西方哲学,十分热心探询与中国哲学相契合的部分。他在文中言道:赫拉克利特的火是理性之源,而在中国经典里火有时也"类似理性"(akin to reason),恩培多克勒的四根说"极像《书经·洪范篇》中的五行说。其实,几乎所有古希腊学说皆可与中国学说相比较。如,赫拉克利特之逻各斯与老子之道;某些宇宙论者与列子的存在观;毕达哥拉斯学派的数论在中国古书中亦有相应之表现,等等"。

1919 年(己未) 先生二十七岁

本年上学期,先生仍在美国汉姆林大学读书。

1 月 25 日,先生写作《1918—1919 年写于汉姆林大学的论文集》中的第二篇论文《中世纪神秘主义》(Mysticism in the Middle Ages)。手稿共 58 页,得 99 分,以发生学的方法(genetic treatment),详细考察西方神秘主义的起源和发展演变的过程,及其对近代文化转型的影响。文章纲目如下:

第一章 导言

1. 神秘主义的定义(Definition of Mysticism)

2. 神秘主义诸特点(Characteristics of Mysticism)

3. 神秘主义的分类(Classification of Mysticism)

第二章 神秘主义之兴起(The Rising of Mysticism)

1. 心理上的起源(Psychological Origin)

2. 神秘主义在中世纪盛行诸原因(Causes of Its Medieval Popularity)

3. 神秘主义的开始(The Beginning of Mysticism)

4. 希腊教会的神秘主义（Mysticism in the Greek Church）

5. 拉丁教会的神秘主义（Mysticism in the Latin Church）

　　（a）个体主义者克勒福的伯纳德（Bernard of Clairvaux, the Individualist）

　　（b）经院哲学家圣维克多的雨果（Hugo of St. Victor, the Scholastic）

　　（c）雄心勃勃的神学家波那文都（Bonaventura, the Ambitious Theologian）

6. 神秘主义的顶峰（The Culmination of Mysticism）

第三章　神秘主义代表人物（The Representative Mystics）

1. 典型的神秘主义者（The Typical Mystics）

2. 埃克哈特大师与玄思神秘主义（Master Eckhart and Speculative Mysticism）

　　（a）天主论（Theory of God）

　　（b）罪恶论（Theory of Evil）

　　（c）灵魂论（Theory of Soul）

　　（d）沟通论（Theory of Communion）

　　（e）道德论（Theory of Morality）

3. 罗斯布若克与实修神秘主义（Ruysbrock and Practical Mysticism）

4. 雅各布·波默与"自然"神秘主义（Jacob Boehme and "Nature" Mysticism）

　　（a）天主论（Theory of God）

　　（b）创世论（Theory of Creation）

　　（c）灵魂论（Theory of Soul）

　　（d）沟通论（Theory of Communion）

（e）道德论（Theory of Morality）

（f）总结

第四章　中世纪神秘主义的衰落及贡献（The Decline and Services of the Mediaeval Mysticism）

1. 中世纪神秘主义的衰落（The Decline of the Mediaeval Mysticism）

2. 中世纪神秘主义的诸多贡献（The Services of the Mediaeval Mysticism）

附录一：神秘主义演化示意图（Appendix A—A Diagram Showing the Development of Mysticism）

附录二：参考文献

对于中世纪两大主要思潮——神秘主义与经院哲学之离合关系，文中认为经院哲学保持了早期文明的形式与逻辑上的意义，而神秘主义则保存了精神与心理上的意义。对神秘主义的热诚引发新教改革，而其所蕴个体主义精神之发扬，使文艺复兴时代得以摆脱旧有羁绊。他还将西方神秘主义与道家、道教和儒家加以比较，对中国为什么没能发展出现代科学的根本原因有所揭示：

　　神秘主义虽曾对西方文明做出非凡贡献，但我们必须牢记它可能产生的危险结果。摆脱神秘主义有两种方式：从玄思蜕化到神秘崇拜；或从宗教玄思进化到个体化的探询和纯粹个性的发展。老子及其追随者庄子玄思的"道家"，除了产生法术的"道教"以外别无它果，这对中国人来说是可悲的。幸运的是欧洲人，神秘主义成功地为一个新时代铺平了道路。为何我们相差如此悬殊？如上所言，欧洲神秘主义的个体主义，只是产生新时代的主导因素之一，而非唯此一种。新大陆的发现，天空的扩展，教会的内部衰退，经济和商业的进步，十字军运动，政治形势及新发明——共同造就现代之辉煌。若

缺其一因,欧洲历史也许随之改观。然而,神秘主义在中国无
此有利条件,尤其是没有允许其健康发展的地理和政治环境。
但是欧洲文艺复兴时期的各种情形却极有利。

　　基于这种认识,先生在 1922 年发表的《评近人之文化研究》
一文中进一步探讨了中国为何未能孕育出现代科学的问题。这
一问题后来在李约瑟那里成为著名的"李约瑟难题",而先生于
此早已有了自己独到的解答方式。

　　人们通常认为,"五四"运动后,学术界受西方影响才开始把
道家和道教严格区分开来。实际上,先生的《中世纪的神秘主
义》,是现知更早区分道家和道教的学术论文。他说:

　　　　通常称为"Taoism"的道教颇不同于思辨的道家,除了
　　皆以"道"命名之外,我们不认为此二者间有何共同之处。
　　事实上,迷信教派或者说道教的创始人张道陵,只把老子作
　　为一种工具,而完全没有理解他的玄妙哲学。①

先生此处的观点,与冯友兰 1948 年出版的《中国哲学简史》对道
家与道教异同的看法基本一致。

　　《中世纪神秘主义》表明先生在拜会白璧德之前,已在研读
他的著作。该文特意征引了白璧德的名著《新拉奥孔》,并把它
排在各类参考文献之首,而此时他尚未转去哈佛大学。《新拉奥
孔》一书承接《文学与美国的大学》(*Literature and the American*

---

①引文为笔者汉译,原文为:"The 'religion of Tao' or Tao-Jia(道教),Tao-
ism popularly so-called,is very different from the speculative 'school of Tao'
or Tao-Kia(道家) that we cannot admit any thing in common between them
except the name, 'Tao'. As a matter of fact,Chang Tao-ling,the founder of
the superstitions sects or Taoism only used Laotse instrumentally,and did not
at all understand his mystical philosophy. "(Yung Tung Tang,"Mysticism in
the Middle Ages",*Theses Written in Hamline University*(1918—19))

College)里的新人文主义思想,另辟角度,以莱辛(Lessing)的名作《拉奥孔》对伪古典主义艺术形式混乱的批判为引,批评了自卢梭以来 19 世纪浪漫主义运动,认为他们忽视艺术类型(genre)之间的界限,且缺乏约束(restraint),这造成了不同艺术形式间的浪漫主义混乱(the Romantic confusion of the arts)。而这种艺术领域的混乱与社会生活领域缺乏道德约束其实都是内在相关的。对此,他倡导内在制约以克制人的本能冲动,实现自律,从而调治混乱。白璧德抨击对西方近现代文化影响甚巨的以培根为代表的科学人道主义(scientific humanitarianism)和以卢梭为代表的泛情人道主义(sentimental humanitarianism),呼吁人文学术的复兴。先生文化观的形成与白璧德新人文主义的关系,确如乐黛云教授所论,他是受白璧德学说的吸引而后转入哈佛大学的,"并不是白璧德塑造了《学衡》诸人的思想,而是某些已初步形成的想法使他们主动选择了白璧德"①。此类初步碰撞迸发的思想火花,在这册论文集的字里行间已有不少展现。

　　该文多应用白璧德、詹姆斯(William James)的理论来分析神秘主义产生的心理根源。随后留美的冯友兰也受詹姆斯影响,关注起中国的神秘主义传统。先生此后仍继续研究这一课题。现存他多种讲义、笔记涉及直至现代哲学中新黑格尔派的神秘主义。

　　先生对西方哲学与宗教之源头颇为留心,率先探索了这一领域。《中世纪的神秘主义》已探讨了犹太教哲学和希腊哲学的碰撞与融合,重点以犹太教哲学家菲罗的整合性努力来说明。他的论文《斯宾诺莎、洛克和康德的知识论》有一节考察斯宾诺莎学说产生的文化背景,写道:"斯宾诺莎作为犹太人,自幼所受犹太文化的熏陶奠定了他全部思想的基础。如,东方性和神秘

---

① 乐黛云:《世界文化对话中的中国现代保守主义》,《跨文化之桥》,北京:北京大学出版社 2002 年版,第 184 页。

主义倾向。"这可视为他主张"学必探源"的例证。

4月8日,先生写作《1918—1919年写于汉姆林大学的论文集》中的第三篇哲学论文《斯宾诺莎、洛克和康德之认识论》(Epistemology of Spinoza,Locke and Kant),共62页,得99分。文章纲目如下:

> 1. 导言
> 2. 斯宾诺莎之知识论①(Spinoza's Theory of Knowledge)
>   (a)文化之背景(Cultural Background)
>   (b)研究之鹄的(Aim of Investigation)
>   (c)知识之缘起(Origin of Knowledge)
>   (d)知识之本质与内容(Essence and Contents of Knowledge)
>   (e)知识的有效性和局限性(Validity and Limitation of Knowledge)
>   (1)意见或想象(Opinion or Imagination)
>   (2)理性(Reason)
>   (3)直觉(Intuition)
> 3. 洛克之知识论②(Locke's Theory of Knowledge)(下分五节,同上)
> 4. 康德之知识论③(Kant's Theory of Knowledge)(下分五节,同上)

---

①先生关于斯宾诺莎知识论的论述,参见《汤用彤全集》第5卷,第410—412、435—440页。

②先生相关洛克知识论的论述,参见《汤用彤全集》第5卷,第456、481—491页。

③先生南开大学时期未刊讲义"康德哲学"(The Philosophy of Kant)多处涉及康德知识论。

5. 总结

附:参考文献①

认识论是哲学的重要分支,向为中国哲学所缺②。先生这篇文章,实有弥补这种缺憾的用处。他开篇就指出,认识论的诸种问题是近代哲学关注的中心,是近代哲学家思考问题的起点,其地位和功用相当于逻辑之于古希腊思想家。文中阐述斯宾诺莎、洛克和康德知识论的基本特征。为彰显他们各自学说的特点,先生通过对比描述他们如何处理知识论的主要问题:知识的缘起、本质、内容以及适用范围;并进一步探究其文化背景及考察目标,借以了解他们各自得出那些结论的缘由。先生说:"他们的知识论差异甚巨,然由其天资和当时文化氛围来看,也毫不为怪。诚如中国警语所言:'时势造英雄!'"文章最后扼要比较三家理论、历史地位及彼此间的关系,并透过他们学说表面上的相似性,指出这三种不同的知识论乃分别从三个相异的基点上生发

---

① 《斯宾诺莎、洛克和康德之认识论》文末列举参考文献 29 种,重要者如斯宾诺莎的《伦理学》和《知性改进论》,帕洛克(Pallock)的《斯宾诺莎生平及其哲学》(Spinoza:His Life and Philosophy),洛克的《人类理智论》和《理智指导论》(An Essay on the Conduct of Understanding),康德的《纯粹理性批判》,华生(John Watson,1847—1939)的《康德哲学原著选读》(Selections from Kant)和《哲学导论》(Introduction to Philosophy),开尔德(Edward Caird)的《康德之批判哲学》(The Critical Philosophy of Immanuel Kant,1889),莫里斯(G. S. Morris)的《康德的〈纯粹理性批判〉》(Kant's Critique of Pure Reason,1886),泡耳生的《康德》(Immanuel Kant,1899),希本(J. G. Hibben)的《启蒙哲学》(The Philosophy of Enlightenment),梅兹(Merz)的《19 世纪欧洲思想史》(History of European Thought in 19th Century)等。

② 知识论是认识论的现代形态。乔清举教授详细疏理了认识论(epistemology)到知识论(theory of knowledge)的历史演变进程,对两者异同有精审的辨析。详见乔清举:《金岳霖新儒学体系研究》,济南:齐鲁书社 1999 年版,第 211—238 页。

出来:斯宾诺莎为绝对论,洛克为经验论,康德为批判论。这篇文稿大概是迄今发现的最早由中国学者专门研讨知识论的文章。

先生在文中还尝试拿三家学说与中国思想作比对。他尊称康德为"哥尼斯堡圣人"(The sage of Königsberg),指出:"康德的最高阶段的知识是超越经验的,同时他认为在知识本身的结构之外不存在知识的标准。康德常能发现其他学说存在的困难,所以他总是独辟蹊径。他的学说亦非全新。实际上,康德就像一只蜜蜂,辛勤而且谨慎,到处采集所能获得的最佳素材。"康德应为最能欣赏孔子"述而不作"思想之人。"述而不作"无损于其原创性,"因为原创之真正标准,非仅存乎立新,亦在于融旧"。这种融贯旧学新知的治学态度,鲜明地反映出先生作为文化守成主义者的立场。此后,他在哈佛时期文稿以及归国后所撰讲义和论文中继续知识论的研究。他的《评近人之文化研究》,就涉及知识论与科学兴起之间的因果关系。

先生在汉姆林大学还写有一篇谈论中国哲学的《中国思想之主流》(Main Currents of Chinese Thought)。此篇文章没有收入该文稿集,只在首页打印的目录下方注曰:"藏汉姆林大学图书馆,供学生参考。"(Deposited in the Library of Hamline University for Students'Reference.)从文集其他文章来看,美国导师在先生对照西方文化评析儒道学说之处,多批有"good"的字样。也许是因为这个原因,促成他写出了这篇中国哲学思想文化的专论。另据先生西南联大时期《汉代思想之主流与逆流》提纲,以及他在儒学会的演讲,也许可以逆推此文部分内容为:通过儒家与道、墨、法诸家及佛教之对比,以彰显儒学所代表的中国文化的真精神①。

————————

① 赵建永:《汤用彤留学汉姆林大学时期哲学文稿探微》,《世界哲学》2008年第 3 期。

5月4日,"五四"爱国运动爆发。先生与留美学生发表声援国内运动的宣言,藏中国国家博物馆。

先生在汉姆林大学期间学习了七门课程:英文写作、初级德文、心理学导论、哲学史、发生心理学、经济学和社会学,都获得优异成绩。其中,英文写作是初入美国的留学生必修的课程,其余均为先生依据自己的学术兴趣选修的课程。他的英文写作得到B,其余均为A。现存其哲学、普通心理学、发生心理学的课外作业论文九篇,成绩均近满分。如此优异的成绩使得先生成为该校优等生协会(Taalam Society)的会员,以"极高的荣誉"(magna cum laude)毕业。

在汉姆林大学1919届毕业生刊物《细画笔》(The Liner)上,先生照片旁的评语是"他的乐趣全在书中,或阅读或书写"①。先生勤勉好学的品格得到了大家的认可。他认真学习各门课程,如饥似渴地汲取西方文化,本科留学生活既紧张又充实,仅一学年(九个月多)就获得文学士学位(B. A.)。当时汉姆林大学校报上面曾有两篇关于他的报道②。因其学绩出类拔萃,被荐入哈佛大学③继续深造。

6月,先生在汉姆林大学毕业后即前往哈佛大学,出发前给

①Hamline University,The Liner,St. Paul:1920,p. 129. 评语原文为:"His delight was all in books;to read them or to write." 比照其他学生照片旁的评语,发现有的是格言,有的则是别人的评价。对汤用彤的这句评价,笔者未曾检索找到这句话在其他地方的出处,更像是同学的由衷赞赏。

②参见杜维明:《中国文化的认同及其创新》,《中外文化比较研究》,北京:生活·读书·新知三联书店1988年版,第64—92页。杜维明教授还查知先生在汉姆林大学曾选修政治学、社会学课程。不过,这两门课的课业论文目前尚未发现。

③哈佛大学位于美国东北部马萨诸塞州波士顿查尔斯河沿岸的剑桥,始建于1636年,是世界最负盛名的学术圣殿、美国历史最长的学校,有"先有哈佛,后有美国"之说。

吴宓发一电报告知行程。吴宓在 6 月 18 日晚得到先生的电报，遂前往火车站迎接，但未接到。次日，吴宓又于早晨、中午和晚上三次前往车站，终于等来了先生。由吴宓接入哈佛，先借住在梅光迪的寓所①。

6 月 21 日,《吴宓日记》载:"午,偕梅、陈、汪、汤诸君,游 Reservoir Lake,席坐湖畔。"②

6 月 22 日至 29 日,《吴宓日记》载:"此数日间,半游谈,半读书。夏校将开课,故于二十九日,搬至 Room B41, Standish Hall 居住。同室者四人:锡予而外,李达、顾泰来二君,均同住。搬入以后,每日三餐,均在 Smith Hall 校中所开食堂吃饭。新居地临大河,Charles River。每日晚饭后,散步河畔。桥上电灯罗列,灿若明星,水光荡漾,浮艇往来,幼童泅水者成群,而岸上汽车络绎,首尾衔接,如游龙蜿蜒,景至可乐。"③6 月 29 日,先生与吴宓、顾泰来、李达在暑期学校开学前,搬至斯坦迪使堂(Standish Hall)的 B41 号房间同住。这是一间四人宿舍,每年收费 220 美金。斯坦迪使堂是哈佛一个本科生学院的宿舍楼,位于查尔斯河(Charles River)旁边,目前依然用作本科生的宿舍。

6 月 30 日,吴宓在日记中写道:"锡予尝谓'婚事宜对症下药'(即俗谚'情人眼里出西施'之意)。又云:'知足者乃有家庭

①1919 年 6 月 18 日至 19 日《吴宓日记》载:"是晚得电,知锡予到此。特即驰至南车站接候,未至。""十九日晨及午,又赴站二次,均未接得。十九日午,尹(任先)、张(贻志)诸君归来,即在 Philip Brooks House 开会,均国防会要人,及此间能文之士,议办报事。……六时半散,宓匆匆一饭,即赴南车站,而锡予至,住梅君寓中。"吴宓:《吴宓日记》第 2 册,第 32 页。
②吴宓:《吴宓日记》第 2 册,第 32 页。
③吴宓:《吴宓日记》第 2 册,第 32—33 页。

之乐。'且惟真能自爱者,乃能爱人。"①

6月31日下午,先生与吴宓及清华丁巳级留美同学陈烈勋游览哈佛大学的植物园(Arnold Aboratum)。

暑假,先生入读哈佛暑期学校(Summer School),与留校读书的梅光迪、陈寅恪、俞大维、汪懋祖(典存)等人,暇时常一起散步游谈。在麻省理工学院学习的吴宓同乡老友王正基(复初),因入哈佛暑期学校上经济学课程,也时常来宿舍看望。当时哈佛大学将一学年分为秋季、冬季和春季三个学期,外加夏季的假期或暑期学校。暑期学校是哈佛大学的一个传统,即利用暑期时间开设课程,主要面向美国各个大学和社会中有志于进修的人,讲授课程多以实用为取向,时间约为两个月。

7月14日,《吴宓日记》载:"午饭时,赴巴师Prof. Babbitt宅,约定会晤时间。晚八时,偕陈寅恪君及锡予同往。巴师与其夫人陪坐。谈至十一时半始归。巴师述其往日为学之阅历,又与陈君究论佛理。夫人则以葡萄露及糕点进,以助清谈云。"②白璧德与朵拉(Dora May Drew)于1900年结婚后,一直住在科克兰路6号(6 Kirkland Road)的三层独栋。这里距离陈寅恪在赭山街的住址步行仅有一公里。当时吴宓与先生住在斯坦迪使堂,距离白府更远,估计是吴宓和先生先出发,半路与陈寅恪会合,再去白府③。

8月10日,《吴宓日记》载:先生与吴宓、顾泰来、王正基"赴海滨游。先乘空中电车至Rowe's Wharf,乘汽船渡港,再乘火车至Lynn。沿海岸(大西洋岸)行至Swampscott,见岸边水际,男女

①吴宓:《吴宓日记》第2册,第34页。
②吴宓:《吴宓日记》第2册,第37页。
③陈怀宇:《陈寅恪留学哈佛史事钩沉及其相关问题》,《清华大学学报(哲学社会科学版)》2012年第5期。

杂沓,仅着短裤,或披毡褐,竞入水泅浴,或眠于沙上。旋由此乘电车,至 Marblehead 海滨,在临水之餐馆午餐 Adam's House,甚贵,仅食果点而已。……归途复游 Revere Beach 及 Winthrop 海滨。……晚,六时归舍"①。

8月18日,吴宓记载:"哈佛中国学生,读书最多者,当推陈君寅恪,及其表弟俞君大维。两君读书多,而购书亦多。到此不及半载,而新购之书籍,已充橱盈箧,得数百卷。陈君及梅君,皆屡劝宓购书。"②当时先生和吴宓同住,常去他们宿舍论学的陈寅恪谈到:"回国之后,西文书籍,杳乎难得,非自购不可。而此时不零星随机购置,则将来恐亦无力及此。"③出于相同的考虑,尽管大量图书"存放无地,搬运费钱",先生也像陈寅恪那样"大购、多购、全购"起来。他们留学期间,节衣缩食之余,不为无益之事,专用于买书。先购最精要之籍,以次类及。

吴宓在哈佛主修文学,但哲学书读得不少,当是受白璧德和先生的影响。白璧德十分强调沟通文哲,以为哲学隐而文学显,两者互相映照。文学教授应令学生多读哲学,哲学教授应令学生多读文学。东方古代学风于此很值得学习,即使在西方,希腊罗马的古典文学莫不有人生哲学为其根据。9月5日,吴宓在《日记》中写道:"西国学问之精华本原,皆出希腊三哲。三哲之中,苏格拉底生平无所著述;柏拉图多述师说,而亦自有发明;亚里士多德则集其大成,而其学极博。约而论之,柏氏之书,多言天道,亚氏则究人事。柏氏多言本体,而亚氏则究其致用(三哲之学,皆天人一贯。此但言其偏重之处,未可误分也)。治西学而不读希腊三哲之书,犹之宗儒学而不读四书五经,崇佛学而不

---

①吴宓:《吴宓日记》第2册,第50—51页。
②吴宓:《吴宓日记》第2册,第55页。
③吴宓:《吴宓日记》第2册,第55页。

读内典;直是迷离徬徨,未入门径,乌望登峰造极哉?"①先生与吴宓都是先读希腊三哲之学说,而后读其著述之原本。

9 月 13 日,暑期学校结束。吴宓前已租定校园内靠近图书馆的维尔德堂(Weld Hall)北口(North Entry)的 51 号室,下学年与先生同住。原定这天移往新居,后因木器等未如期运到而推迟了两天。其时,王复初来哈佛一游,帮助先生和吴宓搬家。

9 月 15 日,先生和吴宓入住维尔德堂 51 号。吴宓当天的日记记载:"阴雨。午前,复初来,助宓等携运书物包裹等,移往 Weld Hall 新居,终日而毕。宓等以省钱故,每住校中宿舍,均在最高一层楼上。夏间所居 B41 Standish Hall 为四层楼;今之新居,则为五层楼,须经行四梯,共八十级。室分内外两间,每一学年(实九月),房租百四十元美金。宓与锡予,各出其半,凡七十元。租赁木器,全年十元。电灯约六七元,室役赏资一二元。室甚宽敞,惟略黑暗,且近通衢,故电车、汽车之声,日夜隆隆。木器本约日前送到,而竟未照行。日来屡经催促,卒至十八日夕,始送到;故连日均在地板上安眠云。"②

9 月 16 日,先生正式在哈佛大学文理学院哲学系注册入学读研究生。一开学,他就与吴宓一起选修了白璧德开设的"19 世纪的浪漫主义运动"一课。白璧德常在家里上课,他本学年所开此课就在其住址进行。林伟博士认为,先生之所以在入哈佛后第一年就选修这门课程,极可能与吴宓的介绍和推荐有关,但同时值得注意的是,这门课程亦在哲学系推荐学生选修的外系所开设有关哲学的课程之列。因此可以说,白璧德这门课程所具备的哲学意蕴得到了哈佛哲学系的认可,而先生选修此课并

---

① 吴宓:《吴宓日记》第 2 册,第 61—62 页。
② 吴宓:《吴宓日记》第 2 册,第 72 页。

未脱离他对哲学史的关注。

1920 年出版的《哈佛大学名录》将吴宓列入哈佛文理研究院学生名单,地址为"W51",应是维尔德堂 51 号的缩写,名字下注明吴宓已获文学士,专业为英文、历史、政府学。维尔德堂建于 1870 年,是哈佛核心校区的宿舍,紧邻威德纳图书馆。在这栋楼里住过的本科生成名者颇众,如前总统肯尼迪和联储主席伯南克。这里离赭山街上的陈寅恪住处仅数百米。根据 1919 年 3 月 13 日以及 14 日《哈佛校报》的通知,本科生申请宿舍截止到 14 日下午 6 点。13 日的通知特别提到四年级学生可申请维尔德堂。14 日通知说分配宿舍将向组团申请的人倾斜,但一个团不能超过 12 人,每个房间不超过 2 人,1920 年毕业的人可申请。当时吴宓因为是 1920 届本科毕业生才住在维尔德堂,先生当为乘便住进本科生宿舍的研究生新生①。

先生与吴宓在哈佛,一直同住一个宿舍,顾泰来与他们不住一起后,依然来往不断。1919 年秋至 1920 年,先生和吴宓同住于维尔德堂,顾泰来也搬出斯坦迪使堂,到赭山街 36 号与陈寅恪同住于罗维尔堂。此间每逢周日,先生与吴宓、顾泰来诸君常步行去波士顿市区,到中国餐馆进餐。《吴宓自编年谱》载:"三人每日同餐,同游,同出入,同研究校课,形迹极密,心情亦厚。"②而白璧德的论说,往往成为他们的重要话题。

新学年开始,清华同学张鑫海(后改名歆海)来哈佛。先生与吴宓"导示一切,并为觅定寓所"③。9 月 18 日,《吴宓日记》载:"清华后来诸级游美学生,其研习文学者,仅有楼君光来及张

---

①陈怀宇:《陈寅恪留学哈佛史事钩沉及其相关问题》,《清华大学学报(哲学社会科学版)》2012 年第 5 期。
②吴宓著,吴学昭整理:《吴宓自编年谱》,第 209 页。
③吴宓:《吴宓日记》第 2 册,第 73 页。

君鑫海二人。今春正二月以来,二君屡来函,究问文学一道,宓告以种种。二君得读巴师等之书,极道向慕,遂转学哈佛。楼君以尚未毕业,须留原校,故张君独先至。"①

9月18日,林语堂携夫人抵达哈佛,住赭山街51号。

9月28日,沃尔科特教授为先生申请哈佛大学硕士学位写推荐信说:"两年前,我在中国北京的清华学校得以深入地了解汤用彤,尽管他那时并不是我的学生——因为他在我去之前一年就已经毕业担任教员。"先生在汉姆林大学所学七门课程中,有心理学导论、哲学史和发生心理学三门都是沃尔科特讲授。沃尔科特在信中还说:"我发现他是一名格外优秀的学生……他所写的论文尤其出色。若与其他学生上交的作业相比,他的作业——特别是哲学史课程的论文相当于别人150%的水平。经过这一年,我对他掌握和组织知识的能力深信不疑。"②

10月4日晚,先生与吴宓等知友,"会于陈君寅恪室中",欢送梅光迪首途归国。此前,张伯苓为筹建南开大学(10月17日建校)而到美国考察私立大学情况,借机广延人才。梅光迪遂决定到即将成立的南开大学英文系任教授兼系主任。10月5日,早晨,吴宓"偕锡予为梅君运搬箱箧。午,由锡予及施君济元及宓,共约梅君在汉口楼祖饯。四时半,送至南车站,握手而别"。①

10月16日,先生提交了硕士学位申请材料,包括申请表、清华学校和汉姆林大学的成绩单及沃尔科特教授的推荐信。不久

---

①吴宓:《吴宓日记》第2册,第73页。

②Gregory D. Walcott to Chairman of Committee on Graduate Studies, September 28,1919, Tang Yung Tung Student Folder, Harvard University Archives, UAV 161.201.10, Box 105. 沃尔科特教授在清华学校的伦理学讲稿整理后在美国出版,参看 Gregory D. Walcott, *Tsing Hua Lectures on Ethics*, Boston: The Gorham Press, 1919.

①吴宓:《吴宓日记》第2册,第78页。

先生收到院方反馈意见:"从1919年9月开始,至少还需一年半时间方能获得硕士学位。"①

10月26日,《吴宓日记》载:"午后,俞君大维来。谈宗教之流派,及其精义。谓权衡种种,欲图中国根本至计,则惟当复兴佛教,昌明佛学。"②吴宓日记中大量记录了当时留学生论学交游的过程。佛教是其讨论的重要话题之一,先生与他们对通过佛教振兴中国文化抱有共同期望。

11月30日,先生与吴宓长谈至深夜。大意是说:"国防会"这次办报机会极佳,吴宓虽勤劳尽职,然主办者"学识缺乏,虽具热诚,而办报之条理全无。此间收得之稿,恶劣不堪,仅资敷衍,实为左计。是宜设法联络友朋中高明之士,一鼓作气,自定办法,文稿慎为选择,严格收取,立意必求高,而每篇文字,必具精采,专由美国集稿寄回中国……如是则报出可以动人,而实达救国益群之初志"③。吴宓甚以为然,可惜不久接到国防会长张贻志自上海发来关于该报停办的通知而未及实施,然而他们的办刊志向却痴情不改,愈挫愈奋。

12月10日,《吴宓日记》载:"锡予近读佛学之书,殊多进益。宓未遑涉猎也。偶见其中载佛语一则,云:'学道之人,如牛负重车,行深泥中,只宜俯首前进。若一徘徊四顾,则陷溺邃深,而不可拯拔矣。'宓近来体验所得,确信此言之切要也。"④

12月29日,《吴宓日记》载:"留美同人,大多志趣卑近,但求功名与温饱;而其治学,亦漫无宗旨,杂取浮摭。乃高明出群

①先生申请哈佛大学硕士学位申请表,Harvard University Archives, UAV 161. 201. 10 Box 105。
②吴宓:《吴宓日记》第2册,第87页。
③吴宓:《吴宓日记》第2册,第97页。
④吴宓:《吴宓日记》第2册,第100页。

之士,如陈君寅恪之梵文,汤君锡予之佛学,张君鑫海之西洋文学,俞君大维之名学,洪君深之戏,则皆各有所专注。"①

　　先生曾对弟子黄心川说,佩瑞②为其在哈佛的指导老师。林伟博士对照先生的成绩单和兰曼所藏的先生选课记录表推断,佩瑞很可能是先生第一学年的选课导师,而他在第二、第三学年则由兰曼指导选课。1919 年秋季学期,兰曼开设的"印度语文学"课有两种。一种是导论课,一种是提供给有基础的人,主要讨论巴利文写本。前者上课时间是周一、三、五 2 点半,后者是周一、三、五 3 点半。兰曼坐班时间是周一、三、五 4 点半。上课和坐班平时在威德纳图书馆 A 室(Widener A),"印度语文学"讨论课则每周二晚上在兰曼家进行。其时,先生已知兰曼,但尚未正式选修兰曼的课。

　　吴宓对俞大维、陈寅恪、先生与兰曼的关系记述道:"哈佛大学本有梵文、印度哲学及佛学一系,且有卓出之教授 Lanman 先生等,然众多不知,中国留学生自俞大维君始探寻、发见,而往受学焉。其后陈寅恪与汤用彤继之。"③

　　先生在哈佛大学选课以西方哲学为主,辅以一些趋近东方思想的课程。1919—1920 学年选修的哲学类课程有:摩尔(E. C. Moore)教授开设的"宗教哲学"(Philosophy of Religion),成绩为"A"。谢佛(Sheffer)博士开设的"高级逻辑"(Advanced Logic),成绩为"B +"。谢佛开设的"高级数理逻辑"(Advanced Mathematical Logic),成绩为"B"。伍兹(Woods)教授开设的"印度哲学体系"(Philosophical System of India),成绩为"A"。伍兹

①吴宓:《吴宓日记》第 2 册,第 112 页。
②美国著名哲学家佩瑞(Ralph Barton Perry,1876—1957)曾任美国哲学会主席,为新实在论领军人物。
③吴宓著,吴学昭整理:《吴宓自编年谱》,第 187 页。

开设的"以柏拉图为主的希腊哲学"（Greek Philosophy, with especial reference to Plato），成绩为"A"。沃尔夫（De Wulf）教授开设的"中世纪哲学史"（History of Mediaeval Philosophy），成绩为"A-"。佩瑞（Perry）教授开设的"当前哲学趋势"（Present Philosophy Tendencies），成绩为"A"。比较文学类课程有：白璧德（Babbitt）教授开设的"19世纪的浪漫主义运动"（The Romantic Movement in the Nineteenth Century），成绩为"B"。

在白璧德新人文主义的指引下，先生在哈佛期间逐渐由西方哲学史转向以印度语言学为核心的印度哲学与佛教。先生在第一学年选修了哈佛哲学系主任詹姆斯·伍兹（James H. Woods）开设的"印度哲学体系"（Philosophical System of India）。这门课程是印度哲学思想的导论课程，重在讲授吠檀多派（Vedanta）、数论派（Sankhya）和瑜伽派（Yoga）的思想。尽管先生此前喜读佛典，但这门课程可以视为他从比较语文学角度研究佛学的起点。

先生的活页本哈佛时期手稿《当前哲学的趋势》①，当为奉

---

①该篇（Present Philosophical Tendencies）纲目整理翻译如下：

Preliminary（前言）

　　1. The war（一战）

　　2. Philosophical tendency is sort of intellectual pattern（哲学趋势是一种理智的模式）

　　3. Fundamental issues（基本议题）

　　4. The four contemporary tendencies（当代四种哲学趋向）

Naturalism（自然主义）

　　1. The Descriptive method in modern science（现代科学的描述方法）

　　2. The advance towards nominalism（趋向唯名论）

　　3. Negation of Moral and religious traditions（对道德和宗教传统的否定）

　　4. The new view of man（人类新见解）

Idealism（唯心论）（转下页）

导师佩瑞(Perry)之命而写长篇研究报告,残存 76 页。该文与 1919—1920 学年他所选修佩瑞开设的课程"当前哲学趋势" (Present Philosophy Tendencies)对应,成绩为"A"。

先生文中对"the great war"(指一战)引发的危机加以哲学反思,并对当时哲学各流派进行分析评论、回顾和瞻望。他重点探讨了当时四种哲学趋向:后康德唯心论、19 世纪自然主义、实用主义和新实在论。他认为:"哲学趋势虽不能精确地加以规定,但它是包含各种各样偏离因素的连续性统一体。构成思想的知识是必需的,因为它们不同的排列组合形成了发展趋向。""反理智主义是我们时代的一个特征,但其说如此相异以致不可能成为一种趋势。"柏格森是反理智主义者,在某种意义上他攻击理智的逻辑程序(logical process of the intellectual),但他并不

(接上页) 1. Berkeleyan basis of Idealism(唯心论的贝克莱主义的基础)

2. Kantian basis of Idealism(唯心论的康德哲学基础)

3. Cardinal principle(首要原则)

4. Critique of the above(以上之批评)

5. Ethics of Idealism(唯心论的伦理学)

6. Idealistic philosophy of state(国家的唯心论哲学)

7. Idealistic philosophy of religion(宗教的唯心论哲学)

Pragmatism and Activism(实用主义与行动主义)

1. Anti-intellectualism(反理智主义)

2. The pragmatist or instrumentalist theory of knowledge(实用主义或工具主义的知识理论)

3. Pragmatist Idealism Vs Realism(实用主义的唯心论对实在论)

4. Bergsonian theory of knowledge(柏格森主义的知识理论)

5. Problem of freedom(自由问题)

6. Activism,meliorism and pluralism(行动主义、社会向善论和多元论)

Realism(实在论)

1. Theory of knowledge(知识理论),

2. Theory of value(价值理论)

反对理性的程序（rational process）。先生大量采用比较研究方法，注重通过对宗教、心理学、科学哲学①、伦理学、社会学的跨学科研究来探讨哲学发展的走向。

《当前哲学的趋势》一文重视自由与创造力的关系，在"自由问题"（Problem of Freedom）一节中讲述"作为创造活动的自由"。这里，先生敏锐地抓住了现代社会的本质，点明了作为创造力体现和保障的自由是一切现代社会的根本特征。先生回国后的西方哲学讲义对密尔《论自由》重点讲述，因为他深知即使所谓"错误"思想，在"自由为体，民主为用"的社会中，也可化害为利，从而具有了正面价值。它可以提高人民鉴别真假、善恶的能力，使社会增强自身"抗病毒"的"免疫力"。

《当前哲学的趋势》评析当时哲学各流派，对宗教在现代社会中地位和作用及其与科学的关系亦有探讨，还设专节讲"唯心论的宗教哲学"（Idealistic Philosophy of Religion）②。先生南开大学时期讲义《现今哲学》对此文讨论的宗教问题多有发挥。文末附录与此文相关参考文献目录37种，时间最近者刊于1919年8月28日，还特意注明"用星号表示属于同情之阐述，余者为批评"。据其中5种罗素著述，可知该文残缺部分也涉及当时刚兴起的分析哲学③。

先生哈佛时期的《逻辑学专辑》第1册以数理逻辑为主，概述从布尔（Boole）到数理逻辑的三位主要创始人皮亚诺（Peano）、弗雷格（G. Frege）、罗素（B. Russell）的发展历程。其

①文中涉及爱因斯坦相对论（Einstein's Relativity）对哲学发展的影响。
②该文参考文献引用有1918年《哈佛神学评论》登载的《新实在论》一文（Hormle，"New Realism and Religion"，*Harvard Theological Review*，Vol. XI，1918，pp. 145—170）。该刊1908年创办，是美国最悠久的宗教和神学的权威学术期刊之一。
③赵建永：《汤用彤哈佛大学时期哲学文稿辨析》，《哲学动态》2006年第4期。

中有笔记多篇:基数解说(Definition of Cardinals)、类型理论(Theory of Types)、演绎逻辑主题的问题(Problem of the Subject-Matter of Deductive Logic)、有序类型(Ordered Types)、哥白尼—牛顿天文学(Copernican-Newton Astronomy)、布尔代数体系问题(Problem of Boolean Algebra)、等价集意义(Meaning of Equivalent Sets)、数理逻辑概略(Resume of Mathematical Logic),等等。该专辑与他1919—1920学年选修的谢佛(Dr. Sheffer)开设的"高级逻辑"(Advanced Logic,成绩为"B+")和"高级数理逻辑"(Advanced Mathematical Logic,成绩为"B")正相对应,当为该课程的课堂笔记和读书报告。这很可能是迄今发现最早的由中国人详尽而系统讨论逻辑理论的手稿原件。

从《逻辑学专辑》中可以看出先生所受的严密逻辑思维训练,也反映出他逻辑推理的天赋、对数理逻辑、符号逻辑、形式逻辑、数学哲学、语言哲学的精熟及文理兼通的素养。文中极重视逻辑作为"思想者武器"(weapon of man who thinks)的作用,常称道弗雷格(G. Frege)、罗素(B. Russell)等人著述,这说明先生在罗素来华讲学之前就已关注当时刚兴起的分析哲学。如其中符号论(Symbolism)一文先讲符号论的重要意义,又探讨了名称(name)与意义(meaning)的关系问题,通过逻辑分析来揭示日常语言的结构和意义,着重叙述了罗素的摹状词理论。

高山杉先生的《俞大维学习数理逻辑和梵文的学问背景》一文有助于我们了解先生哈佛时期数理逻辑的学习情况及其相关手稿的写作背景。由该文可以推知:俞大维和先生能学到当时数理哲学中最先进的数理逻辑,是因为哈佛有杰出的数理逻辑学家谢佛和路易士,而此二人又师从于鲁一士。哈佛大学哲学系"黄金时代"师生兼治数理逻辑、梵文、印度哲学和佛学的学术因缘,在俞大维和先生身上彻始彻终得到了充分体现①。这就不难明白先生手稿中为什么会有大量对路易士、谢佛、鲁一士学说的阐述。先生哈佛时期逻辑学手稿中有六处提到谢佛②。谢佛的风度和学识,给先生留下很深的印象。随后,金岳霖、沈有乾和沈有鼎(可能受其兄沈有乾影响)相继跟随他学习逻辑③。

当时哈佛中国留学生中有"哈佛三杰"的说法,即陈寅恪、汤用彤和吴宓。关于"哈佛三杰"之说的缘起,学界一般认为是当时在哈佛中国留学生中流传着这一说法。此说以孙尚扬教授之《汤用彤先生年谱简编》为代表,他说:"(1919 年)暑假,与吴宓同留哈佛校园,进暑校。此顷,公与陈寅恪、吴宓被称为'哈佛三杰'。"④这是关于"哈佛三杰"较早的直接文献记载。周一良先生对该说来历颇为关注,特地请教汤一介先生。汤先生答复:"这一条是根据李赋宁先生在纪念吴宓先生一次会上所讲。"李赋宁还在《我与北大人》一文中写道:"1937 年 11 月初,我随吴宓先生和汤用彤先生自长沙赴南岳。汤先生和吴先生是清华学堂和美国哈佛大学两度同学。加上陈寅恪先生,他们三人当年曾被称为中国留美学生中的'哈佛三杰'。"李赋宁是吴宓的及门弟子,必定言之有据。

此外,"哈佛三杰"还有两说,分别是:梅光迪、吴宓、汤用彤;

---

① 高山杉:《俞大维学习数理逻辑和梵文的背景——哈佛大学哲学系"黄金时代"一段学术因缘》,《世界哲学》2006 年第 5 期。

② 其中有关谢佛的两帧手稿照片,刊登在《世界哲学》2008 年第 3 期,第 112 页。

③ 高山杉:《谢佛和沈有乾》,《世界哲学》2008 年第 2 期。该文介绍美国哲学家、数理逻辑学家谢佛及其学生沈有乾的学术交往,并多处论及先生的相关手稿。

④ 孙尚扬:《汤用彤先生年谱简编》,汤一介编:《国故新知:中国传统文化的再诠释——汤用彤先生诞辰百周年纪念论文集》,第 1—10 页。

俞大维、陈寅恪、汤用彤，这在后世学人的著述中时有体现。无
论是哪一种说法，先生都名列其中。大概当年"仁者见仁，智者
见智"，故同时流传着三种说法，但后来由于第一种最合事实，而
被历史所选择。根据"方以类聚，物（人）以群分"的道理，如果
我们梳理清楚梅光迪、俞大维、吴宓、陈寅恪和先生在哈佛大学
的时间段，及其学术思想的内在联系，自可明了个中缘由。

他们五人早年同为哈佛大学最杰出的中国留学生，关系极
为密切。他们归国后，除俞大维转入军政界而"出局"外，其余皆
成为学衡派的中坚。吴宓与梅光迪、陈寅恪相识分别在 1918 年
和 1919 年。先生认识陈寅恪、梅光迪，是通过老友吴宓的介绍。
而梅光迪之遇陈寅恪，则在吴宓结识陈寅恪稍后。1921 年夏，吴
宓赴东南大学任教，同年 9 月陈寅恪离开哈佛，一年后先生也到
东南大学，与吴宓共事《学衡》杂志。可见，在哈佛，梅光迪仅在
1919 年与他们共处三个月，而陈寅恪、先生和吴宓同窗则两年多
（1919—1921 年）。若将梅光迪与先生、吴宓并列"哈佛三杰"，
于时间显然不符，实力上亦不相当。因此，"三杰"以陈寅恪、先
生、吴宓三人并称最为合情合理，诚为实至名归①。至于这一称
号最早出自谁人之口，后人已无从考证。

陈寅恪、先生与吴宓均在 20 世纪 10 年代末至 20 年代初就
学于哈佛大学，分别主攻比较语言学、哲学和文学。他们虽学业
和性情殊异，却志趣相投，文化理念契合，初识就引为知己，相交
莫逆。又因三人在哈佛中国留学生中成绩优异，学问超群，名噪
校园，故而被誉为"哈佛三杰"。自此，他们便在学术上切磋共
进，人生上互相支持，结下贯穿一生的深厚友情，演绎了一系列
激励后学的文坛佳话，成为中国文化史上三座巍峨连峰。

①眉睫：《"哈佛三杰"辨》，《文学史上的失踪者》，北京：金城出版社 2013
　年版，第 145—146 页。

1920 年（庚申）　先生二十八岁

本年，先生继续在哈佛学习，读内典甚勤。

1 月 3 日，冯友兰在哥伦比亚大学自记收到先生来信。6 日，他复函先生和曹理卿等天人学会盟友①。1919 年冯友兰赴美留学，通过天人学会印的通讯资料继续维系他们当初复兴中国文化的共同理想。尽管留学美国后，吴宓与冯友兰已逐渐产生隔阂，但先生对待冯友兰依然一如既往，这在《吴宓日记》也有体现②。

1 月 30 日，《吴宓日记》载："张君鑫海年少美才，学富志洁，极堪敬爱。此间除陈君寅恪外，如锡予及张君鑫海，及日内将到此之楼君光来，均具实学，又极用功，在今已为中国学生中之麟凤，其将来之造诣，定可预知。学然后知不足，学愈深，愈见得自己之所得者尚浅。故如锡予与张君等，均又实心谦虚，尤足称道。"③

1 月 31 日，《吴宓日记》载："楼君光来，约今晚八时到此，乃于七时半，偕锡予及张君鑫海赴南车站迎接。而火车迟到，至一时半始抵，徘徊站中，颇患寒威。归舍时地下电车已停。及入寝，已二时过矣。"④先生和吴宓、张鑫海赴南车站迎接转学至哈佛师从白璧德习文学的楼光来。火车晚点，尽管他们在严寒中等候六个小时之久，却都因此间习文史哲理者逐渐增多而高兴。

---

①蔡仲德：《冯友兰先生年谱初编》，《三松堂全集》附录，第 40—41 页。

②1919 年 12 月 30 日，吴宓在美国哈佛读书时记："午饭后，李济、洪深诸君来，谈清华旧日种种趣事……如汪缉斋则在《新青年》、《新潮》等报充编辑，如冯芝生现甫到美，则自谓初亦反对新文学，今则赞成而竭力鼓吹之。"吴宓：《吴宓日记》第 2 册，第 114 页。

③吴宓：《吴宓日记》第 2 册，第 125 页。

④吴宓：《吴宓日记》第 2 册，第 126 页。

吴宓留学哈佛时曾任"国防会"机关报《民心》周刊驻美编辑长,负责该报在美国的征稿、发行,异常忙累。陈寅恪和张鑫海屡劝吴宓不要为此花费太多精力。吴宓尽管认为这都是体己之言,但他并没有因此减少办报的时间。之所以如此,吴宓自有其缘由。1月31日,《吴宓日记》载:"诸人之道理,宓尽通晓;然宓虽为俗事,却无一点俗心。宓每念国家危亡荼苦情形,神魂俱碎,非自己每日有所作为,则心不安。明知《民心》报之无益,然宓特借此以自收心,而解除痛苦而已。宓但自尽心,不问其有效与否。宓之为此,并非为国,只图自身之宽慰分毫耳。他人学养兼到,静心读书,以企远大,我今不能,则亦难伪托效颦也。……关于此事,详情不记,但'用力多而成功少',则诚如锡予等所言。"①时局的变化煎熬着吴宓的心,他只有切实地做一些能够立即看得到对国家有利的事,其心灵才能获得慰藉。为此先生尽管也主张不要将太多精力花费在办报上,应当多留一些时间去读书、著述,但他仍然竭诚相助。

2月初,陈烈勋致函先生云:"忽接雨僧兄来函,欲取消其与家姊之婚约。我深知雨僧兄之脾性,一时心绪不宁,感情所激,便做出此类意外、惊人之举动,然不久必悔之。故今将其原函寄还,作废。望兄对彼多加开导与安慰,为幸。弟烈勋拜启。"②先生接信后,不动声色地把吴宓教训了一顿说:双方订婚事已宣示亲友,刚过三个月便忽然要取消婚约,情理安在?如何向陈家解释?陈家之体面往哪里放?陈女士之心情又是如何悲怆等。经此一说,吴宓深悔自己的鲁莽与意气用事,遂收回原函,打消了这一念头,并发下誓愿:以后将"废然安于天命,今后不在婚姻与生活中追求幸福,而当在事业、文章、道德中自寻乐

---

① 吴宓:《吴宓日记》第2册,第126页。
② 吴宓著,吴学昭整理:《吴宓自编年谱》,第203页。

地"①。话虽如此,但就吴宓性情而言,现实生活却难以如愿。

3月10日,吴宓决定:"再居美二年,民国十一年夏回国。此二年中,当仍在哈佛,研究历史、哲学、文学,专务自修,不拘规程,以多读佳书,蔚成通学,得其一贯之目的。至'博士'学位,决舍之不求,'硕士'则得之甚易。盖欲造实学,非弃虚名不可,而区区二载,所可致力之事,千头万绪,取吸不尽,故务以精要为归。"②后来吴宓没有学满五年,与先生一样都只学了四年。据吴宓晚年自述,他当时已"移其注意于中国国内之事实、情况,尤其所谓新文化运动(兼及新教育)"。先生亦颇注意国内教育文化及时局等近况。

3月初,梁启超结束自1918年10月开始的欧洲考察而归国。他1919年所写《欧游心影录》于1920年3月至6月在北京的《晨报》和上海的《时事新报》上连载。梁启超是当时最具影响力的学者,先生自然会关注其观点。梁启超认为中国不重实验,轻视应用,故无科学。他在《欧游心影录》中说:"从前西洋文明,总不免将理想实际分为两橛,唯心唯物,各走极端……科学一个反动,唯物派席卷天下,把高尚的理想又丢了。"③先生对此则不以为然。他经过对中外文化全面系统的研究认为,时学浅隘显然是受西方功利思想的影响,不知文化研究终的在于真理之探讨。故他1922年刚回国便发表文章以梁启超和梁漱溟关于中国何以无近代科学的误解为例,说明若于中西文化未能切实了解,便对中西文化交融的问题无法深入。

先生以求实的精神反驳说"按之事实,适得其反",批评此种论调"或以科学全出实用,或以科学理想低下,实混工程机械与

①吴宓著,吴学昭整理:《吴宓自编年谱》,第203页。

②吴宓:《吴宓日记》第2册,第137—138页。

③张品兴重编:《梁启超全集》第5册,北京:北京出版社1999年版,第2986页。

理想科学为一,俱未探源立说"。他认为,科学之兴"非应实用之要求",其本身是对真理的求索,而不以制造轮船汽车为目的。"欧西科学远出希腊,其动机实在理论之兴趣。亚里士多德集一时科学之大成,顾其立言之旨,悉为哲理之讨论。即今日科学曷尝不主理性。如相对论虽出于理想,而可使全科学界震动。数学者,各科之基础也,而其组织全出空理。"先生通过对西方文化史的深入研究,发现西方学术自古就不是为了"实用",而以无用为用,古希腊哲学家皆出于对自然现象的好奇而以"爱智"的自由精神从事研究。这种"为知识而知识"的文化传统的发扬,使其近世以来愈显"大用"。而"华人立身讲学,原专主人生,趋重实际",因此"处中国而倡实验以求精神及高尚理想之发展",实是"以血洗血,其污益甚"。"希腊哲学发达而科学亦兴,我国几无哲学,故亦无科学。因果昭然……"①对于当时流行的所谓"中国无哲学"之说,他认为是就知识论和本质论而言,"人生哲学本诸实用兴趣,故中国有之"。希腊哲学的发展带动了西方科学的兴盛,而中国所缺乏的恰是知性的哲学思考,故科学亦难发达。所以,先生认为,中国无科学并非轻视应用,而是"于数理、名学极为欠缺"的缘故②。后来冯友兰和金岳霖对此也有类似看法,并致力于改变中国逻辑学、知识论不发达的现状。

4月6日,美国东方学会在倚色佳(Ithaca)开年会,兰曼在会上作主题演讲,特别提到近两年内在哈佛随他学梵文的两个中国学生,其中一位"前途尤其不可限量"(one of extraordinary promise)③。这两个中国学生即指先生和陈寅恪,而"尤其不可

①汤用彤:《评近人之文化研究》,《汤用彤全集》第5卷,第274页。
②汤用彤:《评近人之文化研究》,《汤用彤全集》第5卷,第274页。
③"India and the West,with a Plea for Team-Work among Scholars",Journal of the American Oriental Society,Vol. 40,1920,pp. 225—247.

限量"者,从下文材料来看,很可能是就先生而言。从兰曼对二人学习成绩的评判及其日记中,我们可以看到他对先生在印度语言学方面的赞赏已超过了陈寅恪。

在哈佛大学的兰曼档案中,先生选课指导委员会的导师记录表显示,他在1920—1921学年和1921—1922学年皆由兰曼指导选课。

暑期,陈寅恪去纽约。6月27日,先生赴白银湾(Silver Bay)出席基督教青年学生会议(YMCA Student Conference),并入康乃尔大学暑期学校(Cornell Summer School)。张鑫海亦外出。为省住宿费,顾泰来搬来暂与吴宓同住,直到先生返校。吴宓仍进哈佛暑假学校,只选修一门《上古史》,其余时间,全部用来自修西方哲学:"炎暑中,在宿舍内,读完《柏拉图全集》(*The Dialogues of Plato*,Ben. Jowett 英译本)四大册,三十七篇。均有笔记。"[1]又请留校读书的俞大维讲授《西洋哲学史大纲》,并在他的指导下阅读其他哲学书籍。吴宓所读《柏拉图全集》英译本当为先生在哈佛时期购买的版本,今存于武汉大学哲学院资料室"汤用彤先生外文藏书专柜"。

8月17日,先生与陈寅恪自纽约归哈佛,与张鑫海(后改名歆海)、楼光来、顾泰来、俞大维和吴宓相聚于一处,《吴宓日记》称之为"七星聚会"[2]。对此标志着学衡派初步酝酿形成的文化事件,人们往往从其效仿法国著名文艺团体"七星社"方面来解读。而"七星"在中国传统意义上也可找到更好地解释:一、南方朱鸟七宿中第四宿有七星之名。如《礼·月令》:"季春之月,日在胃(二十八宿之一),昏七星中。"二、北斗七星。如《史记·天官书》:"北斗七星,所谓璇玑玉衡,以齐七政。"吴宓晚年在自编年谱开篇首页即云:"宓本名吴玉衡,以生于阴历七月(周之孟冬

---

①吴宓著,吴学昭整理:《吴宓自编年谱》,第205页。
②吴宓:《吴宓日记》第2册,第179页。

九月),取《书经》'陈璇玑之玉衡'之义。"他同时还郑重而详细地画上与自己生辰相应的北斗七星的星象图①。玉衡乃北斗七星之一,吴宓当以星宿照命自居。故其所谓"七星聚会",寓意当以指北斗七星为佳。

先生回哈佛后即为吴宓讲授"印度哲学与佛教"②。吴宓在晚年自编的年谱1920年篇中写道:俞大维和先生的讲授,"皆简明精要,宓受益至多。两君并手写概略及应读书目授宓。本年八月,宓专读西洋哲学书籍。八月及九月,宓专读印度哲学及佛教书籍。按汤用彤君,清末,在北京五城中学时,即与同学梁漱溟君同读印度哲学之书及佛教经典。去年到哈佛,与陈寅恪君,同从 Lanman 教授学习梵文与巴利文(Pali 小乘经文,类中国小说之文字),于是广读深造,互切磋讲论,并成全中国此学之翘楚矣"③。

9 月,先生正式开始跟随兰曼学习梵文和巴利文,其进阶过程与先入兰曼门下的陈寅恪相似。

9 月 29 日,兰曼在日记中记载了先生与陈寅恪在新学期选修课程的情况。

除兰曼讲授的梵文和巴利文课程外,先生还反复选修了伍兹开设的"哲学梵文"课程。该课主要探讨瑜伽论,尤其是学习带注疏的巴檀阇黎所撰《瑜伽经》,并参考婆恰斯巴提密斯拉的注释④。

11 月 23 日,院方书面通知先生,鉴于他所选修的大多数课

①吴宓著,吴学昭整理:《吴宓自编年谱》,第 1 页。
②吴宓将先生手写此课概略及应读书目连同其他听讲笔记、论文,"编订成一甚厚且重之巨册。题曰 Harvard Lecture Series, Vol. V(1920—1921)。今存"。吴宓著,吴学昭整理:《吴宓自编年谱》,第 208 页。
③吴宓著,吴学昭整理:《吴宓自编年谱》,第 205 页。
④详见林伟未刊稿《汤用彤先生留美经历考及其青年时期思想源流初探》一文。本书中汤用彤先生留美档案,承蒙当时留学哈佛大学的林伟博士查找提供,特此致谢!

程成绩优异,已正式接受其为硕士学位候选人,可以在学年中段获得学位①。

11月30日,《吴宓日记》载:白璧德指出,中国人必须深入中西文化并撷取其中之精华加以实行,才能救亡图存。白璧德曾命吴宓作文,述中国圣贤之哲理,以及文艺美术等,刊于美国上好的报章。原因是:"西人尚未得知涯略;是非中国之人自为研究,而以英文著述之不可。今中国国粹日益沦亡,此后求通知中国文章哲理之人,在中国亦不可得。是非乘时发大愿力,专研究中国之学,俾译述以行远传后,无他道。此其功,实较之精通西学为尤巨。"②这成为先生和吴宓学术研究方向的指针。

本年下学期,先生开始写作留学哈佛大学时期《哲学专辑》第1册,现存三篇课外论文(一百多纸),成绩皆为"A"。其间多有哈佛教授的中肯评价和悉心修改,包括文章架构、文辞等。先生回国教学也用同样认真负责的态度批改学生们的作业。

《哲学专辑》第1册的第一篇是《作为道德衡量标准的"功利"——从休谟到约翰·穆勒的英国功利主义批判研究》。该篇原稿首页是文章纲目,翻译如下:

Contents(目录)

Ⅰ. Introduction(导言)

Ⅱ. Pleasure Vs Pleasure(不同快乐之对决)

　　1. Francis Hutcheson(弗兰西斯·霍彻森)

　　2. David Hume(大卫·休谟)

　　3. Jeremy Bantham(杰里米·边沁)

　　4. John Stuart Mill(约翰·斯徒亚特·穆勒)

---

①哈佛大学文理研究院关于接受先生为硕士学位候选人的通知,Harvard University Archives,UAV 161. 201. 10 Box 105。

②吴宓:《吴宓日记》第2册,第196页。

Ⅲ. Pleasure of Individual Vs Happiness of Society（个人快乐与社会幸福的张力）

　　1. David Hume（大卫·休谟）

　　2. Adam Smith（亚当·斯密）

　　3. Jeremy Bentham（杰里米·边沁）

　　4. John Stuart Mill（约翰·斯徒亚特·穆勒）

Ⅳ. Utilitarianism Vs Religion—Problem of "Sanction"（功利主义与宗教的较量——"约束力"问题）

　　1. David Hume（大卫·休谟）

　　2. Abraham Tucker（亚伯拉罕·塔科）

　　3. Jeremy Bentham（杰里米·边沁）

　　4. John Stuart Mill（约翰·斯徒亚特·穆勒）

Ⅴ. Conclusion（结论）

　　该手稿中虽然没有注明写作缘由和时间，但根据文章首页标题下所注"Y. T. Tang Philosophy 4a"，查核先生《哈佛大学成绩单》和《哈佛大学目录》（Harvard University Catalogue），可知这是哈佛大学1920—1921学年哲学门类中由刘易斯（Professor Lewis）主讲的"高级伦理学"（Advanced Ethics）课程的编号，而此文就是这门课的课业论文。

　　汤文认为，英国伦理学自卡德沃斯、霍布斯以后，道德的来源和评判标准成为两大焦点问题。他系统考察了霍彻森、休谟、斯密、塔科、边沁、穆勒等人的功利主义思想及其关于道德评判标准问题解答的困境。全文围绕着三个困扰功利论者的重要问题展开：

　　（1）解决不同快乐之冲突的功利主义手段是什么？（2）"快乐"是否为解决个体和社会之利益冲突的充分评判标准？（3）"快乐"作为道德标准，能否有充分的"约束力"策使我们的行为合乎道德？

　　经过客观公正的独立思考和权衡，先生总结出，尽管功利主义未对上述问题提出圆满的解决方案,但功利主义理论并不会因此而瓦解。每种学说各有其优势与不足。功利主义的原则虽切实,然非全属真理,应审慎取舍。文中认为,英国功利主义是18世纪神学与伦理学相分裂的产物。上帝权威消退后,西方社会产生严重道德危机。保守派仍然坚守旧有理论。折衷派试图使神学合理化,并把道德建立在这种新基础之上。激进派用功利论方法反抗旧宗教,并探寻一种新伦理体系。为挽救道德之沦丧,先生主张在适当保存外在上帝权威的同时,应更注重发扬内在良知直觉的作用。文末进而指出功利主义发展到穆勒产生分化,并将继续探究此后斯宾塞、贝恩、西季威克等人对功利主义的推进。这些研究成果在其归国后的《19世纪哲学》(19th Century Philosophy)等授课讲义中时有体现。

1920—1921学年,先生选修的哲学类课程有:刘易斯(Lewis)助教开设的"高级伦理学"(Advanced Ethics),未报成绩(no report)。马松(Mason)博士开设的"康德哲学"(The Kantian Philosophy),未报成绩。刘易斯开设的"后康德理念论"(Post-Kantian Idealism),成绩为"A"。阿尔弗雷德·霍尔雷(R. F. Alfred Hoernlé)教授开设的"逻辑理论"(Logical Theory),成绩为"B"。沃尔福森(Wolfson)教授开设的"中世纪的终结者斯宾诺莎"(Spinoza, the Last of the Mediaevals),成绩为"A-"。印度语文学类课程有:兰曼(Lanman)教授开设的"梵文以及英文、拉丁文和希腊文",成绩为"A"。兰曼开设的"梵文以及英文、拉丁文和希腊文续"(Sanskrit in Relation to English and Latin and Greek, continued),成绩为"A"。伍兹(Woods)教授开设的"哲学梵文"(Philosophical Sanskrit),成绩为"A"。心理学类课程有:桑思德(Southard)教授开设的"精神病理学"(Psychopathology),未完成。

先生哈佛时期的《逻辑学专辑》英文手稿第2册探讨数学理论和各种逻辑学说,有《数学基础概念》(Fundamental Concepts of

Mathematics）、《逻辑理论》（Logical Theory）等篇。该专辑与他1920—1921学年选修的阿尔弗雷德·霍尔雷（Prof. R. F. Alfred Hoernlé）开设的"逻辑理论"（Logical Theory，成绩为"B"）正相对应，当为该课程的课堂笔记和读书报告等习作。先生所选修的三门逻辑学课程与亨利·谢佛（Henry Sheffer）和霍尔雷（R. F. Alfred Hoernlé）所代表的方兴未艾的数理逻辑学研究存在着密切联系。

12月4日，《吴宓日记》载：

> （工学院）中国学生，于宓等习文学、哲学者，背后谈论，讥评辱骂，无所不至。至谓陈寅恪、汤锡予两君及宓三人，不久必死云云。盖谓宓等身弱，又多读书而不外出游乐也。呜呼，为功名权利之争，处升陟进退之地，则忌嫉谗谤，诽怨污蔑，尤在情理之中。今同为学生，各不相妨，宓等又恭谨待人，从未疏失之处，而仍不免若辈之咒诅毁骂。为善固难，但不肆意为恶，已不免宵小之中伤。①

12月20日，《兰曼日记》载："请学生们到家里做客，陈（寅恪）、汤（用彤）在列。"②

1921年（辛酉）　先生二十九岁

1月17日，先生写作课业论文《叔本华天才哲学述评》（Schopenhauer's Philosophy of Genius）。原文收于先生所遗手稿集《哲学专辑》第1册中，排在第二篇。原文上有一段指导教师评语如下：

Schopenhauer's doctrine, on many points turns the very at-

---

① 吴宓：《吴宓日记》第2册，第197页。
② Diaries, 1863—1938, Charles Rockwell Lanman Papers, Harvard University Archives, HUG 4510. 5, Box5.

titudes which he would enforce into empty gestures. This is turn of his ethics as well as of his aesthetics. Yet in a sense, one still feels the force of a possible retort-All attitudes are gestures equally empty, and this one is appropriate. A well written paper, though greater coordination and more narrow focusing of emphasis might be an improvement. (译成中文:叔本华学说在许多方面转变了那种他有可能会推进到虚无的姿态的态度,这就是他的美学的和伦理学的转向。然而,在某种意义上,人们仍能感觉到可能的反驳的力量——所有的态度都是同样的虚无的姿态,而这种转变却是恰当的。一篇佳作,若行文更协调、重点再集中,可能会更优秀。)

《叔本华天才哲学述评》全文一共 11 节,分别为:

1. 导言

2. 问题

3. 柏拉图理念——天才的对象

4. 直观——天才的首要工具

5. 想象——天才的第二工具

6. 艺术——天才的作品

7. 意志——天才的背景

8. 德行——天才和圣人

9. 天才在生理学上之基础条件

10. 天才综论

11. 批评

此文之妙,不仅在于详尽分析了叔本华天才哲学的理论来源,准确阐述了叔本华天才哲学的内涵及其特征,更在于以敏锐的眼光指出叔本华天才哲学的内在的、深刻的矛盾。该文意在审查其天才理论在形而上学方面的可靠性:"叔本华对天才之定义,实含有一种根本的难题。因其预设意志本恶,故不得不承认在艺术静观中,天才乃'毫无意志的掺杂'。然依艺术从意志中获得解脱,显然需要某种动力,换言之即另一意志。……图尔克对叔本华学说之'补缀',反动摇了叔本华整个体系。"①先生认为,图尔克对"自利"意志和非"自利"意志的划分,在叔氏体系中实无安足处所。唯一能济叔氏体系之困的,只能是依艺术之解脱不须努力,或不要意志的支持。这是否可能,先生表示很怀疑。而且在圣人凭何力量才能否定生命意志的问题上,叔本华也面临同样的困难。因而,先生认为这种深刻的矛盾足以根本推翻叔氏费心建构的整个体系。

《哲学专辑》第 1 册的第三篇是《康德和费希特的普遍历史》②,与 1920—1921 学年先生选修的马松(Mason)开设的"康德哲学"(The Kantian Philosophy)相应,可能是该课程的课业论文。刘易斯(Lewis)开设的"后康德理念论"(Post-Kantian Idealism),成绩为"A"。该文把康德与费希特有关普遍历史观的论

①汤用彤作,赵建永译:《叔本华天才哲学述评》,《世界哲学》2007 年第 4 期。
②该篇(Kantian and Fichtean Ideas of Universal History)纲目整理翻译如下:
  Ⅰ. Introduction(导言)
  Ⅱ. Methods of Treatment(处理方法)
  Ⅲ. Philosophical Groundwork(哲学基础)
  Ⅳ. "The Hidden Plan" and "The Divine Idea" - Species and Individual("隐密计划"和"神圣理念"——种属与个体)
  Ⅴ. Function of Evil(恶的功能)
  Ⅵ. Function of Individual(个体功能)
  Ⅶ. Function of State – Cosmopolitanism and Socialism(国家的功能——世界主义和社会主义)
  Ⅷ. Steps towards Eternal Peace(永久和平之路)
  Ⅸ. Evolution and Kantian Cosmology(进化与康德之宇宙哲学)
  Ⅹ. Conclusion(总结)

述进行比较研究,发现其间有明显相似之处。但该文并不过于强调其相似性,而是主要辨明他们在个人性情、哲学基础、处理方法和具体内容等方面的重要差异。

该文认为,我们不能断定费希特就是袭用了康德的普遍历史观念,因为"完善"和"进步"的学说笼罩着当时的思想界。"进步"诸说渊源自文艺复兴以来的人文主义运动,及至 18 世纪历史进步说风行,经济学家、科学家等皆广为赞同。他还引证歌德(Goethe)、赫尔德尔(Herder)的历史进步论,并对照卢梭等人的历史退化论①。费希特哲学关键在"自我"(Ego)原则的设定,他的奋斗精神和宗教热情,通过"大我"(great Ego)之假设,使其体系较以往哲学更具统一性。因而在普遍历史观上,热诚的费希特哲学比冷静的康德哲学更详尽系统,也更为主观独断。文中列专章探讨世界大同主义与社会主义问题,立论以为,康德关于国家功能的理论"依然徘徊在 18 世纪的世界主义阶段,而在费希特这里,我们发现有德国社会主义的早期踪迹"(in Kant, there lingered still the cosmopolitanism of the Eighteenth century; while, in Fichte, we find the early trace of German socialism)。

文章体现出先生对文化历史总体发展趋势的极度关注。在他看来,康德进化观的一些元素可视为后来达尔文学说难得之参考,并几近预示出斯宾塞主义的宇宙进化理论(He almost anticipated the Spencerian theory of Cosmic Evolution)。他看重康德所论"人类历史进步是宇宙演进之延续,并止于个体道德之完美"(the cosmic development is continued in the historical progress

———————

① 孙尚扬教授曾提及此文来说明先生对赫尔德尔等人的历史哲学及 19 世纪的文化历史相当熟悉。参见孙尚扬:《汤用彤学术方法论述略》,《北京大学学报》1998 年第 2 期。

of humanity，and completed in the moral perfection of the Individual）。虽然先生平生契赏道德人格作用之伟大，但文中对"恶"在历史发展中的动力功用，亦有充分辨析。

先生结合"一战"后的社会现实，探讨走向永久和平之路的历史经验，清醒而深刻地指出当时"人皆向往一种世界联合体。但是国家联盟获得成效的可能性仍同康德时代一样小。这种局面无疑会令康德出乎意料"。对于相关问题，他在《当前哲学的趋势》一文中有详细论述。

先生活页本的长文《康德后之唯心论》①，与 1920—1921 学年先生选修刘易斯（Lewis）开设的后康德理念论（Post-Kantian Idealism，成绩为"A"）相应，当该课程的课业论文。该文详论康德对前人（笛卡尔、斯宾诺莎、莱布尼兹、洛克、贝克莱、休谟）的批判继承及其后费希特、谢林、施莱尔马赫、黑格尔、叔本华、青年黑格尔派（施特劳斯、施蒂那等）、新黑格尔主义（布拉德雷、罗伊斯）等唯心体系演进之轨迹，兼论他们的宗教观，并与费尔巴哈的唯物论、马克思历史唯物主义加以比较。如："宗教观念是对人的意识的表达"，"马克思对历史的诠释是唯物主义的，因其以物质需求为一切之基础，精神需求是物质需求的反映。他批

---

①该篇（Post-Kantian Idealism）纲目整理翻译如下：

Ⅰ. The Post-Kantian Idealism has its Distinct Characteristics（康德后唯心论有其鲜明特征）

Ⅱ. Kant has Two Problems（康德有两个问题）

Ⅲ. Fichte（费希特）

Ⅳ. Schleiermacher（施莱尔马赫）

Ⅴ. Schelling（谢林）

Ⅵ. Hegel（黑格尔）

Ⅶ. Schopenhauer（叔本华）

Ⅷ. The Left-wing Hegelians（左翼黑格尔派）

判了费尔巴哈的宗教观。施蒂纳只是更进一步,并且也总是带有阶级意识"。当时国人鲜知马克思学说,至于马克思宗教观研究近始提出①,而先生当年已关注及此。文中认为康德后唯心论发展可分为两个时期,他们主要是改造了康德的"物自体"学说,而对后康德哲学进行批判研究有助于把握"当前"哲学发展的方向。

该文认为:"德国唯心论之父康德有两个问题:科学或外部世界的知识如何可能? 能够赋予宗教与伦理学以什么样的合法性而不致违背科学? 康德后的唯心论有其鲜明特征,相当不同于实在论的柏拉图哲学、神秘主义的普罗提诺、独断论的莱布尼兹和主观论的贝克莱。"文章还考察了黑格尔主义的演变,以为"英国黑格尔主义的复兴,不仅是复兴黑格尔,也是向贝克莱唯心论的回归"。在 20 世纪 20 年代中国学术界几乎很少有人知道黑格尔,正如贺麟所说,当时"只知有康不知有黑"①。

2 月 1 日,《吴宓日记》载:"巴师(白璧德)谓于中国事,至切关心。东西各国之儒者(Humanists),应联为一气,协力行事,则淑世易俗之功,或可冀成。故渠于中国学生在此者,如张(鑫海)、汤(锡予)、楼(光来)、陈(寅恪)及宓等,期望至殷云云。"②

2 月 8 日,《兰曼日记》载,先生的考试表现最佳③。

2 月 17 日,兰曼致函哈佛大学校长罗威尔(Abbott Lawrence Lowell,1856—1943),表达了他对培养中国学生的期待:"我目前有两名格外优秀的学生,分别是来自上海的陈寅恪和来自北都

---

①参看吕大吉:《从近代西方比较宗教学的发展谈马克思宗教学的性质和体系构成》,《从哲学到宗教学——吕大吉学术论文选集》,北京:宗教文化出版社 2002 年版,第 578—600 页。

①贺麟:《五十年来的中国哲学》,北京:商务印书馆 2002 年版,第 104 页。

②吴宓:《吴宓日记》第 2 册,第 212—213 页。

③Diaries,1863—1938,Charles Rockwell Lanman Papers,Harvard University Archives,HUG 4510.5,Box5.

（或众所周知的北京）的汤用彤。他们对我确实富有启迪，我衷心祈盼能有更多这般精神高尚而且抱负不凡的人士来潜移默化的影响我们本国的学生们。我深信，他们二人将会引导众生之发展，并对中国局势的前途产生影响。"①该信部分内容与其演讲相似，明确提到陈寅恪和先生，而没有提及他较早前的学生俞大维。兰曼对于陈寅恪和先生给予了很高的评价。

2 月 18 日，罗威尔即复函兰曼充分肯定了他为助力中国

---

① 陈流求、陈小彭、陈美延：《也同欢乐，也同愁：忆父亲陈寅恪母亲唐篔》，北京：生活·读书·新知三联书店 2010 年版，第 34 页。这封信的原件今存哈佛大学图书馆 General Correspondence, 1907—1924, Charles Rockwell Lanman Papers, Harvard University Archives, HUG 4510. 54. 高山杉先生在看到兰曼致罗威尔的信后撰文《陈寅恪传记新史料评议》说："这两个中国学生，以前我在一篇文章中猜测指俞大维和陈寅恪，不包括汤用彤，而'前途尤其不可限量'者说的是陈寅恪。现在看来，我的猜测可能有些问题。"高先生为方便读者参考，据照片录文如下：

Feb. 17, 1921

Dear Mr. Lowell,

As President, you ought to see this circular about Yale in China. Not that it contains anything that you haven't considered already time and again. But glance thru it, nevertheless. In the last few years I have had some good men from Japan as well as China. And just now I have two exceptionally fine fellows, Tschen from Shanghai, and Yung-Tung Tang from the "Northern-Capital" (otherwise known as Pe-King). They are a veritable inspiration to me, and I do heartily wish we had scores of men of such fine spirit and ambitions — to leaven the mass of our own native students. And I doubt not that both of them will lead lives that will tell on the future of the Chinese state. The many Japanese to whom Addison Van Name of Yale was very kind and helpful fifty years ago, when Van Name was in his prime, have been factors of weight in shaping the recent destinies of the great Island Empire.

Yours faithfully,

Charles R. Lanman

文化发展的事业所付出的卓越努力。哈佛前任校长艾略特
（Eliot）及其后继者罗威尔较为重视推进哈佛与中国的联系。
他们对中国的认识多直接来自其所接触的中国学生，而以"哈
佛三杰"为代表的优秀留学生无疑起到推动中美文化交流的
媒介作用。

2 月 28 日，先生获哈佛大学哲学硕士学位。

4 月 24 日，吴宓致白璧德的留言便笺，夹在他递交给白璧德
的论文《孔子、孟子之政治思想与柏拉图、亚里士多德比较论》
中。吴宓在信中主要转述了先生和张鑫海对这篇长达 40 页论
文的评价：

> 这篇论文写完后，我读给汤用彤君听。他提出如下三
> 条意见："一、此文表达的是你的想象和感情，不是孔子和孟
> 子的思想。二、你写的是历史，而不是哲学。三、文中既没
> 有柏拉图，也没有亚里士多德。"
>
> 张鑫海君说："我完全认同汤君的评论。文章应充分阐
> 述一些基本哲学理念，而不是只堆砌史事和细节。"
>
> 尽管拙文多有不足，但我仍谨遵您的教示，奉上呈阅。
> 我还提交了一份复本给麦伊尔文教授。因此，如果您愿意，
> 可以一直保存这篇文章，也可以马上销毁它。
>
> 顺便一提，通过这篇文章，您会发现我们三人（吴宓、陈
> 寅恪、汤用彤）本初的宏愿。①

先生和张鑫海认为，该文只是在细枝末节上罗列史实，近似繁琐
之章句，而没有升华至哲学思辨的高度，智者诚之。对于他们的
严苛批评，吴宓没有恼怒或驳斥，而是虚心接受，认真记录下来，

---

① Wu Mi to Irving Babbitt, Papers of Irving Babbitt, Harvard University Ar-
　chives, HUG 1185, Box 12.

并告之他人，以期改进。

吴宓 1921 年 2 月 12 至 7 月 17 日的日记，因在"文革"中遗失，而对此事没有留下相关记录，幸其自编年谱对此文背景有所说明：1920 至 1921 学年吴宓选修的课程"《欧洲政治学说史》，由 Charles Howard McIlwain 教授讲授。宓遵令撰作论文一篇（长达 40 页）。题曰：'The Political Thought of Confucius and Mencius as Compared With Plato and Aristotle'《孔子、孟子之政治思想，与柏拉图及亚里士多德比较论》，1921 年四月二十二日缴上。承 McIlwain 教授亲笔批云：'予甚望，有一日，汝能完成汝在此篇第 vi 页所提出之研究。'（即以孔子、孟子之全部思想、学说，与柏氏、亚氏之全部思想、学说，作比较研究）并给予 A 等"①。因为该文主题是白璧德与其中国学生常谈的话题，故吴宓按以往惯例，将此论文连同知友意见，也交给白璧德评阅。

信末特意同时提及吴宓、陈寅恪、先生，从侧面反映出他们三人在哈佛并列"三杰"的史实。至于便笺中所说他们"本初的宏愿"（originally desired），我们可从《吴宓日记》等文献中得以了解，亦可从中窥见三人思想发展脉络和学衡派之滥觞。

5 月中旬，吴宓接到梅光迪的挂号快函，使其决议改变计划，提前一年回国。梅光迪在信中说：

> 迪回国后，在天津南开大学任教一年，无善可述。1920 年秋，改就南京高师兼东南大学英语兼英国文学教授，甚为得意。本校副校长兼大学文理科主任刘伯明（以字行，名经庶，南京人）博士，为其在美国西北大学之同学知友，贤明温雅，志同道合。今后决以此校为聚集同志知友，发展理想事业之地。兹敬聘宓为南京高师、东南大学

①吴宓著，吴学昭整理：《吴宓自编年谱》，第 207 页。

英语兼英国文学教授,月薪一百六十圆。郭秉文校长发出
之正式聘书,不日即到。望宓即毅然辞去北京高师校
1919年春之聘约,定来南京聚首。尤以1920年秋,即已
与中华书局有约,拟由我等编撰杂志(月出一期)名曰《学
衡》,而由中华书局印刷发行。此杂志之总编辑,尤非宓归
来担任不可。①

梅光迪深知吴宓之个性及为人,在信中还特别解释:南京高等师
范的英语系主任张士一(名谔)教授,重语言而轻文学,对梅光迪
“汲引同志”来校颇为忌嫉,意见不合,多生龃龉,故诡称:“英语
系之预算,现只余每月160圆。恐此区区之数,吴君必不肯来!”
“若宓嫌160圆月薪太少,而竟不来,反中彼之计矣。好在南京
高师校二三年后,即不复存在。而迪等正将提议在东南大学增
设一西洋文学系(以迪为主任),独立自主,届时即可为宓增薪,
不成问题。兄素能为理想与道德,作勇敢之牺牲,此其时矣!”②

　　吴宓应聘东南大学教授,月薪仅有北京高师薪金的一半。
吴宓对薪金并不计较,但对张、梅不合,颇有顾虑,遂戏言:“然女
未入宫,已遭嫉忌。卧榻之侧,强占一席。异日风波,正未知如
何也。”但东南大学的办学理念和创刊《学衡》杂志以干一番事业
的理想,使其为酬壮志而义无反顾。

　　当日上午,吴宓接读此函后,略一沉思,即到邮局发出两电
报:“(1)致北京北高师校长,请辞去前聘约,另函详;(2)致南京
高师兼东南大学郭秉文校长,同意就其教授之聘。午餐见汤用
彤君,方始告知。”③

　　当月24日,吴宓致函白璧德,报告梅光迪来信内容和他们

①吴宓著,吴学昭整理:《吴宓自编年谱》,第214页。
②吴宓著,吴学昭整理:《吴宓自编年谱》,第214页。
③吴宓著,吴学昭整理:《吴宓自编年谱》,第214页。

的计划:一,南京高师请吴宓任教,他拟去与梅光迪合作共事;
二,南开大学拟聘楼光来为英文系主任,吴宓请白璧德敦促其早
日回国;三,南京高师已聘请汤用彤为哲学教师,汤用彤打算次
年去任教①。吴宓接着详细介绍了蔡元培的功绩,并期待自己能
促成白璧德与蔡元培这两位文化巨人在哈佛的会晤。

诸师友对吴宓匆匆提前回国看法不一,白璧德却表示理解。
先生虽没有答应立即去南京高师应聘,但他也理解并尊重吴宓
的抉择。6月,吴宓离开哈佛回国。8月,他返抵上海,即赶赴南
京东南大学,开始他的理想事业。他尽心授课而外,集中全力筹
办《学衡》杂志②。吴宓与白璧德一直保持书信往来,汇报他和
梅光迪等人的工作近况。

6月5日,兰曼给留美学生监督严恩槱(U. Y. Yen)的信中对
陈寅恪和先生赞赏道:"陈寅恪与其同学汤用彤一样,有着高超
的智慧,这将为他的祖国——中国赢得荣誉。"他还殷切期望自
己培养的中国学生能够利用所学外文知识,承继当年求法高僧
不辞艰辛的取经事业,以现代学术文化造福于中国之未来③。

8月16日,陈寅恪在离开哈佛赴柏林大学继续求学前夕,给
兰曼的告别信中写道:"您不仅是一名世界级的伟大学者,而且
也是一位具有高尚道德品格的人。能够成为像您这样的人的学
生,我一直感到骄傲。"④陈寅恪信里还提及兰曼推荐他向暹罗
公使馆(Siamese legation)订取一套巴利文书籍。他让兰曼收到

---

①Wu Mi to Irving Babbitt, Papers of Irving Babbitt, Harvard University Archives, HUG 1185, Box 12。
②吴宓著,吴学昭整理:《吴宓自编年谱》,第219页。
③General Correspondence, 1907—1924, Charles Rockwell Lanman Papers, Harvard University Archives, HUG 4510. 54.
④Correspondence with Pupils, 1918—1933, Charles Rockwell Lanman Papers, Harvard University Archives, HUG 4510. 63.

此书后交由先生转寄他在中国的家里。后来盖因先生已起程回国,1922 年 11 月 7 日,陈寅恪在给兰曼的信里说,吕德斯(Heinrich Lüders)教授前一天告诉他,兰曼已经直接将这本巴利文书籍寄往了上海①。

9 月,白璧德在波士顿召开的留美中国学生年会上,以《中西人文教育谈》为题发表演说,直斥中国新文化运动的弊端,认为"在中国求进步时,万不宜效法欧西之将盆中小儿随浴水而倾弃之。……虽可力攻形式主义之非,同时必须审慎保存其伟大之旧文明之精魂也"。白氏还讲:"吾少时,以欲研究佛教而苦攻巴利文与梵文时,吾每觉本来之佛教,比之中国通行之大乘佛教,实较合于近日精确之批评精神。中国学生亟宜学习巴利文(今留美学生中,习之者已有二三人),以求知中国佛教之往史,且可望发明佛教中尚有何精义,可为今日社会之纲维。"②这番话昭示了先生发掘整理和研究印度哲学与佛教史的初衷。此次年会,先生自当列席。

秋,梁漱溟的名著《东西文化及其哲学》出版。现代新儒家产生的时间一般以梁著《东西文化及其哲学》的出版为标志,将先生和现代新儒家放在一起加以对比,更能凸现其学说的现代新儒学的性质。

经过对中外文化全面系统的研究,先生认为梁漱溟该书对科学发源的解说与梁启超的《欧游心影录》在"隘"见方面可相表里。梁漱溟在《东西文化及其哲学》中,拿中医和民间信仰的玄理为例,来论证中国"有玄学而无科学",而未走上科学道路的

---

①Correspondence with Pupils, 1918—1933, Charles Rockwell Lanman Papers, Harvard University Archives, HUG 4510. 63.

②白璧德撰,胡先骕译:《白璧德中西人文教育谈》,《学衡》第 3 期(1922 年 3 月)。

原因,时人也深以为然。梁漱溟说,与西方相比,中国不是论理(逻辑)的缺乏,而是"非论理精神"(玄学精神)太发达,故趋重神秘,不容理智施其作用,并限于人生,重人事而不考物律。国人确信阴阳,宇宙万物都想有主宰的神祇,诡秘不可以理论①。梁漱溟据上以为中国玄学发达之确证,他突出玄学精神在中国太盛而与科学精神相悖,有痛邦人夙尚空谈,不求实际之责难。

　　先生通过他对宗教学的全面研究指出,梁氏不知此类阴阳鬼神之说有两大关键要素:"一则乞助神权为迷信之作用;一则推测因果为理解之搜探。人类宗教性发展,多崇拜天然物,有巫师有卜筮;如理性发达,讨论既多,迷信遂弱。于是占星流为天文,丹铅进为化学。历史具在,均可考也。"因此,先生认为梁漱溟谓阴阳神鬼之说深于玄学之精神,立义太狭,难成公理②。虽然梁启超与梁漱溟都是先生素来敬重的师友,但是出于对真理的执着追求,他仍坦率地指明他们学说的纰缪,以免误导时人。

　　12月,先生用英文写成的论文"Oriental Elements in Schopenhauer"(《叔本华哲学中东方思想成份考原》),发表在《留美学生月报》(*The Chinese Students' Monthly*)。文中指出:当时有些人将叔本华与印度文化相比附,并在叔本华是信奉吠陀学说还是佛教的问题上众说纷纭。以纽曼(Karl Neumann)为首的一批学者将这位欧洲悲观主义者拔高到目犍连和舍利弗的程度;而以道依生(Paul Deussen)为首的另一批东方学家,则竭力将叔本华归入婆陀罗衍那和商羯罗的门徒之列。对此沦为比附的比较,先生申明了自己的见解:具有浪漫精神的哲学家叔本华,其实与佛学思想有根本区别。严格地说,叔本华既不信奉吠陀学

---

①梁漱溟:《东西文化及其哲学》,北京:商务印书馆2006年版,第34—40页。

②汤用彤:《评近人之文化研究》,《汤用彤全集》第5卷,第275页。

说,也非佛教徒。他的哲学虽然披着东方学究式的外衣,但叔本华哲学是德国浪漫主义时代合乎逻辑的产物,他的自然主义方法也无非是 18 世纪经验主义的遗产。其神秘憧憬和美妙向往至多表达了欧洲中世纪的情感,至于东方智慧的精髓,叔本华终未登堂入室①。该文与专门分析叔本华思想里西方思想因素的《叔本华天才哲学述评》一文正相呼应,合而观之正得其全。

　　1921—1922 学年,先生选修的哲学类课程有:伍兹(Woods)教授开设的"亚里士多德哲学"(Philosophy of Aristotle),成绩为"A"。印度语文学类课程有:兰曼(Lanman)开设的"高级梵文"(Advanced Sanskrit),成绩为"A"。兰曼开设的"高级梵文续"(Advanced Sanskrit,continued),成绩为"A"。兰曼开设的"巴利文"(Pāli),成绩为"A"。兰曼开设的"巴利文续"(Pāli,continued),成绩为 A"。伍兹(Prof. Woods)开设的"哲学梵文"(Philosophical Sanskrit),成绩为"A"。心理学类课程有:麦克德高(McDougall)教授开设的"心理学史"(History of Psychology),成绩为"A"。宗教史类课程有:摩尔(Moore)教授开设的"宗教的起源和发展"(Origin and Development of Religion),成绩为"A"。由此可见,先生选修的课程,从哲学到宗教学,有一个重心逐渐转移的过程。

---

①汤用彤著,钱文忠译:《叔本华思想中的东方因素》,北京大学中国语言文学系跨文化研究中心主办:《跨文化对话》第七辑,2001 年 9 月。

汤用彤先生编年事辑卷二

（1922—1936）

1922 年（壬戌）　先生三十岁

1 月，梅光迪、刘伯明、吴宓、胡先骕、柳诒徵等人于南京东南大学创办《学衡》杂志，其宗旨为："论究学术，阐求真理，昌明国粹，融化新知，以中正之眼光，行批评之职事，无偏无党，不激不随。"梅光迪在《学衡》创刊号上撰文《评提倡新文化者》，最终将"胡梅之争"升级为新文化派与学衡派的对垒。其意正如他所引春秋时楚国申包胥对伍子胥说的话"子能覆楚，我必复之"，准备与新文化派来一番"鏖战"。《学衡》创刊后，很快吸引了一群文化精英与宏通博学之士为其撰稿，如王国维、陈寅恪、吴芳吉、刘朴、张鑫海、李思纯、浦江清、张荫麟、赵万里、郭斌龢、黄华、萧纯锦、徐则陵、张其昀、向达、刘永济、刘盼遂、林损、黄节等。《学衡》从创刊至 1933 年因吴宓辞职而停刊，前后长达十二年，成为发表文言文论与旧体诗词、批评新文学以更好地展开"真正新文化之建设"的最重要阵地。《学衡》发刊词中规定，凡为该刊写稿者即是《学衡》社员。虽然《学衡》的一百多位作者学术性格各异，但其思想具有内在的一致性。因此，可将之合称为学衡派。

先生回国前，吴宓一直邮寄《学衡》各期并附长函至其哈佛寓所。

2 月 9 日，《晨报副刊》登载风声（鲁迅）杂文《估〈学衡〉》。学衡派自诞生起的六十多年里,一直被视作新文化运动的敌人。《估〈学衡〉》批判道:"夫所谓《学衡》者,据我看来,实不过聚在'聚宝之门'左近的几个假古董所放的假毫光;虽然自称为'衡',而本身的称星尚且未曾钉好,更何论于他所衡的轻重的是非。"①文末总结说:"诸公揶击新文化而张皇旧学问,倘不自相矛盾,倒也不失其为一种主张。可惜的是于旧学并无门径,并主张也还不配。"其实,学衡派主将们大多是学贯中西的学术文化大师,并非反对新文化。这表明鲁迅对于学衡派融合新旧的基本理念,既没有全面的认识,也没有同情的理解。鲁迅在写此文时,只看到《学衡》第 1 期,他主要是对这期中某些文章的文字进行了一些就事论事的批评。单凭一期杂志来评估整个学衡派,难免失之偏颇。但由于鲁迅的地位,他的评价成为否定学衡派的经典话语,长期以来有着重大影响。随后,学衡派被胡适、茅盾、周作人、郑振铎、邓中夏等人定性为"复古派"、"反动运动",遭到激进派和西化派的共同围攻,原因是其提出了不同于新文化运动的文化建构理想,且对新文化派持批评态度。建国后的评价承其余绪,对学衡派彻底否定,故在相当长的一段时间里学衡派被视为"顽固保守"、"反动复古"的守旧势力而备受批判和冷落。先生在 1959 年还被迫检讨了自己"过去参加《学衡》是走反动路线"②的错误。

　　现代意义上的宗教学产生于 19 世纪 70 年代的欧洲。学界对于宗教学理论传入中国的早期情况,往往语焉不详。一般认为,西方宗教学在改革开放后才系统输入中国③。先生留学时的

①鲁迅(署名风声):《估〈学衡〉》,《晨报副刊》1922 年 2 月 9 日,收入《热风》,《鲁迅全集》第 1 卷,北京:人民文学出版社 1981 年版,第 377 页。
②汤用彤:《后记》,《印度哲学史略》,北京:中华书局 1960 年版。
③参见吕大吉:《〈西方宗教学名著提要〉序》,《西方宗教学名著提要》,南昌:江西人民出版社 2002 年版。

宗教学手稿及归国后的相关讲义,直接从西方引进当时诞生不久的"宗教科学"(Science of Religions),是填补这项空白的珍贵记录。

先生在哈佛大学做研究生期间,接续以往的研究,深入系统学习宗教学。本年上半年写成《宗教学专辑》一册(212页)专门研讨各种宗教学理论,征引相关文献多逾百种。主要引用有:宗教学之父(英)麦克斯·缪勒《比较宗教学》(F. M. Müller, *Comparative Science of Religions*)、摩尔《宗教史》(G. F. Moore, *History of Religions*)、泰勒(Tylor, *Primitive Culture*)、弗雷泽《各种族的神话》(J. G. Frazer, *Mythology of All Races*)、恩德鲁·兰《习俗与神话》(Andrew Lang, *Custom and Myth*)、休谟《宗教的自然历史》(D. Hume, *The Natural History of Religion*)、涂尔干《图腾的效力》(E. Durkheim, *Totemic Force*)、斯宾塞《社会学原理》(H. Spencer, *Principles of Sociology*)、罗斯《世界宗教通览》(Alexander Rose, *View of All the Religions of World*)、莱德《宗教哲学》(Ladd, *Philosophy of Religion*)、黑斯廷斯编《宗教、伦理百科全书》(*Encyclopaedia of Religion and Ethics*)等。此辑中翔实的史料可使我们回溯早期宗教学研讨的重点,有助于把握当时初露端倪的一些学术转向。

从《宗教学专辑》来看,先生对宗教学的认识相当全面而深刻。他关注当时宗教学的最新研究动态,采用考古学、人类学、语言学、心理学和神话学等学科方法,对宗教学各类重要问题进行学术性探讨。其中包括宗教的起源、本质和功能,宗教与科学、哲学、艺术的关系,尤其是他对宗教与伦理道德关系的特别关注,表现出他深切的人文主义关怀。先生采用比较宗教学的研究方法,考察视野相当广阔,涉及世界历史上几乎所有重要宗教:古埃及宗教、古巴比伦宗教、古希腊(罗马)奥尔弗斯教、犹太教、基督教、伊斯兰教、祆教(Zoroastrianism)、印度教(Hinduism)、佛教、儒教、萨满教、道教、日本神道教等等,尤为留意不同宗教之间由冲突到融合的变迁之迹。他对宗教信仰观念、宗教情感、宗教体验、教仪、组织等进行比较分析,并与中国传统宗教观念相对比,还时常注意比较缪勒、泰勒、费尔巴哈等人的宗教学说,并给出自己的分析和看法。

先生撰写该专辑时,宗教学家摩尔①在哈佛主讲宗教史。《宗教学专辑》对摩尔之说多有评述。从全册内容的整体联系来看,首篇《宗教史纲要》应为研究总纲,其余各篇多就其中有关问题展开具体而深入的研讨。

该辑第一篇是《宗教史纲要》(Outline of History of Religions)②。

---

①摩尔(George Foot Moore, 1851—1931),美国著名神学家、东方学家、《旧约》专家,精通希伯来文献。

②该篇手稿共8页,其内容纲目整理翻译如下:

Ⅰ. Knowledge of Foreign Religions(外国宗教知识)

　1. Greek Period(希腊时期)

　2. Roman Period(罗马时期)

　3. Mediaeval Period(中世纪时期)

　4. Modern Period(近世时期)

Ⅱ. Theory of Religions. Its Origin(宗教的理论及其起源)

　1. Greek Theory(希腊的理论)

　2. Maimonides:Astrological Belief(迈摩尼德斯:占星信仰)

　3. Sabaism(拜星教)

　4. Moderm Period(近世时期)

Ⅲ. Theories of the Origin of Religion(宗教起源诸理论)

　1. Agnosticism:Parotagoras(不可知论:普罗泰戈拉)

　2. Utilitarian:Religion as Invention(功利论:宗教被看作人为创造)

　3. Fear:Democritus(恐惧:德谟克利特)

　4. Religious Faculty:Müller(宗教的功能:缪勒)

　5. Cause-theory(起因论)

　6. Feeling-theory:Schleiermacher(情感理论:施莱尔马赫)(转下页)

文中非常注重从情感理论的角度来研究宗教产生的心理学基础。他哈佛时期的长文《康德后之唯心论》也有专章论述现代新教神学之父、宗教情感论首倡者施莱尔马赫。他在《当前哲学的趋势》中认为整个宗教系统建构于情感价值基础之上,经验事实并不能动摇它。强调宗教的情感寄托功能,并寻求情感与理性的平衡,是先生与吴宓、刘伯明等学衡派成员的共识。

(接上页)Ⅳ. Stages of Development(发展诸阶段)

　1. Self-preservation(自我保存)

　2. Personification and Apprehension(人格化和理解)

　3. Beginning of Worship, etc(拜神仪式的开端及其他)

Ⅴ. Animism(泛灵论)

　1. Tylor: Two Cause(泰勒:两个原因):i. Deed, etc(死亡等)ii. Dreams(做梦)

　2. Andrew Lang: Cause: Waking Hallucinations(安德鲁·兰:原因:清醒的幻觉)

　3. R. R. Marrett: Pre-animistic Conception(马瑞特:前泛灵论的观念)

　4. W. Wundt: Two Series(冯特:两个系列)

　5. See Dulkheim's Criticism(看涂尔干之批判)

　6. Crawley: Visual Image(克劳雷:视觉意象)

　7. Animism, not Religious up to the Stage of Demonism(尚未进至鬼怪崇拜的宗教阶段的泛灵论)

Ⅵ. Shaman(萨满)

　1. The Phenomenon(现象)

　2. Origin: Belief in Animism and Power of Controlling Powers(起源:信仰泛灵论和控制神魔的力量)

　3. The Phenomenon of Divination and Oracles(占卜和神谕现象)

　4. Mass Possession(大众控制)

Ⅶ. Fetishism(拜物教)

　1. Phenomenon(现象)

　2. Stages: Pre-animistic and Animistic(不同阶段:前泛灵论与泛灵论)

Ⅷ. Totemism(图腾崇拜)

　1. Spencer: Ancestor's Names(斯宾塞:祖先的名号)(转下页)

　　第二篇文章《宗教的起源与发展》(Origin and Development of Religions)较长,共 77 页,围绕宗教起源的各种问题而展开。例如"最早期人类的宗教是什么,他们崇拜什么,为何崇拜祂,究竟为何崇拜"等问题,都是此文探讨的重点。他指出此类宗教缘起问题"最近才凸显出来"。对于宗教人类学开山之作——泰勒的《原始文化》,文中写道:"此书关于宗教起源的理论刚被时人广泛接受。"文中述及儒家的宗教性问题:"自然秩序即道德秩序,像儒教可被称为伦理的宗教。这里习俗和礼法都被视为神圣的约束力。"

　　该文还讨论了宗教的演进历程,并尝试从中寻找其发展规律。他认为随着视野的开阔,外域宗教因素得以引入:"希腊和罗马时代庞大的商贸系统为各族文明和宗教的融合提供了良机。不少外来之神输入罗马,由此进入不同宗教信仰的调和时期。基督教兴起后,一些外国异教信仰被传教士所知晓;与伊斯兰教的接触引入新的知识;在犹太教、伊斯兰教和基督教共存的西班牙,宗教论争让其他宗教的信条得以显露;十字军东征使西方与伊斯兰教的联系更近一层;蒙古之征开拓出其殖民地到亚

(接上页)　2. Spencer and Gillen:Hunting Life(斯宾塞和盖伦:狩猎生活)

　　3. Frazer:Tracing to Conception Totemism(弗雷泽:追溯图腾崇拜的观念)

　　4. Wunlt:Product of Animism(冯特:泛灵论的产物)

　　5. Dukheim:Tribal Concentration and Dispersion(涂尔干:部落的集合与散布)

　　6. Jevons:Clans Chose Animal as Alliances(杰文斯:部落选择动物作为联盟)

　　7. Joy:Probably of Several Origins(乔伊:多起源猜测)

　　8. The Cult of the Dead(丧礼)

　　9. The Emergence of the Gods(诸神之出现)

　　10. The Cultus(祭仪)

　　11. Myth(神话)

洲大陆的通途,如马可·波罗所记……;绕过好望角海路的开辟,美洲新大陆的发现都促进了交流;至于近代西方对外国宗教的系统研究开始于一百五十年前。"文章勾画出不同宗教相互认知的发展轨迹,未尽之处,又于下文加以发挥。

第三篇《西方世界对外来宗教认识的历史》(History of Knowledge of Foreign Religions in the Western World)①对西人认知外国宗教过程的各类文献广搜精求。这为他后来研究外来佛教中国

---

①该篇手稿6页,纲目整理翻译如下:

I. New Impulse for Such Studies since Renaissance(文艺复兴后此类研究的新动力)

　1. Greek,Roman,Due to Revival of Learning(希腊、罗马,归因于学术的复兴)

　2. Greek and Latin Account of Egypt,Persia,India(埃及、波斯、印度的希腊文和拉丁文记载)

　3. Study of the Bible,Opened by Reformation(通过宗教改革打开的圣经研究局面)

　4. Hence Judaism(因此犹太教)

　5. Travelers and Discoveries(旅行者及其发现)

　6. Missionaries(传教士们)

II. Astral Theory of Origin of Religions(宗教起源的星象理论)

III. Euhemerism(神话即历史论)

IV. Fetishism(拜物教)

V. Symbolism of Crenzer(克瑞泽的符号论)

VI. State of Knowledge(认知状况)

VII. The Discoveries of Religion(宗教诸发现)

　1. Eastern Religions(东方宗教)

　2. Cretean Civilization(克里特文明)

　3. Knowledge of Roman and Greek Sects(关于罗马和希腊教派的认识)

　4. Study Shows the Interlacing of Tables,Unearthing of "Lower-mythology"(研究呈现出多种平台的交错,"低级神化"的发掘)

　5. Anthropology(人类学)(转下页)

化问题,总结中外文化接触移植规律打开了思路。文中所引书有摩尔《19 世纪宗教史》(G. F. Moore, *The History of Religions in 19th Century*, 1904)、罗林森英译的希罗多德《历史》(George Rawlinson, *History of Herodotus*, 1859)、坎贝尔《希腊文学中的宗教》(Lewis Campbell, *Religion in Greek Literature*)等,还提到"1652 年,亚历山大·罗斯所著《世界宗教通览》为异教研究力辩之始"(Alexander Rose, *Views of All the Religions of World*, 1652. With a very apologetic preface for a study of Paganism)。此时先生已十分注重比较宗教学方法的学习和运用。

带着上述问题,先生做了以下读书笔记,内容详略不等。其中宗教史学方面笔记有:杰文斯《早期宗教中神的观念》(F. B. Jevons, *The Ideas of God in Early Religions*)、《宗教史导论》(F. B. Jevons, *Introduction to History of Religions*)、乔伊《宗教史导论》(C. H. Joy, *Introduction to the History of Religion*)各 1 页。宗教人类学方面有:摘录考丁顿《美拉尼西亚》(R. H. Codrington, *The Melanesian*, *Oxford*, 1891)中关于 mana(原始部落传说的超自然力)问

(接上页)Ⅷ. Courses the Scholars Pursued(学者从事的研究之路)

  1. Philological Researches, Inscriptions, Texts, Archeology, etc. (语言学的研究、碑铭、文本、考古学等)

  2. Max Müller, "Comparative Science of Religions" — His Defects(麦克斯·缪勒的《比较宗教学》及其不足)

  3. Müller's Opponents(缪勒的反对者)

  4. Relation, and Religion, Social and Political Organization, and Economies(关系、宗教、社会与政治组织、诸种经济)

Ⅸ. Origin of Religion, and the Primitive Form(宗教起源及原始形式)

  1. Homeric and Vedic Primitive Form(荷马时代的和吠陀的原始形式)

  2. Australian Block as Primitive Form(作为原始形式的澳洲区)

  3. Comte's Stage of Religion—all Three Mistakes(孔德之宗教阶段——三种皆误)

题的笔记；泰勒《原始文化》笔记（Tylor, *Primitive Culture*），6 页①；安德鲁·兰《巫术与宗教》（Anddrew Lang, *Magic and Religion*），2页；刘易斯·斯宾塞《神话学导论》（Lewis Spence, *An Introduction to Mythology*，1921），3 页。这是此册中引用的最新文献，反映出先生对欧美宗教学最新研究进展的密切关注。

先生十分关注宗教的社会因素，在细致地考察了宗教的原初形式后，进而研究宗教的社会文化功能。他在宗教社会学方面的读书笔记有：韦伯《宗教团体理论与个体》（C. J. Webb, *Group Theories of Religion and the Individual*）1 页；宗教社会学创始人涂尔干《宗教生活的基本形式》②7 页。他指出此书主旨是："宗教具有鲜明的社会性，宗教表征的是集体性的实在。"

先生既采用了人类学学派从外部事实描述的方法，也非常重视心理学派从内在心理分析入手的方法。宗教心理学方面他写有：冯特《民俗心理学原理》（W. Wundt, Elements of Folk Psychology）读书笔记，5 页③。

应用以上宗教学理论，先生撰写了《斯宾诺莎与中世纪犹太

---

①该篇纲目整理翻译如下：(手稿原文用天干为序)

（甲）Mythology（神话学）

（乙）Animism（万物有灵论）

（丙）Future Life：Two Divisions of Future Life（未来生活：两种区分）

    1. Transmigration；2. Future life（轮回，来生）

（丁）Spirits（精灵）

（戊）The Evolution of the Spirits up to Deities（精灵进化到神性）

    Two Keys：1. Spiritual beings modeled upon conception of human souls；2. Purpose to explain nature on theory of "animated nature"（关键有二：1. 精神上的存在模仿人类灵魂观念；2. 为了解释"生动的自然"理论的本质）

②Emile Durkheim, *The Elementary Forms of the Religious Life*, Tr. J. W. Swain, 1915.

③该篇纲目整理翻译如下：(转下页)

教哲学》(Spinoza and Mediaeval Jewish Philosophy)①。该文重视犹太哲学的研究价值,认为:"哲学是哲学性批判的产物,所以我们认识一个哲学家不能不了解他的思想来源。"他分析了希伯来文化对斯宾诺莎的深刻影响,如早年受严格的犹太文化教育,从希伯来文献中获得知识等,并指出斯宾诺莎的学说是在批判继承以往哲学的基础上提出的,他是"一个自由化了的犹太人"(a liberalized Judaist)。

该册相关研究还有斯宾诺莎《伦理学》(Ethics)笔记,《中世纪的形上学》(Mediaeval Metaphysics)②、《属性》

(接上页)Ⅰ. Earliest Belief in Magic and Demons(最初信仰巫术和鬼神)

Ⅱ. The Totemic Age(图腾时代)

  1. The Origin of Totemic Idea(图腾观念的起源)

  2. The Law of Taboos(禁忌规则)

  3. Animism(泛灵论)

  4. Origin of Fetish(偶像起源)

  5. Ancestor-worship(祖先崇拜)

Ⅲ. The Age of Heroes and Gods(英雄和神之时代)

Ⅳ. The Development to Humanity:World Religions(向人文方向的发展:世界宗教)

①该篇纲目整理翻译如下:

Introduction(导论)

  1. Purpose(目标)

  2. Spinoza's Sources(斯宾诺莎思想的来源)

Spinoza and his Predecessors(斯宾诺莎和他的前辈们)

Spinoza's Metaphysics(Short Treatise)(斯宾诺莎《简论》中的形上学)

Spinoza's Metaphysics(Ethics)(斯宾诺莎《伦理学》中的形上学)

②该篇纲目整理翻译如下:

Ⅰ. Being(存在)

  1. Approach(方法)

  2. General Nature(通常的性质)(转下页)

(Attributes)①等写作提纲。《宗教学专辑》后半部分转向了对社会学、心理学、伦理学、形上学等与宗教学相关的交叉学科的探讨,关注宗教对于社会文化、伦理道德、终极关怀和精神家园建设的价值资源,显示出学衡派成员宗教观的渐趋成熟②。

4月28日,《兰曼日记》记载他审阅先生的梵文文章③。6月2日,先生参加兰曼主持的巴利文考试④。6月16日,先生与其他两位学生去兰曼家拜访⑤。6月17日,《兰曼日记》载他到储藏室查找先生所需要的图书。兰曼对先生的学习和生活多有

(接上页)3. Classification(分类)

4. Development of the Theory(理论的发展)

5. Aristotelian Cosmology(亚里士多德学派的宇宙论)

Ⅱ. Creation(创造)

1. The Problems(问题)

2. Solution Ⅰ.(解答一)

3. Solution Ⅱ.(解答二)

4. Another Theory(另一理论)

Ⅲ. Spinoza's Proofs of the Existence of God(斯宾诺莎的上帝存在证明)

1. Mediaeval Proofs(中世纪的证明)

2. Spinoza's First Proof(斯宾诺莎的第一证明)

3. Spinoza's Second Proof(斯宾诺莎的第二证明)

4. Spinoza's Third Proof(斯宾诺莎的第三证明)

5. Spinoza's Fourth Proof(斯宾诺莎的第四证明)

①该专辑各篇多有详细提纲,恐繁,不具录。

②赵建永:《汤用彤哈佛大学时期宗教学文稿探赜》,《世界宗教研究》2009年第1期。

③Diaries,1863—1938,Charles Rockwell Lanman Papers,Harvard University Archives,HUG 4510.5,Box5.

④Diaries,1863—1938,Charles Rockwell Lanman Papers,Harvard University Archives,HUG 4510.5,Box5.

⑤Diaries,1863—1938,Charles Rockwell Lanman Papers,Harvard University Archives,HUG 4510.5,Box5.

照料,令其感念不已①。6 月 26 日,兰曼从波士顿出发前去纽约,再乘船转往法国巴黎。

此顷,由梅光迪、吴宓推荐,先生应东南大学副校长刘伯明之聘,准备回国出任哲学系教授、系主任。先生在哈佛师从白璧德、兰曼、佩瑞诸泰斗,其所受科学训练奠定了他治学的基础和方向。先生留学哈佛时的未刊英文手稿展现了他在哈佛学到的学术精神和方法,现存哲学、宗教学、逻辑学三辑共五册,16 开本②。它们都被带回并扎根于国内学术界,通过他广泛的教学传授,丰富并深化了当时的文化研究,具有思想启蒙和为现代中国学术奠基的历史作用。

7 月初,先生乘火车离开波士顿,前往加拿大西部海港城市温哥华,再乘船返回上海。先生在起程不久的途中寄了一张明信片给兰曼告知其回国的消息。明信片上邮戳显示地点为加拿大蒙特利尔(Montreal),日期为 7 月 7 日③。当时,兰曼已经抵达巴黎。因此,当先生离校时,无法当面向兰曼辞行,只好在刚离开美国时给兰曼留言说明情况。

7 月 12 日,先生再次给兰曼写信告别:"我在几分钟前刚抵达温哥华的这家宾馆,并将于明天离开,两周后,就要踏上祖国的土地。但是,在我出发之前,在离开美洲大陆之前,要感谢您所给予我的所有帮助。一直以来,在您指导下学习皆是一种极大的欢悦。"他还说拟于 9 月初到南京,回国后会先去一处避暑胜地,那里是净土宗创始人在十五个世纪之前曾经居住过

①Diaries, 1863—1938, Charles Rockwell Lanman Papers, Harvard University Archives,HUG 4510. 5,Box5.

②笔者写作此节时,先生遗稿藏于北京大学中国哲学与文化研究所。参阅《汤用彤先生英文课业论文手稿图片》,《世界哲学》2007 年第 4 期。

③Correspondence with Pupils, 1918—1933, Charles Rockwell Lanman Papers, Harvard University Archives,HUG 4510. 63.

的①。信中所说避暑胜地是指先生有一处祖宅的庐山。东晋时高僧慧远(334—416)居庐山三十余载,相传就是在此结白莲社,而被视为净土宗始祖。先生后来在其名著《汉魏两晋南北朝佛教史》中辟专章对此说有详细考辨。庐山自慧远以来,久为佛教著名道场。唐宋盛时,曾有大小寺庵三百余。到清代,山南归宗、秀峰、万杉、栖贤、海会五大刹,规模尚存,而山北从黄龙、天池以至东西二林,则已衰圮不堪。但自入民国,牯岭辟为避暑风景区后,基督教堂林立其间,佛寺僧侣则退处偏远,早已无立足余地。本年夏季,太虚至牯岭漫游,见佛刹沦为牧地,而西洋教堂反矗立其间,大生感慨,遂决定在大林寺旧址上修建一讲堂,作为暑期演讲佛学之用。此计划旋获武昌佛学院董事会的赞助,向庐山清丈局购地,并开始在原大林寺旧址上建讲堂、客室等。汤家的三栋别墅都在大林寺左近。

7月27日,刚从欧洲回到家的兰曼在晚上开始读信,并在日记中记录下先生和陈寅恪来信之事②。

8月17日,也就是先生返家一周后,从庐山牯岭镇写信给兰曼,告知一个月后他将前往南京,并拟在那里任教一年。还说自己希望能够筹集到一笔资金,以便前往印度进行一年左右的学习和考察③。

吴宓在《学衡》创刊之初,致函白璧德抱怨该刊稿源匮乏。1922年9月17日,白璧德复函为之出谋划策,并推荐先生所撰叔本华哲学及佛教方面的文章。其中有关先生的评论如下:

①Correspondence with Pupils, 1918—1933, Charles Rockwell Lanman Papers, Harvard University Archives, HUG 4510.63.
②Diaries, 1863—1938, Charles Rockwell Lanman Papers, Harvard University Archives, HUG 4510.5, Box5.
③Correspondence with Pupils, 1918—1933, Charles Rockwell Lanman Papers, Harvard University Archives, HUG 4510.63.

听闻哈佛的中国学人对你新办的《学衡》杂志评价甚高,我感觉这正是当下所需。以后不知道你能否召集到充足的作者群。去年冬天,你来信提及所遇到的诸多困难和挫折。在这种情形之下,明智的办法似应是,只要总体观点一致者,就可以与之合作。汤用彤先生难道不是证明对《学衡》杂志大有辅佐之功吗? 在他离开坎布里奇回国之前,我与他就中国哲学进行了一次的谈话。我感觉他比我遇到的任何其他中国人都更通晓这一领域。他在《中国留学生月刊》上发表的关于叔本华与佛教的论文(或者相应的文章)对于你们《学衡》不是很好的稿源吗? 楼光来先生关于笑的理论的大作打动了我,这是一部非常出色的作品,或许适宜介绍给中国的读者。汤先生和楼先生也许没有目前中国似乎需要的那种激进性,但不管怎么说,他们皆是非常有用的人才。……顺便说一下,我希望你们能对约翰·杜威新出的两卷本发表评论,以揭露其肤浅性。他在美国影响殊恶,我怀疑在中国亦复如是。但愿汤先生能对你有所帮助。①

白璧德常与先生讨论东西方哲学,先生的勤勉与聪慧给白璧德留下了深刻的印象,因此,白璧德称先生是他所遇最通达中国哲学之人,并寄予厚望。信中所推荐的汤文是指:"Schopenhauer's Philosophy of Genius"(《叔本华天才哲学述评》)②、"Oriental Elements in Schopenhauer"(《叔本华哲学中东方思想成分考原》)③。白璧德在函中还期望先生等《学衡》成员全面评介杜威,肃清其实用主义在中国的流弊。可见,先生归国后讲义中对实用主义和功

①Xuezhao Wu, The Birth of a Chinese Cultural Movement:Letters Between Babbitt and Wu Mi, Humanitas 17. 1—2(Spring—Fall 2004).
②该文有赵建永汉译,刊于《世界哲学》2007年第4期。
③该文有钱文忠汉译,刊于《跨文化对话》第七辑,2001年9月。

利主义的批判性引介,深受白璧德的影响。

9月5日,吴宓致函吴芳吉,谈论他与先生别后一年来的情况。

9月22日,兰曼收到了先生8月17日的来信。

10月初,亦即先生抵达东南大学十天后,又写了一封长信向兰曼汇报近况(盖于上海的邮戳显示为1922年10月11日)。汤信开头称呼兰曼为"Old Guru"。在中国,"老"(old)是一种表达尊敬的方式。在印度,"Guru"则指知识广博、德行崇高的精神导师。透过此中外合璧的尊称,足见先生对导师的感激与敬重之情。信中说他的精力多用在教学上,以至于没有充分时间展开他真正想做的研究工作。他还提到:"此处有一所佛教院校,是由一些杰出学者组成的私立学校,他们并非佛教徒,但是却对钻研释迦之学极富兴趣,其教学是从一种学术探究的角度进行的。我会经常参加他们的讲习。"这所佛教学校就是欧阳竟无刚成立的支那内学院。先生信中还说由于国内没有巴利文工具书,所以只好转而更加注重研习梵文,而且所收集的材料足够未来几年的研读,并期待兰曼长期以来倾心撰写的新著早日问世,认为它将会推进梵学研究的发展①。从字里行间,可以真切体会到先生对于恩师诚挚的深情厚谊。

兰曼在该信上注明"11月28日寄到"(Arrived Nov 28)。同日,兰曼于日记中记录他给先生和陈寅恪都写了回信。

在东南大学期间(1922—1925),先生的各项学术活动都是围绕落实学衡派的理念来展开的,主要体现在协助吴宓办理《学衡》杂志,讲授东西方哲学史、宗教史,译介西方哲学、印度哲学,以及在此基础上的撰著三方面。因此这一阶段在他的思想分期

---

①Correspondence with Pupils,1918—1933,Charles Rockwell Lanman Papers, Harvard University Archives,HUG 4510. 63.

上可称之为学衡时期。

先生讲授过旧大学哲学系的大多数课程,在东南大学开设的课程有:哲学史、唯心论、反理智主义、伦理学、印度学说史等。这一时期,他培养的学生有向达①、陈康②、范存忠、严济慈等人。

经过数年筹备,支那内学院在南京正式成立,欧阳竟无任院长。10 月 17 日,支那内学院开学于南京公园路,欧阳竟无始讲《唯识抉择谈》,一时学人云集。梁启超赴金陵受业兼旬,张君劢亦负书问学。名流如吕澂、姚柏年、梁漱溟、陈铭枢、王恩洋、黄树因等,皆拜投欧阳门下学习唯识。先生于课余亦前往,与熊十力等人一同问学。钱穆载:"锡予在中大(按东南大学为中央大

---

① 向达(1900—1966),字觉明,湖南溆浦人。幼年入家乡小学,后考入长沙明德中学,毕业后考入南京高等师范数理化部,一年后转入高师文史部。1923 年高师毕业后,入东南大学习历史。1924 年毕业后,入商务印书馆任编辑。1930 年任北京图书馆编纂委员会委员。1933 年任北京大学讲师。1935 年赴英国,先在牛津大学图书馆任交换馆员,后在大不列颠博物馆研究敦煌卷子和太平天国文书。1937 年夏,在柏林、巴黎等地博物馆、图书馆中,对流出国外的我国珍贵史料进行抄录和照相。1938 年秋回国,任浙江大学史地系教授,并整理从国外带回的大量资料。1939 年被北京大学文科所聘为中西交通史导师。1941 年受中央研究院历史语言研究所之约,赴敦煌考察莫高窟。1943 年任西北科学考察团历史考古组组长,再次赴敦煌考察。抗战后任北京大学教授。1948 年底,参加北大护校委员会,并由先生委派接任北大图书馆馆长。随后,任北大校务委员会常委、中国科学院历史研究所第二所副所长、哲学社会科学部学部委员、《历史研究》和《考古学报》编委、北京市人大代表、全国政协委员等职。著有《明清之际中国美术所受西方之影响》、《唐代长安与西域文明》、《唐代开元前后长安之胡化》、《中西交通史》、《敦煌学导论》、《郑和航海图》等。

② 先生在东南大学时的讲义里古希腊哲学文化占相当比重。在他的影响下,陈康走上致力于古希腊哲学研究的道路。汤一介:《汤用彤先生与东南大学》,《光明日报》2002 年 6 月 14 日。

学前身),曾赴欧阳竟无之支那内学院听佛学,熊十力、蒙文通皆内学院同时听讲之友。"①1920 年暑期后,熊十力没有回南开中学继续当任教,而是从江西德安直接去南京,拜在欧阳竟无大师门下学佛。内学院初建即英才荟集,声誉鹊起,与太虚法师创办的武昌佛学院遥相辉映,成为全国两大佛学中心。内学院是一所由居士主持的高级佛学院,设学问、研究、法相大学三部。它开办三十年间,培育僧俗学人数百人。

本年,蔡元培发表《教育独立议》主张大学开设宗教学课程,但未找到可讲授此课的教员,亦可见当时宗教学师资之匮乏。同年夏,先生回国后即在宗教学方面进行开拓性的引进工作。先生极注重宗教在西方哲学史中的影响。他东南大学时期《西方哲学史》讲义第一章"导论"末节讲述希腊文化从宗教到哲学(From Religion to Philosophy)的渊源。通过以下纲目可知他应用的宗教学理论:"第二章 希腊的宗教观念。一、相信拯救的力量。二、希腊(奥林匹亚)宗教没有教条和教会。三、希腊(奥尔弗斯)神秘主义。"该讲义中世纪哲学部分第一章"导论"首先纠正现代人对中世纪的轻视(The Modern Contempt of the Middle Ages),接着讲述中世纪哲学、经院哲学和基督教及其特点。

本年,厦门大学哲学系创办,曾有先生、张颐、朱谦之(任系主任)、邓以蛰等一批著名学者在此任教,积极开展哲学史的文献整理与专题研究,奠定了深厚基础。

1923 年(癸亥) 先生三十一岁

3 月,先生所讲《叔本华之天才主义》之概要,由学生张廷休整理成文,发表于《文哲学报》第 3 期。

---

①钱穆:《八十忆双亲·师友杂忆》,北京:生活·读书·新知三联书店 1998 年版,第 178 页。

5月,先生所撰《亚里士多德哲学大纲》译文上篇发表于《学衡》第17期。7月,先生所撰《亚里士多德哲学大纲》译文下篇发表于《学衡》第19期。其中"美术哲学"一节讲:"亚氏谓祭酒神(Bacchus)等之狂乐,可舒宗教激烈情感,而使情出于正,其用意亦与论剧相同也。"

本年夏,新大林寺讲堂正式开办暑期佛学演讲会,由太虚、王林甫、史一如等主办,并邀请先生等参加主讲,黄侃、张纯一等学者亦应邀演说。太虚共讲四次:佛法略释、佛法与科学、佛法与哲学、佛法悟入渐次,有意借此活动平衡一下西洋教会的优势。听众除游客、佛教徒外,基督徒亦侧身其中,时生问难。由此次讲会发展而有次年"世界佛教联合会"的产生。《太虚自传》对相关情况有详细记述。

9月,内学院研究部分设的正班和试学班开学,先生参与主持其事。招收学员26人,其中正学班10人,试学班16人。学制均为两年,试学班结业后,成绩及格可升入正学班。研究部有如现在的研究生班,实行导师制,招收学生十几人,通习唯识要典。以先生博学,受聘为研究部导师。每两个月开研讨会一次,年终编印年刊及杂刊。将内学院办成佛教大学是欧阳竟无的理想,然由于条件尚未成熟,故先从试学班开始,由欧阳竟无、先生、邱稀明、王恩洋、吕澂、聂耦庚六位导师指导。

12月,先生翻译英国剑桥大学神学教授尹吉(W. R. Inge, 1860—1954)所撰《希腊之宗教》发表于《学衡》第24期。该文介绍基督教与古希腊哲学、神话和秘密宗教的渊源,及希腊化之犹太教。原出利文斯敦所编《希腊之留传》(The Legacy of Greece)①第二章。全书收录汤因比(A. Toynbee)等名家相关研究共十四

---

①Edited by R. W. Livingstone, Oxford University Press, 1921. (1928、1984年多次再版)

篇,分述希腊文化的政治、文学、历史、教育、哲学、科学、宗教和艺术等方面,以说明古希腊遗产的价值及其现代影响。先生首先选出希腊宗教部分译介到国内,反映出他对宗教的文明中心地位的重视。

先生同时期授课讲义对该文多有发挥,如其《西方哲学史》讲义有希腊人和东方宗教、希腊秘密宗教仪式、希腊文明对基督教的影响等章节。现知他所开四十余门课程中,基督教及宗教学占相当比重。其西方哲学通史教学的一大特点是,注重哲学家们的宗教思想及其与时代背景的关系,以及宗教在人类文明进程中的作用。

本年,内学院院刊《内学》在南京创刊,由欧阳竟无主编。先生的《释迦时代之外道》发表于《内学》第一辑。《内学》年刊是富有纯粹学术价值的佛学刊物,专门刊登国内佛学名家和学者如先生、欧阳竟无、吕澂、王恩洋等人的研究心得,体现了当时佛学研究的水平。举凡收集民国时期最有价值的佛学成果和了解现代中国佛学的早期发展及其方向,必由此刊。此刊第 4 期以后,以《内院杂刊》的形式继续出版。当时各地较大的佛教团体、佛学院都创办刊物。社会上许多报纸、电台也辟有佛教副刊或专栏、节目,佛教大有复兴之势。

本年,蒙文通来内学院与先生共同旁听欧阳竟无讲学。蒙先生所写《中国禅学考》等,深得欧阳赏赞。

1924 年(甲子) 先生三十二岁

2 月,先生最早的佛学论文《佛教上座部九心轮略释》发表于《学衡》第 26 期。

白璧德在先生回国后并未与他失去联系,仍保持书信往来并寄赠自己于 1924 年首版的新书《民治与领袖》(*Democracy and Leadership*)。白璧德该书将他的道德和美学思想与政治学的基本主张联系成一体而完备起来,使其成为一个真正的时代文化批评大师。先生东南大学时期的《唯心论》讲义也讲到该书的思想。从先生现存讲义以及白璧德与吴宓的往来书信中,可以看到他们为新人文主义在中国的传播和为维持《学衡》杂志所做的种种努力。

先生归国后的各种讲义多次讲到白氏的思想。先生在白璧德讲授的"19 世纪的浪漫主义运动"课程基础上加以扩展,开设了《19 世纪哲学》课程,把 19 世纪的浪漫主义运动放在当时哲学文化变迁的整体大背景下加以深化。其中涉及的浪漫主义作家很多,且相关文学批评家也几乎是最新的一些人物,反映出先生对浪漫主义运动的谙熟。我们对照现存白璧德档案的相关讲稿,可以看出先生的讲义是在白璧德的讲稿和自己的读书笔记基础上写成的。将白璧德档案材料与先生的讲义进行比对,还可见先生并不是完全照搬美国诸师的学说,而是富于自我理解和创见。白璧德"19 世纪的浪漫主义运动"这门课主要讲的是各时期的文学流派和代表人物,先生则将其中的阿诺德、施莱格尔等文学家着重与哲学思潮联系起来讲述。该讲义一大特色是文史哲的会通,这方面很像白璧德的渊博贯通的风格。先生在《反理智主义》(Activism)讲义中认为"浪漫主义是反理智主义的先导",因此,先生哈佛手稿和讲义中关于反理智主义的内容可以看作是对白璧德的浪漫主义研究的一种拓展。其中直接引述白璧德所著《卢梭与浪漫主义》(Rousseau and Romanticism)即为一个例证。

3 月 24 日,张歆海致函胡适:

适之:

东南大学有风潮,听说文学、哲学两系因与生活实际无关,将删去。哲学系内有汤君用彤,中国两梵文专家之一,前哈佛 Lanman（兰曼）得意门生，Baron Stael-Holstein（钢和泰）①亦与之相识，不知北大愿聘之为印度哲学或梵文教授否，乞复。

张歆海　三月廿四②

4月，楼光来辞去东南大学英语系主任之职，受聘为南开大学英语系主任。5月，西洋文学系主任梅光迪辞职，接受哈佛大学汉语讲师之聘。三天后，东南大学校方宣布裁撤西洋文学系并入英语系。于是《学衡》诸友先后散之四方。

6月，先生所撰《印度哲学之起源》发表于《学衡》第30期。文中认为印度哲理进化之原因，足述者有："奖励辩难，利己利他，即帝王与学者问诘，亦不滥用武力，当依义理（如《那先比丘经》有智者议论王者议论之说。智者以理屈，王者以力服，弥兰王则慨然如智者议论之法）。相习成风，异计百出。"文末在分析历史上的印度哲学之所以能够得以繁荣发展的根本原因时总结道："印土哲理之能大昌至二千年者，言论自由之功固不可没也。"③这充分表现出他作为文化守成主义者的自由主义关怀。

夏，先生与熊十力、柳诒徵两先生于南京聚会，并合影留念。

---

①钢和泰（1877—1937），俄国男爵，汉学家、梵语学者。历任彼得格勒大学助理梵文教授、北京大学梵文与宗教学教授、哈佛大学燕京学社教授，并长期担任哈佛燕京学社驻燕京大学的中印研究所所长。他与当时国内外学术界交往甚广，如汉学家高本汉、伯希和、戴密微等，与国内学者陈寅恪、胡适、赵元任、王云五、先生、吴宓等更是交情深厚。胡适曾担任钢和泰讲课的口译工作，并笔译其文。陈寅恪应聘清华后，长期内每个周末都进城与钢和泰共同研读梵典。
②中国社会科学院近代史研究所中华民国史研究室编：《胡适来往书信选》，北京：社会科学文献出版社2013年版，第176页。
③汤用彤：《印度哲学之起源》，《汤用彤全集》第3卷，第223页。该文初载《学衡》第30期，1924年6月。原有着重号。

本年,先生任内学院巴利文导师。1月至6月,他指导"《长阿含游行经》演习"一课。9月至12月,开讲"金七十论解说"及"释迦时代之外道"两课程。

1925年(乙丑)　先生三十三岁

本年上学期,因国民党与院系之间的势力斗争引发东南大学"易长"风潮,先生受到牵连。

随着大批留学生任职清华,清华师资力量空前强大,清华学校改为国立清华大学,附设留美预备部及国学研究院。吴宓赴北京出任国学研究院院主任,主持筹建工作,聘王国维、梁启超、赵元任、陈寅恪为研究院教授。4月27日,《吴宓日记》载:"介绍陈(寅恪)来,费尽气力。"①吴宓还举荐先生任清华大学国学院哲学教授,未能如愿。

春,黄钰生从芝加哥大学获教育学硕士学位后来校任教,先后担任心理学、哲学和教育史的教学工作。南开哲学学科早期的发展与黄钰生、先生、冯文潜等著名学者的努力与贡献紧密相关。

3月,先生原刊于《内学》的《释迦时代之外道》一文,转载于《学衡》第39期。

7月,自1923年9月开办的内学院试学班,在先生北上前夕圆满结束,共有蒙尔达、韩孟钧、刘定权、谢质诚、李艺、邱仲、释存厚、释蓁觉、黄通、曹天任、陈经、黄金文、刘志远、阎毅、樊毅远、释碧纯16名学员顺利毕业。

7月21日,《吴宓日记》载:"至南池子汤宅,见汤用彤、汤用彬兄弟。盖汤君已挈心一及学淑于昨日下午抵京。在汤宅午饭后,即导心一及学淑至姑母宅中住居,并行拜见礼。"②由此可

①吴宓:《吴宓日记》第3册,第19页。
②吴宓:《吴宓日记》第3册,第46—47页。

知,先生是年夏已辞去东南大学教职,并与吴宓夫人陈心一及其女儿吴学淑一路同行,于 7 月 20 日返回北京。

8 月,先生在张伯苓的感召下,受聘转任南开大学哲学系教授、系主任。当时系主任的主要职责是商同文科主任(建校初期由大学部主任凌冰兼任,1926 年起由黄钰生担任)办理以下事项:"1. 计划及研究该系学程之进行;2. 规划该系预算;3. 推荐该系教员;4. 筹划该系教科上之设备。"①此前南开大学哲学系主要由凌冰、张彭春、黄钰生等教师兼课,先生到来后便成了系里的台柱。

钱宝琮与先生同年到南开,又同时与先生、竺可桢一起去中央大学任教。钱宝琮 1952 年 8 月写的《自我检讨》中所说:他去南开任数学系教授,是因为"(在南开)当教授,授课钟点每周至多九小时,可以有充分时间研究数学史"②。1928 年 8 月 10 日,先生致胡适函也说:"私立学校较官立者安静。"③先生选择南开大学任教的一个重要原因是为了有充分的时间写作佛教史。

先生初入南开,正值"轮回教育"事件平息不久。该事件与"土货化"方针的意义在于向教育界提出了西方教育思想和制度的中国化问题。这无疑进一步促使先生通过对佛教中国化变迁过程的深入探索,整理总结外来文化本土化发展的一般规律。先生主持南开大学哲学系期间,南开大学的发展正处在一个关键的转型时期。他南开时期的讲义是探索该问题的结晶,为南开模式的奠定做出了积极的贡献。

任继愈先生说:汤先生"在东南大学、南开大学任教时几乎

---

①参见南开大学善本室藏《南开大学一览》,1923 年 6 月。
②据钱宝琮长孙钱永红先生向笔者提供的未刊稿。
③《汤用彤信十二通》,耿云志主编:《胡适遗稿及秘藏书信》第 36 册,合肥:黄山书社 1994 年版,第 449 页。

教过哲学系所有课程,包括伦理学、逻辑学等"①。先生毕生所
开四十多种课程中,南开大学时期的现在已知有十二门。他在
南开期间所授课程较东南大学时期②更为系统完善。这批讲义
基本用英文写成,稿本封页上印有"NANKAI COLLEGE"(南开
大学)、"南开学生实业有限公司印制"等字样。据南开大学《文
科学程纲要》记载,当时哲学系主要课程大都由先生亲授。如,
西洋哲学史、现今哲学、实用主义、实用主义与教育、康德哲学、
逻辑学、社会学纲要、伦理学、印度学说史、印度哲学、宗教哲学、
佛学史等③。透过其课程体系,我们可以看到,作为"西哲东渐
的宗师"(杨祖陶语)④,先生在引介西学和建设中国哲学方面付
出的种种不懈努力。此类遗稿的整理出版,将会使学界更充分
地认识先生作为哲学家、思想家的一面。

　　南开大学《文科学程纲要(1925—1926)》载,先生 1925 年下
学期已于南开哲学系开课。他在南开所授《西洋哲学史》的讲义
封页上也亲手注明是 1925 年。先生所写《南开大学哲学系学程
纲要》,刊登于《南开周刊》第 1 卷第 7、8 号。

　　8 月 2 日,吴宓致白璧德信中也提到"Mr. Y. T. Tang is to
teach in Nankai University, Tientsin"(汤用彤先生即将去天津南
开大学任教)⑤。

_____

①任继愈:《汤用彤先生治学的态度和方法》,《燕园论学集》,第 36 页。
②先生在东南大学时期的未刊讲义手稿现存有:哲学史、唯心论、反理智主
　义、伦理学、印度学说史等。
③南开大学校史编写组编:《南开大学校史(一九一九——一九四九)》,天
　津:南开大学出版社 1989 版,第 147 页。
④杨祖陶:《西哲东渐的宗师——汤用彤先生追忆》,《学术月刊》2001 年第
　4 期。
⑤Xuezhao Wu,The Birth of a Chinese Cultural Movement:Letters Between Bab-
　bitt and Wu Mi,Humanitas 17. 1—2(Spring—Fall 2004). 1925 年(转下页)

8月12日,吴宓坐火车到达天津,先生前去接站①。这说明先生1925年8月上旬已至南开。现行有关传记多误以为先生1926年始来南开大学。

先生所写《西洋哲学史》(History of Philosophy)手稿有两种。第一种哲学史(一册)重点讲述古希腊哲学的源流,应在1922年回国后至1925年间使用。1925年所写第二种哲学史(三册)系在第一种讲义基础上增补而成,远较前完备。本年下学期,先生在南开大学所授此课的课程纲要中载"本学程寻西洋哲学变迁迹绪,详各家学说之要义,讲时代精神之因果,常研论西洋文化之特征,使初学者不致徒困于哲学专业理论"。还注明这门课全年讲授,共"六绩点"。参考书为"Cushman, *Beginner's History of Philosophy*"(顾西曼《哲学史入门》)②。先生《汉姆林大学时期文集》对该书多有称引,可知他初到美国已熟读此书。

在这份《西洋哲学史》未刊讲义"导论"中,先生高度评价希腊文化的自由精神:

> 最令后人感怀的是:希腊开创了思想和言论自由之先河。他们在哲学上进行的思辨,在科学上取得的进步,及其在政治制度上所行的实验,无不以自由为先决条件。不仅如此,他们在文学和艺术上能达到这样卓越的境界,也离不开自由这一前提。爱奥尼亚科学具有的现世特征,如克塞诺芬尼的勇气,苏格拉底之事例,皆为自由精神使然。这些都意味着欧洲人的活力和特性。中国虽有政治自由,但是

(接上页)8月1日的吴宓日记,对这封信也有所记录:"复胡先骕函。并上长函达白璧德先生。"吴宓:《吴宓日记》第3册,第52页。

①吴宓:《吴宓日记》第3册,第55页。

②《文科学程纲要(1925—1926)》,《南开大学校史资料选》,天津:南开大学出版社1989年版,第200—201页。

> 没有求知上的勇气。国人太多主观的实用观念,但是希腊
> 人在这方面就要高出很多。故而希腊人能对科学知识有所
> 贡献,第一批哲学家都是自然科学家。

此种认识使他自觉地维护自由研究的学术精神。在他看来,只
有具有这种精神才能充分发挥学术的创造力。先生的论著中常
盛赞自由精神,并以之为文化发展的根本原因。这份讲义开宗
明义,提出学此课目的在知晓"基本的人生观和世界观",并引
《周易》"多识前言往行以畜其德"、"彰往以察来"之语以借古
鉴今。

这份《西洋哲学史》讲义还专列"神秘主义"一章,是由汉姆
林时期《中世纪神秘主义》一文增补而成。通过其纲目①可知所
增重点是深为白璧德新人文主义关注的情感主义部分。

先生的《现今哲学》(Contemporary Philosophy)讲义的课程
纲要载:"本学程注重讲解现今哲学最重要四潮流(理想主义、实
用主义……)。"此课第一学期开设,占"三绩点"。该讲义是先
生在哈佛大学时所写长篇研究报告《当前哲学的趋势》(Present
Philosophical Tendencies)②基础上增补改编而成。他总结了当
时"现代西方哲学"的主体性、多元性、科学性、社会性等特点,对
各种流派及其发展走向做了详细评介,并对科学与人文主义关
系给予高度重视,表现出可贵的前瞻性③。

────────────

① 这份讲义"神秘主义"一章的部分纲目,今整理翻译如下:"一、东方的情
　感主义。二、日尔曼的情感主义。三、柏拉图主义中的希腊情感主义。
　四、拉丁神秘主义者。五、埃克哈特。"
② 参见赵建永:《汤用彤哈佛大学时期哲学文稿辨析》,《哲学动态》2006 年
　第 4 期。
③ 该讲义下册有残缺,今整理出上册纲要如下:
　Chapter Ⅰ Introduction(第一章 导言)
　Chapter Ⅱ Naturalism(第二章 自然主义)(转下页)

先生《实用主义》(Pragmatism)。讲义的课程纲要说:"本学程初陈近世反理智主义①,以测源流;中言詹姆斯等之心理伦理学,以探其基本;后析实用主义各派之学说,并推求其宣张于中国之利害。"②此课第二学期开讲,占"三绩点"。该讲义认为"Pragmatism is the crystallization of the modern spirit"(实用主义是现代精神凝固化的表现形态)。该讲义结尾附记对听课学生作业的评判。据此线索可查知该课程的一些具体情况。讲义最后一页是《续高僧传》、《金石补正》中关于佛教史的笔记,反映出他此时正在写作《中国佛教史》的进展状况。

先生《实用主义与教育》(Pragmatism and Education)讲义,分四章讲述现代教育的本质、目的和教育实践的方法原则等内容。他从教育现代化的目标出发,引介西方新近教育理论探索教育救国之路,是中国现代教育史上的重要一页。先生注重实用主义中必须接受以往道德传统和社会发展连续性的教育观。而这正是胡适在引介实用主义时有意或无意遮蔽的重要内容,在此问题上,先生较胡适更为客观、全面,从中可略窥先生作为"杰出的教育家"(张岂之语)的一面。张伯苓曾在哥伦比亚大学进修教育学,与胡适同为杜威弟子。胡适把实用主义用于学术研究,而张伯苓把传统教育思想与杜威的现代教育观融入办

(接上页)Chapter Ⅲ Idealism(第三章 唯心论)

1. The Basis of Idealism(唯心论的基础)

2. Objective Idealism(客观唯心论)

3. Personal Idealism(个人唯心论)

①该讲义开篇以文学中的浪漫主义、政治学的非理性主义、伦理学的功利主义和自然主义、教育的社会化、心理学的机能论、生物学的生机论、宗教的神秘主义等方面来阐述反理智主义(Anti-intellectualism)的历史背景。

②《文科学程纲要(1925—1926)》,《南开大学校史资料选》,第 201 页。

学实践,创造出既具中国特色又与世界接轨的南开教育模式。先生开设此课与张伯苓的教育理念正相呼应。

　　先生《康德哲学》(The Philosophy of Kant,两册)讲稿分为五章,首先从《纯粹理性批判》的"问题"出发,来讲康德对前代哲学的继承发展、康德哲学的"革命特征"及对后世的影响。他在"处理康德哲学问题的方法"一节中,提出"非囿于康德名相,而观其会通;不囿于其文字,而取其精义"。在"康德先验哲学"一讲上借用佛学法相宗术语"不坏假名,而说实相",精辟概括出康德哲学的特点,并揭示了东西哲学的可比较会通之处。后来,牟宗三认为通中西文化之邮,以使双方相资相宜,康德实为最佳桥梁;并以《大乘起信论》"一心开二门"之架构,来创造性地解释康德现象与物自体之分,整合出"两层存有论",为中西哲学开显出一条交会融通之坦途(蔡仁厚《牟宗三传》)。如今康德与中国哲学的比较已成热点,而先生可谓最早在康德研究方面提出中西会通原则的学者。郑昕此时期是先生培养的学生,后成为最杰出的康德研究专家和康德哲学的热情传播者。其《康德学述》是我国系统研究康德哲学的第一部专著,而先生这份讲义堪称我国康德研究的开山之作①。

---

①郑昕(1905—1974),安徽庐江人。1924年入南开大学哲学系。1927年赴德国留学,先后在柏林大学和耶拿大学深造。他在新康德主义大师鲍赫的指导下深入研究康德哲学。回国后被先生聘至北京大学哲学系,执教近四十年,为传播康德哲学贡献了毕生精力。他平日随己之所好,心之所记,笔之于书,剪裁成文,先发表于《学术季刊》,后结集成《康德学述》,由商务印书馆1946年11月出版。该书说:"一个伟大的思想家,就人类的文化思想发展来说,总是承先启后的,承先,不是将过去的学问成绩积累起来,而是按着一定的原则,将以往的成绩,加以改造和再创,成为一种崭新的学问;惟如此方能启发后昆,表示他在历史上划时代的意义。康德便是这样的睥睨古人,下开百世的思想家。"这可以视(转下页)

学程首论社会学之性质与历史,次论社会之构成,再及社会之进化,末言社会进步之难题与方法。"此课全年讲授,占"六绩点"①。该讲义虽尚未发现,但据现存哈佛时手稿可知他熟知社会学创始人孔德、马克思、斯宾塞、涂尔干等人的学说。

先生《形式论理学》(逻辑)课程纲要载"本学程在使学者熟于形式论理学。故与以甚多之练习问题,讲授者间常引征他派逻辑理论②。参考书有"Creighton:An Introductory Logic"(枯雷顿《逻辑概论》)。其间他培养的学生江泽涵后成为著名数学家、中国科学院数学物理学部的学部委员。

《印度哲学史略》的最早雏形是先生在东南大学时期开讲的"印度学说史"一课的七册英文讲稿。他对之重新修订增补后,于南开大学主讲"印度学说史"和"印度哲学"课程。

本年下学期,先生在南开大学讲授的《印度学说史》课程纲要云:"本学程实即印度文化史,惟特侧重哲理。外道哲学有数胜诸论,外道宗教举婆罗门、印度二教,兼及佛学及印度哲理文学。"③

先生南开时期《印度哲学》(Indian Philosophy,两册)讲义,内多梵文。他运用宗教学的研究方法,细致分疏了印度自古以来各家宗教哲学的源流、特点。《印度哲学》讲义时代跨度很广,历述自公元前2500年雅利安人入主印度,经戒日王、回教入侵、

（接上页）为《康德学述》全书的基点和在书中反复加以演奏的主旋律。凡此类观念皆与先生的学术思想一脉相承。

①《文科学程纲要(1925—1926)》,《南开大学校史资料选》,第201页。

②《文科学程纲要(1925—1926)》,《南开大学校史资料选》,第200页。

③此课第二学期开讲,占"三绩点"。《文科学程纲要(1925—1926)》,《南开大学校史资料选》,第201页。

莫卧儿帝国,至东印度公司为止①。讲义首章中专列"研究方法"一节说:"我们须妥善协调人类学学派从外部事实描述的方法和心理学派探究内在生活的这两种方法。我们必须置身古人地位,以再现他们的冲动和情感。"

先生教学,注重从第一手资料入手,指导学生读原著,打基础。他的《印度学说史》与《实用主义》课程纲要都注明"每星期选读名著至少 20 页"①。他讲课的内容皆从原著的解析中提炼而出,每一论点都有原著作为依据。

南开大学素有"家庭学校"之誉,实行教授治校、师生合作的校务管理方针,家庭温情的魅力召唤了大批著名学者加入南开大家庭。学生会主办的《南大周刊》特邀先生、范文澜、蒋廷黻、黄钰生等教授做顾问②,成为师生沟通、合作的重要桥梁。该刊主编开篇语中讲,所请的九位顾问"除指导一切外,并须自己做文章"③。

----

①该讲义未刊,章目整理翻译如下:

Introductory Chapter(绪论篇)

Chapter Ⅰ The Vedic Age(第一章　吠陀时代)

Chapter Ⅲ The Dawn of a New Age(第三章　新时代的曙光)

Chapter Ⅳ The Upanishad(第四章　奥义书)

Chapter Ⅴ The Age of Buddha(第五章　佛陀时代)

Chapter Ⅵ Hinayana Buddhism(第六章　小乘佛教)

Chapter Ⅶ The Readjustment of Brahmanism(第七章　婆罗门教的重整)

Chapter Ⅷ Samkhya and Vaisesika(第八章　数论与胜论)

①《文科学程纲要(1925—1926)》,《南开大学校史资料选》,第 200 页。

②顾问名单见《南大周刊》第 28—35 期封三。该刊当时的编辑骨干:查良鉴(金庸堂兄)后成为著名法学家;陶云逵后成为著名社会学家,任西南联合大学教授,兼南开大学文科研究所边疆人文研究室主任,主编《边疆人文》杂志。

③包寿眉:《本刊的过去与将来》,《南大周刊》第 34 期(1926 年),第 3 页。

1926 年（丙寅） 先生三十四岁

3 月，黄钰生当选南开大学文科主任。本年，先生继续受聘哲学系教授并任哲学系系主任。

5 月 29 日，先生应邀所撰《佛典举要》发表于《南大周刊》两周年纪念号。文中前言部分叙述写作缘起，谈到："余草此篇之夜，适全校为毕业班开欢送纪念会。余于箫竹管弦声中，独居斗室，急迫书此，未始非个人之纪念也。"当时先生住在校内丛树环绕的百树村（今南开大学思源堂、秀山堂旧址以西，专家楼一带）一间简朴幽雅的西式平房，故称"斗室"。张伯苓在资金紧张的情况下，免费为教员提供宿舍、早餐、佣人等（约相当于收入的1/4），竭力营造安居乐业的环境。宿舍毗邻其平时讲课的秀山堂等学生活动的中心场所，故而撰文时能听到传来的乐声，于是将该文作为送别毕业生的纪念。

现存先生论及中国佛教史领域的文章中，《佛典举要》是最早一篇，它初步总结了他二十多年研读佛典的积淀和思考。文中先略述巴利文、梵文、藏文和汉文四大类佛藏及其编纂史，再概述体现佛教源流变迁的根本经典，最后介绍中国重要佛教论著及相关史料，包含着丰富的历史文化内涵。文中所列书目择取审慎，独具匠心，其解说简明扼要，注重印度佛教与中国佛教的联系，显示出先生由疏理印度佛教史转向中国佛教史的治学思路。可以说，这是现知首次向世人提供的一份研究中印佛教史的必读书目和入门途径。他从研究方法论的高度指出，研究中国各宗论著须在熟读印度佛教根本典籍之后，乃可涉入，盖因"探其本，自易明其流；知大义，自不堕歧路。故本篇于此，更不备举"①。

---

① 汤用彤：《佛典举要》，《南大周刊》第 34 期（1926 年），第 60 页。（转下页）

从该文可知,先生推重支那内学院的佛典校勘工作和欧阳竟无、梁启超的相关研究,并密切关注国际前沿的最新进展。对于日本正在编修的《大正藏》,他一方面指出,其书未必如其吹嘘的那样已极尽搜集校刊之能事;另一方面认为,睹邻国此种"洋洋大观"之"巨典"出世,而我国处"财力均乏之秋,文献惧绝",当发人深省①! 由此可见,发扬国光,不甘日本学者专美于前,是先生治中国佛教史的重要动力。

在因明学方面,《佛典举要》选出的是玄奘传人窥基的《因明入正理论疏》。该书是因明学重要典籍,为窥基晚年集大成之作,故又被尊为《大疏》,但初学者不易理解。于是先生向大家推荐熊十力在 1925 年底完稿、行将出版的《因明大疏删注》作为入手之书。

7 月,熊十力著《因明大疏删注》由上海商务印书馆出版。该书对窥基《大疏》删繁就简,加以注释,熊十力的因明思想主要体现于其中,对因明研习起到积极地推动作用。《佛典举要》大概是现知学术界最早关注熊十力这一重要著作的文章。熊十力赠送先生的《因明大疏删注》初版,由汤一介先生珍藏于北京大学治贝子园。

冬,先生在南开大学完稿讲义《中国佛教史略》,其前半部分成为中国佛教史研究的传世名著《汉魏两晋南北朝佛教史》的初稿。

本年,熊十力《唯识学概论》讲义第二稿付梓,始自立新说,"借鉴易之变易与不易来讲佛学的体用关系"。熊十力把该讲义赠送先生一册。

（接上页）2007 年,笔者搜集先生遗稿时,于南开大学图书馆善本室发现此文,故来及收入初版的《汤用彤全集》。该文排印多误,可参阅汤用彤著,赵建永校注:《佛典举要》,《中国哲学史》2008 年第 2 期。

①汤用彤:《佛典举要》,《南大周刊》第 34 期(1926 年),第 57 页。

汤一介先生回忆说:"据我所知,我父亲一生也许只得罪过一个人,这人就是蒋廷黻。1926 年,父亲任教天津南开大学,时蒋廷黻也在该校任教。一日在宴席上,我父亲批评留学生回国后与原配离婚现象,而蒋廷黻恰是如此的留学生。我想,大概我父亲并不知道蒋廷黻与原配离婚事,如果他知道是不会发此议论的。"①

1927 年(丁卯)　先生三十五岁

农历正月十五日(公历 2 月 16 日),先生次子一介生于天津南开大学。他年少时生活深受其父教学环境变化的影响。

南开常邀名家来校演讲,哲学界翘楚胡适、李大钊、贺麟、梁漱溟皆欣赴讲席。先生亦作过《气候与社会之影响》等演讲②。

先生在南开期间与学衡派的吴宓、柳诒徵及新儒家熊十力诸友仍保持着联系。汤一介先生一直珍藏着熊十力 1927 年来南开讲学时赠给先生的明版《魏书·释老志》,上有其遒劲狂放的毛笔所书"熊十力购于天津　十六年四月八日题于天津南开大学"。《释老志》是《魏书》十志之一,为作者魏收首次设立,记述了佛教在中原传播过程中与儒道等本土文化的碰撞及变革,在正史中最为详尽条理,可看作一部中国早期佛教简史。先生经常参引该书,他后来开创的三教关系研究于此可见端倪。

5 月,先生回南京前,南开师生为他在秀山堂举行欢送会,依依惜别。据当时《南大周刊》报道,活动内容主要有合影、演说、游艺、茶点等③。此后冯文潜到南开接替了先生的工作。

---

①汤一介:《我们三代人》,第137 页。
②刘文英:《哲学家汤用彤》,王文俊主编:《南开人物志》第一辑,天津:南开大学出版社 1994 年版,第 157 页。
③《南大周刊》1927 年第 39 期《校闻》第 36 页。

在南开哲学系教书育人的同时,先生也受到南开精神的深刻影响。吴大猷说,先生、蒋廷黻、李济等人"皆先在南开大学任教而后为他校所罗致的。这更表示一极重要点,即南开在声望、规模、待遇不如其他大学的情形下,借伯乐识才之能,聘得年轻学者,予以研教环境,使其继续成长,卒有大成,这是较一所学校借已建立之声望、设备及高薪延聘已有声望的人为'难能可贵'得多了。前者是培育人才,后者是延揽现成人才"①。先生后来所取得的成就,与南开的这种"培育"不无密切关系。

9月,先生入职南京第四中山大学(后改为中央大学),任副教授。国民政府初期,明令规定只有"国内外大学毕业,得有学士学位者",才能担任助教;只有"得有硕士学位者,而有相当成绩者",才有资格担任讲师;只有"在国外大学研究院学习若干年,得有博士学位,而有相当成绩者",才有资格担任副教授;只有"完成二年以上副教授之教务,而有特别成绩者",才能晋升教授,毫无通融余地。即便是先生、楼光来、郑晓沧、闻一多、竺可桢、吴有训等大家,因未"完成二年以上副教授之教务",也只能暂聘为副教授。

本年,南京国民政府成立以后,合并江苏境内专科以上的公立学校,组建成一所中国规模最大的国立大学,并于次年定名为中央大学。此后十年虽历经九校合并的磨合、"大学区制"的试行、"易长风潮"引起的整顿,但在全体"中大人"的共同努力和张乃燕、罗家伦等校长的管理下,中央大学很快便以其规模宏大、学科齐全、师资雄厚、学风诚朴等综合优势,赢得了"民国最高学府"的赞誉。第四中山大学刚组建时共设有九个学院,四十余系、科、门、组。各院组建情况及定名中央大学前后的师资阵容如下:

各学院设院长一人,由校长聘任。四中大各学院首任院长

---

① 吴大猷:《南开大学与张伯苓》,《中央日报》1987年4月6日。

也是中央大学各学院首任院长,均由留学欧美的著名学者担任:哲学院院长为先生,自然科学院院长胡刚复系美国哈佛大学硕士、博士,曾任南京高等师范学校和东南大学物理系教授、系主任;社会科学院院长戴修骏系法国巴黎大学政治经济法律科博士,曾任中央法制委员会委员、北京法政大学教授;文学院院长楼光来系哈佛大学文学硕士,曾任东南大学及南开大学英文系主任;教育学院院长郑晓沧系美国哥伦比亚大学教育学硕士,曾任南京高师及东南大学教育学教授等;医学院院长颜福庆系美国雅礼大学医学博士暨哈佛大学公共卫生学博士,曾任长沙湘雅医学专门学校校长、北京协和医科大学副校长;农学院院长蔡无忌。胡刚复兼任大学区高等教育部长,辅助校长,裨理一切。杨孝述为秘书长,皮宗石为图书馆长。各院系科,设主任一人,由院长商请校长聘任。

附:第四中山大学院系设置(1927年)

学　院	系　科
自然科学院	算学系、物理系(天文附)、化学系、地学系(矿物气象附)、生物学系、心理学系
社会科学院	史地学系、社会学系、经济学系、政治学系、法律学系
文学院	中国文学系、外国文学系
哲学院	哲学系
教育学院	教育学系、师资科、体育专修科、艺术专修科、军事教育科
医学院附设药学院	医学基本学系、临床系,附设护病专修科、药学科
农学院	农作物门、园艺门、畜牧门、蚕桑门、农产制造门、森林组、昆虫组、农艺化学组、植物病理组、农业工程组

续上表

学　院	系　科
工学院	机械工程科、电机工程科、土木工程科、建筑科、化学工程科
商学院	银行科、会计科、工商管理科、国际贸易科

哲学院在校本部,由东南大学文科的哲学系改设而成,仅设一哲学系。全系有副教授5人,助教2人,学生11人,知名学者有先生、熊十力、宗白华等。文学院由东南大学文科的国文系、英文系和西洋文学系合并改组而成,设于校本部。原拟设三系,后因经费紧张,将筹划中的语言学系并入外文系。1928年秋,哲学院改为一系并入文学院后,先生改任哲学系主任;同时,社会科学院的史学系、社会学系亦划归文学院,地理学系也一度并入该院。起初,全院共有副教授9人、讲师8人、助教12人、学生131人,后来逐步增多。首任院长是谢寿康,因其时在西欧,院务便由梅光迪代理。梅光迪赴美讲学后,先生、楼光来、洪达相继担任院长。1929年夏,洪达改任大学区高等教育处长,适逢谢寿康归国,遂由谢就任院长,后由汪东担任院长。文学院的外国文学系有闻一多(系主任)、徐志摩(英文)、时昭瀛(英文)等学者,讲师有商承祖(德文)等;中国文学系有汪东(系主任)、黄侃、王伯沆、胡小石、王晓湘、汪辟疆、吴梅等。

本年,因北伐战争,《学衡》停刊一年。11月14日,胡先骕至清华晤吴宓,言谈间对吴宓责言甚多,主张由先生、柳诒徵和王易担任主编,重办《学衡》①。

11月17日,先生致函吴宓,谓:"暑中南京同人本以文学院院长推宓,而宓不惟不来,且又函景昌极云云。该函为同人传

①吴宓:《吴宓日记》第3册,第443页。

观,致深怪宓之不情云云。"对此事,吴宓在日记中写道"怨哉,宓实不知"。同日,吴宓还收到中华书局复函说,近期的《学衡》出版日期无法预定。阅后他感叹道"以上诸函,已使宓异常难过"①。此盖为《学衡》社员内隙之始。

11月21日,中华书局致函吴宓,决定续办《学衡》(改为年出6期),吴宓急函奉天景昌极及南京先生、柳诒徵诸社员,报告立约续办,并索文稿。

本年,熊十力因病应先生邀,去中央大学讲学休养,与先生、李石岑及内学院师友相游处。次年,先生邀请熊十力来校讲学,当时在读的唐君毅由是得列二位先生门墙。这一段时间是熊十力由佛转儒的关键时期,在追索这一转变踪迹的过程中,有两条极其关键的线索都与先生有关。一是关于熊十力思想转变时间的确认,二是关于此次转变的核心问题,即"轮回"说的放弃。先生佛教史研究中很重视"神识"与"轮回"问题,并征询熊十力的看法。熊十力回信说:"细勘佛家神识之义,明是个体轮转,不必为之作圆妙无着之说,以避人攻难。世俗灵魂观念盖亦与此相近。无论陈义精粗,其为死后犹有物,均也。力尝不契此说,欲主大化流行之义,以功能为万物之统体,而无所谓个人独具之神识。唯人生所造业力,则容暂时不散,此世俗幽灵之事实,所以不尽无耳。"②熊十力打破旧唯识论的一个重要标志,就是由主张"众生多元"转变为"众生同源",从而摆脱佛教的轮回说。熊十力在这封信中强调的"主大化流行之义,以功能为万物之统体",正是《新唯识论》的核心观点之一。

先生中央大学时期开设的课程有:19世纪哲学(19th Century Philosophy)、近代哲学(History of Modern Philosophy)、洛克贝克莱

---

①吴宓:《吴宓日记》第3册,第440页。

②熊十力:《答汤锡予》,《熊十力全集》第4卷,武汉:湖北教育出版社2001年版,第531页。

休谟著作选读、梵文、《金七十论》、印度学说史、印度佛教初期理论、汉魏六朝佛教史等。以上各课讲义稿大多保存下来，其中《19世纪哲学》讲义，对这一时期欧美各哲学流派做了评介，如叔本华、孔德、密尔，等等。当时唐君毅常与先生讨论他们都很感兴趣的唯心论问题①。先生此时期(1927—1931)培养的学生还有程石泉②、邓子琴③、常任侠④等人。

---

① 先生在中央大学授课情况及所教西方哲学对唐君毅诸人的影响，参见张祥浩：《唐君毅思想研究》，天津：天津人民出版社 1994 年版，第11 页。

② 程石泉(1909—2005)，1909 年出生于江苏灌云县，1928 年考入中央大学数学系，后受方东美影响，改习哲学。1936 年在南京和钱叔陵等发起并成立"易学研究会"。1937 年留学英国牛津大学，主攻希腊研究，后转读伦敦大学。1939 年欧战爆发前夕回国，任教于浙江大学贵州湄潭分校，1945 年携眷赴美。1958 年获得西雅图华盛顿大学哲学博士，随后十四年任教于匹兹堡大学和宾州州立大学，1978 年到台湾，历任台湾大学、台湾师范大学、东海大学教授，1991 年退休。他的易学代表作有"易学三书"：《易学新探》、《易辞新诠》、《易学新论》。这使其成为当代易学大家。

③ 邓子琴(1902—1984)，1902 年出生在昭通永善县的书香门第。1923 年 8 月，经云南教育厅保送成都国立师范国文支部学习。毕业后，在中央大学哲学系插班学习，得到先生的悉心指导，一年后毕业，到江苏省立南通中学任教半年，后经先生介绍，在中央大学任助教。1930 年，邓子琴回到家乡。1931 年 1 月至 1933 年 7 月，在云南省立昭通第二中学任教务主任。"九一八"事变后，任代理校长。1933 年 8 月，邓子琴调到云南省教育厅任督学，编译出版印度《阿瑜迦王石刻》。1935 年秋，邓子琴在山东菏泽乡村建设学院任导师，教《中国文化要义》等课。抗战爆发后，到壁山中学任教务主任。他参与编写《中国佛教史》，又撰《隋唐佛教史》、《佛家哲学基本问题》、《佛家哲学要论》三部著作。1939 年秋，马一浮在乐山成立复性书院，邓子琴到校任都讲，不久又去成都建国中学任教。1941 年在齐鲁大学任讲师，发表《抗战时期重庆在国防上的地位》等论文。1942—1948 年，在重庆勉仁书院任研究员，抗战后，勉仁书院迁到南京栖霞山，任教期间，踏遍栖霞山，对各寺院铭刻进行搜集整理，集成《栖霞文录》。

④ 常任侠回忆说："在中央大学的哲学系里我只听过两位教授的(转下页)

1928年(戊辰) 先生三十六岁

7月16日,先生在《现代评论》增刊中看完胡适新作《菩提达磨考》后,致函胡适云:"兹寄上旧稿一段,系于前年冬日在津所草就。其时手下书稿极少,所作误略至多,今亦不加修正,盖闻台端不久将发表《禅宗史》之全部,未见尊书,不能再妄下笔。先生大作如有副稿,能寄令先睹,则无任欣感。"①

7月21日,胡适回复先生一长信说:"《中国佛教史略》中论禅宗一章,大体都很精确,佩服之至。先生谓传法伪史'盖皆六祖以后禅宗各派相争之出产品',此与鄙见完全相同。我在巴黎、伦敦发现了一些禅宗争法统的史料,影印带回国,尚未及一一整理。先生若来上海,请来参观。此项史料皆足证明禅宗法统至八世纪之末尚无定论,与我数年前所作《二十八祖考》完全相印证。但九世纪禅宗所认之二十八祖,与宋僧契嵩以后所认之二十八祖又多不相同……我的《禅宗史》稿本尚未写定,大部分须改作,拟于今夏稍凉时动手改作。有所成就,当寄呈乞正。"②胡适因《禅宗史》还没写好,故未寄出,但在此封信中详细列述其拟撰《禅宗史》的十三条大纲,将其基本观点和研究框架和盘托出。

胡适对开启他们交往的这两封通信相当重视,将其题名为《论禅宗史的纲领》,收入《胡适文存》三集。先生所寄那章南开时期的讲义原件为油印品,胡适在上面用毛笔加以校改增补,连

(接上页)课,汤用彤先生的梵文和《金七十论》,宗白华先生的歌德和斯庞葛尔,各有所得,给我在中文系所习的国学知识以外,又增加了域外的文化知识,对于学术研究,辅助我以新的发展。"常任侠:《往日的回忆》,《人民日报》1987年3月19日第8版。

①《汤用彤教授来书》,《胡适文存三集》,上海:亚东图书馆1930年版,第467页。

②《胡适答汤用彤教授书》,《胡适文存三集》,第468页。

同这两封信都附在日记本中①。胡适卸任驻美大使后，请美国国会图书馆将其拍成缩微胶卷备份。原稿由胡适亲属保存至今，胶卷收藏在台北胡适纪念馆，1990 年由台湾远流出版公司影印出版。大陆出版的《胡适全集》中 1928 年日记即根据"远流本"整理而成②。

先生寄赠胡适的那章讲义说："六祖虽创顿门，然其宗实至荷泽始盛。……及神会至，渐修之教荡然，普寂之门衰歇。"由此可知，先生与胡适不仅在禅宗传法伪史皆六祖后各派相争之产物这点上形成共识，而且都强调神会的重要地位。胡适随后提出神会是"南宗北伐的总司令"③、"北宗的毁灭者"④的著名论断可以说是对先生此说的一种扩展。

10 月，先生所撰《南传念安般经译解》发表于《内学》第四辑。

本年，先生之女一平出生。

1929 年（己巳）　先生三十七岁

2 月 21 日，吴宓在日记中记载：

> 12∶30 至北门桥中华楼赴汤用彤招宴，见吕谷凡、周光午。又遇王祖廉、吴泽湘。

---

① 胡适：《日记·1928 年 7 月 19 日》，《胡适全集》第 31 卷，合肥：安徽教育出版社 2003 年版，第 210—214 页。
② 笔者对勘后发现，现版先生《隋唐佛教史稿》第四章第六节《禅宗》与寄赠胡适的那章基本一致，胡适信中所引的那些话，仍原样保留在《隋唐佛教史稿》里，而胡适所作校补亦颇具参考价值，今已整理附入新编的 11 卷本《汤用彤全集》中。
③ 胡适：《自序》，《神会和尚遗集》，上海：亚东图书馆 1930 年版，第 3 页。
④ 胡适：《荷泽大师神会传》，柳田圣山编：《胡适禅学案》，台北：正中书局 1975 年版，第 288 页。

2:00 汤送宓乘公共汽车至下关。3:00 渡江,至浦口,登火车。又在车站谈。宓卒以心一、彦文事告汤。汤之意见如下:(一)离婚之事,在宓万不可行,且必痛苦。(二)平日可一身常居清华,自求高尚之娱乐。(三)仅对彦或他人为精神之爱,对心一已为不贞。(四)此事且极难行。盖精神之爱,易流为实际或身体之爱。至爱深不能忍耐时,宓与彦皆苦,而宓益左右为难,欲脱羁绊而不得矣。(五)今宜极力与心一和好。他日如至万不能容忍同居之时,再议分离。但不能预存此想。(六)与心一分离后,再审计对彦之方针。在分离以前,凡对彦所思所行,良心上须无负于心一。此诸点汤望宓熟记之。

5:30 火车行,汤别去。[1]

吴宓与先生时常讨论"婚姻"之事。这次吴宓把他和陈心一因性情不合和而有意于毛彦文的事情都告知了先生。汤一介先生认为,这"一方面可以看出我父亲在婚姻问题上是颇为严谨之人,但另一方面又可见其受传统儒家礼教思想甚深,而不能理解吴宓伯父之心境。吴宓伯父为性情中人,故终因感情之原因于是年9月11日与心一伯母离婚。这虽是一件遗憾的事,但人之一生,并不是事事都能由理智来决定,特别是感情的事情常非理智所能解决者"[2]。

8月,先生在南开讲义基础上,于中央大学编成汉文油印讲义《印度学说史》,在绪论之外分十四章。该讲义手稿"绪论"文末云:"惟念国方多难,学殖荒芜。向者玄奘入印,摧破外道邪见,虽不可望。世多高谈佛学,而于其学说之背景,弃而不讲,亦甚怪矣!……今复整理删益成十四章,名曰《印度学说史》,或可为初学之一助欤。中华民国十八年八月十日黄梅汤用彤识于匡

①吴宓:《吴宓日记》第4册,第220页。
②汤一介:《我们三代人》,第93页。

山五老峰上。"①

9月1日，吴宓在其草拟的《离婚声明》中说："我等性情不合，兴趣不同，现双方同意，决即正式离婚，各得自由。至条件及办法，另由双方公请知友（拟请汤用彤、黄华、吴芳吉、陈逵四君）居中议定，由黄华律师保证履行，谨此通告亲友。""又函黄华及汤用彤，请汤速来北平，与宓及心一面议离婚条件，以便速决而免纠纷。"②9月3日吴宓在日记中写道："晚，再函汤用彤君，催请来平，助宓及心一解决离婚事，并伴送心一南下。"③吴宓决意与陈心一离婚，先生与《学衡》诸友力阻之，屡劝吴宓三思。先生谓吴宓离婚之事"万不可行"，旨在维护《学衡》社员在道德方面之呼吁，以俾为人与为学不相隔裂。陈寅恪认为，吴宓因坠入与毛彦文的情网，盲目而无理性，应严持道德，悬崖勒马。周光午认为，如果吴宓离婚另娶，不仅将被新女性派尽情讥侮，而且知友如汤用彤、柳诒徵、吴芳吉等皆将失望而绝交。诸师友皆从维护传统道德的角度去规劝吴宓，

本年，先生所撰《印度哲学史——绪论》发表于《国立中央大学半月刊》第1期，现版《汤用彤全集》失收。

本年，先生编成油印讲义《隋唐佛教史稿》第二稿。开篇认为以朝代对佛教史进行分期，是特为方便之假设，学者不可胶执。这是因为"政治制度之变迁，与学术思想之发展，虽有形影声响之关系，但断代为史，记朝代之兴替，固可明政治史之段落，而于宗教时期之分划，不必即能契合"。"学者于区分佛教史之时代，当先明了一时一地宗风之变革及其由致，进而自各时各地各宗之全体，观其会通，分划时代，乃臻完善，固非可依皇祚之转

---

① 该讲义在本书写作时藏北京大学燕南园。
② 吴宓：《吴宓日记》第4册，第276页。
③ 吴宓：《吴宓日记》第4册，第277页。

移,贸然断定也。"①由于政治与文化学术之间的张力所造成两者变迁的不同步性,在学术研究中既要注意政治制度的外在影响,也要注重遵循文化发展的内在理路。先生依此对佛教中国化变迁之迹进行梳理,将中国佛教史划为三个时期,并由此得出文化移植三阶段的理论。先生关于中国佛教史的三期划分,正表明了印度佛教中国化过程的三个阶段。这表现在不同阶段佛教的形式和内容的沿革上,并体现出不同文化由冲突到融合的规律。

约在本年,东南印刷公司代印中央大学讲义《汉魏六朝佛教史》(1927—1931年间讲授)是先生拟撰《汉魏两晋南北朝佛教史》的第二稿。钱穆《忆锡予》所述先生于中大所撰之讲义,当指此稿。

1930年(庚午) 先生三十八岁

1月17日,先生于《中央大学日刊》发表一篇讲演,论述熊十力《新唯识论》及其思想的关键性转变:"熊十力先生昔著《新唯识论》,初稿主众生多元,至最近四稿,易为同源。"学界往往依据这篇讲辞断定熊十力唯识论稿本应有四种。

此顷,熊十力《唯识论》由公孚印刷所印行,并赠与先生一册。该本主旨较初稿大异,基本完成其由佛归儒之转变。熊十力所赠两种唯识学讲义,如今已成海内孤本。汤一介先生将其献出,作为底本收入《熊十力全集》,成为研究熊十力新唯识论思想演变的重要文献。

正是通过先生的以上演讲稿及其保存的熊十力讲义,学界才得以了解熊十力逐步扬弃旧论师说并形成新唯识论体系的过程。熊十力与内学院师友分歧缘由,新旧唯识论异同尽现其中②。

---

①汤用彤:《隋唐佛教史稿》,《汤用彤全集》第2卷,第4页。
②详见郭齐勇:《后记》,《熊十力全集》第1卷,第671页。

1月29日，蔡元培致函杨铨等人谓，熊十力将于阴历正月中携眷来南京。此前，熊十力曾托先生转交书信给蔡元培，请蔡元培为他觅房暂居①。

本年春，先生请汤霖弟子陈时隽为《颐园老人生日谠游图》题辞，全文如下：

> 先师颐园老人殁后十有八年，隽与喆嗣颇公、锡予昆季同客金陵，出示斯图，展读久之，不禁涕泪之横集也。盖师之斯游与斯图之作，当清宣统辛亥夏，隽实为之倡，而同门诸子翕然附焉。洎是冬，隽由粤北归，则国步已更，山河易色。师旋亦寿终里第，欲再追随杖履，税驾京华，从容游谠于名胜园林之间，不复可得矣。悲哉！

> 隽，黔之贫士也。少为饥驱，奔走万里，光绪戊戌，落拓皋兰，生计濒绝，而师衣我食我，拊慰启迪，靡所弗至。迨隽蒙西林岑炯堂先生②识拔，置诸节幕，佐治官长，由陕历晋，叙秩牧守，出领边城，稍稍自振。师则大喜，时复贻书，以仕学交资、力求远到相期勖。自辱隶门墙十余稔中，师殷殷恳恳所以顾念裁成之者，直谓视颇公、锡予昆季无二致可也。

> 宣统初，师以颇公官兵，尝就养都邸。隽适遭先大夫之丧，读礼宣武城南，得频趋函丈，饫闻提命。师孳孳弗倦，日

---

① 蔡元培：《蔡元培致杨铨等谈熊十力事》，《熊十力全集》第8卷，第386页。
② 岑春煊（1861—1933），字云阶，别署炯堂老人，广西西林人，祖籍浙江余姚，父为云贵总督岑毓英。光绪二十一年（1895）乙未科举人，历任光禄寺少卿、大理寺少卿（署大理寺正卿）、广东布政使、甘肃按察使、陕西巡抚（1900年）、山西巡抚（1901年）、四川总督（1902年）、两广总督（1903年）等职。辛亥革命后，任福州宣抚使、粤汉铁路督办。参与讨袁护国运动，任护国军都司令、广州军政府大元帅、七总裁之主席总裁。著有《乐斋漫笔》。

举中外学术、治术源流变迁,与夫古君子隐居行义、进退不失其正之故,指诲阐明,纤悉至尽。

隽半生以来,萍飘梗泛,西驰关陇,北走燕齐,南历湖湘百粤,所识名公钜卿、老师宿儒,亦既夥矣。而默察躬行之笃、蕴蓄之闳,观人论事之精审而平实,偶与晤对,如沐霁月、被光风、浮沧溟、登泰岱,怡怿性灵,开扩襟抱,则师一人而已。颜公、锡予,皆并世豪俊,遇隽之厚,一如师旨。

隽感于身世艰难与师门高义,可歌可泣,可法可师,是用低回斯图,不复作泛常题咏,而薰沐写此,以见微诚,师九原之下或当欣许。颜公、锡予贤昆季,其不以为谬也欤!

庚午春月　受业陈时隽敬书

本年春,欧阳竟无应先生之请,题诗于《颐园老人生日谶游图》:

吾岂昔人吾犹昔,此心息息画工师。

何妨幻住重留幻,楼阁如今尽孝思。

先生兄弟俩请人把《颐园老人生日谶游图》制成卷轴,又请樊增祥、柳诒徵、王正基等师友题诗,书法、辞意俱佳。该图由汤一介先生保藏下来,以寄追远之思,并请启功、欧阳中石、范曾等名家续题其上。

9月,先生发表了他的第一篇中国佛教史专文《读慧皎〈高僧传〉札记》于《史学杂志》第2卷第3、4期合刊,考辨出《高僧传》所据八十余种史料来源,还对书中记述的可靠程度,条分缕析,并通过与各种史书的比照而对其误记做出令人信服的订正,初步向世人展示了他探本究源、考证与比较相结合的治学特色。如,《高僧传·昙始传》载太武帝因白足禅师以法力胜出寇天师,而生悔心。此说《续高僧传·昙曜传》亦循之。先生证以《释老志》等史书,综合判定其事不确①。实际上,太子晃欲暗中复兴佛教,但至死未敢进言。452 年,太武被近臣所弑,晃之子文成帝即位,不满一年即下诏重兴佛法,主事者师贤与昙曜,均为原在凉州经寇谦之营救而躲过劫难的沙门。《国立中央大学半月刊》第 8 期转载《读慧皎〈高僧传〉札记》。

1931 年(辛未)　先生三十九岁

3 月,先生所撰《唐太宗与佛教》发表于《学衡》第 75 期。该文认为唐太宗并不信佛,虽很敬重玄奘,却劝其还俗从政,足见太宗对佛教的态度。

3 月 13 日,时任北大哲学系主任的张颐致函胡适云:"手示奉悉。所托承关注,感谢无既。孟邻先生通盘筹划之说,弟亦略有所闻。惟哲学系现刻情形实有特别处。(1)所聘印度人似非以一席与之不可,否则经费一生问题,即无办法。(2)汤锡予去年本允今秋定来,然近据各方所传,似须得基金讲座乃来……"②任继愈先生也说,是年汤先生过杭州访熊十力,熊先生曾向胡适推荐先生宜得基金讲座之研究教授。

6 月,钱穆所撰长文《〈周官〉著作时代考》刊于《燕京学报》第 11 期③,他以确凿材料为据,考证出《周官》成于战国晚期至汉代以前,既非周公所作,也非刘氏伪造。钱穆论证细密,以客观史实结束了经学的今古文之争,并洗清了刘歆伪造《左传》、《毛诗》、《古文尚书》、《逸礼》诸经的不白之冤。这种做法与先

①详见汤用彤:《读慧皎〈高僧传〉札记》"魏太武帝毁法"一节,《汤用彤全集》第 5 卷,第 76 页;《汉魏两晋南北朝佛教史》,《汤用彤全集》第 1 卷,第 375 页。
②汤一介:《汤用彤与胡适》,《中国哲学史》2002 年第 4 期。
③该文后与《刘向歆父子年谱》、《两汉博士家法考》、《孔子与春秋》共四篇专论一起收入《两汉经学今古文平议》一书。

生主张确考古籍年代并发掘其真价值以阐扬民族精神的主张自
是心有灵犀。正因如此,先生读罢钱文有大获吾心之感,其欢欣
是不言而喻的。借此,我们才能理解先生主动登门拜访钱穆并
一见如故的缘由。

7月21日,先生对胡适说,太武帝诏书中"所举刘元真、吕伯
强必有重要事实,与佛教史大有关系,刘元真当即是竺法深之
师,而吕无可考"。胡适认为:"此说甚是,当留意考之。"胡适发
现晋初有名和尚姓吕的,只有一个令韶,可能就是吕伯强。《高
僧传》载:"其先雁门人,姓吕,少游猎,后发心出家,事朗为师,思
学有功,特善禅数。每入定,或数日不起。后移柳泉山,凿穴宴
坐。朗终后,刻木为像,朝夕礼事。"孙绰《正像论》云"吕韶凝神
于中山",即其人也①。胡适把这一发现告知先生,随后汤著《汉
魏两晋南北朝佛教史》记述了他们探讨的结论:"胡适之先生云,
疑即《僧传·康法朗传》之吕韶。"②"胡适之先生云"五字,解放
后各版本均改作"根据近人考订"。胡适认为"刘元真必是三世
纪晚年的一个大师"。先生则对刘元真的历史地位有详实考证:
"法深出家事中州刘元真为师。元真早有才解之誉。故孙绰赞
曰:'索索虚徐,翳翳闲冲。谁其体之,在我刘公。谈能雕饰,照
足开蒙。怀抱之内,豁尔每融。'(《僧传》)据此则刘公者,亦西
晋清谈之名士。按元魏太武帝毁法诏书,诋佛法为刘元真、吕伯
强所伪造。(《释老志》)则其地位可知。孙兴公赞其'谈能雕
饰,照足开蒙',想能融合佛法玄理之甚有关系人物。故支道林
与高丽道人书美竺法深,特标扬其为'中州刘公之弟子'。法深
之学,内外俱赡,盖均得之于元真。故《僧传》曰,潜伏膺以后,剪

---

① 《胡适日记》,《胡适全集》第32卷,第122—124页。
② 汤用彤:《汉魏两晋南北朝佛教史》,长沙:商务印书馆1938年版,第
   495页。

削浮华,崇本务学,微言兴化,誉洽西朝也。"①

本年,蒋梦麟正式任北大校长,聘请胡适为文学院长。他们商定,教授之聘任主要视其对学术之贡献,蒋梦麟对各院院长说:"辞退旧人,我去做;选聘新人,你们去做。"②于是胡适首先选聘先生等为文学院研究教授。

夏,胡适用美庚退款,以研究教授名义请先生至北大哲学系任教。自此先生一直与胡适愉快相处共事,直至1948年底胡适南下诀别为止。究其原因当为二人均把致力于学术的自由探索置于一切之首位。以往有关先生的传记,多说他是在1930年夏到北大任教,但证之以一手史料,可知先生是在1931年夏才到北大。

8月5日,《胡适日记》载:"今天'北大中基会合作研究特款顾问委员会'开第一次正式会,到者:蒋梦麟、翁咏霓、陶孟和、傅孟真、孙洪芬、胡适之。推定梦麟为秘书长,洪芬为秘书。"会议决定聘请曾昭抡、丁文江、李四光、周作人、陈受颐、徐志摩、刘复、先生等15人为北大研究教授③。

先生任北大教授后,与冯友兰、钱穆、蒙文通、张东荪、梁漱溟、林宰平等人更是时相过从。先生与当时学者们相处友好,无门户之见。钱穆与傅斯年有隙,熊十力在佛学、理学问题上常与吕澂、蒙文通相左,争辩不休,然各方均与先生相得。梁漱溟常谈及政事,亦有争议。独先生"每沉默不发一语",绝非无学问无思想,性喜不争使然也,故钱穆赞其为"柳下惠圣之和者"。吴宓一意捍卫传统,对倡导白话文的胡适意见甚大。先生虽为学衡派核心成员,而又与胡适、吴宓相处颇善,因此得了个"汤菩萨"的绰号。

①汤用彤:《汉魏两晋南北朝佛教史》,《汤用彤全集》第1卷,第131页。
②马勇:《蒋梦麟传》,北京:红旗出版社2009年版,第276页。
③《胡适日记》,《胡适全集》第32卷,第1134—1135页。

　　钱穆记述自己 1931 年刚赴北大任教时,"锡予来余寓,适余外出未相值。翌日,锡予母来告吾母,锡予少交游,长日杜门枯寂。顷闻其昨来访钱君,傥钱君肯赐交,诚汤家一家之幸。翌日,余亟趋访,一面如故交"①。从此,他们成为了莫逆之友。汤家藏书中至今仍珍藏着钱穆当年送给先生的《〈周官〉著作时代考》一文单印本,书脊上有先生毛笔楷书题写的"周官著作时代"六字。经过长期反复争论,如今学界已基本接受了钱穆该文的论断。《周礼》虽经后人损益,成书稍晚,但仍是研究周代礼制的主要文本。对新派疑古过勇的倾向进行反拨,是先生和学衡派同人的共识,也正是由于这层原因钱穆成为了《学衡》理念的支持者。先生与钱穆的共同努力表明,他们都是"走出疑古时代"的前路先驱。

　　1931—1937 年,钱穆在北京大学教授国史课,他的代表作《国史大纲》就是在讲授"中国通史"等课程讲稿基础上著成的。钱穆与先生同年到北大任教,相互引作知己。先生考虑到钱穆一人生活不便,于是安排他住在汤宅前院一书斋,并介绍老友熊十力、蒙文通、陈寅恪、吴宓、梁漱溟给钱穆认识。钱穆时时与先生研讨,贯穿着他创作《国史大纲》的前前后后。"中国通史"的全部课程纲要,正是钱穆寓居汤家期间,才开始写定的②。他逐年添写,积累了五六厚本,成为日后著《国史大纲》的惟一祖本。

　　先生回北京住在其父所置的南池子缎库胡同 3 号。它是一座南北朝向的大院,院门里有一座大影壁。影壁的右边是一间小房子,家里的车夫就住在那里。影壁的左边有一个月亮门,门里是南院。南院有房子三间,钱穆曾在那里住过,院子右面还有两间库房。从南院有一道门直通正房。正房北面是七间,东面

①钱穆:《忆锡予》,《燕园论学集》,第 23—24 页。
②钱穆:《八十忆双亲·师友杂忆》,第 172 页。

是三间,西面有三间,正房四周还有游廊。正房后有一座二层小楼,楼上有三间房,楼下是大厅。小楼的后面是后院,院里是一些平房。后院门的门牌是缎库胡同6号。太庙在南池子的街上开有一个小门,先生经常由此门进入太庙,在茶座喝茶,和友人聊天。汤一介先生那时也经常和小伙伴一起从这个小门进太庙,进去后是一大片松柏林,他们就在林子里玩耍。20世纪40年代初汤用彬卖掉了缎库胡同的宅子,购买了小石作胡同2号居住。缎库胡同里先生的故宅还在,不过院子早已面目全非,门牌号改为了4号。院内搭建很多,游廊也被辟为了一间间的小房,原先的大宅院已变成了大杂院。

本年,钱伟长以物理5分,化学和数学一共考了20分,中文和历史皆满分100的成绩考入清华大学历史系。在其四叔钱穆的安排下,他在北京的第一个落脚点就在缎库胡同汤宅。9月16日,钱伟长入住汤宅,先生一家热情款待了他,给了这位外乡学子最初的温暖,由此开始了他与北京的半世情缘。

"九一八"事变以后,日本飞机在北平上空盘旋时,先生依然在红楼教室里给学生讲佛教史,并轻蔑地说"我的声音压过飞机的声音"。解放后,他的学生,时任北京大学数理逻辑教授的胡世华,在一次会上说:"'九一八'事变后,汤先生在北大红楼讲《中国佛教史》,而天上的日本飞机在飞,他无动于衷,照样讲课。"①他以此说明汤先生当时对"国难"并不关心。实际上,我们不应如此解读,而应该将之理解为先生独特的抗日救国方式。他认为天之不亡我中华,必不亡我中华文化,作为学者所应做者,就是以学术贡献复兴民族文化。因而他主张学术救国,通过传承文化来振奋民族精神,增强抗战信心。

---

① 赵建永:《道通为一:汤用彤与熊十力的学术交往及思想旨归》,《湖北社会科学》2010年第10期。

本年,先生所撰《唐贤首国师墨宝跋》及《矢吹庆辉〈三阶教之研究〉跋》发表于《史学杂志》第 2 卷第 5 期。《矢吹庆辉〈三阶教之研究〉跋》文对矢氏采用材料失当、考订史实失察等问题,详加辩驳。如,矢著以大量篇幅阐论武则天时期《大云经》符谶之事,但此事与三阶教毫无干系。因为矢氏以《开元释教录》"天授立邪三宝"之语系指《大云经》谶,实误解了原文。《开元释教录》卷十八谓三阶教:"以信行为教主,别行异法,似同天授,立邪三宝。"所谓"天授"乃提婆达多(Devadatta)汉文意译之名。先生所作考辨均证实三阶教与《大云经》谶事确无关联,将矢氏立论之基点彻底颠覆。

本年,先生所撰《摄山之三论宗史略考》发表于《史学杂志》第 2 卷第 6 期。

先生在北大哲学系任教期间,每学期两门课程,中外并授,或中国佛教史、印度哲学,或欧洲哲学(大陆理性主义、英国经验主义)、哲学概论。

本年,先生修改讲义《隋唐佛教史稿》第三稿,后由北京大学出版组铅印。《隋唐佛教史稿》专门论述中国佛教史的第三期,即为以隋唐佛教为巅峰的独立发展阶段。这一阶段,印度佛教已被彻底同化为中国佛教而融入本土文化中了。隋唐以后"外援既失,内部就衰,虽有宋初之奖励,元代之尊崇,然精神非旧,佛教仅存躯壳而已"[1]。他把中国佛教衰落的原因归结为内外两个方面的综合作用。外因方面,一是历代帝王对佛法的态度;二是佛学东渐的交通道阻;三是本土文化特别是理学的排斥;四是国家的治乱。

本年,先生开始在北京大学哲学系讲授必修课《哲学概论》。该课程英文纲要及所附笔记中认为,中国哲学本体论的特点可

---

[1]汤用彤:《五代宋元明佛教事略》,《汤用彤全集》第 2 卷,第 304 页。

用"反本"来概括;还讲到"人要回到本体境界方可见到真理","哲学研究人的价值,文学是生活的批评……"。他在第七章"概念—本质—理"之第四节"中国之所谓理"中,以超越而内在来解释儒家的理学本体论:

> 1."理"之来源。2."理"之在上、在中。Transcendent,Immanent.(超越的,内在的)

在这里先生孤明先发,明确意识到了中国哲学的内在性和超越性的问题。在他看来,作为人生本性的本体是内在具有的,因而达到本体境界方为"返本"。从他各类著述对发挥"返(反)本"的智慧以复性命之正的反复论述中,可知复尽性命之理作为对终极归宿的追寻过程,是由末返本,下学上达,转识成智,极高明而道中庸,是对内在而超越之天命的积极回应。中国文化的内在超越性这一特质,后经牟宗三、余英时、汤一介诸先生的阐发,已在国际范围内成为文化研究的焦点之一。

《哲学概论》此章接着对比讲述柏拉图和亚里士多德的"理念"(Ideas)和"型相"(Forms)。附页中另有康德"Good Will"(善良意志)与孟子、王阳明学说的比较。由此可见,先生引介西学,首重其与中国传统精神相契合之处。因为他坚信真正属于真善美者必然超越东西方界限,而含有普世永恒的价值。他的《哲学概论》(未刊笔记)开篇即讲:

> 哲学概论是讨论哲学上的重要的永久的问题。……哲学是人的精神生活的表现。介绍西洋的哲学,使我们对西洋文化有深刻的了解,也就是了解西洋的 Modern Spirit(现代精神)。①

---

①参见赵建永:《汤用彤未刊稿的学术意义》,《哲学门》2005 年第 2 册。

先生主张应当透过中西特殊历史文化的表象，来寻求具有普遍性、永久性的现代精神。这样来吸收西方文化不但不违背民族文化传统，反而会促进中国文化的发展。他不仅将西学作为一种客观知识介绍给国人，而且用西方科学的方法解释分析中国文化，并将西学精义化入国学，从而建立起独树一帜的文化理念，为现代中国哲学文化的重构做出杰出贡献。

牟宗三当时正在北大哲学系读本科，听过先生所授的各种必修课程。但牟宗三在《中国哲学十九讲》中评论先生比较哲学研究的一段话却值得商榷。他说："以前汤用彤研究佛法，一看到缘起性空，他就认为佛法与休姆、史宾诺莎（现在一般译为休谟、斯宾诺莎）的思想最好，三者可以合而为一，这是对各种思想之分际闹不清楚，以致于产生了误解。所以我在前面提过，在某一个意思上，我们可以借用休姆的思想来了解佛教的缘起性空；但是佛教所说的缘起性空，和休姆用分析的方式把因果性批驳掉，根本是不同的。"①实际上，先生在西方哲学与佛学的比较研究中，非常注重对各种学说及其文本都仔细爬梳以充分考镜其源流。按他的一贯立场，所谓佛学与休谟、斯宾诺莎"可以合而为一"，应指超越此疆彼界的固有成见，把这三种不同的思想放在一起比较异同，观其会通。牟宗三的误解当为没有全面深入了解先生关于东西文化的比较研究方法所致。

先生每年交替开设大陆理性主义和英国经验主义课程，经常将双方对比着来讲；他讲魏晋玄学，也常采取王弼与郭象之学对比的方法。他讲佛教课，采用与印度外道对比的方法，讲授中

①牟宗三：《中国哲学十九讲》，上海：上海古籍出版社 1997 年版，第 321—322 页。

国佛教史也常与西方近代哲学的概念范畴对比①。中国文化在遭遇外来文化时才更清楚地显示出自己的特征。因此,先生特别强调:"越是研究中国哲学,越要多了解欧洲的哲学和印度的哲学。"②仅在中国文化的视野里很难把握自身真面目,只在西方文化视野下也难深入中国文化。先生把中西文化都放在更宏阔的世界文化视野中去比较,既能入乎其中,又能超出其外,以作为"他者"的西学为参照物来反观自身,努力凸显中国文化自身的特点。这也说明在中国文化建设路径的探索上,既不能照搬西方模式,也不能全按传统模式,而应是确立中国文化主体性的综合创新。

先生一生开设中、西、印三大文化体系的课程多达四十余门,注重加强学生的哲学思维训练,使其知晓研究中国哲学必须对外国哲学有深刻理解,了解外国哲学特有的概念、范畴和推论方法。如是严格训练,才能将中国哲学的研究置于更为广阔的背景之下,找到新的角度,达到新的高度和深度。讲授这些课程,为他的外来文化中国化研究奠定了广博深厚的基础。

先生教学和研究的主要特色,任继愈总结为"历史的比较

---

①先生不仅注意唯识学与中国哲学的比较,也注意唯识学与西方哲学乃至马克思主义哲学的比较。他说:"印度最早把生命、人生分为若干方面,若干种,这就是法相,也就是范畴。范畴来源于《书经》中的洪范九畴。洪者大也,范就是法。……洪范九畴和印度法相一样,是认识到一定程度的一种概括。""色者,物质。……佛教中有的宗派说色是实有,有的说假有,有的说名义上有,唯识则说没有。佛教开始可说是一种素朴实在主义,《俱舍论》已发生问题,《成实论》说假有,更有问题,至《唯识论》就说没有了。这个过程是消灭物质的过程。如何消灭?就是使它心理化。贝克莱跟这是一样的,使物质心理化。"汤用彤讲授,武维琴整理:《汤用彤先生谈印度佛教哲学》,《中国哲学史》2002年第4期。
②任继愈:《汤用彤先生治学的态度和方法》,《燕园论学集》,第43页。

法"①,这包括横剖面的比较和纵向的古今对比。麻天祥教授对先生比较研究方法的系统性和多维性有颇为精辟的评说,认为它包括在时空上做纵横之比较,在逻辑关系上还有因果之比较;对一些重要的范畴,不仅在传统的各家间予以比较,而且与西方古今哲学相对应的范畴进行比较。如此条分缕析,层层推进,既言事之实,又究事之理,其研究结论给人以清晰可信的深刻印象。这正是其后的同类著作,只能在汤著间架上有所增益,而在整体上很难有所突破的主要原因②。

先生 1963 年所写未刊稿《国庆感言》记述,自己在 1932 年前已有脑溢血症状,多年积累,终于在 1954 年发作,二十多天不省人事,经政府全力抢救方脱险。

1932 年(壬申)　先生四十岁

2月,先生重撰的中国佛教史讲义汉魏两晋南北朝部分的第三稿写成。他于讲义前自注云:"民国二十一年二月十六日三稿草竣。"随即由北京大学出版组铅印成《中国佛教史讲义》之一。先生在此稿基础上继续全力以赴,用了五年时间才完成第四稿,定名为《汉魏两晋南北朝佛教史》。此间他煞费苦心,常工作至凌晨才休息。在继《汉魏两晋南北朝佛教史》第三稿完成后,先生的讲义《隋唐佛教史稿》铅印本也印出。

由于先生治学必从全局着眼,注重体系,所以他总是事不避难,每次修补皆篇幅甚巨,甚至重写或新增不少章节。如,第二、三稿讲义中,有 10 万字以上的文字为现版《汉魏两晋南北朝佛

①任继愈:《汤用彤先生治学的态度和方法》,《燕园论学集》,第 47 页。
②麻天祥:《汤用彤学术思想概说》,张岱年、汤一介等:《文化的冲突与融合——张申府、梁漱溟、汤用彤百年诞辰纪念文集》,北京:北京大学出版社 1997 年版,第 158—159 页。

教史》所无,包括"梁昭明太子之法身义(兼与道生之比较)"、"涅槃经与断肉食"、"本时期佛教重要人物事迹年表"①等。即便是这些尚未定稿的部分,其中阐述的一些问题,至今仍极富启发意义。像"内外华夷之争"一节,分"政论"、"教论"、"调和内外教之言论"三层对三教关系加以论述②。他在讲义中,写有大量眉批,并标明材料的增删取舍。这些都是研究中国佛教史学科建立和发展进程的宝贵资料,蕴涵了后来中国佛教史研究的无数方便法门。这些讲义深刻影响了选修该课程的向达、程石泉、邓子琴、常任侠、任继愈③、王森、韩裕文、王维诚、韩镜清、熊伟、牟宗三等众多弟子。

　　3月,先生所撰《竺道生与涅槃学》发表于《国学季刊》第3卷第1号。北京大学图书馆胡适文库中,现存一份先生签赠胡适的该文抽印本,封页右上写有"敬求教正　彤"五字。

　　暑期,先生南下庐山,住在佛教圣地大林寺附近的别墅。他于此所撰批评日人佛教研究的评论,集为《大林书评》。序言中他以自责口气说:"时当丧乱,犹孜孜于自学。结庐仙境,缅怀往哲,真自愧无地也。"④《大林书评》共六篇,其中五篇是批驳日本专家在中国佛教史研究中的谬误,实事求是地指出他们在对中

①先生自批"年表应注意表出一时学风及其变化",并依此对年表作有修订。此外,现存先生遗稿中有《弘宣佛典年表》(汉唐)笔记两册,可供补充和参考,如,首页题云:"朝代一项可删,应加助译人名、梵本原出、地名、名僧籍贯、师承。"以上先生未刊讲义手稿在本书写作时存北京大学燕南园50号。
②先生《隋唐佛教史稿》中"隋唐内外教之争论"等章节皆有目无文。据其《中国佛教史讲义》可为了解现版汤著里所缺章节的思路和内容提供一些线索。
③任继愈(1916—2008),著名哲学史和宗教学家。
④汤用彤:《大林书评》,《汤用彤全集》第2卷,第350页。

国古籍断句、校勘、考证和论断等方面的错误,及其治学方法和态度的问题,借以抒发抗日爱国之情。书评字里行间深蕴着强烈的爱国精神,正如任继愈所论:"汤先生作为一个功底深厚的中国学者,最有发言权,并善于利用我们的发言权,为国争光。"①20世纪30年代以前,国人所著中国佛教史多承袭日人。先生《大林书评》和佛教史论著的问世,则表明我国现代佛教学术研究逐步走上独立发展的道路。

11月,熊十力自杭州重返北大讲学,先住梁漱溟家,不久搬入先生为他觅得的房子,与先生常相往来。此间,冯友兰带着他的新著《中国哲学史》特来造访。

本年,先生所撰《〈四十二章经〉跋》发表于《国风》1932年第9期。先生开篇讲道:"刘伯明先生以恕待人,以诚持己,日常以敦品励行教学者,不屑于诡异新奇之论、繁芜琐细之言,骇俗以自眩。居恒谈希腊文化,并会释老子,盖实有得于中正清净之真谛者,用是未尝齿及考证。一日,忽以《四十二章经》板本之原委相询,当时,余瞠目不知所答。十年来读书较多,乃稍能于此有所见。而吾友已逝,兹《国风》记者因将刊刘伯明先生纪念号而征文于余。余愧未能体会先生弘毅之精神,为文以昭示于世。仅就当日欢聚谈论之小节,草为是篇,以答亡友在天之灵。"此文后经先生增补成为《〈四十二章经〉之版本》,其主体内容收入《汉魏两晋南北朝佛教史》第三章之中。

中国现代意义上的魏晋玄学研究,学术界公认是由先生开

①任继愈:《〈汤用彤全集〉序二》,《汤用彤全集》第1卷,第5页。先生对常盘大定和矢吹庆辉的批评及其研究经过和历史意义,参见赵建永:《从〈高僧传〉研究看汤用彤治中国佛教史的门径》,《哲学研究》2009年第5期;《汤用彤与陈寅恪在初唐皇室信仰问题上的学术思想互动》,《哲学研究》2013年第7期。

创的。他率先提出以"有无之辨"来概括魏晋时期的主要思想论争,并由此出发,历史地考察各派思想的演变,从而揭示出玄学发展的主线。这是他对中国学术史具有里程碑意义的一大贡献。以往学界认为,先生在抗战期间没有继续研究佛教史而转向魏晋玄学,是因为 1938 年他到云南后,两箱《大正藏》丢失于运途中,手头缺乏佛教资料。而从现存先生读书札记来看,这一说法则可修正。实际上,他早在 1932 年就已开始了对玄学的研究。他的《壬申(1932)读书札记》(第 1 册缺失)第 2 册中继汉代佛教初传东土的研究之后,即是《魏之玄学》、《晋代儒道释》①、《章安玄义》、《顿渐三说》、《佛性》、《性理无二》等篇。其中《魏之玄学》认为何晏、王弼、阮籍、嵇康等玄学家的"无为论"是讲"knowing Being"(体会形而上之存在),说明他此时已注意到玄学的本体论特点,并将其放在儒道释关系发展史的整体链条中来研究。而本体论的发现正是现代学术意义上的魏晋玄学研究创始的主要标志。

冯友兰自评:"我的《中国哲学史》两卷本在三十年代发表以后,我总觉得其中的玄学和佛学部分比较弱,篇幅不够长,材料不够多,分析不够深。在四十年代,卜德先生翻译下卷的时候,我曾经对其中的玄学部分做了一些补充……"②先生对冯友兰早期发表的玄学研究成果有明显的突破和发展,而冯友兰晚年则对先生的魏晋玄学研究体系有所丰富和推进。冯友兰认为,《中国哲学史新编》抓住了玄学和佛学的主题来说明它们发展的线索,因而改写的玄学和佛学部分虽然材料、篇幅没有加多,但分析要比两卷本的有关内容深刻。因此,冯友兰特别指出:"汤

---

①内有:(一)释因道以起、(二)老子化胡之说、(三)儒释、(四)问题等章节。
②冯友兰:《中国哲学史新编》第 4 册,北京:人民出版社 1986 年版,第1页。

先生在魏晋玄学研究中,最突出的贡献在于提出玄学的本体论问题,这是研究魏晋玄学的一把钥匙。"①先生揭示了玄学的本体论特征,为学界凭借这一指针抓住玄学乃至中国哲学的主题并厘清其发展线索,开辟出前进的道路。

本年,熊十力出版《新唯识论》(文言本),融汇道家、禅宗,改造旧唯识学,发挥儒家大易"生生"精神。此书标志着现代新儒学哲学体系的正式诞生,为熊十力赢得世界性荣誉。但在该书刚出版时,备受批驳,熊十力为难索解人而常发感慨。熊十力与先生等人在中央公园聚谈,牟宗三由此第一次见到熊十力。他的哲学思想对牟宗三建立"两层存有论"与"道德形上学"有直接启发。牟宗三推崇熊十力以体用关系来处理玄学与科学的关系,认为此点确是大事,且较柏格森的哲学更为高明。先生亲睹了《新唯识论》数易其稿的历程,深知其问世的重要意义,遂特意询问牟宗三对此书的观感。牟宗三回答说:熊十力与柏格森在解析现象一端颇为相似,但柏氏对现象的解析是消极的,算不得什么,而《新唯识论》却不得了,是划时代开新纪元的作品。先生表示"亦有同感"②。

1933 年(癸酉)　先生四十一岁

1 月,陈寅恪《支愍度学说考》初载《庆祝蔡元培先生六十五岁论文集》。陈寅恪赠送先生的《支愍度学说考》单印本,珍存至今,封页上有"敬求　教正　寅恪"字样。

---

① 李中华:《北京大学举行汤用彤先生诞辰九十周年纪念会》,《哲学研究》1983 年第 12 期。
② 参见牟宗三:《一年来之中国哲学界并论本刊》,《广州国民日报·哲学周刊》第 43 期,1936 年 6 月 24 日,后收入《牟宗三先生全集》第 25 卷,台北:联经出版事业股份有限公司 2003 年版,第 538—539 页。

3月22日，蒙文通在南京致函先生，谈到先生佛教研究对他奉欧阳竟无之命撰写《中国哲学史》的影响，以及不同地域文化之渗透与中国文化发展的关系。信末还表达了自己身体"湿重"，适宜迁居北方的愿望①。

4月，胡适写成《〈四十二章经〉考》，大幅引评先生《中国佛教史讲义》②。他率先关注到先生后来对该稿的修订。

先生所撰《释道安时代之般若学述略》初载《哲学论丛》1933年5月号。《释道安时代之般若学述略》与陈寅恪《支愍度学说考》同年面世，皆论格义，观点基本一致。盖因陈、汤二老过从甚密，常交流心得，立论自然相近，惟陈寅恪对"格义"外延的界定稍宽泛。

7月15日，学衡派之精神导师白璧德在美国去世。7月，《学衡》出版第79期后，永久停刊。在短命报刊泛滥一时的20世纪二三十年代，《学衡》应当算是高寿者。

夏，经先生推荐，蒙文通离开河南大学，任北京大学史学系教授，主讲周秦民族史、魏晋南北朝史和隋唐史。

秋，先生接熊十力来书一通："看《大智度论》，镇日不起坐。思维空义，豁然廓然，如有所失（如拨云雾），如有所得（如见青天）。起坐，觉身轻如游仙。"《十力语要》中收录了这一封信③。汤一介先生认为："这封信说明，熊十力先生看《大智度论》而有所悟，他把当时之情形告诉用彤先生，可见他们交谊之深。"④熊十力将先生视为知音，而先生也深知其中三昧。他所说读佛书

①蒙文通：《致汤锡予书》，四川大学历史文化学院编：《蒙文通先生诞辰110周年纪念文集》，北京：线装书局2005年版，第25页。

②胡适：《〈四十二章经〉考》，《胡适全集》第4卷，第192、193、201页。

③熊十力：《与汤锡予》，《熊十力全集》第4卷，第47页。

④汤一介：《汤用彤学术交往三则》，《中国文化》2004年第1期。

的奇妙感受,其实是一种神秘主义的体验。这种境界不但常人难以企及,就是准确理解佛学也不容易,如先生认为"通佛法有二难,一名相辨析难,二微义证解难"①。读佛典最困难处在于对名相概念及其相互关系的理解,一般的佛教著作对之多无解释,而佛教辞书只用自身语言来解释,加上时代隔阂,不易弄懂。因此,先生劝熊十力说:"佛学无门径书,不可无作。"②熊然之,遂开始写作《佛家名相通释》,1937 年由北京大学首次出版。熊十力所赠先生该书初版,由汤一介先生完好保存下来,并捐赠北京大学。

12 月 25 日,吴宓发表《悼白璧德先生》一文,列出白璧德的八位中国的"及门弟子"③,其中就有先生。实际上,先生也的确把白璧德师训和《学衡》座右铭"论究学术,阐求真知,昌明国粹,融化新知"贯穿于毕生的学术探索和实践中,成为学衡派的中坚力量。

先生《癸酉(1933)读书札记》第 1 册中有《玄风之南渡》、《理字原起》、《颜延之与佛教》、《判教》诸篇,以及《汉上易传》、《周易要义》、《周易正义》、《郭氏传家易说》、《易原》、《周易集解》、《周易集解纂疏》等易学书注引京房、马融、郑玄、荀爽、宋衷、王弼、韩康伯、向秀等人关于大衍之数、太极义、穷理尽性等问题的笔记。这说明先生研究汉代宇宙论向魏晋玄学之本体论的演进过程,是从先理清汉魏间易学之变迁入手的。这为他日后写《王弼大衍义略释》、《王弼之〈周易〉〈论语〉新义》做了准备。此时他已准备从解析"大衍义"入手,揭示汉代象数易学与玄学本体论易学之根本差别,此差异发生过程亦即汉学向玄学

①汤用彤:《汉魏两晋南北朝佛教史》,《汤用彤全集》第 1 卷,第 220 页。
②熊十力:《佛家名相通释》,上海:东方出版中心 1985 年版,第 9 页。
③吴宓:《悼白璧德先生》,《大公报·文艺副刊》1933 年 12 月 25 日。

之具体演变。由此,他后来明确指出:"王弼注《易》,摈落象数而专敷玄旨。其推陈出新,最可于其大衍义见之。"①通过汉魏间易学变迁之迹的梳理,他揭示出玄风渐兴之哲学发展进程。第2册是以"理为佛性"主线所写关于佛性问题的资料摘抄和札记。"穷理"一节中写生公、谢候之"见理"到僧宗"性理不殊"的演变,并注明"此与顿(悟)义有关";末有"辨体用"一节。这些研究说明印度佛教虽对中国思想有重大作用,但仅是助因,并不能改变中国文化的根本性质和发展方向。

本年秋,钱穆开始在北京大学讲授"中国通史"课程。他晚年回忆:

> 其时余寓南池子汤锡予家,距太庙最近。庙侧有参天古柏两百株,散布一大草坪上,景色幽茜。北部隔一御沟,即面对故宫之围墙。草坪上设有茶座,而游客甚稀。茶座侍者与余相稔,为余择一佳处,一藤椅,一小茶几,泡茶一壶。余去,或漫步,或偃卧,发思古幽情,一若惟此最相宜。余于午后去,必薄暮始归。先于开学前在此四五天,反复思索,通史全部课程纲要始获写定。②

> 余于明代以下各家校刊《竹书纪年》,搜罗殆尽。专藏一玻璃书柜中。锡予见而慕之。彼亦专意搜罗《高僧传》一书,遇异本即购。自谓亦几无遗漏矣。③

> 又胡适之藏有潘л微《求仁录》一孤本,余向之借阅。彼在别室中开保险柜取书,邀余同往。或恐余携书去有不慎,又不便坦言故尔。余携归,适书记贾克文新来,嘱其谨慎钞副,亦不敢轻付晒蓝。余移寓南池子锡予家,一日傍

---

① 汤用彤:《王弼大衍义略释》,《汤用彤全集》第4卷,第54页。
② 钱穆:《八十忆双亲·师友杂忆》,第172页。
③ 钱穆:《八十忆双亲·师友杂忆》,第188页。

晚,一人偶游东四牌楼附近一小书摊,忽睹此书,亦仅数毛钱购得。既归,锡予闻而大喜。晚饭方毕,即邀余重去此书摊。余告以此书摊绝无他书可购,余亦偶尔得此。锡予坚欲往,乃乘夜去其地。书摊已关门,叩门而入。屋内电灯光甚微弱,一一视其摊上书,皆无足取,遂出。而书摊主人却语余,先生傍晚来购书,殆一佳本,先生廉价得之,故又乘夜重来乎。余曰,适偕吾友重过此门,再来相扰,幸勿介意。然彼意若终不释。①

本年,陈寅恪在《历史语言研究所集刊》第三本第四分册发表《天师道与滨海地域之关系》一文,引用《太平经》、《真诰》等道教经典,考证东南沿海流行的天师道如何从民间进入上层社会,揭示出天师道教与东晋南朝政治文化的关系,其中简单提到《包元太平经》与《太平清领书》具有相似的共同特征。先生藏书中现存一份陈寅恪赠送的讲义本《天师道与滨海地域之关系》,封面上有"敬求教正"等字样。据此可知在《天师道与滨海地域之关系》一文发表之前,陈寅恪与先生已经就他们共同关心的道教起源问题进行过交流。先生在陈寅恪的研究基础上,进一步结合汉代流行的黄老学,从现存《太平经》中所倡兴国广嗣、主火德和元气包裹诸说,断定《太平清领书》(即《太平经》)脱胎于甘忠可之《包元太平经》。

陈寅恪《天师道与滨海地域之关系》一文,简略提及崔浩家世与天师道的深厚渊源是北朝佛道兴废的关键所系②。先生则对此说加以系统推进和完善,认为:"太武帝当政时,因寇谦之大

---

①钱穆:《八十忆双亲·师友杂忆》,第188—189页。
②陈寅恪:《天师道与滨海地域之关系》,《金明馆丛稿初编》,上海:上海古籍出版社1980年版,第15页。

行其道,以致佛法毁灭。"①尽管寇谦之主观上不想妨碍佛教,但其新道教的空前发展,在客观上难免影响了佛教的生存空间。正是从这一角度上,先生指出,太武毁法亦可谓为佛道斗争的结果,但发起人为崔浩,后世佛徒痛恨崔浩,即因此②。崔浩既修服食养性之术(撰《食经》九卷),又精通汉代以来经术历数之学,深切期待辅佐魏帝"除伪从真"以应新运。他倡言毁佛与其劝帝改历以从天道,用意相同。崔浩想通过打击佛教来削弱鲜卑贵族势力,以施展用儒家来治国的抱负,以恢复千载不传之道统。先生就此指出:

> 毁谤胡神,具有张中华王道正统之义。其事又非一简单之佛道斗争也。南朝佛道之争,纯用笔舌,以义理较长短。北朝则于其开始,即用威力,作宗教之斗争。南重义学,北重实行,于此已见之矣。③

自先生加入文化范畴分析崔浩事件之后,学界对此问题虽不尽相同,但关于崔浩对恢复中华道统的努力,意见大体一致,均着眼于崔浩一贯政策所引发的胡汉民族文化传统与利害冲突④。当时文化士族与胡族的冲突融合,其具体表现为儒家文化和鲜卑尊奉的佛教之间的矛盾。就儒佛关系而言,崔浩排佛的初衷与后继者韩愈相仿。先生曾对韩愈有论断:"韩文公虽代表一时反佛之潮流,而以其纯为文人,率乏理论上之建设,不能推

①汤用彤:《汉魏两晋南北朝佛教史》,《汤用彤全集》第1卷,第405页。
②汤用彤:《汉魏两晋南北朝佛教史》,《汤用彤全集》第1卷,第375页。
③汤用彤:《汉魏两晋南北朝佛教史》,《汤用彤全集》第1卷,第375页。
④牟润孙:《崔浩与其政敌》,《辅仁学志》第10卷第1、2期。谷霁光:《崔浩之狱与北方门阀》,天津《益世报》史学副刊第11期。周一良:《北朝的民族问题与民族政策》,《燕京学报》第39期。王伊同:《崔浩国书狱释疑》,《清华学报》新一卷第2期。

陈出新,取佛教势力而代之也,此则其不逮宋儒远矣。"①此言十分公允,也可用来评判崔浩之排佛。

1934 年(甲戌)　先生四十二岁

3 月 17 日,先生在《大公报》发表《评〈唐中期净土教〉》,随后收入《大林书评》。

4 月,陈寅恪自清华西院寄来明信片,语及《高僧传》之法和与《太平经》传承中的帛和、白和是否为一人,并嘱托先生代抄《太平经》后序。

4 月 14 日,先生覆书陈寅恪,论及《太平经》成书年代和传授记载等。陈寅恪将此信夹在他当时用力甚勤的《高僧传》中,由是而幸存至今。蒋天枢编《陈寅恪先生编年事辑》载:"(陈寅恪)居西院时有'与汤用彤书',语及《高僧传》之法和,并嘱先生代借《太平经》。惜先生原书已不存,今存汤先生第一次信稿,乃接先生明信片时复信。"②蒋天枢把此信与陈寅恪从 1927 年到 1935 年间所写校书记,综系于 1935 年。孙尚扬教授所编《汤用彤年谱简编》因这封复书只有月日,不详何年,而姑系于 1935 年③。但根据先生、陈寅恪当时的研究进展和《读〈太平经〉书所见》一文对信中内容的落实情况来看,写此信时应在 1935 年 3 月先生发表《读〈太平经〉书所见》之前的 1934 年。

陈寅恪接到 4 月 14 日先生的回信后,立即复书,惜已不存。而先生 18 日回复陈寅恪的第二封信,直到 1986 年,蒋天枢在整

①汤用彤:《隋唐佛教史稿》,《汤用彤全集》第 2 卷,第 44 页。

②蒋天枢:《陈寅恪先生编年事辑》,上海:上海古籍出版社 1981 年版,第 88 页。陈寅恪自 1933 年起入住清华大学西院 36 号。蒋天枢所言"嘱托汤用彤代借《太平经》",我们综合信中内容来看,应指请汤用彤代为抄写《太平经》传授之记载的部分,即《太平经》后序。

③孙尚扬:《汤用彤年谱简编》,《汤用彤全集》第 7 卷,第 674 页。

理自己所存陈寅恪旧稿交付陈美延之前，才从中找出。4 月 18 日，先生复信陈寅恪：

> 帛和，若据兄所言，亦与《太平经》有关。但据《抱朴子》，谓遇一人曾亲见白仲理，见其瞳正方。则白和乃魏晋时人。《后序》谓其为于吉之师，当是讹误。……至若帛和当为葛洪之前辈，葛之师郑君，于惠帝太安中隐去，葛洪于成帝成和中卒。《抱朴子》谓曰，和已"去不知所在"，后有人乃自称为白和云云。是帛和应为魏晋间人，而法和则卒于姚秦之世，想不能为一人也。①

先生在信中与陈寅恪讨论白和的真伪及其与琅琊（治今临沂市北）于吉的关系，并认定帛（通"白"）和与僧人法和无关。这一问题在《读〈太平经〉书所见》中有更为详细的答案②。

此前陈寅恪托先生代为抄写邮寄的《太平经》后序中详述："干君初得恶疾，殆将不救，诣帛和求医。帛君告曰，吾传汝《太平本文》，可因易为一百七十卷，编成三百六十章，普传于天下，授有德之君，致太平，不但疾愈，兼而度世。干吉授教，究极精义，敷演成教。当东汉末，中国丧乱，赍经南游吴越，居越东一百三十里，山名太平，溪曰干溪，遗迹见存。士庶翕然归心。时孙策初定江南，方正霸业。策左右咸奉干吉，策以为摇动人心，因诬以罪而絷之。策告曰，天久旱，得雨当免。倏忽之间，阴云四合，风雨暴至。策愈恶之，令斩首，悬诸市门。一旦暴风至，而失尸所在。君因更名字，遂入蜀去。策览镜，见君首在镜中，因发面疮而卒。时咸以戮辱神仙，致斯早殒。故孙权立，益信奉道

①汤用彤：《复陈寅恪信》，载蒋天枢：《师门往事杂录》，《陈寅恪先生编年事辑》（增订本），上海：上海古籍出版社 1997 年版，第 241 页。
②汤用彤：《读〈太平经〉书所见》，《汤用彤全集》第 5 卷，第 250 页。

术,师葛仙公,介先生亦游其庭。"①于吉(道书多作"干吉")的这些异事,先生与陈寅恪皆以为神话而未予采信,但他们也认为即便是神话传说也往往会折射出某些历史事实。

此间,先生仍全力写作《汉魏两晋南北朝佛教史》。这在熊十力本年5月3日致柯莘麓医生的一封信中亦有所反映:"汤先生医检为血管硬化,有脑冲血与中风之可能,……但如赶早习运动,当无碍云。渠作佛史,亦太用功故也。"②这既表明熊十力对先生的研究进展和健康状况的关切,也说明先生为完成其佛教史学术事业而呕心沥血。

本年上学期,先生指导王维诚完成研究生学位论文《老子化胡说考证》。7月1日,先生所撰《王维诚〈老子化胡说考证〉审查书》发表于《国学季刊》第4卷第2号。

道教思想体现了民族文化的深层结构,但它长期以来没得到学界的系统梳理。有鉴于此,先生在其三教关系研究中逐步加大了道家和道教的比重。随着研究的深入,他发现了道家与道教内在的密切联系,因而改变了自己早年的看法,认为道教是由道家演变而来。本年,先生写成《甲戌读书札记》,其中《关于太平道》一篇占有相当比重,主要内容是《太平经》的材料。

本年,任继愈考上北大哲学系,先生为一年级讲授《哲学概论》。任继愈评价道:"这门课讲得生动深入。如果能把这类听课笔记整理出来,很有出版价值。据我所知,汤先生教学的讲义,学生听课的笔记,如果把其中一部分搜集起来,数量相当

---

① 先生邮呈的《太平经》后序附在1934年4月18日复陈寅恪的信中,参见蒋天枢:《师门往事杂录》,《陈寅恪先生编年事辑》(增订本),第241页。《太平经》后序,见王明编《太平经合校》,北京:中华书局1960年版,第744—745页。

② 熊十力:《致柯莘麓》,《熊十力全集》第8卷,第397页。

可观。"①

本年,国立北京大学研究教授第二次工作报告序言指出:
"北京大学研究教授第一次工作报告,于22年6月辑成付印。
本年度22年至23年除继续聘请丁文江……(下略12人)为理
学院研究教授,周作人、张颐、陈受颐、汤用彤、刘复为文学院研
究教授,张忠绂、赵乃抟、刘志扬为法学院研究教授外,又增聘朱
物华等二人为理学院研究教授,计共21教授。兹将各教授工作
分述如次:……汤用彤教授本年度除任课外,即按照上年度所定
研究计划,整理所蒐集材料编纂《汉魏两晋南北朝佛教史》。惟
经详密之思考,已将上次报告中所发之目录,加以修改……(下
略大纲22章及余论)上述已成部分几全系新作,并非就旧日讲
义加以增改,故颇费时日。此外复留意于唐玄奘前百年间学说
之发展。"②

本年起,先生任北大哲学系主任(至1950年),他聘郑昕讲
授一年级形式逻辑课程。

1935年(乙亥)　先生四十三岁

此顷,先生所主持之北大哲学系已形成重视哲学史与佛教
思想之系风,迥异于清华重逻辑之风气。先生兼授中、印、欧哲
学史,周叔迦、熊十力授中国佛教思想,马叙伦以法相唯识学释
庄周。钱穆评述先生当时主要致力讲授的"汉魏晋南北朝佛教
史"一课说:"此课在中大已任教有年,并撰有讲义,心感不满,须
从头撰写。余心大倾佩。余授课有年,所撰讲义有不满,应可随
不满处改写,何必尽弃旧稿,从头新撰。因知锡予为学,必重全
体系、全组织,丝毫不苟,乃有此想。与余辈为学之仅如盲人摸

①任继愈:《〈汤用彤全集〉序二》,《汤用彤全集》第1卷,第1页。
②该报告未刊,今存国家图书馆。

象者不同。然锡予与余乃绝少谈及其治佛学之经过,乃最近从新撰写讲义之一切。"①

3月,先生在《国学季刊》第5卷第1期上发表长文《读〈太平经〉书所见》,成为国内学术界对《太平经》创始性的系统研究。文中考订该经为汉代作品,解决了《太平经》的成书年代问题,并梳理出早期道教的概貌以及这一时期佛道关系的基本框架。先生在读书过程中在该文的抽印本上又补充了一些新材料和说明,并用毛笔在封面上写有"校订本"字样②。

《读〈太平经〉书所见》发表后,先生赠送胡适一份该文的抽印本,封页右上有先生用毛笔所写"呈政"二字。

4月13日至15日,在北京大学召开中国哲学会首届年会。五十余名哲学学者出席会议,冯友兰作为大会主席致开幕词,校长蒋梦麟代表北大致欢迎词,胡适介绍了哲学会的发起、经过和意义。他们在会上宣读了自己的研究成果,有冯友兰的《历史演变中之形式与实际》、胡适《楞伽宗的研究》、先生《汉魏佛学理论之两大系统》、贺麟《宋儒的思想与方法》、沈有鼎《〈周易〉卦序分析》和张申府《我所认识的辩证法》等,这标志着中国哲学家各自创立学术研究系统的时机业已成熟。

本次会议初步建立了组织机构,推举冯友兰、先生、黄建中、方东美、宗白华、张君劢、范寿康、林志钧、胡适、金岳霖、祝百英等12人组成中国哲学会第一届年会理事会。冯友兰、贺麟、金岳霖当选为常务理事,负责日常会务工作。会上还提出了《正式组织全国统一的哲学会案》,决定成立筹备委员会,负责组建中国哲学会事宜。

5月,上海中华书局印行《吴宓诗集》,集中收有吴宓赠先生

①钱穆:《忆锡予》,《燕园论学集》,第24页。
②该遗稿在本书写作时存北京大学燕南园。

诗文多篇,并收有先生《谈助》一文之局部,分别见卷二和卷末。

7月6日,何应钦与日本华北驻屯军司令官梅津美治郎经一个月的谈判,达成《何梅协定》。面对华北事变,先生与忧心如焚的熊十力、邓高镜①联名写信,敦请胡适也出来公开反对《何梅协定》。胡适遂与北平教育界发表宣言,反对日本策动的冀察自治。

夏,逯钦立考入北京大学哲学系,常向先生请教学问。先生对其关爱有加,指定他担任班长。次年又帮助逯钦立转入北大中文系。

本年,先生撰《释法瑶》发表于《国学季刊》第5卷第4号。

本年,先生的《乙亥读书札记》中有一篇《古旧道经》,仍是在接续研究《太平经》与后世道经和佛教相关的问题。

本年,陈寅恪在《中央研究院历史语言研究所集刊》第五本第二分册第137—147页发表《武曌与佛教》一文,就武则天大力倡导佛教一事探根寻源,从家世信仰和政治需要两方面剖析武则天与佛教的关系。当年陈寅恪赠送先生的该文抽印本,由汤一介先生为后世珍存下来。其封页左侧有陈寅恪的一段个性鲜明的题记,现版陈寅恪各类文集均未收入,亦未提及。兹录于下:

　　　敬求　教正　寅恪。

　　　矢吹曾论道生学说,必见　尊文②,而绝不提一字;又论

① 邓高镜后来生活潦倒,熊十力约集先生和林宰平诸友按月给他生活费,由任继愈汇总寄给他,直至邓先生过世。
② 先生藏书里陈寅恪的题识和批注,有些字常用毛笔蝇头小字连体速写,几不可识。经曾任先生助手的书法家杨辛教授和欧阳中石的高徒姜栋博士后帮助辨读,终于全部"破译"出来,又经汤一介先生和高山杉学兄鉴定,并在其鼓励下写成解读文章。本篇陈寅恪题识由毛笔行草繁体竖写,一气呵成,文不加点。今按现行汉语规范转为简体横排并标点,尽量保持原稿风貌。如,原稿"尊文"、"尊论"前空一格以表敬重,而"弟"字小写以示谦逊,虽然陈寅恪比先生大三岁。

"格义",恐亦见鄙作,亦绝不言及。故弟于篇末引 尊论以折之,而文中则不用其在巴黎发见之材料,职此故也。①

"矢吹"系日本著名学者矢吹庆辉。道生学说和格义问题之讨论,由先生《竺道生与涅槃学》、《释道安时代之般若学述略》和陈寅恪《支愍度学说考》诸文所揭橥,成为现代佛教史上颇具原发性的两大学术创获。从题记可以看出,陈寅恪既留意国外最新学术动态,又关注中国学术在国际同行中的影响力,并企盼中国学术走向世界。由此,他发觉矢氏读过先生和他的相关文章,虽然借鉴了他们的很多研究成果,却在文中一字不提,对此他颇感愤慨。由于先生曾对矢氏之书痛下针砭,故陈寅恪不必再多费笔墨,遂借机提出矢氏的相关研究,并援引汤文予以责难(即"折之")。他在文末的"附注"中说:

> 关于武曌与佛教符谶之问题,可参考矢吹庆辉博士著《三阶教之研究》及汤用彤先生所作同书之跋文。(载《史学杂志》第 2 卷第 5、6 期合刊)②

武则天与佛教谶事也是陈文的重点。陈寅恪平素鲜引近人论著,他让人们参考矢氏的名著,从表面上看,会以为指矢氏的三阶教研究在武则天与佛教符谶关系的探索上取得了重大进展,实际是间接引人发现矢氏之错误。陈寅恪在赠先生文题识中,除恳请先生"教正"自己的新作外,解释了为何要借助汤文对矢氏的批评及不用矢氏在巴黎所见敦煌经卷的原委。由此便不难理解陈家"不食日粟"的缘故了。

本年,北平市长袁良见平津行将不保,便成立古建筑维修保

---

① 该遗稿在本书写作时存北京大学燕南园。
② 陈寅恪:《武曌与佛教》,《中央研究院历史语言研究所集刊》第五本第二分册,第 147 页。

护与调查研究的专门机构"旧都文物整理委员会"。由汤用彬等人执笔,编成《旧都文物略》一书。这是以官方力量来策划出版的关于北京文物的书。《旧都文物略》涉猎广泛,叙述雅驯,考证详实,其中包括城垣略、宫殿略、坛庙略、园囿略、坊巷略、陵墓略、名迹略、河渠关隘略、金石略、技艺略及杂事略,还记载了京兆二十多个城镇和市内坊巷等。凡历史著名建筑,均作详细叙列。

1936 年(丙子)　先生四十四岁

1 月,顾颉刚与杨向奎合著《三皇考》由《燕京学报》作为专号出版。《三皇考》以宗教学的角度界定有关"三皇"的远古神话传说。在先生现存藏书中发现一册顾颉刚与杨向奎合著的《三皇考》(1936 年 1 月《燕京学报》专号),内页有毛笔题记云:"文通师惠存　学生杨向奎谨赠。"蒙文通此书何以存于汤家,这自与他和先生在道教学术上的密切交流有关。当时先生正在写作《汉魏两晋南北朝佛教史》,于梳理佛道关系时亦涉及"三皇"、"太一"等问题。蒙文通作为上古史专家,虽然常需要参考《三皇考》,但他与先生、钱穆号称"岁寒三友",自然知晓它对先生的价值,故而将此书转赠给他。汤一介先生生前将该书珍藏于北京大学治贝子园。

本年,先生于《哲学评论》第 7 卷第 1 期发表发表第一届中国哲学年会报告《汉魏佛学的两大系统》的摘要:"中国佛学和印度佛学不同,从一般说来,我们以汉代佛学为'方仙道式'的佛学,六朝佛学是'玄学'。本论文的目的在研究汉末至晋代中过渡时期的佛学之理论。在此时期中,可以说佛学有两大系统:一为'禅学',一为'般若'。禅学系根据印度的佛教的'禅法'之理论,附会于中国阴阳五行以及道家'养生'之说。而般若则用印度佛学之'法身说',参以中国汉代以来对于老子之学说,就是认老子就是'道体'。前者由汉之安世高传到吴的康僧会,后者由汉之支谶传到吴的支谦。当时两说都很流行,且互有关涉,但是到了晋代,因为种种的原因,后者在学术界上占较大的势力。"①

4月4日,中国哲学会第二届年会在北京大学举行,胡适致开幕词,冯友兰报告会议筹备经过。先生出席会议,并宣读他提交的论文《关于〈肇论〉》。4月5日,会议决定正式成立中国哲学会,并审议通过了会章,选举15人组成理事会,其中冯友兰、先生、金岳霖、祝百英、宗白华5人为常务理事。会议确定以《哲学评论》为会刊,由冯友兰主编,刊发提交年会的重要论文。

本年,《哲学评论》第7卷第2期发表了先生在此届年会的报告《关于〈肇论〉》的内容摘要:"东晋和南朝,哲学上问题极多,但其中心的理论,是体用观念,僧肇以前,谈虚无说空家数极多。佛学有所谓六家七宗,僧肇以为他们或偏于由心说空,或偏于由物说空,或讲本体,偏于无者多。都是将体用问题,未看的确。僧肇的主张,是即体即用,不二不偏。他采取大乘理论,融合老庄玄谈,而认识得极清楚,用极优美有力的文字写出来,所以成为中国理论之文中最有价值的一篇。"②

中国哲学会以"本合作精神以促进哲学研究,推广哲学知识"为宗旨。学会下设北平、南京和广州分会,总会会址设在北平,抗战时期迁至重庆,战后迁回北平。会章规定,每年召开年会。但自第三届年会于1937年1月24日至27日在南京中央大学召开后,因战乱而未定期。

4月,哈佛燕京学社主办的杂志 *Harvard Journal of Asiatic Studies*

①汤用彤:《汉魏佛学的两大系统——哲学年会报告摘要》,《汤用彤全集》第5卷,第177页。
②汤用彤:《关于〈肇论〉——哲学年会报告摘要》,《汤用彤全集》第5卷,第178页。

第 1 卷第 1 号发表,由美国学者 J. R. Ware 翻译的先生论文《〈四十二章经〉之版本》(The Editions of the *Ssŭ-Shin-Erh-Chang-Chin*)。

9 月 16 日,《佛学半月刊》第 18 号第 6 卷第 135 期云:"北平佛教会月刊,现由董事会议决改组,定名为《微妙声》。另组编辑委员会,公推汤用彤、汤芗铭、周叔迦、何子培、高观如等五人为编辑员。已有公启致海内外缁素,惠赐鸿文,共定梵响。"

11 月 15 日,《微妙声》创刊,编者《弁言》声称:"窃维法性离诸名相,然假名相以明。真谛超绝言诠,而籍言诠以显。抑且道之茂者,其言也昭。业之昌者,其文伊焕。五藏之沉秘,三乘之宏博,靡不存诸贝叶,彰以文辞。是以抱弘誓者垂文论以希范,怀净信者播清辞之摄机。乐学者写妙怀而研述,大心者纾智解以弘求。斯皆因言以写圣心,寄迹而探玄理者也。……同人等生逢圣教,欣值佛乘。志切弘研,罔恤才短,用集同愿,钻仰玄途。或则教义是研,或惟史籍是考。或述行持所得,或陈弘护之私。部类分居,纂撰所获。月一刊印,名《微妙声》。"刊址在北平西安门大街 7 号,主持者是参与领导北平佛教会工作的周叔迦居士,编辑委员会由汤芗铭、先生、魏善忱、周叔迦、高观如等五位学者组成。该刊除发表周叔迦、弘一、王恩洋、高观如、苏公望、杨殿珣等名家作品外,还刊发一些译文,如忽滑谷快天等人论著。先生批驳日本权威学者的《大林书评》系列文章,包括《评〈考证法显传〉》、《〈唐贤首国师墨宝〉跋》、《矢吹庆辉〈三阶教之研究〉跋》、《评日译〈梁高僧传〉》、《评〈小乘佛教概述〉》皆发表或转载于该刊。《微妙声》还在全国各省市及香港、仰光、新加坡等地设立流通代订处百余家,因此在当时有较大的社会影响,代表了中国北方佛学最高水平,与南方的《内学》遥相呼应。《微妙声》一共出版 2 卷 8 期,到 1940 年停办。

12 月 12 日,吴宓在日记中记载:他下午参加陈绚(陈岱孙之妹)和姚从吾教授婚礼后,"至南池子缎库前巷三号汤用彤宅。与汤君及贺麟、钱穆二君谈。5—7(点)邀以上三君宴于东安市场森隆饭馆。宓因感触太多,故以饮宴为排解。晚8:35乘汽车回校"①。

本年,上海商务印书馆缩印《正统道藏》本《云笈七签》,收入张元济主编《四部丛刊初编》出版。先生购得一套《云笈七签》,平时引用多为此版。

1936—1937年间,熊十力写给先生的一封信中说:"华严诸师……以《起信》为骨子也。《疏抄》中关于《起信》之部分,颇有讲得好处,若嘱镜清诸子汇抄成册,亦足为参考之资。"他提出"佛家著述过繁……和尚为疏者,皆杂取经论中文字而编缀之,故不可解",因而需要有人选择其要并加以注疏,而"此等人才至不易得,必须学术机关注意培养。若北大研究院能收纳此等青年而予以资给,令其专治一经,学成后始下笔为书,务期以今日活的语言详释古经名义,勿如昔日和尚之所为"②。信中还着重谈论人才培养问题,这是他们至为关心的。他们共事期间,吸引了不少青年才俊,像唐君毅、牟宗三、韩镜清、任继愈、邓子琴等人都是他们共同培育的得意门生。汤一介先生认为,先生编选"汉文佛经中的印度哲学史料"或受到熊十力的影响,而把佛教重要经典"以今日语言详释"应是我们今后必须做的一项工程③。

本年起,先生在以往研究的基础上,开设"魏晋玄学"课程。这是现知最早正式使用"魏晋玄学"名称的课程,也是其玄学史研究逐渐为学界所知的开始。解放前,学界虽感到这一阶段的思想形态有其特色,但还没有形成固定的名称,有人称之为"清谈"、"玄谈"、"思辨之学"、"魏晋思想"、"汉唐玄学"、"五朝学"

①吴宓:《吴宓日记》第6册,第62—63页。
②熊十力:《与汤锡予》,《熊十力全集》第4卷,第235—237页。
③汤一介:《汤用彤学术交往三则》,《中国文化》2004年第1期。

等等。孙尚扬认为:"自用彤始,学界统称魏晋思想为魏晋玄学。"①先生首先用"魏晋玄学"来概括魏晋时期的思想,这一名称今已为学界所普遍采用。

①孙尚扬:《汤用彤》,第206页。

汤用彤先生编年事辑卷三

（1937—1948）

1937年（丁丑）　先生四十五岁

本年仍任北大哲学系主任。先生希望把北大哲学系办成汇通中、西、印的学术重镇。当时他选聘讲授中国哲学的有熊十力、容肇祖，西方哲学方面有张颐、贺麟（中西兼授）、陈康、胡世华、郑昕，并聘请印度师觉月教授来北大教印度哲学。汤一介先生认为，这点今日办大学似应注意，办学所设定的目标应比较具体，各院系的具体目标若能实现，自成世界一流大学，现在我们许多大学空喊"把学校办成世界一流大学"，但缺乏比较具体的目标①。

1月，先生所撰《评〈考证法显传〉》、《唐贤首国师墨宝跋》、《矢吹庆辉〈三阶教之研究〉跋》刊载于《微妙声》第3期。

1月17日，胡适全日校阅先生《汉魏两晋南北朝佛教史》稿本第1册，称赞"此书极好。锡予与陈寅恪两君为今日治此学最勤的，又最有成绩的。锡予训练极精，工具也好，方法又细密，故此书为最有权威之作"②。胡适随即写一长信把该书介绍给商务印书馆馆长王云五出版，但先生还想再做修补，迟迟未交稿。胡适唯不同意先生否定佛教从海道来中国之说，因以长信致先

①详见汤一介：《汤用彤与胡适》，《中国哲学史》2002年第4期。
②《胡适日记》1937年1月17日，《胡适全集》第32卷，第609页。

生商讨书中个别论点。

1月18日，胡适找先生畅谈。胡适是全盘西化论者，先生在文化观上却是温和的守成主义者，主张从中、西、印三大文明的古典源头中撷精立极，融会贯通而成新文化。先生与胡适商讨佛教入华的途径时，自认胆小，只能作小心的求证，不能作大胆的假设。出于坚守民族文化主体性的立场，他对胡适说："颇有一个私见，就是不愿意说什么好东西都是从外国来的。"胡适知道这是冲着其西化论而来，鉴于汤氏印度学成就斐然，乃机智地回应："我也有一个私见，就是说什么坏东西都是从印度来的！"①他们都大笑。尽管"道"不相同，胡适却于日记中赞扬："锡予的书极小心，处处注重证据，无证之说虽有理，亦不敢用，这是最可效法的态度。"②

5月，先生所撰《评日译〈梁高僧传〉》、《评〈小乘佛教概论〉》刊载于《微妙声》第8期。

在北大举办的"孟森先生著述遗稿展"上，曾展出一幅先生与胡适、孟森、陈寅恪、蒋梦麟诸友在1937年的合影，落款有胡适手书："北京大学庆祝孟先生七十大寿纪念合影　民国二十六年五月二十八日　胡适敬题。"照片中，先生在陈寅恪的右前方，也许是为多给陈寅恪留出空间，先生身躯尽可能地右移，以至于自己被前面的姚从吾教授挡住了一些。由此细节可见先生对陈寅恪的敬重。这张合影大概是他们现存的唯一合影。

农历五月初二，幼子一玄生。先生为了纪念这一学年讲授的"魏晋玄学"课程，而为其幼子命名为"一玄"，可见他对玄学的重视。

夏，先生陪同母亲消暑于牯岭，并与钱穆同游匡庐佳胜，读

①《胡适日记》日记1937年1月18日，《胡适全集》第32卷，第609页。
②《胡适日记》日记1937年1月18日，《胡适全集》第32卷，第610页。据曾任胡适学术秘书的邓广铭教授1993年在汤用彤百年诞辰纪念会上所述，胡适生前没敢出版自己的佛教史著作即缘于看了汤著佛教史。

书著文。

"七七"事变前,先生计划委派任继愈到山西广胜寺查阅并拍摄《赵城金藏》中的重要史料,后因战乱而中止①。

"七七"事变前夕,欧阳竟无召集门人于南京支那内学院设《涅槃》讲会,提无余涅槃三德相应之义,讲演对于孔佛二家学说究竟会通的看法。先生、蒙文通赴支那内学院主持会议。会竟,而七七事起,这成为欧阳竟无在南京讲学的终结,内学院遂转移到四川江津。

7月24日,北大全体教授为"七七"事变发表宣言,历述日军的野蛮暴行。日军入北平后,先生协助郑天挺共同支撑北大残局。北大和清华的教授们时常聚在一起谈论时局,预测学校和国家的前途命运,常去电询问在庐山开会的同事,希图能得到一些准确消息。8月13日上午,罗常培邀集先生、马裕藻、孟心史、邱大年、毛子水、陈雪屏、魏建功、李晓宇、卢吉忱等人,在第二院校长室讨论如何维持校务。大家商定在离开北平之前,低薪的职员暂发维持费30元。8月底,北大、清华、南开三校登报通知本校教职员和学生到长沙报到。8月25日,日本宪兵队搜查北大校长室后,气氛紧张起来,学校难以维继。在北平的36名北大同人,除马裕藻、孟心史、冯汉叔、周作人、缪金源、董康、徐祖正留守外,决定分批南下。姚从吾也从长沙来电,催先生、罗常培、毛子水、魏建功、钱穆、齐思和等快走。13日,郑天挺邀集先生、陈雪屏、赵乃抟、马裕藻、孟心史、罗常培、毛子水、魏建

---

①1982年,国务院古籍整理出版规划小组批准了任继愈提出的新编汉文《中华大藏经》的构想,成立了由他牵头的《中华大藏经》编辑局。编纂原则为:以《赵城金藏》为底本,用《房山云居寺石经》、《辽藏》、《洪武南藏》、《武林藏》、《万历藏》、《碛砂藏》、《永乐南藏》、《高丽藏》等孤本、珍本、善本补充对勘,力求成为最精最全的藏经版本。

功、冯汉叔、罗庸等聚餐,通报学校近况,商讨对策。

　　10 月,先生与贺麟、钱穆三人一同离开北平,在天津小住数日,取海道从天津去香港,再辗转于 11 月到长沙。11 月 1 日,北京大学、清华大学、南开大学在湖南长沙岳麓山下组成了国立长沙临时大学,由冯友兰任哲学心理教育系教授会主席兼文学院长。因文学院设在南岳衡山,先生旋即转赴南岳。钱穆晚年回忆他们这段旅程说:

　　双十节过后,余与汤用彤锡予、贺麟自昭三人同行。在天津小住数日,晤吴宓雨生偕两女学生亦来,陈寅恪夫妇亦来。寅恪告我,彼与余同病胃,每晚亦如余必进米粥为餐。俟到昆明,当邀余在其家同晚餐。吴陈两队皆陆行,余与锡予自昭三人则海行,直至香港。小住近旬。北上至广州,得晤谢幼伟,乃自昭老友。又数日,直赴长沙。前日适大轰炸,一家正行婚礼,受祸极惨,尚有尸挂树端,未及捡下者。宿三宵。文学院在南岳,遂又南下。在长沙车站候车,自午后迄深夜,乃获登车。至衡州下车午饭,三人皆大饿,而湖南菜辣味过甚,又不能下咽。文学院在南岳山腰圣经书院旧址。宿舍皆两人同一室。①

冯友兰对先生等同人在此四个月的际遇记述道:

　　在衡山只有短短的几月,精神上却深受激励。其时,正处于我们历史上最大的民族灾难时期;其地,则是怀让磨砖做镜、朱熹会友论学之处。我们正遭受着与晋人南渡、宋人南渡相似的命运。可是我们生活在一个神奇的环境:这么多的哲学家、著作家和学者都住在一栋楼里。遭逢世变,投止名山,荟萃斯文;如此天地人三合,使这一段生活格外地激动人心,令人神往。在这短短的几个月,我自己和我的同

①钱穆:《八十忆双亲·师友杂忆》,第208页。

事汤用彤教授、金岳霖教授，把在此以前开始写作的著作写完了。汤先生的书是《中国佛教史》第一部分。金先生的书是《论道》。我的书是《新理学》。①

12月，先生在《燕京学报》第22期上发表的《中国佛史零篇》是其佛教中国化研究具体而微的缩影。《零篇》中，佛教中国化发展变迁的研究思路并没明言，但先生在为该文写的英文解说中提纲挈领地点出了这点。先生还在英文解说中坦陈自己对中国文化融化外来之教能力的看法，格外关注竺道生融会中印传统的历史作用，并阐明其"理为佛性"思想之演进轨迹。先生对日本关于中国佛教十三宗旧说的批判性研究，于此文已肇其端②。

本年，先生著成《汉魏两晋南北朝佛教史》一书，手稿本共五册。

本年，温公颐《道德学》一书由上海商务印书馆出版，出版前曾由先生和汪三辅教授审阅，贺麟校阅并作序。

1938 年（戊寅）　先生四十六岁

元旦，先生于南岳掷钵峰下作《汉魏两晋南北朝佛教史》跋文说：

> 中国佛教史未易言也。佛法，亦宗教，亦哲学。宗教情绪，深存人心，往往以莫须有之史实为象征，发挥神妙之作用。故如仅凭陈迹之搜讨，而无同情之默应，必不能得其真。哲学精微，悟入实相，古哲慧发天真，慎思明辨，往往言约旨远，取譬虽近，而见道弘深。故如徒于文字考证上寻

---

① 冯友兰：《中国哲学简史》，北京：北京大学出版社1996年版，第287页。
② 参见赵建永汉译，汤用彤：《〈中国佛教史零篇〉说明》，载季羡林主编：《东方文化集成·汉魏两晋南北朝佛教史》（增订本），北京：昆仑出版社2006年版，第775、776页。

求,而乏心性之体会,则所获者其糟粕而已。①

强昱教授谓:"(先生)'同情之默应','心性之体会',与陈寅恪所谓同情了解,其揆一也。……佛道两教虽然不一,但研究者应具有的研究态度与方法,绝无二致。"②

1月20日,鉴于日军沿长江一线步步紧逼,长沙临时大学第43次常委会作出决议,即日开始放寒假,下学期在昆明上课,规定全体师生于3月15日前在昆明报到,同时通过迁校的一系列具体办法,组建了由蒋梦麟为主任的昆明办事处。

2月15日,蒋梦麟飞赴昆明,主持建校事宜,师生们也于当月赶往云南。先生与冯友兰、贺麟、朱自清、陈岱孙等十一位教师同路,从长沙坐汽车出发,经过广西,借道越南,于4月方至昆明,暂住迤西、全蜀两会馆后院楼下大厅。至是辗转流徙万里,阅尽生灵涂炭。

4月2日,国立长沙临时大学正式更名为国立西南联合大学(简称西南联大),校址现为云南师范大学。

4月19日下午3时,西南联大常委会于昆明办公处召开第56次会议,决议公布通知:准予冯友兰来信请辞哲学心理教育系主席,由先生担任该职。胡适未到校前文学院长职务由冯友兰代理。先生任西南联大哲学心理教育系主席(后改称系主任)期间,曾兼北大文科研究所③所长。冯友兰回乡探亲期间,曾由先

---

①汤用彤:《汉魏两晋南北朝佛教史·跋》,《汤用彤全集》第1卷,第655页。

②强昱:《百年道教学研究的反思》,《首都师范大学学报(社会科学版)》2001年第5期。

③北京大学文科研究所1918年初创,1921年称北京大学研究所国学门,后改称北京大学研究院文史部,沈兼士、刘复相继为主任。1934年始称北京大学文科研究所。抗战时期该所于1939年在昆明恢复,1945年随校迁回北平。历任所长有胡适、傅斯年、先生、罗常培等。该所学术资料丰富,工作范围广泛。其不同阶段的工作重点不尽相同。在(转下页)

生任代理文学院院长。

4月,先生赴蒙自联大文学院,与贺麟、吴宓、浦江清及子一雄同住校外西式二层小楼之一室。

5月4日,西南联大正式开课。此间,北大校长蒋梦麟自昆明来蒙自,北大师生集会欢迎,有举先生为联大文学院长之动议,最后以顾全大局之决议散会。钱穆晚年回忆说:

> 一日,北大校长蒋梦麟自昆明来。入夜,北大师生集会欢迎,有学生来余室邀余出席。两邀皆婉拒。嗣念室中枯坐亦无聊,乃姑去。诸教授方连续登台竞言联大种种不公平。其时南开校长张伯苓及北大校长均留重庆,惟清华校长梅贻琦常驻昆明。所派各学院院长,各学系主任,皆有偏。如文学院长常由清华冯芝生连任,何不轮及北大,如汤锡予,岂不堪当一上选。其他率如此,列举不已。一时师生群议分校,争主独立。余闻之,不禁起坐求发言。主席请余登台。余言,此乃何时,他日胜利还归,岂不各校仍自独立。今乃在蒙自争独立,不知梦麟校长返重庆将从何发言。余言

(接上页)历史、考古方面有:整理编纂清内阁大库档案,参加1928—1929年西北科学考察团考古工作并整理所获居延汉简,参加1942—1943年和1944—1945年西北科学考察团甘肃考古工作,整理所藏甲骨、封泥、古钱、金石拓片,整理古籍,编纂太平天国史料,整理民国史料等。语言、文学方面有:文字学研究、音韵学研究、西南少数民族语言调查整理研究、关中方言资料整理、歌谣采集整理、语言乐律实验室工作、中国文学史和文学古籍研究、西洋文学研究等。哲学方面有:中国哲学和宗教史研究、西洋哲学编译等。培养研究生是该所经常工作之一。1941—1945年间,研究生导师有先生、罗常培、李方桂、丁声树、唐兰、罗庸、杨振声、陈寅恪、姚从吾、向达、郑天挺等,四年间毕业研究生二十余名。出版多种专著和《国学季刊》(1923年1月—1952年12月,出至第7卷第3号)。1952年该所停办后,所属研究人员及所藏学术资料分别归入北京大学有关各系、中国科学院有关各研究所以及故宫博物院等单位。

至此，梦麟校长即起立赘言，今夕钱先生一番话已成定论，可弗再在此题上起争议，当另商他事。群无言。不久会亦散。隔日下午，校长夫人亲治茶点，招余及其他数位教授小叙。①

6月9日，先生致王维诚信说：

> 彤到滇已三月，因西南联合大学文学院移设蒙自，遂复来此地。……彤去年本欲于今年休假期间进研五朝玄佛之学，但现值变乱，虽稍稍观览，然未能专心。……《汉魏两晋南北朝佛教史》已由商务排版，闻已排竣待印，但未悉确否？此书本不惬私意，现于魏晋学问，又有所知，更觉前作之不足。但世事悠悠，今日如不出版，恐永无出版之日，故亦不求改削也。②

此言与该书《跋》中所云"十余年来，教学南北，尝以中国佛教史授学者。讲义积年，汇成卷帙。……惟今值国变，戎马生郊，乃以其一部勉付梓人，非谓考证之学可济时艰。然敝帚自珍，愿以多年研究所得作一结束。惟冀他日国势昌隆，海内乂安，学者由读此编，而于中国佛教史继续述作"③，可互相印证。

6月，《汉魏两晋南北朝佛教史》由商务印书馆在长沙印行（1946年版，共878页，50万字）。

《汉魏两晋南北朝佛教史》共两大部分，分别对应中国佛教史三期划分中的前两期。第一期是佛道阶段，亦即《汉魏两晋南北朝佛教史》第一分"汉代的佛教"所论的内容。其中专辟"佛道"一章，从教理、修道行为等方面论述佛教初来与道术的调和

---

① 钱穆：《八十忆双亲·师友杂忆》，第216页。
② 《汤用彤致王维诚信一通》，耿云志主编：《胡适遗稿及秘藏书信》第24册，合肥：黄山书社1994年版，第511—512页。
③ 汤用彤：《汉魏两晋南北朝佛教史·跋》，《汤用彤全集》第1卷，655页。

过程。自东汉楚王英至桓帝约百年间,其时始终以黄老、浮屠并称,佛教本来面目尚未显著。当世人士不过知其为夷狄之法,且将其视为道术支流,于是持之与汉土道术相比拟。而信佛者,复借之以起信,用以推行其教。因此,先生认为,佛道之间的关系非仅佛教附会道术,而实为相得益彰,相资为用。双方牵合的理论为"老子化胡"之说。但后世佛徒,耻其教因人成立,虽知之,而不愿详记。佛教自入华后,在相当长的一段时间内寂然无闻,梁启超等人由此认为佛教在桓灵以前未行中国。先生揭示佛教是因傍依黄老道术而其迹不显,以说明当一种文化进入新环境时必然会做出相应的改变。佛教要在中国生根发芽必须适应中国国情,做出必要的变通。佛教与中国具体情况相适应的过程就是佛教的中国化过程。佛教初传必须适应汉代重道术的特点,而分别将精灵起灭、安般禅法与谷神不死、吐纳之术相配合,所以当时出现了佛老并祠的现象。时人因重方术而接受佛教,故而先生称汉代佛教是佛道式的佛教。

中国佛教史的第二期是佛玄阶段。《汉魏两晋南北朝佛教史》第二分"魏晋南北朝佛教"共十五章,详述这一阶段佛教与本土文化的冲突与融合进程。魏晋以后,佛道顺应玄学清流而转入佛玄阶段。先生认为:"佛教在汉世,本视为道术之一种。其流行之教理行为,与当时中国黄老方技相通。其教因西域使臣商贾以及热诚传教之人,渐布中夏,流行于民间。上流社会,偶因好黄老之术,兼及浮屠,如楚王英、明帝及桓帝皆是也。至若文人学士,仅襄楷张衡略为述及,而二人亦擅长阴阳术数之言也。……及至魏晋,玄学清谈渐盛,中华学术之面目为之一变。而佛教则更依附玄理,大为士大夫所激赏。因是学术大柄,为此外来之教所篡夺。而佛学演进已入另一时期矣。"①此为他视佛

①汤用彤:《汉魏两晋南北朝佛教史》,《汤用彤全集》第1卷,第89—90页。

道与佛玄各自成一期之缘由。玄学化是这一阶段佛教中国化的主要表现形式。正是通过玄学的桥梁,佛教得以在思想上逐步深入中土,站稳了脚跟,并得以在南北朝后步入独立自主发展的时期。随着佛教影响的扩大,佛教与儒道的本质差异日渐显现出来,社会上将之看作严重事件,因此出现本末之争、形神之辩、夷夏之争,以及北魏武帝、北周武帝的毁法等理论和武力方面的冲突。先生对魏晋南北朝时期南北方佛学与玄学的总体特征及其变迁概括性地总结说:

> 魏晋释子,袭名士之逸趣,谈有无之玄理。其先尚与正始之风,留迹河洛。后乃多随永嘉之变,振锡江南。由是而玄学佛义,和光同流,郁而为南朝主要之思想。返观北方,王、何、嵇、阮,本在中州。道安僧肇,继居关内。然叠经变乱,教化衰熄,其势渐微,一也。桓、灵变乱,以及五胡云扰,名士南渡,玄学骨干,不在河洛,二也。胡人入主,渐染华风,而其治世,翻须经术,三也。以此三因,而自罗什逝世,北方玄谈,转就消沉。……元魏经学,上接东都,好谈天道,杂以谶纬。而阴阳术数者,乃北方佛子所常习,则似仍延汉代"佛道"之余势者也。及至隋帝统一中夏,其政治文物,上接魏周,而隋唐之佛理,虽颇采取江南之学,但其大宗,固犹上承北方。于是玄学澌尽,而中华教化以及佛学乃另开一新时代。①

该书问世使中国佛教史"成为一门系统的科学而登上了学术舞台"②,一直被海内外学者视作"中国佛教研究中最宝贵的

---

①汤用彤:《汉魏两晋南北朝佛教史》,《汤用彤全集》第1卷,第400页。
②麻天祥:《汤用彤评传》,南昌:百花洲文艺出版社1993年版,第88页。

研究成果"①。

8月1日,西南联大放暑假,至11月底止。8月底,蒙自联大文、法学院迁至昆明,先生与钱穆、姚从吾、容肇祖、沈有鼎、贺麟、吴宓仍留蒙自读书。此间先生与浦江清、钱穆等同游二龙山(蒙自县东),登玉皇阁。

钱穆晚年回忆他们这段难忘经历时说:

> 时锡予,自昭皆惜蒙自环境佳,学校既迁,留此小住,待秋季开学始去昆明,可获数月流连清静。乃更约吴雨生、沈有鼎及其他两人,共余七人,借居旧时法国医院。闻者谓,传闻法国医院有鬼,君等乃不惜与鬼为邻,七人亦意不为动,遂迁去。不久,又闻空军中漏出音讯,当有空袭。法国医院距空军基地不远,果有空袭,乃成危险地带。沈有鼎自言能占易。某夜,众请有鼎试占,得节之九二,翻书检之,竟是"不出门庭凶"五字。众大惊。遂定每晨起,早餐后即出门,择野外林石胜处,或坐或卧,各出所携书阅之。随带面包、火腿、牛肉作午餐,热水瓶中装茶解渴,下午四时后始归。医院地甚大,旷无人居,余等七人各分占一室,三餐始集合,群推雨生为总指挥。三餐前,雨生挨室叩门叫唤,不得迟到。及结队避空袭,连续经旬,一切由雨生发号施令,俨如在军遇敌,众莫敢违。然亦感健身怡情,得未曾有。余每出则携通史随笔数厚册。自在北平始授此课,先一日必做准备,写录所需史料,逐月逐年逐项加以添写,积五六厚本,及离北平藏衣箱底层夹缝中携出,至南岳蒙自又续有添写。此乃余日后拟写《史纲》所凭之惟一祖本,不得不倍加珍惜。数日后,敌机果来,乃误炸城中,市区多处被轰毁,受祸惨

---

① 孙尚扬:《汤用彤》,第42页。

烈。而城外仅受虚惊,空军基地无恙,法国医院亦无恙。此下遂渐安。开学期近,各自治装,锡予自昭两人乃送余去宜良。①

自9月空袭频来,他们每晨抱书稿跑警报,将近傍晚乃返。因此,钱穆决定迁居到昆明百里之外的宜良县山寺里以便专心写作《国史大纲》。

9月8日至13日,吴宓在日记中写道:"读汤用彤著《汉魏两晋南北朝佛教史》一部,二册(凡八百余页)。并加圈点。盖彤以一部赠宓也。此书堪称精博谨严,读之获益甚大,宓心亦乐。"②吴宓对该书做了仔细的校勘。

10月5日,吴宓在日记中说:"汤用彤君对友,于私情上甚为关切。然其世故最深,故亦最得人心(被举为教授会主席。现任哲学系主席,兼研究院主任,继胡适也)。其治事处世,纯依庄老。清净无为。以不使一人不悦为原则……"③这一描述颇为符合《道德经》第二十七章中"常善救人,故无弃人,常善救物,故无弃物"的圣贤气象。

10月29日,先生被推举为赴昆明旅行团团长。

开学前夕,先生和贺麟送钱穆到宜良西山岩泉下寺。其时宜良县长王丕有一座独立小楼在此寺内,环境清幽,供他们借住。钱穆晚年回忆当时情况时说:

> 县长别墅在宜良北山岩泉下寺中。方丈先得命,出寺门迎候。寺南向,大殿左侧为寺僧宿舍。向北尽头为厨房。左侧有一门,过门乃别墅所在。小楼上下各三楹,楼前一小

①钱穆:《八十忆双亲·师友杂忆》,第218页。
②吴宓:《吴宓日记》第6册,第351页。
③吴宓:《吴宓日记》第6册,第359页。

院,有一池,上有圆拱形小石桥,四围杂莳花果。院左侧又一门,门外乃寺僧菜圃,有山泉灌溉,泉从墙下流经楼前石阶下,淙淙有声,汇为池水,由南墙一洞漏出寺外,故池水终年净洁可喜。楼下空无一物。楼梯倚北墙。楼上分两室,内室东南两面有窗,西北角一床有帐,临南窗一木板长桌上覆一绿布。此为余之书房兼卧室。外室两楹,临南窗一小方桌一椅,供余三餐用。西侧一大长方桌,亦由木板拼成,上覆以布,备余放置杂物。是夜锡予自昭与余同卧外室地铺上。两人言,此楼真静僻,游人所不到。明晨我两人即去,君一人独居,能耐此寂寞否。余言,居此正好一心写吾书。寂寞不耐亦得耐。窃愿尽一年,此书写成,无他虑矣。翌晨,两人去。①

年假中,曾在北平听过钱穆秦汉史一课的云南大学教授李埏(前在北平师范大学,家在路南)来宜良接他,同赴路南县石林瀑布山洞诸胜作两日游。李埏云:"路南羊乳乃全省所产之最佳者,必当一尝。"钱穆因而想起他和先生的一则旧事并评论说:"一日在昆明,偕锡予两人在城外某一酒肆午餐,主人特赠羊乳一碟。余与锡予初未尝过,乃婉谢再四而去。今日当试一尝,真大可口。乃归告锡予,同赴酒家再试尝之,锡予亦甚赞不绝。饮食小节,亦多交臂失之,诚可笑也。"②

钱穆晚年回忆说:"及寒假锡予偕寅恪同来,在楼宿一宵,曾在院中石桥上临池而坐。寅恪言,如此寂静之境,诚所难遇,兄在此写作真大佳事。然使我一人住此,非得神经病不可。亦有联大学生来山邀余赴昆明讲演。余曰,汝等来此,亲见此环境,

①钱穆:《八十忆双亲·师友杂忆》,第219页。
②钱穆:《八十忆双亲·师友杂忆》,第227页。

尚开口作此请,岂不无聊。诸生亦无言。"①钱穆则表示即使在此幽居一生,也心甘情愿。诸位先生的天性气质,于此可见。钱穆在岩泉下寺住了半载,其间常去环境更为幽静的岩泉上寺构思写作。他安于寂寞,除坐火车赴昆明授课外,都在山中专心著书。就平日课堂所讲,随笔书之,先后历时十三个月,终于杀青。他晚年忆起这段山居还动情地说:"回思当年生活亦真如在仙境也!"②

12月,容媛编《国内学术消息·〈汉魏两晋南北朝佛教史〉》发表于《燕京学报》第24期,介绍了《汉魏两晋南北朝佛教史》的基本结构和主要观点,认为"此可见著者眼光所及,固已及于中国思想史之全范围。然则研究中国思想史者,固不可不一读此书也"。这是最早针对该书正式发表的书评。

12月21日,联大第98次常委会决议,决定由三校校长轮任常务委员会主席,任期一年,本学年由清华校长梅贻琦担任。后因蒋梦麟、张伯苓均在重庆任职,只有梅贻琦长期留于昆明,故没有实施轮任制度,一直由梅贻琦任主席,主导校务。

此间,先生与冯友兰时常出席联大常委会、校务会议、教授会,精诚合作,共商决策。先生与冯友兰都是西南联大决策管理层的核心成员,教学研究层的显要教授,公共交往层的重要人物。先生在昆明对任继愈谈到我国南北人才的差异时说:"南方人聪慧,北方人朴重,南方人才多于北方,北方人才不出则已,出

---

① 钱穆:《八十忆双亲·师友杂忆》,第223页。

② 钱穆还说:"抗战胜利后,余重来昆明,每念岩泉上寺,乃偕友特访之。最近余在香港晤伟长侄,告余彼夫妇近赴昆明,特去宜良访上下寺。均已被乡民撤除。仅道旁尚留有石碑数处,约略可想见其遗址。余闻之,不胜怅然。"(钱穆:《八十忆双亲·师友杂忆》,第224页)在钱穆旧居前,现立有一米多高的纪念碑,题曰"钱穆教授著书处"。

一个就不平常,像冯芝生,南方少见。"①先生与冯友兰常在一起商讨学术问题和教学计划,他们共同培养的学生有任继愈、冯契、郑敏等。汤一介先生曾说父亲的好友冯友兰、胡适对自己都有潜移默化的影响。老师们虽然学术思想各异,左的有吴晗、闻一多,右的有冯友兰,但都是一致抗日。当时规定系主任必须是国民党员,但先生任哲学系主任则是例外。

本年至次年,先生在西南联大哲学系开设"佛典选读"一课,石峻负责解答课外同学们的提问。石峻请先生开列一个必读书目,先生为之开列了《"佛典选读"叙目》②。

在昆明时,先生就有修改《隋唐佛教史》的想法,但有两箱《大正大藏经》丢失于北京至昆明运途中,手头缺乏佛教资料,修改也就无法进行,故更加注意魏晋玄学。在西南联大期间,先生对玄学用力更多,并想以问题为中心来写一部《魏晋玄学》,因抗战中生活极不安定而未能完成,但他于1939—1947年期间陆续写成九篇开拓性的论文,可视为此书中的部分章节。

牟宗三晚年评论早期中国哲学界时说:"北大对西方哲学无所成就,进不了西方哲学之门。以后变成专门讲中国哲学。讲中国哲学以熊十力先生为中心,加之汤用彤先生讲佛教史。抗战期间,北大迁到昆明,完全以汤用彤为中心。汤先生后来的兴趣主要集中在佛教史,但是汤先生的佛教史注重考据,代表的是纯粹学院的学术作风,对佛教的教义、理论没有多大兴趣,造诣

---

①任继愈:《〈冯友兰学记〉序》,王中江、高秀昌编:《冯友兰学记》,北京:生活·读书·新知三联书店1995年版,第4页。先生不仅传道授业,还关心学生的生活。经他牵线,冯友兰的侄女成为任继愈的夫人。任继愈回忆说:"当时哲学系主任汤用彤先生很关心我们的婚事,代表我的家长,穿长衫又加一个马褂,很郑重地到冯家去提亲。"
②此稿见于石峻撰写的《回忆汤用彤先生的治学精神及其两篇逸稿》,收入《燕园论学集》,第50—60页。

不深,所以他代表的不是佛家的哲学,而只是佛教史,落入了西方的古典学,不是哲学系的本分。因此,北大办哲学系,历史最久,师资最多,结果无所成。至于中央大学哲学系,更是乱糟糟,尚不及北大与清华的哲学系。总的来说,这三者的成就均不大。此外,除了燕京哲学系出了个张东荪先生,算是当时几个念哲学念得不错的人之一,其他大学的哲学系就更谈不上有多少成就了。"①

牟宗三在抗战时没有工作,生活无着。熊十力从重庆函先生谓:"宗三出自北大,北大自有哲系以来,唯此一人为可造。"希望先生设法将他留在母校②。先生勉力运作,但终以胡适那关通不过而未果。

1939 年(己卯)　先生四十七岁

6 月 12 日,钱穆在《国史大纲》的《书成自记》中写道:"书成仓促,相知惟汤君锡予,时时读其一二篇,有所商讨。"③该书强调,合格的国民必需认识自己国家的历史,"尤必附随一种对本国已往历史之温情与敬意"④,如是国家才有向前发展之希望。钱穆先发表了《国史大纲》开篇的《引论》,指出中国文化有其独立发展的系统,与西方文化发展过程不同。陈寅恪赞誉《引论》为近来"一篇大文章",并劝友人必读⑤。

钱穆撰定《国史大纲》,因昆明屡遭空袭,乃于暑假携稿到香

①牟宗三:《时代与感受》,《牟宗三先生全集》第 23 卷,第 167 页。

②详见牟宗三:《五十自述》第五章"客观的悲情",台北:鹅湖出版社 1993 年版,其中对此事也有反映。

③钱穆:《书成自记》,《国史大纲》(修订本),北京:商务印书馆 1996 年版,第 4 页。

④钱穆:《国史大纲》(修订本),第 1 页。

⑤钱穆:《八十忆双亲·师友杂忆》,第228 页。

港交商务印书馆,顺便归苏州探母。先生拟接眷属南下,遂与钱穆同行从昆明出发,先至河内,乘海轮赴香港。钱穆将稿交商务印书馆馆长王云五,商请尽速付印。钱穆和先生抵沪后,同赴苏州。钱穆晚年回忆他们这段旅程时说:

> 余草《国史大纲》既毕,适昆明方屡遭空袭,乃于一九三九年暑假携稿去香港交商务印书馆付印。乘便赴上海,归苏州探母。锡予同行,在上海接其眷属从北平南下,同返昆明。余家亦同自北平来沪,返苏州。……
>
> 余与锡予先同至河内,乘海轮赴香港。时商务印书馆已由沪迁港,余将稿交王云五,商请尽速付印。云五允之。遂抵沪,知余眷已先返苏州,锡予乃偕余同赴苏州。自离昆明途中,锡予询余,《史纲》已成,此下将何从事。余询锡予意见。锡予谓,儒史之学君已全体窥涉,此下可旁治佛学,当可更资开拓。余言,读佛藏加入大海,兄之《两汉三国魏晋南北朝佛教史》,提要钩玄,阐幽发微,读之可稍窥涯矣,省多少精力。盼兄赓续此下隋唐天台、禅、华严中国人所自创之佛学三大宗,则佛学精要大体已尽,余惟待君成稿耳。锡予谓,获成前稿,精力已瘁,此下艰巨,无力再任。兄如不喜向此途钻研,改读英文,多窥西籍,或可为兄学更辟一新途境。余言,自十八岁离开学校,此途已芜,未治久矣,恐重新自开始,无此力量。及返苏州,获见老母,决心侍养一载,不遽离膝下。与锡予游街市,见公私书籍流散满街,有一书摊,尽是西书,皆自东吴大学散出。余忽动念,嘱锡予为余挑选,此一年当闭门勤读。锡予为余择购三书,余嫌少,嘱更多购。锡予谓,兄在北平前后购书五万册,节衣缩食,教薪尽花在书架上。今已一册不在手边。生活日窘,又欲多购西书何为。且以一年精力,读此三书足矣。竟不许余多

购。越两日,锡予即返沪。①

先生为钱穆选购的三本书:一是《大人国与小人国》的译注本,中英对列。第二本也是中英对照小说。三是由美国两学者合写的当时最通行的英文原版《世界史》。先生为钱穆如此选书颇有学问:首先,小说故事情节对于英文程度尚浅者来说,不仅有阅读乐趣,而且因有译注参考,容易入门。其次,钱穆身为史家,读过大量中译本外国史书,以此基础来读英文原著,虽开始会很吃力,但联系其史学知识,再借助字典,则不难理解。况且史学为其兴趣所在,故易于坚持读完,英文水平自然得以提高。诚如钱穆总结这段经历时所言:"余以《史纲》方成,亟喜读之。始苦其难,每一行必遇生字,逐一须翻字典,苦不堪言。如是者有日,乃竟不翻字典即可知其大义。即忽略生字不问,遇历史上特有名字,初不解其义,但续读屡见,亦复心知其意,乃大喜悦。不识之字渐成熟识,口虽不能言,心中已领略,所谓心知其意者,余在此始悟。乃念读中国书,如读《论语》、《孟子》,仁、义、礼、智、性、命、情、气,屡读多读,才能心知其意,岂读字典而可知,亦岂训诂所能为功。所谓英文历史书中之特有名字,较之此等,岂不易知易晓,难相比论。余读此西洋通史原文仅到三分之一,竟感大愉快。竟在一年内,此书通读无遗。此乃余中年以后读书一新境界。使余如获少年时代。亦当年一大快事也。"②尽管钱穆没有上大学或留学,但是依然研读西学兼治佛学有成,形成了会通东西的学术方法和格局。这与先生等具备中外文化视野的良友引导和启益等因素是分不开的。

7月11日中午12时,西南联大于昆明清华大学办事处召开常委会第268次会议,决议通知:接哲学心理系主席汤先生来函

---

① 钱穆:《八十忆双亲·师友杂忆》,第231—232页。
② 钱穆:《八十忆双亲·师友杂忆》,第235页。

说,因身体欠佳,赴沪休养,其职务由冯友兰代理。

本年底,邓以蛰先生把子女邓仲先和邓稼先姐弟俩托付给先生的夫人张敬平,由汤夫人带着邓仲先、邓稼先、汤一介、汤一平、汤一玄从北平沦陷区经过天津、上海、香港,再转到越南的海防、河内,最后到内地。在转移过程中,为了避免关卡盘问,邓稼先化名汤一雄。这次转移很辛苦,先生亲自到海防去接他们。1941年邓稼先考入西南联大物理系读研究生,那时他二十一岁。杨辛教授回忆说:

> 当时,邓稼先称呼汤师母也是称"姆妈",对待汤先生、汤师母像对待自己的亲生父母一样。邓稼先的亲姐姐邓仲先和西南联大教师郑华炽结婚也是经过汤先生介绍的。汤师母对他们姐弟都很关爱,家里做什么好吃的东西,都请他们来一起吃。邓稼先还经常到一介住的小阁楼和我们聊天,一介叫他邓哥哥。邓稼先有很强的爱国心,对中国古典文学如诗词等有很好的素养。有一次,他给我们分析《西厢记》中的几段词给我留下深刻印象。还有一次,他回忆北平的风土人情,说他最喜欢吃北平的冰糖葫芦,那时我听了也不知道冰糖葫芦是什么样子。在1940年前,他生活在北平沦陷区,深感中国人受尽屈辱,决心要到大后方。他的父亲邓以蛰先生也是一位富有爱国热情的学者,曾勉励邓稼先学习科学,报效祖国。①

上海沦为"孤岛"后,先生与郑振铎、贺麟、许地山、林语堂等二十位学者发起"中国非常时期高等教育维持会",参与主编开明书店出版的《文学集林》《学林》月刊等,支持学生创办了《文

---

① 杨辛:《谁言寸草心,报得三春晖》,汤一介、赵建永选编:《会通中印西》,上海:东方出版中心2012年版,第467—468页。

艺》月刊、《杂文丛刊》等，为保存文化典籍也做出了极大的贡献，成为"孤岛"文化界的中流砥柱。

本年，北京大学文科研究所恢复招收研究生制度，任继愈考取先生的研究生。任继愈回忆此间先生的教导时说："汤先生不大写信，但遇到学生请教有关学术问题，他也回信。我曾保存汤先生写的关于宋明理学的信。1939年在昆明北大文科研究所读书时，汤先生看过我的日记，并在日记上写了多处批语，长短不一，长的一百多字，短的一两句话。这些手迹可惜毁于'文化大革命'。"①

抗战时期，齐鲁大学国学研究所西迁成都，见内迁各大学经费普遍难以为继，亟望以其有霍尔基金资助等相对稳定之经费来吸引尖端人才，提升自身的国学研究层次。国学研究所主任顾颉刚向校长刘书铭力荐钱穆和先生，称钱氏著述"慎密谨严，蜚声学圃，实为今日国史界之第一人"，汤先生则"以新方法整理佛经甚有成绩"，只是担心"此二人均为北大台柱，如果一时俱去，则文学院失其重心，学生亦无所仰望，故此事只得迟迟为之。而宾四先生之来，亦不可泄漏消息，否则北大方面决不允可，尊处之聘将徒成虚语。刚意宾四先生老母在堂，拟请其以侍养为由，到苏之后而向北大辞职，而不即来成都。在此期间，校课由人分代，渠则一意编制地图，俟北大方面不再坚留，并已觅得替人之后再邀其前来，似较不着痕迹。……汤先生则迟一二年再说，只要钱先生来，汤先生必无不来之理也"②。这些情况反映

①任继愈：《〈汤用彤全集〉序二》，《中国哲学史》2001年第2期。
②顾颉刚：《致刘书铭》，山东省档案馆藏档，卷宗号J109—03—2。国学研究所张维华当时也说："钱先生处，顾先生已与之谈过数次，其困难点在怎样摆脱北京大学而不致开罪同人及傅孟真先生，以免增加齐鲁将来之困难。顾先生所想之办法实属周全之至，如校长以为可行，可将聘书早日寄下，以便钱先生向北大辞职。"张维华：《致刘书铭》，山东省档案馆藏档，卷宗号J109—03—2。

了先生与钱穆非同寻常的密切关系,也反映出当时人才流动的基本态势。钱穆对自己受聘齐鲁大学也有简约地记述:"余在昆明,临行前,颉刚来访,彼获流亡成都之山东齐鲁大学聘,任其新设国学研究所主任职。实则此事由颉刚向美国哈佛大学燕京学社协商得款,乃始成立。颉刚来邀余同往,适北大历史系同学同来联大者至是已全部毕业,余允颉刚之约。惟既拟归苏州,须秋后始去成都。颉刚亦允之。"①

本年,冯友兰在《新理学》序中说:"盖学问之道,各崇所见。当仁不让,理固然也。写此书时,与沈公武有鼎先生,时相讨论。又承汤锡予用彤先生,贺自昭麟先生,先阅原稿,有所指正。"②

本年,先生关于魏晋玄学的第一篇专文《读〈人物志〉》连载于昆明《益世报》读书双周刊第119—121期,旨在探讨魏晋玄学思想的渊源。

本年,先生在西南联大开设印度哲学史,为三、四年级学生必修课,此后隔年讲授一次。

本年,汤一雄因阑尾炎手术麻醉事故而病故,年仅二十三岁。

1940 年(庚辰) 先生四十八岁

年初,先生接家眷至云南后,因为钱穆曾住宜良之故,所以也安家在此风景如画之地。

1 月 20 日,《国立北京大学四十周年纪念论文集》在昆明出版。先生发表《魏晋玄学研究两篇》,即《魏晋玄学流别略论》和《向郭义之庄周与孔子》。前文是其魏晋玄学研究的总纲,扼要评述了玄学思想发展史。后文论析了向秀、郭象《庄子注》以"儒

---

① 钱穆:《八十忆双亲·师友杂忆》,第231页。
② 冯友兰:《〈新理学〉自序》,《贞元六书》上册,上海:华东师范大学出版社
   1996年版,第 1 页。

道为一"的思想。

西南联大初期，教务长、总务长更换频繁。本年初，西南联大总务长沈履离职去四川大学，梅贻琦等人推荐由郑天挺继任，让先生探询其意。郑天挺表示还是专心教书，致力研究明清史，行政事绝不就，先生亦以为然。但联大常委会议悄然通过决议，并送来聘书。冯友兰、杨振声诸人也来相劝，且有"斯人不出，如苍生何"之语。事情往返周旋多次，北大又以照顾三校关系为由，力促上任。2月，郑天挺终于出任西南联大总务长。

12月17日，先生致函胡适，除庆贺其五十大寿，更主要是从学科建设出发，阐述北大在战时应采取的办学方针和具体措施："原夫世界著名大学，类必有特殊之精神及其在学术上之贡献。若一大学精神腐化，学术上了无长处，则实失其存在之价值。北大自蔡先生长校以来，即奖励自由研究，其精神与国内学府颇不相同，而教师、学生在学术文化上之地位与贡献亦颇不后人。今迁校南来，精神物质均受巨大之损害，学校虽幸而存在，然比之我公亲自主持之时，所留存者不过同人等之老卒残兵。此则如不及时加以振奋，恐昔日之光辉必将永为落照。"信中透露出先生的忧患意识："北大文科图籍沦陷，旧人颇见星散，实宜及时重加振作，并为将来预备。上述四项略陈纲领，详细办法已在商榷。惟北大现在经费有限，虽加聘导师经费，梦麟先生已允设法，然积极扩充自须另辟财源。……窃拟邀集中美友好在美洲筹集专款若干万元为扩充研究所之基金，既伸借花献佛之忱，又作百年树人之计。想先生于勤劳国事之际，必常眷念学校，盼能俯顺微意，惠然允许，北大及中国学术之前途实利赖之。"①因

---

① 梁锡华编：《胡适秘藏书信选》，台北：远景出版事业公司1982年版，第452—453页。该信另收入《胡适来往书信选》中册，北京：中华书局1980年版，第502—504页。

此,他指出,宜于事前为北大之前途有所预筹。鉴于北大文科研究所过去名声显赫,联大时期更为北大唯一的自办事业,要想重振北大文学院,并为复校以后预备,自应从文科研究所着手。为此,先生提出四条具体的充实研究力量的途径:

> 一、设法使大学本科文学院教师与研究所融合为一,促进其研究之兴趣,学校多给以便利,期其所学早有具体之表现;

> 二、聘请国内学者充研究所专任导师,除自行研究外,负指导学生之责。如此,则学生受教亲切,成绩应更优长。而北大复校后,教师实须增加,本所现聘导师亦即为将来预备;

> 三、在现状之下酌量举办少数之学术事业,如重要典籍之校订,古昔名著之辑佚,敦煌附近文物之复查,南明史料之收集,藏汉系语言之调查等;

> 四、现在学校书籍缺乏,学生程度亦较低落,研究所学生应令其先精读基本书籍,再做专题研究。而优良学生于毕业后,学校应为之谋继续深造之机会。①

汤一介先生认为,以上四条对今日北大文科,甚至各院校,仍不失为重要指导方针。信中要点在恢复和发扬蔡元培先生提倡的学术自由之学风。北大之所以为北大就在于"学术自由"、"兼容并包"②。

本年,中国哲学会在昆明举办年会,选举第三届理事会,冯友兰、金岳霖(兼会计)、贺麟(兼秘书)为常务理事,先生、宗白华、胡适、张君劢、张东荪、方东美、全增嘏、汪奠基、何兆清、吴

---

① 梁锡华编:《胡适秘藏书信选》,第 453—454 页。
② 详见汤一介:《汤用彤与胡适》,《中国哲学史》2002 年第 4 期。

康、林志钧、范寿康、黄建中为理事,冯友兰依然担任《哲学评论》的主编,编委有先生、张东荪、瞿菊农、黄子通、宗白华、黄建中、范寿康等人。1941年,在重庆召开第四届年会以后未再举行,但仍有些学术活动。

中国哲学会下设"西洋哲学名著编译委员会"和"中国哲学研究委员会"。"中国哲学研究委员会"主任委员是冯友兰,委员有先生、贺麟、宗白华、黄建中四人,工作有"校订周秦汉诸子的著作"、"编纂魏晋以后各哲学家的著作"等内容,每月经费一万八千元。

此顷,先生指导王明研究道教,编成《〈太平经〉合校》,该书成为研究道教的必读资料。

此顷,在先生引导下,王维诚发现《云笈七签》中《老子指归略例》和《道藏》中《老子微旨例略》两文的思想甚似王弼的《老子注》。因此,先生让王维诚特别辑出,详加考订,从而确认这两篇即是久已失传的王弼名篇《老子指略》,遂使该辑本成为研究魏晋玄学的基本文献①。

本年,陈寅恪以新著《秦妇吟校笺》赠先生。

本年,先生对魏晋玄学的研究颇有进展。《读〈人物志〉》一文经修订后,定名为《读刘劭〈人物志〉》发表于《图书季刊》新2卷第1期。

先生研究玄学的初衷和规划,从他的未刊遗稿中可以得到揭示。他在本年为《魏晋玄学》一书草拟纲目12章,分别是:

　　(1)读《人物志》;(2)五变;(3)言意之辨;(4)魏晋玄学流别略论;(5)贵无一(王弼);(6)贵无二(道安、张湛);(7)贵无三(嵇阮);(8)崇有(向郭);(9)不真空义;(10)玄家

_____

①楼宇烈《王弼集校释》收录此文,并有校勘和简释,是流传最广的本子。

人生学;(11)自然与名教;(12)自然与因果。①

1941年(辛巳)　先生四十九岁

1月7日,先生在儒学会的一次的演讲,充分表明他对儒学的尊奉由来已久。据吴宓记述,这次演讲的大意如下:

（一）中国文化即是儒教、儒学。若释若道,均非中心及正宗。(二)中国与印度之历史情境及思想,甚为近似。而中国与西洋(无论古希腊或近今之西洋)则相差甚远。今世西洋文明以科学为基本。中国今兹接受西洋文明,教育学术思想行事,一切以西洋为本位。则其轻视或不能了解中国文化也固宜。今应如何改途易辙,方可发挥光大中国文化(即儒教),以救中国且裨益世界。此为甚重要之事,亦极艰难之事,愿会众熟思之,云云。②

1月,皖南事变发生,国共关系十分紧张。受此影响,西南联大哲学系学生散去数人,先生慰留冯契等人。冯契回忆说:"大后方白色恐怖日趋严重,盛传国民党特务已开出黑名单,即将派武装到西南联大进行大搜捕。一时风声鹤唳,人心惶惶,于是地下党决定停止'群社'的公开活动,并把许多骨干分子疏散到乡下去。我这时便到昆明郊区龙头村(龙泉镇)北大文科研究所暂住,王明(当时他是北大研究生)为我在数百函《道藏》的包围中,安了个书桌,搭了个帆布床。有一天,忽然见到汤先生来了。

---

①该手稿现存湖北省博物馆。本书写作时北京大学燕南园存有先生一份联大时期的玄学提纲里着重标出"圣人(郭注)……'任理而起吾不得已也。'……自然＝不得不然……",可见他研究玄学在很大程度上是为了揭示理学缘起的脉络。

②吴宓:《吴宓日记》第8册,第7页。先生与吴宓皆为儒学会成员。

他悄悄问我:'哲学系有几个学生不见了,你知道他们到哪里去了么?'我说:'不知道。''不会是被捕了吧?''没听说。''你不会走吧?'我踌躇了一下,说:'暂时不会走。'他叹了口气,深情地盯着我说:'希望你能留下来!'这一次简短的谈话给了我深刻印象。我原来以为汤先生是个不问政治的学者,他洁身自好,抱狷者有所不为的生活态度,想不到在这严峻的时刻,他对进步同学竟如此爱护,如此关心。而且他这种关心是完全真诚的,这就使得我在感情上跟他更接近了些。"①

6月,国民政府教育部颁行《部聘教授办法》,实行"部聘教授"制度。由教育部直接聘任的部聘教授是当时中国教育界的最高荣誉,被称之为"教授中的教授"。其条件为:在大学任教授十年以上,教学确有成绩,声誉卓著,在本学科领域有专门著作,且具有特殊贡献者。层层筛选后,由教育部学术审议委员会全体会议给予确认。经上述程序,本年确定30人为第一批部聘教授,1943年又有15人当选为第二批部聘教授。哲学学科中仅先生和冯友兰二人当选,名单如下:

胡小石(国学,国立中央大学)、黎锦熙(国文,国立西北师范学院)、杨树达(国文,国立湖南大学)、楼光来(外文,国立中央大学)、吴宓(外文,国立西南联合大学)、柳诒徵(历史,国立中央大学)、陈寅恪(历史,国立西南联合大学)、萧一山(历史,国立西北大学)、汤用彤(哲学,国立西南联合大学)、冯友兰(哲学,国立西南联合大学)、孟宪承(教育,湖南国立师范学院)、徐悲鸿(艺术,国立中央大学)、艾伟(心理,国立中央大学)、孙本文(社会,国立中央大学)、刘秉麟(经济,国立武汉大学)、杨端六(经济,国立

① 冯契:《忆在昆明从汤先生受教的日子》,汤一介编:《国故新知:中国文化的再诠释——汤用彤先生诞辰百周年纪念论文集》,第37页。

武汉大学)、杨佑之(经济,国立四川大学)、周鲠生(法律,
国立武汉大学)、戴修瓒(法律,国立中央大学)、胡元义(法
律,国立西北大学)、何鲁(数学,国立重庆大学)、胡敦复
(数学,大同大学)、苏步青(数学,国立浙江大学)、陈建功
(数学,国立浙江大学)、饶毓泰(物理,国立西南联合大
学)、吴有训(物理,国立西南联合大学)、桂质廷(物理,国
立武汉大学)、王琎(化学,国立浙江大学)、曾昭抡(化学,
国立西南联合大学)、高济宇(化学,国立中央大学)、李四光
(地质,中央研究院)、何杰(地质,国立中山大学)、张其昀
(地理,国立浙江大学)、胡焕庸(地理,国立中央大学)、秉
志(生物,当选时困居上海,1946年任教于中央大学)、张景
钺(生物,国立西南联合大学)、蔡翘(生理,国立中央大
学)、洪式闾(病理,江苏省立医政学院)、吴耕民(农学,国
立浙江大学)、李凤荪(农学,湖北省立农学院)、梁希(林
学,国立中央大学)、茅以升(土木,国立交通大学)、刘仙洲
(机械,国立西南联合大学)、庄前鼎(机械,国立西南联合大
学)、余谦六(电机,国立西北工学院)

部聘教授任期五年,可续聘。第一批部聘教授第一个任期
自1942年8月至1947年7月。五年聘期满后,经学术审议委员
会议决,这些学者一律续聘第二个任期。1942年8月27日,吴
宓在《日记》中写道:"此固不足荣,然得与陈寅恪、汤用彤两兄齐
列,实宓之大幸已!"①

夏,老舍应邀到西南联大讲学,其间遇先生,于是读他的《汉
魏两晋南北朝佛教史》。

此际,日本飞机对昆明多次狂轰滥炸,殃及西南联大。为了

①吴宓:《吴宓日记》第8册,第369页。

躲避轰炸，许多教授只好到郊区农村借房子安家。当时冯友兰家在昆明龙泉镇龙头村东端，金岳霖和钱端升家都住在龙头村西端，朱自清和闻一多住在司家营。先生家在麦地村，处于司家营和龙头村之间，相距各约一里，一住两年多。闻一多研究《周易》，是1937年在南岳开始，住到司家营以后，逐渐转到伏羲的神话上。闻一多常来和先生讨论《周易》里的问题，直到闻一多专心研究伏羲了，才中止了他们的讨论。

　　夏，任继愈研究生毕业留校任教。冯契本科毕业，考入清华大学研究院，搬到司家营清华文科研究所去住。此间，金岳霖对冯契说，涉及中国哲学的问题可以向汤用彤先生、冯友兰先生请教。冯契回忆说："到冯先生家路稍远些，汤先生家路最近，晚饭后在田间散步，一会儿就走到麦地村了。汤先生也欢迎我去谈天，我提出问题，他总是有问必答，或者给我指点，叫我去查什么书；我提出自己的见解，他总是耐心跟我讨论，使我感到无拘无束。所以每次去，我都觉得有所得。渐渐地，去的次数多了，交谈的范围扩大了，跟他家里的人也都熟悉了。那时一介和他的妹妹都还小，在上小学和中学，家务是由师母一人承担的。有时我去，汤先生去学校还没回来（从城里回麦地村，步行至少一个半小时），师母便跟我拉家常，诉说生活的清苦，关心汤先生的健康状况，等等。那时在昆明，教师和学生吃的都是配给的有霉味的米，米里掺杂无数沙石，吃饭时一不小心就崩断牙齿。鱼、肉当然极难得，每天能有一个鸡蛋已是奢侈品了。但汤先生是那种'箪食瓢饮，不改其乐'的哲人，他'不戚戚于贫贱，不汲汲于富贵'，因为他有自己的超脱世俗的玄远之境足以安身立命。记得有一次，我和他谈得很高兴，不知不觉间天已黑了，师母走进门来说：'你们也不点个灯，黑洞洞的，谈得那么起劲。'汤先生说：'我们谈玄论道，在黑暗里谈更好。'我说：'我们在黑屋子里抓黑猫。'于是两人都哈哈大笑。有时,谈得兴致来了,一直谈到夜阑人静,我踏着月色从田间小路归来,确实觉得体会到了'吟风弄月以归',有'吾与点也'之意。""不过我并不赞同那种以为哲学的宗旨就是'寻孔颜乐处',达到'吾与点也'的境界的说法。我认为哲学要面对现实,干预人生。和汤先生接触久了,我才知道他其实也并不是那么'超脱'的。他关心国事,对当时的贪官污吏、发国难财者深恶痛绝。在他面前,我可以毫不掩饰地批评国民党反动派。有时闲谈,他也会问我延安和抗战前线的情况。我介绍一点敌后根据地军民如何艰苦奋斗、打击敌人的英勇事迹,他便'咦咦'地称赞不绝。当然,他是主张学术和政治应保持一定距离的。他不止一次对我说:'一种哲学被统治者赏识了,可以风行一时,可就没有学术价值了。还是那些自甘寂寞的人做出了贡献,对后人有影响。至少,看中国史,历代都是如此。'他这话是有所指的,他的概括我是同意的。不过我当时以为汤先生未免消极了一点。鲁迅在《出关》中说,同是一双鞋子,老子的是走流沙的,孔子的是上朝庭的。汤先生有点像老子。而我以为,除了上朝庭和走流沙之外,还有另一条路,那就是到民众中间去。和汤先生谈得最多的,自然是我读书中碰到的问题。许多哲学名著,过去我浅尝辄止,这时想系统地钻研一下,又觉难度很大:文献浩如烟海,哲学史上的大家都是当时第一流的天才,他们深刻的思想只有通过艰苦的钻研才能把握,但把握了却又易被它的魅力紧紧吸引住,难以钻出来;所以,'能入'难,'能出'更难。我跟汤先生谈我的思想顾虑,他说:'慢慢来,你行的!'在学大乘空宗著作时,他指点我学'三论'、《大般若经》第十六分,又回过头来读《肇论》。他问我有什么体会,我说:'僧肇把般若经的精华都概括出来了。'他说:'中国人天分高。印度人说那么多,也就是《肇论》那么些思想。'我忽然对如何'能入能出'的问题有了领会:僧肇就是一个能入又能出的典型。"①"汤先生治哲学史,既注意全面把握资料,进行严密的考证,又注意融会贯通,揭示其发展的线索。所以他的著作也正是能入又能出的典型。在司家营期间,我特别就魏晋玄学和中国佛学两个领域跟汤先生讨论了许多问题。关于魏晋玄学,汤先生首先提出以'自然名教'之争、'言意'之辩、'有无、本末'之辩来概括魏晋时期的哲学论争,由此出发,历史地考察各派思想的演变,从而揭示出发展的线索。我向汤先生谈过自己的体会,认为他这种从把握主要论争来揭示思想的矛盾发展的方法,实质上就是运用辩证法来治哲学史,这不仅对魏晋玄学,而且对整个中国哲学史的研究,都是适用的。虽然汤先生当时还缺乏唯物史观,他的方法论还有待改进,但他用来对魏晋时期做典型解剖,已取得了卓越的成就。他从'有无、本末'之辩说明:从王弼'贵无'到向、郭'崇有',再到僧肇'非有非无',是玄学发展的主线,同时在佛学般若学中,由道安(本无)、支遁(即色)到僧肇,也经历了类似过程。这一个理论线索,显得干净利落,对学者很有说服力,并能给人以思辨的美感。"②以上讨论成为冯契选择以《智慧》为题作研究生论文的缘起。

在开设"魏晋玄学"课程的同一时期,先生 1941 至 1944 年间于北京大学文科研究所指导王利器读研究生,为他选定做《吕

①冯契:《忆在昆明从汤先生受教的日子》,汤一介编:《国故新知:中国文化的再诠释——汤用彤先生诞辰百周年纪念论文集》第 38 页。
②冯契:《忆在昆明从汤先生受教的日子》,汤一介编:《国故新知:中国文化的再诠释——汤用彤先生诞辰百周年纪念论文集》,第 38—39 页。《汤用彤全集》第 4 卷收入两种西南联大时期魏晋玄学听课笔记,其中《魏晋玄学听课笔记之一》系根据冯契 1942—1943 年间听课的记录整理而成。它不仅可丰富汤著《魏晋玄学论稿》的内容,而且还可以结合冯契的相关回忆文章,了解冯契"转识成智"思想产生的渊源。

氏春秋》研究①。

本年,杨志玖(1915—2002)在跟先生读研究生时,从《永乐大典》中考证出马可·波罗确实到过中国,发表论文《关于马可·波罗离华的一段汉文记载》。此前数百年来,海内外学界一直未能在中国史书上发现马可来华的可靠记载。先生甚为赞赏,建议把题目改为《新发现的记载和马可·波罗的离华年代》,以把发现和考证都突出来,醒目动人。他还特意致函《文史杂志》主编顾颉刚,对杨志玖予以褒奖,并建议顾颉刚不要因为是年轻人的文章而不给较高的稿酬。只是信寄到时,稿已发排而未及改题。该文荣获中央研究院名誉学术奖,并译为英文,1944年刊于英国亚洲皇家学会学报。次年,哈佛大学《亚洲学报》发表该文摘要,其说遂成定论。杨志玖因而被公认为世界上最先对马可·波罗来华真实性研究做出重要贡献的学者之一。他到南开大学工作后,仍常与先生保持学术来往。汤一介先生保存下来的先生藏书中,尚有1947年杨志玖赠与先生的论文《阿保机即位考辨》,封页题:“锡予师教正 学生杨志玖敬呈”。杨志玖在晚年所写文章中,常回忆起先生对他的关怀与培养②。

1942年(壬午) 先生五十岁

3月,冯友兰写成《新原人》自序,提到:“此书属稿时,与金

---

① 王利器用注疏体撰成上百万言的毕业论文《吕氏春秋比义》,广搜博采诸家旧注,辨其是非,正其得失。此后他仍于此书致力不辍,1996年终于完成《吕氏春秋注疏》,2002年由巴蜀书社出版。他倾注毕生心血,对吕书的源流、思想及价值做了精辟的考论,成为研究《吕氏春秋》的基本工具书。

② 参见杨志玖:《我怎样学元史》,《文史哲》1983年第5期;杨志玖:《杨志玖自述》,《南开学人自述》第1卷,天津:南开大学出版社2004年版,第165—190页。

龙荪先生岳霖同疏散于昆明郊外龙泉镇。汤锡予先生用彤亦时来。承阅全稿,并予批评指正,谨此致谢。"①

　　10月,由冯友兰主笔,先生、雷海宗、郑天挺、陈序经、杨石先等各院院长、系主任共25人联名致函校领导,拒绝教育部给西南联大担任行政职务教授的特别办公费,并请将原信附录转呈教育部。信中写道:"同人等献身教育,原以研究学术、启迪后进为天职,于教课之外肩负一部分行政责任,亦视为当然之义务,并不希冀任何权利。"②

　　10月20日,朱自清应先生、罗常培诸教授邀宴,席间商定"文史学十四讲"之题目与次序。朱自清定讲题为"宋诗的思想"。

　　本年,先生写成《言意之辨》一文,由北京大学文科研究所油印散发,当时未正式发表。该文综论魏晋玄学的方法论,并从此视角比较了汉代经学与魏晋玄学的根本不同。文中在解析王弼思想时,首次系统地明确提出"言意之辨"的概念③,后来成为学界通说。玄学中三派各以言不尽意、言尽意和得意忘言为前提。言意之辨以本末体用方法论促进了魏晋学术的演变与发展,成为理解魏晋思想的关键所在。

　　本年,先生所撰《王弼大衍义略释》,发表于《清华学报》第13卷第2期。

　　本年,先生发表《印度哲学的精神》一文于《读书通讯》第41

———————————

① 冯友兰:《〈新原人〉自序》,《贞元六书》下册,第1页。

② 《西南联大25名教授拒受特别办公费致常委会信》,《国立西南联合大学史料》第4卷,昆明:云南教育出版社1998年版,第537页。

③ 解放后,汤用彤尽管对旧著述做了自我批判,但对其总结的言意之辨仍坚执肯定态度。1957年3月25日,他在《魏晋玄学论稿·小引》中写道:"如说本书尚有出版价值,那只是因它提出了若干可以注意的资料,指出了这一时期思想史的一些突出问题(例如'言意之辨')。"汤用彤:《小引》,《魏晋玄学论稿》,北京:人民出版社1957年版,第2页。

期。《读书通讯》旨在为大中学生提供课外阅读和辅导青年自修,汇集了胡适、朱光潜、李四光、梁漱溟、冯友兰等众多学界名家的作品。该刊中,汤文首先把印度文化的发展分为五个时期:第一,吠陀时期;第二,婆罗门时期;第三,沙门时期;第四,佛教和婆罗门六派哲学相对立的时期;第五,印度教时期。汤文总括上述五个时期和各种宗派后,又提出印度思想三个共同的精神:第一,印度哲学以解决人生最终问题为目的,并且主张一切不离人生;第二,印度各大宗派都以为人生最终问题的解决,不但不能以法律、政治等人为力量解决,也不能单纯用道德来解决;第三,他们主张人生问题的解决必须彻底。该文最后结合时势总结道,在太平洋战争中,照印度的哲学精神说,他们决不可能轻视正义,对侵略者甘心屈服。反之,他们如得到朋友的同情和辅助,在此次世界战争中,必能力拒有强权而无公理之敌人,而对未来世界之永久和平必可有很大贡献。

此倾,先生常就玄学问题与冯友兰讨论。冯友兰曾说等先生的魏晋玄学讲义出版了,要据先生之书修订他的《中国哲学史》。

20世纪二三十年代,《列子》一书的真伪成为当时学界争论的话题,多以为张湛伪作《列子》并作注释。先生在西南联大开设的魏晋玄学课程,通过对经典传承因革损益连续性的历史考察,认为:"《列子》之作者,有谓为张湛自作者,此或不确。盖《列子》原来就有,后或多零散,而由张湛加工编定,故后人以为张湛所作。"先生跳出学界考辨《列子》真伪的窠臼,把张湛放在三教关系背景下来考察,从中窥见东晋时期的思想新动态和发展趋势,厘清了它与先秦道家、魏晋玄学、道教和佛教的理论渊源。先生魏晋玄学课程把道安与张湛的贵无之学放在一起讲,是因为"魏晋玄学后期,生死问题甚为重要。为解决此问题,在玄学上有道安、张湛齐一生死之说,而同时佛教有净土说,道教有长生不死之法"。张湛的《列子注》中,相信法力神通,并注重以返本归虚来实现人生的解脱①。

先生魏晋玄学课程论及从秦汉之际到魏晋时期养心(神)与养身观念的发展演变,并在与佛教的比较中彰显道家养生的特点:

> 受世界之束缚乃在心,心若能放任,自无世界之束缚。他们(阮籍、嵇康)以为人有体与神两面,而神可以超然,所以逍遥可以说是神游,就是世界内的神仙。而神游之人,就是大人先生,为理想之人格。阮有《大人先生传》,刘伶有《酒德颂》,传内有云:"至人无宅,天地为客。至人无主,天地为所。至人无事,天地为故。超世而绝群,遗俗而独往。"不但是心理之描写,而且相信有这种人。例如阮之《答伏义书》内,就有这种见解。说道:"……从容与道化同逅,逍遥与日月并流。"此种神仙似的人物,在现世界内就有,所以他又说:"徒寄形躯于斯域。"既不能脱离形躯,又不能脱离世界。然其精神已不在此形躯与世界,此论并不是神仙之说。以上所讲为齐物到逍遥。人看到烦恼,故主张养生。因知养生为除欲之方法,能除欲则生命可久。此一变为道家之说,为嵇康之说。

> 嵇康《养生论》有三点可以补充:

> (1)注重养神,而不重养生。《吕氏春秋》之养生,即养身;汉代之养生,即道家之学说,养生还指服饵,如巨胜。以上养生,都是指养身方面;嵇康之养生乃养神,即清静寡欲。

> (2)不信人可以不死。若养生得法,可以长寿,但不能不死。

> (3)中国的学说,无论养身养神,都不能离开世界。如

----

①汤用彤:《魏晋玄学听课笔记之一》,《汤用彤全集》第4卷,第345—354页。

康之《与山涛书》曰"久处世间"，与佛家之出世者不同。①
其中明确提到的"《吕氏春秋》之养生，即养身"，正是先生晚年
《从〈吕氏春秋〉看中国哲学史中的养生问题》诸文论证的主题。

本年，陈国符在先生主持的北京大学文科研究所里始得阅
读《道藏》，其传世名著《道藏源流考》酝酿于斯。此书"历代道
书目及道藏之纂修与镂板"一章还提到："承汤用彤先生告知道
宣《续高僧传》载佛寺亦藏道书，谨录于此。"②

约在 1942—1943 年间，金岳霖在西南联大作了一场题为
"名言世界与非名言世界"的讲演。冯契听完后回到司家营，次
日即向先生复述演讲大意。先生高度评价说："金先生的思想真
深刻!"③金岳霖把这次演讲整理成一篇文稿，但未发表，后来佚
失。冯契晚年在纪念文章《忆金岳霖先生以及他对超名言之域
问题的探讨》中，凭记忆概括出这次讲演和这篇文稿的一些基本
思想：不仅哲学，文学也会涉及"不可说"的问题。尽管不可言
传，但是还是要用语言来传达。问题是，以语言为媒介来进行创
作的哲学和文学，如何言说不可说的东西？这种传达借助于人
的什么能力和工具才能实现？

同一时期，先生在西南联大作了题为"魏晋玄学与文学理
论"的演讲，从思想史角度解答了金岳霖的这类问题。这篇演讲
的主题是魏晋玄学"言意之辨"和文艺理论之间的关系。先生指
出，魏晋时人致力于探求生存奥秘，以求脱离尘世之苦海，其所
向往为精神之境界，其所追求为玄远之绝对。他说："既曰精神，
则恍兮惚兮；既曰超世，则非耳目之所能达；既曰玄远，则非形象

①《汤用彤全集》第 4 卷，第 417—418 页。
②陈国符：《道藏源流考》，北京：中华书局 1963 年版，序言、第 113、114 页。
③刘培育主编：《金岳霖的回忆与回忆金岳霖》，成都：四川教育出版社 1995
年版，第 133—135 页。

之域……既为绝对则绝言超象,非相对知识所能通达。人之向往玄远,其始意在得道、证实相,揭开人生宇宙之秘密,其得果则须与道合一,以大化为体,与天地合其德也。夫如是则不须言,亦直无言,故孔子曰'余欲无言','天何言哉',而性道之本固其弟子之所不得闻也。"①这说明无论是作为万物之宗极的道,还是体道通玄的精神境界,都是超乎名言之域的。

先生认识到,形上本体智慧的超越名言,是指它无法用严格的语言哲学命题描述,但其不可说并非绝对地无法表达,关键是要找到一种不同于普通语言的合适媒介。他对此做了论证:"宇宙之本体(道),吾人能否用语言表达出来,又如何表达出来?此问题初视似不可能,但实非不可能。"②"道"虽绝言超象,但言象究竟出于本体之"道"。作为媒介的具体言语在把握和传达无限的宇宙本体上自有局限性。但是,如能视其为无限之天道的体现,忘其有限,就不会为形器所限,而自能通于超越形器之道域。以水喻之,即滴水非海,但滴水亦是海中之水,当具海水之本质。一瓢之水固非三千弱水,但自是三千弱水之一,可显弱水之特性。同理,具体言语固然非道,但也具备道之特性,故也可折射出道之全体。因此,先生得出结论:"表达宇宙本体之语言(媒介)有充足的、适当的及不充足的、不适当的,如能找到充足的、适当的语言,得宇宙本体亦非不可能。"③

这篇讲辞实质上是对"不可说者如何能说"问题的探讨,其灵感来源于魏晋玄学的"言意之辨"。先生在阐释王弼"得意忘言"论中"言"之局限性的基础上,进而提出应努力寻找一种充分而适当的语言以把握本体之道。在魏晋文学、音乐、绘画等具体

---

① 《汤用彤全集》第 4 卷,第 381 页。
② 《汤用彤全集》第 4 卷,第 384 页。
③ 《汤用彤全集》第 4 卷,第 384 页。

文艺形式中,先生发现了这种媒介的存在。此媒介是能够生发出大于言语表面意义的一种语言。由此,与道(宇宙本体)合一的玄远境界也是可以通过特定媒介达致的①。

对于不可说者如何能说的问题,先生通过对魏晋玄学和文学艺术的研究,在除了"思辨地说"之外,他更主要解析了"诗意地说"这种语言媒介。冯契则受其思路启发,在发挥"诗意地说"基础上更注重以"思辨地说",复加之以"实践地说",并较好地整合了这三种言说方式。

1943 年(癸未) 先生五十一岁

1 月,先生所撰《文化思想之冲突与调和》发表于《学术季刊》第 1 卷第 2 期。

1 月 17 日,郑天挺在日记写道:"锡予来,示以觉明敦煌来书,随与之长谈文科研究所发展事。余意,语言调查可在云南,若历史考证,此后唯敦煌一路。其中未广布、未研究之文献甚多。且其地为国际学术界所注意,关涉甚多,影响甚大。此后北大文研之发展,舍此莫由。今觉明开拓于前,吾辈正宜追踪迈进。"②

---

① 先生在完成"魏晋玄学和文学理论"的演讲后,一直想整理成文,因生活颠沛未能完成。现已收入《汤用彤全集》的《魏晋玄学和文学理论》是汤一介先生根据父亲所撰未完稿和两份写作提纲整理成文的,该文阐述了先生的文学艺术美学观和文学史观,这与 20 世纪 80 年代后才明确提出的大文学史观颇为一致,而当年这还不是一种普遍自觉的思想。冯契对这篇超越时代的演讲稿和写作提纲非常重视,并推荐给自己的学生。郁振华教授告知笔者,冯先生指导他写论文时,就让他注意参考汤老的这些研究成果。郁振华教授对先生的《魏晋玄学和文学理论》进行了精深的解读,详见郁振华:《形上智慧如何可能——中国现代哲学沉思》,上海:华东师范大学出版社 2000 年版。
② 郑天挺:《序》,阎文儒、陈玉龙编:《向达先生纪念论文集》,乌鲁木齐:新疆人民出版社 1986 年版,第 2 页。

1月19日，先生致函胡适，力陈学术建树为大学立足之本，并以开辟敦煌调研为重点来加以具体阐释。信中说："北大南迁以来，其固有之精神虽仍未衰，而为时势所迫，学校内部不免日嫌空虚。以文科而论，同人研究进修并未中辍，前年出版四十周年纪念刊，近又油印发行论文十余种，其中文学院同人所著颇有可观者，而比之我公领导下学校极盛之时，至少在数量上，实觉远逊。此其故，固亦由个人生活不安，工作效率低减，然学校财政支绌，事业无由发展，北大有名之自由研究渐趋不振，同人精神无所寄托。"他特别强调："夫大学之地位，首赖其在学术上之有所树立。北大同人若不及时努力，筹募经费，力谋建树，将来在学术上之地位必见低落。"①因经费紧缺，极望胡适予以援助。

汤信中着重报告胡适敦煌文物调查已迫在眉睫，并陈述向达在敦煌考察成就及其困难，为此敦请胡适为敦煌文物调查筹款：

> 去岁向觉明赴西北之前，又曾以此间需要上陈。现在文科情形较前尤为吃紧，亟望我兄之援助。昨日接觉明自敦煌千佛洞来书，谓彼曾得王重民函，转致尊意，谓将筹款为文科研究所基金及西北考察事业费，闻之不胜欣慰，为学校贺。但此间情况必将日劣，伏望早日成事。而且文科领导无人，尤望我公之能提早返回，至为祝祷。觉明此次以北大教授名义，参加中央西北考察团，其薪津由北大付，此外稍寄去小款，自不够应用。然觉明于交通阻塞之秋，万里长征，所获已不少。实物例如收得回鹘经文一卷，为国内所无。其在敦煌所调查者，逾三百余窟，比之伯希和记录多约百余。盖觉明精力过人，而相关学识之富，并为国内首选，西北考察如由彼主持，实最合宜。又近来国人颇言开发西

---

① 梁锡华编：《胡适秘藏书信选》，第455页。

北,敦煌艺术遂常为名流所注意,然其所成立机关之一,以于髯为护持,张大千为主干,西北古迹之能否长保,恐为一疑问。以故敦煌文物调查不能再缓,而我公为西北调查所筹款,亦宜委托北大专管,务求用途得当。此虽弟一人之私意,实为学术之公心也。①

7月至次年,向达作为西北科学考察团历史考古组组长,再赴敦煌,写下大量重要原始记录,后来陆续发表《敦煌藏经过眼录》、《西征小记》、《莫高榆林杂考》等多篇论文,迥异于仅从书斋中写的文献考据之作。先生在利用敦煌经卷等新旧史料研究佛道教方面,也成为学者的典范。他对敦煌研究的倡导,为北大文科研究开出新路,并使中国敦煌学研究走上历史文献和考古资料相结合之规道②。

6月27日,傅斯年为胡庆钧毕业论文《叙永苗族调查报告》等事致函先生。7月1日,傅斯年为北大文科研究所诸事致函先生、杨振声、郑天挺。

夏,王玉哲(1913—2005)毕业于北大文科研究所,后成为著名先秦史专家、南开大学文物与博物馆学系奠基人。他教学时常谈起钱穆、唐兰、先生诸师的治学风范。在谈到论文写作标准时,他回忆道,联大期间汤先生对研究生讲:"严格地说,只有资料,哪怕是丰富的资料,而没有从中研究出创新的说法,这还不能算论文。"他通过先生的话,告诉学生收集资料固然很重要,但只是科学研究或写论文的第一步③。

①梁锡华编:《胡适秘藏书信选》,第456页。
②参见赵建永:《汤用彤致胡适有关学科建设的信》,连载于《中国社会科学报》2012年7月30日、8月6日、8月13日学林版。
③张峰:《文风不惯随波转 学海滔滔一钓垂——王玉哲教授访谈录》,《史学史研究》2002年第1期。

　　7月22日下午4时,西南联大常委会于昆明龙翔街校总办公处会议室召开第112次会议,决议公布通知:汤先生函请辞去哲学心理学系主任,病休期间,由冯文潜暂代。在已整理出版的冯文潜联大时期部分日记中,提到先生的有49处,内容涉及学术交流、课程设计、指导印度留学生教学计划安排、图书选购等系务和生活状况①。

　　本年,先生所撰《王弼圣人有情义》发表于《学术季刊》第1卷第3期;《王弼之〈周易论语〉新义》发表于《图书季刊》新4卷第1、2期合刊。先生关于王弼的三篇论文以王弼作为个案研究来"以分释全",阐明了宇宙构成论到本体论在汉魏之际的转变。

　　本年,先生所撰《向郭义之庄周与孔子》发表于《哲学评论》第8卷第4期。

　　本年,先生最疼爱的女儿一平患肾病,最后因肾衰竭去世。

　　本年,汤一介在西南联大附中读完初二,就直接到重庆南开中学读高中。南开求学经历对汤一介一生影响深远。自此,他对人生问题产生了兴趣。这成为他后来报考北大哲学系的主要原因。先生一生给汤一介写过三封信,都是在南开中学期间②。

　　北大转移到昆明之后,熊十力虽在四川,仍由北大发放工资。由于他长期只开一门课,没达到当时评教授的要求。经先生力排异议,熊十力于本年终于接到北大校长蒋梦麟签发的聘他为文学院教授的聘书,并被特准可暂时不到校上课。

---

①冯文潜:《联大八年(1938—1945)》,南开大学校史研究室编:《联大岁月与边疆人文》,天津:南开大学出版社2004年版。
②汤一介后兼南开中学校友会顾问等职,曾多次回南开大学访问,并作学术演讲。他主持的《儒藏》编纂工程是迄今为止教育部最重大课题攻关项目,预计规模超过《四库全书》。南开大学赵伯雄教授为首的古籍所亦共襄盛举,承担子课题"清代文集部分"。

1944 年(甲申)　先生五十二岁

2 月 2 日,柳诒徵在《汉魏两晋南北朝佛教史》审查报告中评论:

> 治佛教史有三蔽:专述释典,易涉夸诞;惟事考证,罕契渊微;持儒、玄及欧美哲学以评判佛书,又难独得真际。详阅是书,剥蕉抽茧,切理厌心;于历朝史籍、政教、风尚,因果昭融;于诸宗学说,钩提玄要,层累曲尽。举凡传记传会之谈,近贤臆测之说,东西学者之舛误,慎思明辨,犀烛冰融。洵为佛教史之名著,能解各家之蔽者也。此书之价值,既恰合一至六之条件①,无俟胪举。其尤见特识者,如佛教之北统章、总论及南北朝释教撰述章、绪论诸篇,均可谓发明创作。第十七章南方涅槃佛性诸说,尤极精微。②

3 月 31 日,吕澂在对《汉魏两晋南北朝佛教史》的审查报告中说:"佛教东来,逐时演变。苟非洞晓本源,则于其递嬗之迹,鲜不目迷五色者。此中国佛教史所以难治也。我国佛教史籍旧有数种,均不合用,近人撰述亦鲜可观。汤君此著,用力颇勤,取材亦广。汤著虽见解不正,而搜罗编次粗具规模,资以参考,尚非全无用处也。"吕澂评判的标准极为严苛,而且其治佛教史的理念与先生相左,但他仍然肯定"汤著搜罗编次,粗具规模,叙次

---

① 1940 年 5 月,教育部学术审议委员会第一次大会通过《补助学术研究及奖励著作发明》议案,规定著作及发明审查标准为:"一、作者观点或所代表之思想是否正确,二、参考材料是否详瞻,三、结构是否完美,四、有无特殊创见,五、是否有独立体系或自成一家学说,六、是否为有系统之叙述或说明。"《学术奖励》,《国立西南联合大学史料》第 3 卷,第 755 页。
② 原稿现存台湾清华大学博物馆筹备处。

有绪,可资参考"①。因此,吕澂把《汉魏两晋南北朝佛教史》作为其代表作《中国佛学源流略讲》的主要参考书②。

吕澂虽将《汉魏两晋南北朝佛教史》评为三等,但教育部学术审议委员会还是认同柳诒徵的意见而把汤著评为哲学类一等奖。陈寅恪著《唐代政治史述论稿》获社会科学类一等奖。

然而先生得知获奖后,竟颇不高兴的说:"多少年来,都是我给学生打分数,我的书要谁来评奖!"汤一介先生对此回忆说:"我记得在他的《汉魏两晋南北朝佛教史》被评奖时,他很不以为然的向我母亲说:'谁能评我的书,他们看得懂吗?'"可见汤用彤对于评奖之事并不知情,也不在意③。

3月,中山大学文科研究所聘请先生与冯友兰、冯沅君、陈寅恪、胡适等为名誉导师。

8月9日下午5时,西南联大于昆明龙翔街校总办公处会议室召开常委会第112次会议,决议通知公布冯文潜辞去哲学心

---

① 吕澂:《审查报告》,1944年,台湾清华大学博物馆筹备处藏。吕澂和柳诒徵对先生《汉魏两晋南北朝佛教史》的审查报告,近来由杨儒宾教授复制一份,提供给汤一介先生。汤先生旋即转交笔者参考。

② 吕澂的名著《中国佛学源流略讲》总共九讲,每讲末尾都附录"本讲参考资料",其中关于汉魏晋南北朝时期的有七讲,汤著《汉魏两晋南北朝佛教史》皆排列在吕澂精选出的古今中外名家著述之首位。吕澂:《中国佛学源流略讲》,北京:中华书局1979年版,第31、42、65、85、109、136、158页。

③ 此事在学界广为流传,备受称许。《人民日报(海外版)》载:世界上有没有为自己的学术著作受到奖励而生气的学者呢?然而,当所撰《汉魏两晋南北朝佛教史》著作获最高奖时,汤先生却满脸不高兴,负气嚷嚷:"多少年来都是我给学生打分数,我的书要谁来评奖!"对自己学问的自信,甚至包括着拒绝奖励在内的评论,更不要说对金钱与名利的漠视了,其"迂"至此,举世无双。丰绍棠:《"纯儒之典型"汤用彤》(附画像1张,王小玉绘像),《人民日报(海外版)》2003年2月21日。

理学系主任,由汤先生担任。

本年,《汉魏两晋南北朝佛教史》编入"佛学丛书"于重庆再版。

本年,《隋唐佛教之特点》发表于《图书月刊》第3卷第3、4期。该文认为,隋唐佛教之所以能发展到巅峰,是因具备四种特性:一是统一性,二是国际性,三是独立性,四是系统性。隋唐佛教相互联系着的四种特性,是其区别于隋朝前和唐朝后佛教的标志。先生指出,对中国文化的适应性的强弱决定了各宗的盛衰:"华严上溯至北朝,天台成于隋。它们原来大体上可说是北统佛教的继承者。禅宗则为南方佛学的表现,和魏晋玄学有密切关系。……北统传下来的华严、天台,是中国佛学的表现;法相宗是印度的理论,其学说繁复,含义精密,为普通人所不易明了。南方的禅宗,则简易直截,重在觉悟,明心见性,普通人都可以欣赏而加以模拟。……禅宗不仅合于中国的理论,而且合乎中国的习惯。……到了宋朝,便完全变作中国本位理学,并且由于以上的考察,也使我们自然地预感到宋代思想的产生。从古可以证今,犹之说没有南北朝的文化特点,恐怕隋唐佛学也不会有这样情形;没有隋唐佛学的特点及其演化,恐怕宋代的学术也不会那个样子。"隋唐佛教正像先生所说:"有如戏剧的顶点,是高潮的一刻,也正是下落的一刻。"他把中国佛教衰落的内在原因归结为宋朝以后佛徒素质的下降。佛教对中国文化的影响,一为理论思维,二为解决生死问题,三为诗文因缘。而到末路,佛理因精微而"行之不远,只能关在庙里",生死问题的解决也流为迷信,只在文学艺术方面尚可作为素材。

本年起,"西洋哲学名著编译委员会"兼收中国学者撰写的西方哲学著作出版,同时还多次举办编译演讲讨论会。1944年上半年就举办了四次:首场由先生讲"关于佛经的翻译",第二场陈康讲"亚里士多德本质论发展的痕迹",第三场吴宓讲"我个人对翻译的经验和理论",第四场郑昕讲"康德范畴论的体用"。汤一介先生为我们保存下来一份先生的演讲提纲"佛经翻译",已整理收入《汤用彤全集》第2卷。由此稿可知,先生在演讲中,不仅总结了佛教史上的翻译经验,为编译西方哲学著作提供借鉴,还提出"译场"(翻译机构)应具有教育功能,是培育有创造性思维人才的组织。该会采用了先生这一思路,培训出不少当时的青年学者,其中汪子嵩(希腊哲学)、陈修斋(法国哲学)、王太庆(西方哲学翻译)、杨祖陶(德国古典哲学)等人皆成为西方哲学领域的杰出专家,有力地推动了西方哲学在中国的传播。正如贺麟所说:"自从民国三十年中国哲学会西洋名著编译委员会成立后,我们对于西洋哲学,才有严格认真、有系统的有计划的经过专家校阅、够得上学术水准的译述和介绍。"[1]

本年,王达津(1916—1997)毕业于西南联大的北大文科研究所。他在文科研究所"受古文字学家唐兰和哲学史家汤用彤的影响,攻金文、甲骨、《尚书》与诸子"。此间在先生指导下,他整理研究了《老子王弼注》。在先生、唐兰、高亨诸师影响下,他在治学实践中确立并发展了自己的研究方法[2]。

1945 年(乙酉)　先生五十三岁

年初,汤一介先生从重庆南开中学没读完高中就回到昆明,次年进入了先生为他联系的西南联大先修班。此间,先生给他安排了中国文史和英文课程的补习,并找出《史记》、《汉书》,要他读懂读透。同时,请来钱学熙教授为之补习英语。此时汤一介先生开始发奋阅读,读书范围不仅包括各种小说,也包括一些

①贺麟:《当代中国哲学》,中国科学院哲学研究所编:《资产阶级学术思想批判参考资料》第四集,北京:商务印书馆1959年版,第26页。
②王达津:《八十自述》,《南开学人自述》第1卷,第142—156页。

文史专业书籍。先生悉心引导儿子读书,特别叮嘱道:"《国史大纲》一定要塌下心好好读,会对你有用的。"汤一介先生被《国史大纲》深深吸引,他后来评价:"这本书对我影响很大,它使我了解到我们国家有着悠久、丰富、辉煌的历史,特别是钱先生对祖国历史的热爱之情跃然纸上,使我十分感动,这种态度可能对我以后爱好中国历史和中国文化有着非常大的影响。"①读完《国史大纲》、《论语》、《孟子》、《老子》、《庄子》等古典名著后,汤一介先生又对佛书产生了兴趣。先生收藏的佛典虽在战乱中遗失不少,但家里仍有一些,汤一介先生向其讨要《妙法莲华经》。先生担心他读不懂,便找来熊十力著《佛家名相通释》给他看,想让他先把佛学的一些基本概念弄懂,再来读佛经。然而,这本书对当时的汤一介先生而言,还是太过深奥,他只得一次次向父亲请教,先生也不厌其烦地为他讲解。

5月24日,先生与冯友兰、贺麟三人为"西洋哲学名著编译委员会"事致胡适函如下:

> 适之先生道席:
>
> 　中国哲学会设有西洋哲学名著编译委员会,将近四年,编译书籍,训练译员,均经逐渐进行,不无成效,想荷赞许。顷本会复向政府请得外汇美元壹千元作为本会基金之一部分。本会为求妥善信实计,已商请中央银行开具支票,注明由先生在美支取。兹将原支票寄上,即希于取得美金现款后,设法托人带回国内,交彤等收存,以便组委员会保管,而利哲学译业为祷。肃此,敬颂道安。
>
> 　　　　　　　　　　　　冯友兰、汤用彤、贺麟谨启
> 　　　　　　　　　　　　五月廿四日卅四年

①汤一介:《我们三代人》,第207页。

另附本会工作报告一纸,敬祈察阅指示。又闻公有返回之说,不胜欣跃。国内教育、文化、学术、思想、政治各方面,均亟须公回来领导一切也。麟附及。外附中央银行一千美金支票一纸。①

该信由贺麟执笔起草,因为他是"西洋哲学名著编译委员会"主任,兼任中国哲学会第三届理事会的常务理事和秘书。落款除贺麟外,还有冯友兰和先生的亲笔签名,因二人是中国哲学会主要负责人兼"西洋哲学名著编译委员会"委员。由于胡适为中国哲学会的发起人之一,又一直担任该会的理事会成员,故信中向胡适汇报该会编译书籍和训练译员方面的成效,并请他在美国支取该会为筹款设立的用于翻译事业的基金,再汇给先生等人。信纸末端印有"西洋哲学名著编译委员会用笺"、"通讯处:昆明北门街九十二号"②。信后另附该会工作报告一纸。"西洋哲学名著编译委员会"聘请多位编译员,编译了一批西方哲学古典名著,如陈康的《巴曼尼德斯篇》等。

6月,任北京大学校长十五年之久的蒋梦麟被任命为国民政府秘书长。他自评道:"大半光阴,在北京大学度过,在职之年,但知谨守蔡校长余绪。"先生评价:"溯自(蒋梦麟)长校以来,北平时代,极意经营,提高学术水准,成效彰著……在八年抗战中,三校合作,使联大进展无碍,确保国家高等教育之命脉。此中具见处事之苦心,有识者均当相谅。"③蒋梦麟离校长职位后,北大教授会推举先生为北大代理校长,然其一再推谢。

---

①《汤用彤信十二通》,耿云志主编:《胡适遗稿及秘藏书信》第36册,第450页。

②《汤用彤信十二通》,耿云志主编:《胡适遗稿及秘藏书信》第36册,第479页。

③梁锡华编:《胡适秘藏书信选》,第463页。

夏,哲学系学生毕业时,请系里老师参加茶话会,地点在昆明文林街一个小茶馆的楼上。邓艾民教授回忆当时情景说:"我们请老师们讲话。汤先生平时很少发议论,这次却语重心长地一再勉励我们毕业以后,要坚持为真理献身的精神,发扬中国文化的优良传统,不要追逐名利,'学得文武艺,卖与帝王家'。当时西南联大有一些知识分子,自诩清高,标榜自由民主,却在残山剩水间追逐名利,为国民党捧场,正像明末有人讥讽陈继儒那样,'翩然一只云中鹤,飞来飞去宰相衙'。汤先生平日忧国伤时,很少外露,有似阮籍那样,发言玄远,口不臧否人物,这次却娓娓而谈,动人心弦。散会后,同学议论纷纷,赞赏不已,爆发出对汤先生衷心的爱戴。"[①]

夏,杨祖陶考取了西南联大哲学系,成为联大的末届大学生。他回忆说:"我一到校,可以说还来不及放下行装,就迫不及待、风尘仆仆、鼓足勇气去拜见我仰慕的联大名教授,汤用彤先生是我第一位觐见的学贯中西印的学术大师。我还清清楚楚地记得,先生身着长衫,满头银发,慈眉善目,和蔼可亲。先生不苟言笑,只是默默地听我的自我介绍和自我陈情,绝少插问或插话。先生丝毫没有我想象中的教授和大师的令人不敢仰视的架子和威严,以致我这个刚入学的新生小子就一五一十地向先生讲起了自己在石室高中时曾涉猎《坛经》、《肇论》、《五灯会元》等书,由于对进一步了解历代高僧言行感兴趣,竟敢斗胆向先生提出了借《高僧传》的要求。先生当时什么话也没有说,只是微微点点头,随即起身取出一部线装本《高僧传》交到我手里,也未作任何叮嘱。先生对素不相识的学生的这种热心扶持和真诚信任,令我内心激动和感激不已。"[②]

①邓艾民:《汤用彤先生散忆》,《燕园论学集》,第62—63页。
②杨祖陶:《哲人的"常态"——〈汤用彤学记〉读后》,《读书》2011年第8期。

8月16日,日本宣布投降,抗战胜利。

杨辛教授晚年回忆说:"我最早见到汤用彤先生和汤师母是在1945年的8月,已临近日本投降。那时,我是在印缅远征军学生大队充当下士,随辎重营回国,从缅甸密支那出发,一人牵一匹骡马,历时两个月,步行两千里回到长途行军的终点站——云南的曲靖。当时有一种传说,远征军回国后可能被调到东北对付共产党,后来在解放战争中证实了这一点。这完全违背我们当初参加远征军打日本的志愿,加上我们也急切地盼望复学,几位南开中学的同学商量就在部队到达曲靖的当天晚上,趁部队还处于忙乱时,天未亮就搭火车逃往昆明。但是我在昆明人地生疏,住到哪里去呢?听说南开中学的同班同学汤一介正好由重庆回到昆明,他的父亲汤用彤教授,在西南联大任哲学系的系主任,不仅是著名的学者,而且为人正直。经一介向他父母说明我们的情况,汤先生很同情我们的遭遇,同意我们在汤家住下。汤先生的家就在西南联大附近,青云路20号,是一套陈旧狭窄的瓦房小院。院里住了汤用彤教授和数学系的程毓淮教授两家人。这时汤先生已满头白发,身着旧布衫,待人很和蔼,汤师母也很慈祥。一介还有一个弟弟叫一玄,当时大约七岁。……有一件小事至今给我留下深刻的印象,就是汤先生呼唤汤师母从来不叫她的名字,都是学着孩子的语气,叫'姆妈',而且常常把'妈'字拖得较长,让人感到一种亲切、温暖、和睦。后来我才逐渐地知道,在一平、一雄去世前,汤先生还有两个女儿被疾病夺走生命。每当我回想汤先生呼唤'姆妈'声音的时候,就想到这里面深藏着汤先生对失去四个孩子的母亲——汤师母真挚的抚慰!在旧社会中国知识分子家庭的命运是如此坎坷。但是使我震惊的是汤先生在这种沉重的精神打击下,却从来未流露一点点自己的痛苦、悲伤。汤先生对家人是这样,对青年人的爱护更是这样。1945年我住到汤家后,汤先生、汤师母对我的学习和生活都很关心,汤先生为了让我更好地准备考大学,亲自写信介绍我去云南大姚中学免费上高中。不久,一介从昆明来信告诉我西南联大要复校,在北方恢复北大、清华、南开大学,我又从大姚回到昆明。"①

8月中旬,先生与北大同人周炳琳(法学院长)、张景钺(理学院代理院长)、毛子水(图书馆长)四人联名发电报给胡适,劝他不要继续在美国逗留,而应尽早回国,以便在北大发展规划方面协助蒋梦麟主持好工作。对此事胡适有些误会,以为是由于他们对蒋梦麟不满所致。所以,8月29日,胡适写信给江泽涵,批评先生、周炳琳、张景钺、毛子水四人"走入迷途"。

9月3日,蒋梦麟校长来到昆明,于才盛巷召集北大教授开会。当天会后,江泽涵写信将会议情况汇报给胡适:

> 今日是胜利日,北大的事真是千头万绪,不知从何说起。蒋校长来昆明宣布他要辞职后就回重庆了。他是说你回来继任。他曾要锡予师代理校长,锡予师坚决地拒绝了,现在还是无人负责。……现在可以负责的人只有枚荪兄与锡予师在昆明。(枚荪兄似不肯居负责的地位,因为他反对蒋校长兼职颇烈。)我觉得你做不做校长关系不大,但是你越能早回北大一天,于北大的好影响越大。凡是与北大有关的人几乎全体渴望你回来。不知道你究竟能否提早回国,我只怕北大仍旧敷衍下去,不能趁此整顿振作,未免太可惜了。②

9月4日,国民政府任命胡适为北京大学校长,在他到任前,

---

① 杨辛:《谁言寸草心,报得三春晖》,汤一介、赵建永选编:《会通中印西》,第465—466页。
② 梁锡华编:《胡适秘藏书信选》,第459页。

由傅斯年做代理校长。9月6日,先生为释前疑而致函胡适:

> 多年未具函问候起居,然常在念中。
>
> 前梦麟先生自美国返国就政院秘书长,北大同人因复校之期不远,校事须加紧策进,亟欲先生返国为梦麟先生臂助,因有枚荪及弟等四人之电。此举用意并非对梦麟先生有所不满(其时亦未知校长将辞职)。至梦麟先生所以坚持辞职的缘故,实因"大学校长不得兼任行政官吏"之规条,乃其任教长时所手订。当蒋先生自谕返昆召集教授同人宣布辞意时,措辞极诚恳坚决,同人闻悉之下,神志黯然,盖惜其去而知不能留也。
>
> 近得泽涵转示先生赐示,知台端因接前电而有所启示,至为感激!但前梦麟先生在渝尚未返校宣布辞职时,昆明即传言其有辞意。弟与景钺兄曾上校长一书劝阻……虽未能如来谕所言之切,但其意相同也。弟等虽愚,尚实未如先生所云走入迷途也。成事不说,现政府已任先生为北大校长(未到任前由孟真兄代理)。同人知悉,莫不欢欣振奋,切望台端能早日返国到校。
>
> 弟以为今后国家大事惟在教育,而教育之基础,尤在领导者具伟大崇高之人格。想先生为民族立命之心肠当一如往昔,必不至于推却万不应推却之事也。孟真在重庆,毅生已至重庆,景钺不日出国赴美(理学院事,切盼树人兄即返主持),枚荪言当另上函。至一切校务,孟真到后自有详细报告,不赘。①

先生力劝胡适早日从美国返校主长北大,还请胡适在海外招致人才,为北大注入新生力量:"抗战八年,北大教务方面,人

---

① 梁锡华编:《胡适秘藏书信选》,第463页。

员零落,即留在校中者,亦因流离转徙之折磨,英气大逊于往昔。现在北大首要之事,即在加入新的血液,尚望先生在国外即行罗致。至如现在各院系情形,及同人对兴革之意见,自当候孟真到后,由其函陈。"①

10月1日,张奚若和周炳琳一同起草,并联名朱自清、李继侗、吴之椿、陈序经、陈岱孙、先生、闻一多、钱端升共十位西南联大教授,致电正在重庆进行和平谈判的蒋介石、毛泽东,希望国共谈判取得成功,新中国建设早获开始;呼吁"一党专政固须终止,两党分割亦难为训",主张终止一党专制,还政于民,举行国民大会代表选举以制定宪法,要求立即召开政治会议成立联合政府。电文称:

重庆国民政府文官处分转蒋介石先生、毛泽东先生大鉴:

日本投降,先生等聚首重庆,国人方庆外患既除,内争可泯,莫不引领企望协商早得结果,统一早成事实,新中国之建设早获开始。顾谈商逾月,外间第传关于地区之分辖有异议,军额之分配有争执,而国人所最关切之民主政治之实施,及代表此政治之议会之召集,转未闻有何协议。诚所传非虚,则谈商纵有结果,亦只是国共两党一时均势之获得而已,既不能满足全国人民殷殷望治之心,亦不足以克服国家目前所遭遇之困难。奚若等内审舆情,外察大势,以为一党专政固须终止,两党分割亦难为训,敢请先生等立即同意召集包括各党派及无党无派人士之政治会议,共商如何成立容纳全国各方开明意见之联合政府,再由此联合政府于最短期内举行国民大会代表之选举,定期召开国民大会以制定根本大法,以产生立宪政府。必如此,一切政治纠纷乃

---

① 梁锡华编:《胡适秘藏书信选》,第463页。

可获致圆满之解决，而还政于民之口号乃不至徒托空言。在立宪政府成立以前，国共两党既为今日中国力量雄厚之两大政党，先生等又为其领袖，故刷新政治，改正方向，先生等实责无旁贷。

今当除旧布新之际，有数事应请特别注意，并立即施行者。

十余年来，我国政权实际上操于介石先生一人之手，介石先生领导抗战矢志不渝，自为国人所钦敬。惟十余年来政治上之种种弱点，如用人之失当，人民利益之被漠视，以及贤者能者之莫能为助，其造因为何？诚宜及时反省！今后我国无论采用何种政制，此一人独揽之风，务须迅予纠正。此其一。

十余年来，由于用人之专重服从，而不问其贤能与否，遂致政治道德日趋败坏，行政效率日趋低落。即自日本投降以来，收复区人事之布置，亦在在使人惊讶失望。今后用人应重德能，昏庸者、贪婪者、开倒车者，均应摒弃，庶我国可不致自绝于近代国家之林，而建国工作乃能收效。此其二。

军人干政，在任何国家、任何时代皆为祸乱之阶。今后无论在中央或在地方，为旧军人或为新军人，隶国民党之军人或隶共产党之军人，皆不应再令主政。此其三。

奸逆叛国，其罪莫逭。政府纵恻隐为怀，不将大小伪官一一加以惩处，而元凶世恶及直接通敌之辈，绝不可使逃法外。须知过于姑息，便损纪纲，忠奸不分，何以为国。此其四。

以上四者，皆属今日当务之急，亦为国家根本之图。先生等领导国内两大政党，倘刷新政治，改变作风之决心一经表明，目前政治上之纷乱局面，可立归于澄清，而来日宪政之实施，亦可大减其阻力。

抑更有进者,民主制度之所以能风靡全世,而战胜反动
集团消灭法西斯主义者,乃因其能以全国人民之意志为国
家之意志,以全国人民之力量为国家之力量。故真正民主
国家,其政府对于个人之价值,与夫个人之人格与自由,莫
不特别重视,对于全体人民之智慧,亦莫不衷心依赖。

先生等领导大党,责逾寻常,务望正心诚意,循宪政之
常轨,以运用其党力。诚能以实际之措施,求人民拥护,借
人心之归向,作施政之指针,则一切纠纷自然消弭矣。夫导
国家于富强康乐之域,其道自尊重人民始,而树立宪政轨范
心理上之因素,尤为首要。奚若等向以教学为业,目击政治
纷乱所加于人民之损害,亦既有年,值此治乱间不容发之
际,观感所及,不容缄默,率直陈词,尚乞察纳。①

电文内审舆情,外察大势,率直陈辞国人最为关切的民主政治实
施问题,国内外竞相转载评论,引发了社会舆论的广泛关注。

10月初,傅斯年到昆明了解北大各院系情况后,于17日写
信给胡适也说:"北大内部,各系教员不充实,好则不太滥,明年
暑假至少须聘三十教授(文理法三院)。"信后列举这三院师资匮
乏情况,最突出的是外国文学系,只剩袁家骅一位教授,其他如
哲学、历史均须补充人。"理学各系,算学充实,可惜多在国外。
物理很好,也可添人。化学,曾昭抡极热心,目下人太少。物质
空空如也……生物系甚好,法学院最糟,政治系不成样子,经济
空虚,法律则几都是律师。请人有两标准:(1)科目需要,(2)特

---

① 《国立西南联大十教授为国共商谈致蒋介石、毛泽东两先生电文》,原载
《民主周刊》第2卷第12期(昆明),1945年10月17日。《西南联大张奚
若等十教授为国共商谈致蒋、毛电文》,《国立西南联合大学史料》第1
卷,第204—206页。

殊人才,不以需要为限。"①傅斯年在信中不仅提到如何建设和充实文、理、法三院,还对医学院的建设和如何筹建工学院及农学院多有讨论。由于胡适仍远在美国,因此聘任教员事,傅斯年更多的是与先生商讨。

10月28日,北大秘书章廷谦邀宴,借以欢迎傅斯年到校。席上有先生、傅斯年、周炳琳等北大同人。饭后谈及时局及学校未来问题,大家认为:"盖倘国共问题不得解决,则校内师生意见更将分岐,而负责者欲于此情况中维持局面,实大难事。民主自由果将如何解释? 学校自由又将如何保持? 使人忧惶! 深盼短期内得有解决,否则匪但数月之内、数年之内将无真正教育可言也!"②

傅斯年常赴渝开会,他在离校时,委托先生主管北大并代理联大常委职责。11月5日,江泽涵致胡适函谓:傅斯年10月23日召集教授会提出"他离校时,请锡予师代表他"③。这一时期,先生与傅斯年信函往来颇多,大多讨论北大如何复校并发展的事。汤一介先生对此评论说:"我父亲向来不大愿意多管事,但对北大复校事则甚热心。我想,这是由于他非常希望北大能保持蔡元培先生提倡的'学术自由'、'兼容并包'之学风,以提高教学和研究水平。"④

11月10日,先生写完致程毓淮函,信中可见抗战胜利后,北大复校北平前的一般情形:"抗战终止以后,昆明物价虽稍跌,但薪金仍不够用。而且国内战争不止,真令人丧气。联大恐一时不能搬,现虽定于明年四月十五日放假,但在六个月中,华北未必能安定,联大决不能在局势不安之中迁移前往。……弟已厌

①《胡适来往书信选》下册,北京:中华书局1980年版,第50页。
②《周炳琳和梅贻琦的友谊》,《北京大学校报》总第1131期,2007年10月18日。
③《胡适来往书信选》下册,第59页。
④汤一介:《1945—1948年汤用彤先生与北大复校——汤用彤与胡适、傅斯年》,《北京大学学报(哲学社会科学版)》2013年第3期。

倦此项生涯,亦欲得一机会往美国一游。"①

11 月 25 日晚,昆明学生反内战时事演讲会遭到军警包围和开枪恐吓,随即昆明各大中学校学生愤起罢课。12 月 1 日,国民党特务攻击联大、云大等校师生,死亡四人,重伤二十九人,轻伤三十多人。"一二·一"运动期间,联大最为活跃的当属教授会。每次会议均有决议,且态度明确,措施得力。如,第二次会议推派周炳琳、先生、霍秉权三先生参加死难学生入殓仪式,代表该会同人致吊。杨辛教授晚年回忆当时情形说:"12 月初在昆明有四位进步青年遭受国民党反动派杀害,激起了社会各阶层的愤怒,爆发了'一二·一'学生运动,郭沫若、冯至先生写的悼诗陈列在四位烈士的灵堂,我和一介都投入了学生运动,我们写诗、画讽刺漫画控诉刽子手,这些诗、画也都悬挂在灵堂。我还在街头卖进步的学生报,并参加四烈士的出殡游行,这些活动也得到汤先生的支持!"②

蒋介石 12 月 7 日发表《告昆明教育界书》,并派傅斯年和教育部次长朱经农到昆明,会同卢汉平息学潮。傅斯年到昆明后,希望联大教授会通过决议,劝告学生限期复课。被学生拒绝后,他又拟采取校长和全体教授辞职的办法来处理此事。蒋介石也在准备一旦软的一手不行,就采取"最后处置",即解散联大,把坚持罢课者交给云南警备司令部处理。先生晚年回忆说:"当时教授会中进步与反动的两种力量发生尖锐斗争,我曾经提出折衷的意见。当时我说:'大家不应该坚持下去,不然,学校将受到很大的损失!'其实,那样为反动统治服务的学校,就是垮了台,也不是对于革命没有利益。我之所以怕学校垮台,而破坏学运,无疑的是怕反动统治垮台,也就是怕我个人

①汤一介:《汤用彤与胡适》,《中国哲学史》2002 年第 4 期。
②杨辛:《谁言寸草心,报得三春晖》,汤一介、赵建永选编:《会通中印西》,第 466 页。

的地位垮台。"①先生的提议兼顾双方利益,适宜时势。这场运动的双方都在很大程度上采取了先生的这种主张,实现了斗争策略的转变。

12月25日,梅贻琦接到周炳琳来信,信中说可暂不辞职。晚上,梅贻琦到才盛巷看望周炳琳。先生、贺麟也前来劝周炳琳不要辞职,晚九时他们才一起离开周家。12月27日,昆明全体学生宣告复课。

杨辛教授晚年记述了本年在汤先生家欢度圣诞节的情景:"在苦难的岁月里能和汤先生、汤师母一起共度佳节,使我感受到一种亲人的温暖。我在十二岁父母去世后成为孤儿,生活很坎坷。一介和我为了让老人高兴举办了一次小小的家庭圣诞晚会,在低矮的小阁楼上,把一米来宽、两米来长的空间变成舞台,挂上两张床单作为幕布,舞台前面放了两排凳子作为观众席。参加这次晚会的有汤先生、汤师母、汤一玄、程毓淮教授和他的孩子乐乐,还有一位朋友是闻立鹤。演出中有一个节目是我与一介合演的圣诞老人。像曲艺中演双簧似的,在两块幕布夹缝中出现一个矮小的圣诞老人,我的脸上贴了白棉花化妆成圣诞老人,戴上一顶小红帽,一介在我身后伸出双手成为圣诞老人的双手,我的双手套上鞋成为圣诞老人的双脚,我们在表演中说了一些祝福和逗笑的话,大家都很开心。"②

汤一介先生回忆说:"昆明'一二·一'运动后,梁漱溟曾来联大演讲,讲后访我父亲汤用彤,邀他参加民盟,但被拒绝了。这说明父亲在解放前一贯的政治态度。这点还可以由钱穆先生的《忆锡予》中所述得到印证,该文中说:'有时又常与梁漱溟相

①先生"思想检查"未刊稿,本书写作时存北京大学燕南园。
②杨辛:《谁言寸草心,报得三春晖》,汤一介、赵建永选编:《会通中印西》,
　第468页。

聚,十力、漱溟或谈及政事,余亦时参加意见,独锡予则沉默依然。其时北平学术界有两大争议,一为胡适之诸人提倡新文化运动,主西化,曰赛先生、德先生,科学民主,又主哲学关门,亦排斥宗教。一则为时局国事,北京阢陧在前线,和战安危,众说纷纭。独锡予于此两争议一无陈说。'父亲不语时事,并不是说他对国家民族的命运不关心,这可由他《汉魏两晋南北朝佛教史》的跋看出。他认为,作为一个学者所能做的是在学术上有所贡献,肩负着复兴民族文化的使命。父亲写了一组《大林书评》,专门批评日本权威学者的谬误,就可证明这一点。"①

本年,先生所著《印度哲学史略》由重庆独立出版社印行,本书系历年讲义修改成书,他自谦为"缀拾东西方学者的研究成就加以翻译资料和佛经资料编撰而成"。该书总括8世纪前的印度宗教哲学发展史,以思想演进为中心,系统讲述印度上古吠陀、梵书、奥义书,以至佛教起源、演变,并与各种"外道"对照,终于商羯罗(约788—820年,印度佛教至此已衰)的吠檀多论,为治中国佛教史提供了必要而丰富的印度学知识背景。

西南联大当年的学生王太庆教授说:"此书内容深邃而行文简明,读他的书、听他的讲,确是一种精神享受。古代印度思想中有很多成分在现代中国人看来非常可怪,他却能把它的来龙去脉交代得清清楚楚,甚至比某些印度学者讲得还要明白。这是因为他严格掌握史料,善于发现问题,从梵文、巴利文原著中进行研究,用西方现代的逻辑方法整理,又顺着中国人固有的思路和语言来表达的原故。"②黄心川、宫静共同撰文指出:印度哲学中极丰富的唯心论,把人类的生理和心理活动分析为上百种

---

①汤一介:《我们三代人》,第132页。

②《国立西南联合大学校史》,北京:北京大学出版社1996年版,第167—168页。

状态,阐述细腻;唯物论萌芽也多种多样,如元素论、原子论、极微说等。在认识方法上,有佛教的因明学,正理派的逻辑学,各式各样的量论。这些内容在《史略》中均有介绍①。

云南大学在教育家、数学家熊庆来担任校长期间(1937—1949年),以"清华模式"办学,先生、费孝通、楚图南、陈省身、华罗庚、严济慈、吴晗、冯友兰、吕淑湘、彭桓武、钱穆、吴文藻、顾颉刚、曾昭抡、赵忠尧、刘文典、尚钺、华岗、白寿彝等大批知名学者云集于云大,为学校赢得"小清华"之美誉。1946年,英国《简明不列颠百科全书》把云南大学列为中国十五所著名大学之一。

李埏1940年西南联大历史系毕业,考取北大文科研究所研究生,导师是唐兰。1945年,李埏和赵毓兰女士结婚,婚礼设在昆明金碧路冠生园。唐兰为新人亲书《李埏婚礼嘉宾题名》横幅。参加婚礼并在横幅上签名的有先生、唐兰、闻一多、吴晗、郑天挺、罗庸、姚从吾、雷海宗、任继愈、石峻等三十多人。

在西南联大时期,特别是后期,一部分教授参加了国民党,另一部分教授则加入民主党派。先生抱着"超政治"的态度,既没有参加国民党,也未入民主党派。他对某些教授参加"党派"颇不以为然,认为教授就应以教书和研究为其本职,其他的事都非正业。他在1951年的一份"思想检查"中对自己的这种"名位"思想批评道:"我个人长期大学教授生活形成了小资产阶级的经济背景,由于这样的经济背景,使我往上爬的思想一天天滋长起来。这就是说,以名位为目的,而把学问当作'资本',用种种方法抬高自己的声价。"②

---

① 黄心川、宫静:《汤用彤对印度哲学研究的贡献》,汤一介编:《国故新知:中国传统文化的再诠释——汤用彤先生诞辰百周年纪念论文集》,第91页。
② 该手稿未刊,本书写作时存北京大学燕南园。

1946 年（丙戌） 先生五十四岁

2 月 23 日，先生、冯友兰、陈序经、王力、向达、朱自清、吴大猷、余冠英、唐兰、游国恩等西南联大 110 名教授对东北问题联名发表宣言表示："中国领土必须完整，主权必须独立"，对于《中苏友好同盟条约》之外的任何要求，"我们誓不予以承认"。同时要求国民政府披露有关东北经合问题的谈判经过，并拒绝再做妨害主权的任何协商；要求苏联履行条约尽速撤军，归还一切工厂设备与资源，不得有超出中苏条约范围以外之任何行动。《中央日报》1946 年 2 月 27 日刊发了这份宣言。直到 5 月苏军全部撤出东北，各地抗议活动方告结束。

西南联大三校复校时，在昆明的北大负责人已不多。郑天挺（秘书长）和陈雪屏（教育系主任）先后北上为北大复校做准备。周炳琳借故不愿多管北大事，罗常培又去美国，姚从吾回河南，后任河南大学校长。此后，北大在昆明复校事多由先生主持，主要在两个方面：（1）约回散在各地的北大旧人，并聘请新教授；（2）负责把留在昆明的北大教职员和家属及学生迁回北平。

3 月 21 日，先生亲笔起草致国立西南联合大学函两封。其一谓：

敬启者：

查北京大学现需新聘教授、副教授总计柒拾叁人。其中有十六人现在国外，其中有三十三人，或系前曾参加联大（如饶毓泰、戴修瓒），或系北平时代旧人（如朱光潜、陈受颐）。敬请于呈报教育部时，务代为声明。又北大如于下年复校时有新设立之学院，其新聘教授当另案办理呈报，此点亦祈代为声明。至荷，此致

国立西南联合大学 启

三月廿一日①

该信附录有国立北京大学复员呈教育部之员工总数清单。由于当时联大尚未分家,因此北大聘任教员得先报联大,再由联大报呈教育部。

3 月 21 日,先生致国立西南联合大学函第二封如下:

> 敬启者:
>
> 　　兹将北大办事处员工及其眷属之需迁移者,开列清单具报(如前次已有报告,当以此次为准),伏乞查照为荷。此致
>
> 　　国立西南联合大学
>
> 　　又,北大研究生自当列入联大学生名册内,不另具报。

三月廿一日②

信后附录在昆明的北大教职员及研究生名单。在每位职员名后注明,该员有家属几口及子女年龄,以便回迁时安排住房。此信与前一信是同时所写,前信是为新聘教授事,此信则为留昆明员工复校回北平事。

此时胡适尚未回国,故先生多与傅斯年商讨聘请教员事。在汤一介先生所存下来的材料中有多份他们为北大聘任教授、副教授的"名单",例如:

> 中国文学系
>
> 　　原有教授五人:罗常培(在美)、杨振声(在平)、罗庸、唐兰、游国恩(以上三人在昆明)

---

①汤一介:《1945—1948 年汤用彤先生与北大复校——汤用彤与胡适、傅斯年》,《北京大学学报(哲学社会科学版)》2013 年第 3 期。

②汤一介:《1945—1948 年汤用彤先生与北大复校——汤用彤与胡适、傅斯年》,《北京大学学报(哲学社会科学版)》2013 年第 3 期。

　　拟聘教授二人：徐震锷（在浙大）、沈从文（在昆明）。
俞平伯（在北平，未洽定，清华已聘）

　　副教授二人：章廷谦（在昆明）、孙楷第（在北平）……①

从中可见，当时北大聘教授、副教授事仍未最后确定。先生这类
手稿中，不仅有文学院各系名单，也有理学院和法学院的聘任名
单，甚至还有新建的工学院、农学院之名单。其中法学院聘任名
单一纸如下：

　　法学院

　　法律系：

　　现任在职教授燕树棠、蔡枢衡、费青、李士彤。已聘定
（已致送临时聘约）戴修瓒、李祖荫。在接洽或拟议中者，芮
沐（尚在美国已去函洽商）、石志泉、陈瑾昆。

　　政治系：

　　现任在职教授：钱端升、崔书琴、吴之椿。已聘定（已致
送临时聘约）：周世述、张忠绂、许德珩。在接洽或拟议中
者：张佛泉、程希孟、邱昌渭……②

这类材料多无日期，有些是重复的，或是因时间先后而不同，概
由反复商量所致。另有先生亲自所写关于呈报联大的材料多
种，其一于下。

　　3月22日，先生写有一份《国立北京大学现尚在，下学年返
校之教授、副教授及其眷属详数清单》送呈西南联大。清单前面
写道：

----

①汤一介：《1945—1948年汤用彤先生与北大复校——汤用彤与胡适、傅斯
　年》，《北京大学学报（哲学社会科学版）》2013年第3期。
②汤一介：《1945—1948年汤用彤先生与北大复校——汤用彤与胡适、傅
　斯年》，《北京大学学报（哲学社会科学版）》2013年第3期。

注意：

按昨日（三月二十一日）送交联大公函内称：本校新聘教授、副教授，共柒拾叁人，请呈报教育部。今查此中：

（甲）教授、副教授四十三人，系未曾在本校任课者，乃完全新聘。此项详单现在碍难开列。

（乙）教授、副教授三十人（昨函误作三十三人），原系本校人员，休假或请假离校下年将返校者。兹将此三十人及其亲属详为开列，制成表格如下。①

在清单中列有数学系教授许宝騄、赵淞、樊玑，物理学教授饶毓泰、赵广增，化学系教授钱思亮、朱汝华、蒋明谦，地质学系教授谭锡畴，生物学系教授罗士苇，中国文学系教授罗常培、孙楷第，外国语文系教授朱光潜、陈源、潘家洵、燕卜荪、莫泮芹、谢文通，哲学系教授张颐，史学系教授陈受颐、韩儒林，教育学系教授邱椿，法律学系教授戴修瓒、李祖荫、芮沐，政治学系教授周世述、张忠绂、邱昌渭、许德珩、张佛泉。由此可以看出，原北大教授在抗战期间多已星散，不少教授在国外或国内重庆、贵阳、北平、上海等地②。

4月2日，傅斯年批复了先生为北京大学复校而写的教师聘用计划报告。

4月5日，傅斯年致先生函，最可说明复校北归是事关北大生死存亡的历史抉择，信文如下：

昨函计达。今日先一谈北大大局。莆斋兄等来此，接洽交通工具，打听一般空气，其结果是水上工具无有，一般

① 汤一介：《1945—1948 年汤用彤先生与北大复校——汤用彤与胡适、傅斯年》，《北京大学学报（哲学社会科学版）》2013 年第 3 期。
② 汤一介：《1945—1948 年汤用彤先生与北大复校——汤用彤与胡适、傅斯年》，《北京大学学报（哲学社会科学版）》2013 年第 3 期。

空气以复员为惧,去京沪者来信,无不怨声载道,劝人不搬。弟之看法,今年局势险恶,经济及其他皆可有不了之演变。然国内国外皆不会打起来的,以后总是"阴阳怪气"拖上几年。或觉今年北方大局不定者,明年未必更好,此等全国局势问题,无法可想,愈想愈不得结果,且云南又岂乐土,或可下逐客令也(可询枚荪、莘斋兄等)。所以弟之看法,问题不在此,问题所在,在无水上交通工具,这乃是一条死症。万里长征向更贵的地方走,必怨声载道。

目下形势,清华、南开实在羡慕他们有决定他们走不走的自由,北大则无之。假如弟在清华,弟将主张只在北平开一年级,其余缓一年,以便观望(明年未必好,观望即是很好的安心丸)。但北大情形不如此。北平有几千学生,假如北大不去,他们必要求挂起北大(至少分校)的牌子来。目下政府尚未民主,而威权已一落千丈,是会答应的(去年李宗仁便要答应)。伪校教员又必因北大继续开班而留下,则那时无论用何名义开班(本年暑假),他们必会摆架子,而要求正式聘请,继续任用。地方政府以及教育部是会答应的。……然则,我们如不于暑假在北平升旗,北平必出来"北大",也许客气些叫北京大学分班,或更客气些叫北平临时大学,然必有"北"、"大"字,必简称北大。从此据我们的房子,用我们的仪器,而以正统自居。即使明年我们能再去,亦将托庇于他。于是北大以伪教授为主体,尚堪问乎?此乃必然之演变,决非弟想入非[非]之谈也,盖陈雪屏的组织,如不于六、七月间断然结束,而延长之,必反客为主。学生必不容"补习班"字[样]之存在,其教员(绝大多数是伪教员)必要求为正式教授,所以北大之存亡系于今夏之搬与不搬。清华、南开皆无此困难,可以自由选择,我们无此自由的。

　　总而言之,无论联大决定夏间搬与不搬,我们的教授、助教团体必须大多数北迁,否则北平开不了场。虽然我们请的教授不在昆明者多,但仍以昆明教授为中心也,其必愿留者均随其便,希望大多数能北行,系主任尤非北行不可也。以上看法未知吾　兄以为何如?盼与同人想想。如以为然,弟当致力于交通工具。单人不成问题,家眷大成问题,只好做到几分算几分。北大存亡在此一举,北大之运命决于今夏,故弟强调言之,仍当取决于众同人也。①

傅斯年在信末请先生把“此信俟弗斋或秉权之明诸兄返后,乞交月涵先生一看”。4 月 29 日,梅贻琦就有关复校诸事致函先生。

　　此顷,先生在西南联大演讲《魏晋思想的发展》,由石峻记录并整理成文。该文底稿由石峻正楷手书,先生于其上略加增删②。

　　5 月 4 日上午,国立西南联合大学在新校舍图书馆举行结业典礼。三校代表先生、叶企孙、蔡维藩相继致词,赞颂三校在抗战时期合作无间的关系,宣布西南联合大学在完成其战时的历史使命后随即解散。西南联大与“五四”有不解之缘,从长沙迁至昆明后的西南联大是 5 月 4 日开学,八年后也恰在这一天宣告结束。三校代表的发言,均与“五四”紧紧相扣。北大代表先生不禁联想到“五四”,说“联大是‘五四’开课的,刚好又在‘五四’这一天结业”。清华代表叶企孙阐发了先生的未尽之言,语

①《傅斯年致汤用彤》(1946 年抄件),中研院藏,档案号Ⅱ:65。
②该手稿在本书写作时存北京大学燕南园。我们目前正在新编的《汤用彤全集》,不论如何齐全,终究以其作品的最终成果为主,很难反映他的写作过程。而从手稿反复修改的墨迹中,更能亲切体会到先生对著作精益求精的精神和治学的风格。影印手稿作为一种更为鲜活的文本,见证了一代宗风的形成轨迹,可视为其艺术和学术的共同结晶。

意深长地说"我们要争取学术独立"。南开代表蔡维藩说"怀着爱国家的心及重科学、重民主、重美术的精神北上吧",并作为其临别赠言。大会主持人梅贻琦特别强调他们三人所言相当于"写了一篇文章,正代表了联大精神"①。在他们心里,"联大精神"就是"五四"精神。冯友兰宣读了由他撰写的《国立西南联合大学纪念碑》碑文②。

5月,胡适在纽约致电先生、周炳琳、江泽涵,告知自己将于5月27日从旧金山起航返国。电报末尾有"交通部电信局来报处"字样及其公章,原稿正文为英文,现汉译如下:

> 汤用彤主任,周炳琳主任,江泽涵主任:
>
> 五月二十七日从旧金山起航,饶毓泰准备六月起航。为我延迟的返回深表歉意。
>
> 胡适③

5月22日,西南联大召开第375次会议,主要讨论三校复员事宜。当时梅贻琦不在昆明,遂由先生代理主持会议④。从昆明回北平决非易事,除把滞留人员安排好,还有书籍、仪器设备等

① 田堃:《珍重,联大!——记一个八年合作的奇迹》,《云南日报》(昆明)1946年5月5日第2版。另参阅《联大完成历史使命,八年合作意义深长,昨日行结业礼三校开始北返,地方父老依依惜别互道离衷》,《云南日报》(昆明)1946年5月5日第2版。
② 会场照片今存,主席台左起第二人为游国恩、第三人为先生、第四人为梅贻琦、第五人为沈从文。
③ 原稿今存北京大学档案馆。
④《西南联大常委会第375次会议记录通知》,《国立西南联合大学史料》第2卷,第439—440页。梅贻琦日记中对与汤用彤的交往,及他们商议设置西南联大纪念碑等事,多有记述。参见梅贻琦:《梅贻琦日记1941—1946》,北京:清华大学出版社2001年版。南开大学校内的联大纪念碑前由范曾书写的石碑上也提到汤用彤。

如何运回北平诸多杂事,且国内战争也严重影响了复员进程。

6月初,先生一家和北大同人陆续飞往重庆,等待安排北返。时值炎夏,先生与金岳霖、周炳琳等人及西南联大数百家眷挤居于山城狭隘的临时住所,连月来都在焦急、煎熬中度日。汤一介先生回忆说:"我记得和我们一家同住一起的有冯至教授一家,陈占元教授一家等等。"①在先生返回北平之行期间,由贺麟暂时替他代理联大哲学心理学系主任的职务。

7月9日,周炳琳致函胡适:

> 校中内部维持与在联大中的清华、南开保持接触,数月来汤锡予兄实负其责。锡予兄身体原不大好,为爱北大,竟肯挺身而出,至足钦敬。锡予兄处事稳妥持平,深知各方面情形,数月来局面之维系,孟真实深得其助。锡予原有意先赴宁沪与先生一晤,六月初来重庆后,见于飞机机位之不易获,遂变更原议,决定径飞北平,即在此时,航委会飞机移作别用,至平无机,遂延至今日尚未能行。②

7月15日,闻一多教授在昆明西仓坡被特务乱枪暗杀,身中数弹,其子闻立鹤重伤。梅贻琦闻讯后"愤愕不知所谓"。当晚,梅贻琦发急电报告教育部,并致公函给法院、警备司令部及警察局。得知闻一多被害消息,正在重庆候机北上的先生与冯友兰、金岳霖、周炳琳等三十四位教授联合上书教育部朱家骅部长转国民政府严正抗议特务的卑劣行径,请求严格追查凶犯及其主使人,从速处理,以平公愤。此快邮代电中写道:

①汤一介:《1945—1948年汤用彤先生与北大复校——汤用彤与胡适、傅斯年》,《北京大学学报(哲学社会科学版)》2013年第3期。

②汤一介:《1945—1948年汤用彤先生与北大复校——汤用彤与胡适、傅斯年》,《北京大学学报(哲学社会科学版)》2013年第3期。

朱部长勋鉴:

同人等复员过渝,留滞陪都,方怅行路之艰难,而昆明噩耗频传,联大教授闻一多先生父子又被狙击。闻先生治中国文学成绩卓著,一代通才,竟遭毒手,正义何在,纪纲何存!同人等不胜悲愤惊愕,祈主管当局务缉凶归案,严究主使。政府在道德上法律上之责任决不能有所规避,对于其所属人员亦不能有所曲护,并祈从速处理,以平公愤,无任企祷。

王遵明、王宪钧、江泽涵、吴素萱、邵循恪、李鲸石、周炳琳、周作仁、金岳霖、苟清泉、姚从吾、姚圻、徐仁、陈康、高华年、马大猷、许维通、张清常、张怀祖、郭沂曾、阴法鲁、冯友兰、冯式权、冯至、汤用彤、费青、傅乐淑、黄子卿、汤佩松、叶企孙、叶楷、刘俊潮、刘钧、蔡枢衡。①

7月18日,冯友兰致梅贻琦函说:"昨日始悉一多消息,不胜悲愕。此间同人已联名致教部一电,原稿由锡予寄呈一阅。校中对于一多家属抚恤不知已有决定否,弟意可先决定下学年续发薪津,其余以后再说。"8月,冯友兰致梅贻琦、雷海宗函中复就闻一多家眷抚恤问题进言②。

7月28日,重庆各界人士六千多人隆重举行李公朴、闻一多追悼大会。大会主席团成员兼主祭人周炳琳讲述了闻一多的生平事迹,以及他们从"五四"运动以来的相交经过。8月9日,周炳琳与重庆各界人士暨五十余团体成立"陪都李闻惨案后援会",并发表宣言吁请当局彻查血案,切实保障人身自由等。8月25日,顾祝同在昆明召开记者招待会,宣称霍揆彰之云南省

①《西南联大金岳霖、汤用彤、冯友兰、叶企孙等过渝教授致教育部朱家骅部长快邮代电》(1946年7月18日),清华大学档案馆藏。
②《闻一多研究动态》第4期,1996年5月。

警备总司令一职已被革除。

7月31日，西南联大正式宣布解散，恢复北大、清华、南开三校建制。先生的学生韩镜清、王维诚、庞景仁、张世英等，随南开大学复校到哲学教育系任教。他在文科研究所带的研究生杨志玖、王达津、王玉哲及杨翼骧先后至南开历史系、文学系任教。

杨祖陶回忆这一时期的复校情况说："1945—1946学年末，由于送还所借《高僧传》我又去了用彤先生家一次，我向先生汇报了联大解散后我将到北京大学哲学系学习的打算，先生依然是不动声色地听着，但我从先生的面部表情似乎觉得先生默默地首肯了我的选择。一介兄在《汤用彤学记》序中说：'我父亲汤用彤先生几乎一生都关注在他的教学和研究上，同时他也非常关注北京大学的"学术自由，兼容并包"的传统。特别是对抗战胜利后北大的北归"复校"，可以说是尽心尽力了。'读到这里，我对自己能在用彤先生担任复校后的北京大学校务委员会主席（实为校长）、文学院院长时期完成自己的大学学业倍感庆幸，对用彤先生呕心沥血开创的北大复校的教育事业深感崇敬。两次到先生家都只见到先生，没有见到过师母和其他家人。此外，只有一次，我在联大南区远远地看见身着灰布长衫，脚踏圆口布鞋的先生牵着幼子一玄在医务室外面好像是去注射预防针什么的。"①

7月下旬，先生由重庆乘飞机重返辞别了九年的北平，住进小石作胡同2号。该胡同南起景山前街，北止陟山门街，东临大高玄殿，西近北海，与故宫相邻。小石作胡同的院子坐南朝北，院里很宽敞，进了院门，是一个过道，再向里是一个小天井。天井右边有一小跨院，院子里有四五间房子。院子的右边是南房，

---

①杨祖陶：《哲人的"常态"——〈汤用彤学记〉读后》，《读书》2011年第8期。

南房旁有一道墙,墙上开有一个门直通正院。正院是四合院,里面有北房五间,东房三间,西房三间。正院还带着一个小跨院,跨院里是厨房等处。

7月5日,胡适回国到达上海,7月29日飞抵北平,先生与傅斯年、郑天挺等人代表北大赴机场迎接。胡适下机伊始,向围上来的记者宣称:"中国民主有了进步,新文学和妇女解放有了进步。原来坚决反对白话文的胡先骕,近来为报纸写论文居然也用了十句白话,这是他归国后的第一件最痛快的事。"胡先骕是先生的《学衡》社友,听了胡适这番话,先生自是会心一笑①。

8月4日,北大校友会在蔡元培纪念堂开会欢迎胡适。8月16日,胡适主持召开北大校务行政第一次会议,重点研究北大院系调整及新建制和各院系教员聘任事。

8月29日,周炳琳在致胡适信中说:"北归,在等候飞机中。据余又荪兄告,交通部电中航公司续开专机三次,送联大同人至北平,第一班名单已定。……快亦恐须到九月中始能行。"②

汤一介先生回忆北归过程时说:"三校返回平津实际上至十月分三批才得以成行。我记得是乘一架运输机,机内有两排相对而坐的长条椅,十分颠簸。到北平机场是一辆卡车和一辆小轿车来接,我们大多数人被引上卡车,都站在车后面的车箱内,一路只可以观看北平的街道。车上的孩子们都高歌'我们是昆明人',完全忘记自昆明到北平的种种困难与辛苦。真心感到能回平津的快乐。我想,用彤先生在战火中把这一批有老有小的队伍从昆明带回到北平用了近半年的时间,他一定是常处于提

①此据孙尚扬:《汤用彤年谱简编》,《汤用彤全集》第7卷,第683页。汤一玄先生告知笔者:1946年他随父亲到达重庆后,在重庆等待了很长时间,此间闻一多被刺。他们到达北京已经是秋天。

②《胡适来往书信选》下册,第125页。

心吊胆之中。在北大整个复员的过程中,也许更费心思的是筹划各北大各院系如何恢复到1938年前的盛况,并使之在各方面得到发展,这在傅斯年先生与胡适的通信中可清晰地看到。"①

杨辛教授回忆复校后的情况说:"北大复校后,汤先生担任北京大学文学院院长,住在景山小石作的一所四合院,比昆明住的小院宽敞多了,我与一介住在一间书房里。后经友人帮助,一介和我插班到育英中学念高中。不久,遇上北平国立艺专建校后第一次招生,校长是著名画家徐悲鸿,我因为喜爱绘画就去报考西画系,发榜时我被第一名录取。后来就转到艺专学习,有一段时间因艺专没有学生宿舍,我仍住在汤家,早上步行到东总布胡同艺专上课。这段时间汤先生虽然是北大文学院院长,但生活仍很清苦。我记忆中早上吃的常是窝窝头切片。进入艺专后在西画系学习,我的班主任是董希文老师(油画《开国大典》的作者),入学后第一年,我的成绩也是第一名。这个时期除了接受董希文先生的经常指导外,我还有幸多次聆听徐悲鸿先生的教诲,还观看过齐白石老人在现场作画的示范表演,这些熏陶对我后来从事美学教育工作都很有帮助。到了1947年上半年,我积极参加学生运动,参加了北平大学生'五·二〇'反饥饿、反内战大游行。当时我是艺专学生美术研究会的副主席,艺专学生运动的负责人之一。后来,国民党把我们这些牵头的人列入黑名单,要逮捕我们。在这种情况下,地下党组织帮助我们转移到冀东解放区。"②

9月初第一个周六下午,罗常培长女罗坤仪与刚于西南联大

①汤一介:《1945—1948年汤用彤先生与北大复校——汤用彤与胡适、傅斯年》,《北京大学学报(哲学社会科学版)》2013年第3期。
②杨辛:《谁言寸草心,报得三春晖》,汤一介、赵建永选编:《会通中印西》,第468—469页。

毕业的董式珪,在北平"九爷府"的小礼堂举行结婚典礼。先生与胡适为证婚人,郑华炽、傅斯年、郑天挺等人参加。

傅斯年在任北京大学代理校长主持复校的同时,还积极筹办中央研究院历史语言研究所①的北平办事处,并在北平东厂胡同接收了日伪搜罗古籍文献颇丰的"北平人文科学研究所"和"近代科学图书馆"等机构②。当时日人计划编《四库全书续编》,并已编好总目提要③。在此基础上,傅斯年成立了史语所北平图书史料整理处,以整合北平的史学资源,推动学术研究。

傅斯年主张历史学就是史料学,应以自然科学提供的一切方法来发现、扩充和整理所有史料,唯有运用新材料,发现新问题的工作才具有学术意义,故他将工作重点放在古籍和考古史

①1928年初,中央研究院筹备委员傅斯年向院长蔡元培建议设置历史语言研究所。3月,中央研究院于中山大学筹设历史语言研究所,聘傅斯年、顾颉刚、杨振声三人为常务筹备员。7月,正式成立,所长始终由傅斯年担任。抗战期间,该所先迁湖南长沙,继迁云南昆明,后搬至四川南溪县李庄之板栗坳。1946年迁回南京,并接收北平东方文化研究所及近代科学图书馆,成立北平图书史料整理处。1948年冬,在傅斯年主持下,将南京的人员、图书、标本、文物等迁至台湾桃园县杨梅镇。1954年春,随中央研究院定址南港。随着台湾经济成长,该所规模得以扩充,建有研究大楼、考古馆,1960年建傅斯年图书馆。

②东厂胡同东起王府井大街,西至东皇城根南街,因明代在此设特务机构"东厂"而得名。东厂胡同东口路北为清末重臣荣禄的府第。民国初,袁世凯以10万银元买下荣府的东半部,赠送给黎元洪。1927年,"日本东方文化事业总委员会"买下黎宅,在园中建有"北平人文科学研究所"和"近代科学图书馆",这三者都是日本用部分庚子赔款开办的。1946年,中央研究院历史语言研究所接收上述三者,成立北平图书史料管理处。傅斯年请北大文科研究所的一部分人员在东厂胡同办公和住宿。

③《续修四库全书》从1994年重新开始启动,历时八年,完成了全部一千八百册的编纂出版工作,2002年4月由上海古籍出版社出版。

料的发掘整理上。尽管先生与傅斯年的文化理念相左，但在史料学建设方面却与傅斯年多有共识。因此，傅斯年聘请先生为中央研究院历史语言研究所兼任研究员。

9月20日，胡适为傅斯年卸任"代理"校长举办茶话会后，正式接任北大校长。他同时聘任先生为文学院长兼哲学系主任，饶毓泰为理学院长，周炳琳为法学院长，马文昭为医学院长，俞大绂为农学院长，马大猷为工学院长，樊际昌为教务长，陈雪屏（后为贺麟）为训导长，郑天挺为总务长，组建了复员后的北大领导班子。至此，北大复校大体就绪。胡适提出了《争取学术独立的十年计划》等一系列大学教育的蓝图。胡适常在南京开会，北大校务多由先生协理。

先生主管北京大学哲学系和文学院校时，奉行无为而治的理念。汤一介先生对父亲为人行事的道家"无为"作风颇有感受。他说："我记得他当哲学系主任只管两件事：一是聘请教员，二是指导学生选课。其他事他大多不闻不问。这可能也是他少与人发生矛盾的原因之一。当时哲学系只有一个半时助教，管管日常收发；文学院也只有一个办事员。我认为，这样精简的机构是比较适合学校的运作的。人员少了矛盾少了，就可以行'无为之治'。"[1]

先生协助胡适与傅斯年，对北大复校尽其所能，甚感身心疲惫，希望得到一段休息的时间，正巧加州大学拟请先生去讲学一年。罗常培1946年10月6日致函胡适谈到此事：

> 昨接Boodkesg来信说，加尔弗尼亚大学拟聘汤锡予先生一年，"修敬"相当丰厚（年薪三千六，安家费三千六，或另有旅费），托代劝云云。这件事倒颇让我踌躇，因为我自己不能立刻返国，岂可再替旁人拉北大文学院的台柱子？可

---

[1]汤一介：《昌明国粹，融化新知——纪念汤用彤先生诞生100周年》，《中国文化》1994年第1期。

是为汤先生着想,在抗战七年间受尽艰苦,且连遭丧明之痛,身心颇受损失。在筹备搬家一段,尤替北大卖尽了老力气。如有让他短时休养的机会,似乎不可失掉。再以北大和加大学术上的联系设想,Boodkesg 作学术虽嫌武断,但中文根柢很好(比雷好多了),对人也懂礼貌。战时即想为中国学者设一讲座,以资修养生息。①

10 月 7 日,朱自清携眷飞赴北平,暂住在国会街北京大学四院,直到月底搬进刚修缮好的清华园旧居。此间,他拜会了先生、郑天挺、杨振声、周炳琳、胡适、陈岱孙、梅贻琦、陈福田、沈从文、冯至、闻家驷、俞平伯等老友。

10 月 10 日上午,北京大学举行开学典礼。北大四院里旧众议院的会议厅讲台上坐有胡适校长和法学院长周炳琳、文学院长先生、秘书长郑天挺、训导长陈雪屏、教务长郑华炽、经济系主任赵乃搏、杨振声教授、闻家驷教授等三十多位。正厅、楼厅和楼厢上坐满了两千多位同学。胡适阐述了北大的历史和精神及其对北大的希望。师生在礼堂外摄影留念后,各位教授乘汽车出了四院的铁门。

10 月 11 日,先生为办理赴美护照事致函北京大学秘书处请其代领。

10 月 23 日,先生撰写的《谢灵运〈辨宗论〉书后》②发表于天

①汤一介:《1945—1948 年汤用彤先生与北大复校——汤用彤与胡适、傅斯年》,《北京大学学报(哲学社会科学版)》2013 年第 3 期。

②《魏晋玄学流别略论》和《谢灵运〈辨宗论〉书后》在刊印前的底稿,由时任汤先生助手的杨辛先生手书。它们既是先生开创魏晋玄学研究的奠基之作,也是杨老翰墨生涯早期硕果仅存的书法创作,集学术性、思想性、艺术鉴赏及文物价值于一体,珠联璧合,弥足珍贵。古人云"字如其人"、"书为心印"。杨老手书的汤文,工整清晰,一字不苟,几如碑帖,以后如能集成专辑影印出版,诚不失为学界和艺坛一段佳话。

津《大公报》的《文史周刊》第 2 期,详论道生顿悟说在中国哲学史上的意义。

11 月 4 日,为工作方便,先生应傅斯年邀请,由小石作 2 号搬入了东厂胡同 1 号这所景色优美的中式花园住宅,与傅斯年和胡适比邻而居。

11 月 7 日,先生致函傅斯年,汇报他在中央研究院和北大的工作进展情况说:

孟真兄长:

彤好不容易将小石作房屋退出,于三日前搬入中央研究院后院住居。

此闻图书馆管书库孙先生辞职,经让之及弟等劝导,大概可打消辞意。知一注特闻。北大已上课,文学院聘人已算齐全,已到者在十分之八以上。所聘人员除德国人卫德明外,无一曾在伪大学任教者。卫德明亦仅照敌侨留用条例,不给名义,只领薪水。

胡先生已聘林超先生来教地理。林先生已允,并说将地理研究所搬到北平,并已得朱先生允许。胡先生答应为地理研究所寻找房屋,已与地质馆商量。但将来房屋如不敷用。或需用北大文科研究所房屋之一部分,不知兄于意云何。文科研究所已在最后一院布置妥帖,木器及文卷资料已搬入,已开始办公,并闻。①

汤一介先生晚年回忆当年在东厂胡同 1 号难忘的居住环境说:

我是从 1947 年初到 1950 年初在那里住了近三年。但由于我在北大做学生,1947 年至 1948 年底以前大部分时间

①原件今藏聊城傅斯年纪念馆。

住在学生宿舍里，真正住在大院的时间大概只有一年半的时间。而这一年半在我一生中也是很难忘掉的了，当然不仅是大院本身，而更为难忘的是那几位同住大院的小朋友。我那时已是刚过二十的年轻人，也就是大孩子吧，而那几位小朋友只是十三四岁或十五六岁的小孩子，但我们却玩在一起。

东厂胡同大院中有一块大草地，还有假山、小土山，亭台楼阁可以说应有尽有，树木很多，而我最喜欢的是白丁香和碧绿的竹子。我家住进去时，这大院已成为中央研究院历史语言研究所驻北平的办事处了。我家住的是大院最后一排房，房子在一个台子上面，除厨房和厕所外有五间房，而我另住在台子下面与之并排的一间，西面就是傅尚媛家了。邓可蕴是著名历史学家邓广铭先生的女儿，他们家住的是大院最前面的一排房。梁柏有是住在邓可蕴家东面偏北的一所房中，她是著名考古学家梁思永的女儿。有时我家的亲戚、在清华大学读书的万比先也来，住在我们家，因而他常常参加我们这一伙玩，也算是大院中的一个大孩子吧！

大院偏前中间有一用不规整的石头筑起的假石山，其上有一个大阁榭，四面是玻璃门窗，中央放有一乒乓球台，我们常在里面一面打球，一面谈笑。很幸运，我还留有我们几个在这假山石上的照片，虽然照片有点模糊不清，但是还可以认出其中的人谁是谁。今年我们再去大院，这阁榭已不存在了，而我们几个人也都六七十岁了。

1948年冬围城期间，我们常在傅斯年住的那所大房子里玩，或者是打桥牌，一面打牌，一面听唱片。我们几个人都喜欢听贝多芬、莫扎特、肖邦、柴可夫斯基、斯特劳斯的东西。因为唱片不多，有的常常听很多次，像斯特劳斯的《皇帝圆舞曲》《蓝色多瑙河》，肖邦的钢琴曲《月光》，柴可夫斯基 的

《悲怆》,莫扎特的《小夜曲》,贝多芬的第九交响乐中的大合唱是我们最喜欢听的。围城好像对我们没有什么影响,或者说正是因为围城给了我们一段等待的时间,等待黎明。①

11月7日,教育部长朱家骅批复了关于"北京大学呈报本校文学院长汤用彤接受美国聘请并请代领出国护照"的公函。

11月,在西南联大九周年纪念会上,胡适以自己和梅贻琦、先生等人为例来说明,三校原本是"通家",患难与共,休戚相关,合作精神应继续发扬下去。

11月,胡适拟去南京参加"制宪国民大会",先生力持反对意见,劝阻他说:"国民党这样腐败,你何必去,并且就是要帮助国民党,你不去更好。"胡适没有听从,还是应蒋介石之邀赶去进入了大会主席团,并被推举为"决议案整理委员会"委员,主持制定了《中华民国宪法草案》。胡适说:这部宪法的问世,标志着国民党即将结束训政,还政于民,是"一件政治史上稀有的事"。对此,先生在解放后的一份"思想检查"中说:"这充分代表了我和胡适和反动统治的关系。第一,我自命所谓清高,不愿参加政治,我叫胡适不要去,其实是爱护胡适。第二,我所说的伪国民党腐败,是恨铁不成钢的意思,实在是站在相同的立场。第三,我的意思基本上是要帮助国民党的忙,并且以为站在中立的地位,更可以帮国民党的忙。我因为当时有这样反动的思想,所以,实际上做了反动统治阶级的俘虏。自己以为清高,不问政治,而很高兴地参加了所谓院士会议,维持个人学术上的地位,但是入了胡适反动匪帮的网罗,为他们点缀门面。其实,反动统治只要当时所谓学者能这样也就心满意足了。因为,一方面帮他点缀了门面,显得他网罗了天下所谓

①汤一介:《我们三代人》,第235—236页。

'英才',他可以增加声势,并且他可以向美国主子交代,说这许多学者还拥护我,而这些所谓学者,就是白皮书中所谓的民主个人主义者,是美帝所极力想拉拢的。另一方面,我虽然有的时候也说几句似乎公平正义的话,但是基本是站在反动统治的一边。所谓清高,就是反对革命,自己愿意埋头研究,也希望学生埋头念书。这样,就麻痹了青年,缓和阶级斗争,帮助了反动统治阶级的。此外,我以前以为说几句所谓公平正义的话,觉得并没有帮助反动派。"①

12月21日,先生与北大、清华、南开等校教授联合致函国民政府主席蒋介石,要求合理调整教师待遇。其中南开大学教授有司徒月兰、周祖谟、申又枨、邱宗岳、陈序经、陈雪屏、雷海宗、冯文潜、张清常、黄钰生、吴大任、王维诚、庞景仁。他们希望的调整办法在原则上有两点:"(一)对一般教师待遇,应按生活费指数计算,以达一合理之标准,俾足以维持安定之生活;(二)政府对各地区与各部门公教人员,不应有不公平之差别待遇。"②

12月24日晚上,北京大学先修班女生沈崇被美国士兵强奸。北大教师袁翰青起草了准备送交美国驻华大使司徒雷登的抗议书,发起签名运动。胡适从南京电告先生处理沈崇事件之意见。

年底,中印建交后,先生应邀为北大同学作了两次演讲:一为《佛经翻译》,二为《玄奘法师》。这两次演讲的提纲今存,从中可见先生对佛经翻译和文化交流的基本认识。

汤用彬抗战中留北平,曾任北平市府秘书主任,后在大后方子女的压力下辞去伪职,闲居北平。本年底,他回归故里湖北黄

---

①该手稿未刊,本书写作时藏北京大学燕南园。

②《北大、清华、南大等校教授要求合理调整待遇》,《南开大学校史资料选》,天津:南开大学出版社1989年版,第687—689页。该函现藏中国第二历史档案馆。

梅,编修《黄梅县志》。

本年,"青年文库"丛书由中国文化服务社印行,主编是朱云影、程希孟、赵纪彬,编审委员会成员有:先生、方东美、冯友兰、洪谦、陈大齐、宗白华、黄建中、范寿康、梁漱溟、贺麟。这套丛书有近70本专业著作,如钱穆《刘向歆父子年谱》、孟森《清史讲义》、萧涤非《汉魏六朝乐府文学史》、范存忠《英语学习讲座》、殷海光《逻辑学讲话》等。

本年,胡适、傅斯年和先生筹建起东方语文学系(后来改称东方语言文学系),经向达和白寿彝教授推荐,先生代表北大聘请四十岁的马坚到东方语文学系任教。

季羡林本年夏从德国留学归来,先生将他聘请到北京大学。季羡林说:"从上大学起,他的著作就哺育了我,终生受用不尽。来北大工作,又有知遇之感。"①先生先聘季羡林为北大的副教授,一周后又破格提拔他为教授,兼任新成立的东方语言文学系系主任和文科研究所导师。季羡林晚年感慨道:"前两者我已经不敢当,后一者人数极少,皆为饱学宿儒,我一个三十多岁的名不见经传的毛头小伙子,竟也滥竽其间,我既感光荣,又感惶恐不安。我心里最清楚:背后这都出于先生的垂青与提携,说既感且愧,实不足以表达我的心情。我做副教授任期之短,恐怕是前无古人的,这无疑是北大的新记录,后来也恐怕没有人打破的。"②

季羡林来北大后,当年下学期一开始即以"学生教授"或"教授学生"的身份,听先生讲授"魏晋玄学"课程。他说:"我觉得每一堂课都是一次特殊的享受,至今记忆犹新,终生难忘。"③还

---

①季羡林:《回忆汤用彤先生》,《光明日报》1997年5月28日第7版。
②季羡林:《回忆汤用彤先生》,《光明日报》1997年5月28日第7版。
③季羡林:《〈文化的冲突与融合〉序》,张岱年、汤一介等:《文化的冲突与融合——张申府、梁漱溟、汤用彤百年诞辰纪念文集》,第1页。

说自己是汤先生"班上的最忠诚的学生之一,一整年没有缺过一次课,而且每堂课都工整地做听课的笔记,巨细不遗。这一大本笔记,我至今尚保存着"。季老将其珍藏于自己的书库中,并坚信它"有朝一日总会重见天日的"。由是因缘,季羡林自认为"是锡予先生的私淑弟子,了了一个宿愿"①。先生在北大图书馆专门为季羡林安排了一间教授研究室,所有要用的资料都从书库中便捷提取,又派一位研究生做他的学术助手。由此发端,该研究室后来扩展成为"季老工作室"。

　　每当季羡林写出新作,都先送给先生请求指正。他说:"我之所以能写出几篇颇有点新见解的文章,不能不说是出于锡予先生之赐。……他的意见,哪怕是片言只语,对我总都是大有帮助的。""古人说:人生得一知己足矣。我不敢谬托自己是锡予先生的知己。我只能说锡予先生是我的知己。……尽管我对我这一生并不完全满意,但是有了这样的师友,我可以说是不虚此生了。"②改革开放后,季羡林任北京大学副校长时,也以先生当年的方式破格提拔人才③。

---

①季羡林:《回忆汤用彤先生》,《光明日报》1997 年 5 月 28 日第 7 版。现存先生当年的《魏晋玄学讲课大纲》比较简略,还缺失了六章。季老听此课的详实记录,将有助于世人了解"魏晋玄学"一课的全貌。

②季羡林:《回忆汤用彤先生》,《光明日报》1997 年 5 月 28 日第 7 版。

③粉碎"四人帮"后,邓广铭出任北京大学历史系主任,也是像先生那样十分注意发现人才。邓先生因病住院期间,听说北大正在进行一年一度的职称评审,马上想到一些人又将因年轻、资历不够而被忽略了真实水平,以致延误晋升。于是,他叫女儿邓可蕴给季羡林打电话,代表他说:"请你像当年汤用彤先生擢识季羡林那样,去支持帮助这些年轻的学者。"当他得知季先生会尽力去做时,不禁流下了欣慰的泪水。李蕾:《邓广铭先生二三事》,《光明日报》2007 年 3 月 28 日第 12 版。

1947 年(丁亥) 先生五十五岁

1 月 22 日,沈崇一案宣判,胡适获知此案胜诉后,立即去先生家,未遇,遂留一便笺告知:"锡予兄:沈崇案完全胜诉,被告强奸罪完全成立,敬闻。适之 丁亥元旦。"①以往研究者对此信落款日期的解读多误以为是阳历的元旦,实际上是指大年初一。

年初,蒋介石拟改组政府,想请胡适出任国民政府委员兼考试院院长,委托傅斯年、王世杰等人说项。3 月 29 日,胡适与先生、郑天挺(总务长)、陈雪屏(训导长)商量,由他们密电政府,说明校长不应参加政府委员会之意。胡适又通过教育部长朱家骅向蒋介石转达自己不能参加政府的苦衷。与此同时,先生、饶毓泰、郑天挺三人联名致电朱家骅:

> 顷闻中央拟推适之先生为国府委员,逖听之余,深感惶惑。窃意北大方始复员,适之先生万不能中途离校。国府委员会为国家最高决策机关,更不宜由国立大学校长兼任委员。此事倘经实现,不惟妨碍北大前途,又与北大组织法不合。今日大局不安,适之先生在北大对整个教育界之安定力量异常重大。同人爱护政府,爱护学校,并深知适之先生之立场。用敢冒昧陈辞,务祈婉为上达,力为挽回,不胜迫切待命之至。②

由于先生等人联合极力陈请,蒋介石终于不再强求,但其心中仍"殊为耿耿"。

2 月 21 日,胡适嘱秘书草拟请北京大学教务长、秘书长和

---

① 汤一介:《记胡适给我父亲的一封信》,《群言》2001 年第 3 期。
② 《汤用彤等致朱家骅电一通》,耿云志主编:《胡适遗稿及秘藏书信》第 36 册,第 482—483 页。

总务长(简称"三长")、文学院院长汤先生等五院院长出席学生公费审查委员会的公函。北京大学档案馆所存底稿全文如下:

> 兹定于下星期一(二月廿四日)下午四时在本校校长办公室举行第三次公费审查委员会,敬祈届时惠临出席为荷。此致
> 校长
> 三长　　　　　　　　先生
> 五院院长
>
> 胡适敬启
> 三六、二、廿一

2月,为镇压日益扩大的爱国民主运动,北平警备司令部、宪兵团、警察局和国民党市党部出动了八千多人,以清查户口为名进行大搜查,逮捕了中共地下党员、民主人士、教授、学生和无辜群众等各界人士两千余人,其中有清华学生王宪铨。时值期末考试,清华大学学生立即罢考抗议,北大学生也在酝酿和清华一致行动。

2月22日,先生与许德珩、朱自清、向达、金岳霖、俞平伯、陈寅恪、张奚若、钱端升、吴之椿、徐炳昶、杨人楩等十三位教授联名签署《保障人权》的宣言,批评和抗议政府非法搜捕进步人士和爱国学生的行径,义正辞严地谴责国民政府践踏人权,向政府及社会呼吁尽速释放无辜被捕的人民。

3月8日,《观察》发表了这份宣言:

> 保障人权
>
> 宣言者:朱自清　向达　吴之椿　金岳霖　俞平伯
> 徐炳昶　陈寅恪　许德珩　张奚若　汤用彤　杨人楩　钱
> 端升　二·二二·北平
>
> 近日平市清查户口,发动警宪八千余人,分八百余组,

午夜闯入民宅,肆行搜捕。据平津二月十九日各报记载:十七日一夜捕去一千六百八十七人,连同前数日已入陷囹圄者共两千人以上。其中不少知名之士,就已知者如中央警官学校王云相教授,北平耆旧符定一,行总平津分署组长于汝祺女士,中外出版经理社经理张亦风夫妇及店员三人,牙医师朱砚农博士,前协和医学院大夫蒋豫图博士,师院附小女教师二人,以及华北学院学生三人,并据当局表示:尚拟继续搜捕。当初政府公布宪法重申保障人民自由,甚至颁行大赦,北平一地即已释放千余人。今反以清查户口之名,发动空前捕人事件,使经济上已处水深火热之市民,更增恐惧。同人等为保障人权计,对此种搜捕提出抗议。并向政府及社会呼吁,将无辜被捕之人民从速释放。至其确有犯罪嫌疑者,亦应从速依法移送法院,并保证不再有此侵犯人权之举。①

时人把这次抗议行动称之为"一个新人权运动的开始"②。当时教授们已经习惯了这种文明的抗议方式,接受不接受是一回事,但要充分表达出自己的意见。

春,先生讲完魏晋玄学一课,随即授英国经验主义。杨祖陶回忆说:

> 北京大学哲学系学习的最后一个学年度里,我以极大的专注选修了用彤先生开设的《大陆理性主义》和《英国经验主义》两门课程。关于先生讲课的风采,我曾在《西哲东渐的宗师》中做过这样的描述:"先生上课从不带讲

①《观察》第 2 卷第 2 期,第 21 页。
②许德珩:《许德珩回忆录——为了民主与科学》,北京:中国青年出版社2001 年版,第 228 页。

稿,绝少板书,也不看学生,而是径直走到讲台边一站,就如黄河、长江一泻千里式地讲下去,没有任何重复,语调也没有什么变化,在讲到哲学家的著作、术语和命题时,经常是用英语,就这样一直讲到响铃下课。"(《学记》,第79页)当时我们这些学生既折服于先生讲授内容之博大精深和有根有据,又十分惊叹先生讲解之流畅和娴熟,私下以为这是由于先生对教学内容了如指掌和多年反复讲授之积累,因而讲起来行云流水,举重若轻,是再也勿需讲前备课的了。实则大谬不然。一介兄(那时他和我们一起上这两门课)在纪念先生百年诞辰的《昌明国粹 融化新知》中写道:"从二十年代起他教这两门课已经不知多少次了,但他每次上课前都要认真准备,重新写一讲授提纲,把一些有关的英文著作拿出来再看看,当时他担任北大的行政领导工作,白天要坐办公室,只能晚上备课到深夜。"(《学记》,第92页)用彤先生就是这样一位随时都把学生听懂、掌握讲授内容和将学术应有的纯洁、尊严放在首位的大写的"人师"!……

在我日后多年教学实践中,总是不断加深对先生的教学理念与方法的认识,并认真追随。我认为先生讲授最主要的特点是,他从不按照他人的转述(即所谓"二手资料")来讲,而是严格根据哲学家本人的原著,讲解中都要指出某书、某章、某节或某命题,讲授内容可视为哲学家原著的导读。先生对原著绝不是照本宣科,而是经过严密的分析,引导学生通观原著的本质内容和逻辑线索,以明了其大体。他也从不对所讲的哲学学说做主观的判决或宣称它们有什么用,而是根据历史事实和理论分析对其存在的问题和困难进行一种客观的"质疑",以启发和培养学生钻研问题的"理论兴趣"。通过对原著的客观分析来掌握一种哲学学说和以一种客观质疑的方法引导学生把西方哲学作为客观对象而对其做客观研究——先生的这种做法不仅有教学方面的意义，而且实际上也是研究西方哲学应有的，也许是唯一正确的态度和方法。我很庆幸自己是在这种做法的熏陶和培育下成长起来的，使我在后来的教学和研究生涯中受益无穷。①

3月30日，西洋哲学名著编译委员会和中国哲学研究委员会在北平的先生、张颐、贺麟三位委员，函邀胡适、林志钧、张东荪、张申府、金岳霖、郑昕、胡世华、朱光潜、冯至、张季同、容肇祖、陈康、庞景仁、任华等二十余人，在北京大学蔡子民纪念堂聚会。先生为会议主席，贺麟报告中国哲学研究委员会与西洋哲学名著编译委员会的工作和经费状况，并为《哲学评论》约稿。会上，林志钧演讲《中国先秦哲学之精神》，认为"今后中国哲学之发展，应发扬先秦富于创造性、实行性、社会性之基本精神，并须特别注重知识与方法"②。与会者对此进行了热烈的讨论。

4月，中国哲学会北平分会邀请美国康乃尔大学哲学教授柏特(E. A. Burt)来华交流，并举办欢迎会，先生、熊十力、胡适、林宰平、金岳霖、梅贻宝、贺麟、朱光潜等学者出席。柏特在北平三周，中国哲学会安排他到北京大学、燕京大学、清华大学等校进行"哲学综合问题"、"美国哲学之趋势"等演讲。1949年北平解放后，该学会自然解体而融入中国新哲学研究会。

5月7日，傅斯年致函胡适，希望能在不影响其北大工作量的前提下，以给先生加薪为由，把他调到史语所工作。信文如下：

①杨祖陶：《哲人的"常态"——〈汤用彤学记〉读后》，《读书》2011年第8期。
②于良华：《第一个中国哲学会》，《哲学研究》1989年第3期。

适之先生赐鉴:

　　兹有一事相商:汤锡予先生在敝所为兼任研究员,其薪水之发给,有一困难,即敝所在薪水支给上,乃系机关而非学校。机关支领兼薪者,不能兼领生活费和加成数。但在学校则有变通之办法,学校所支之钟点费,可并支加成数而能报销。故锡予先生若在贵校支全薪,而在敝所支兼薪,势能行通,因敝所为机关,不能支领生活费及加成数。

　　然若反而行之,即在敝所支全薪,而在贵校支兼课之兼薪,则贵校可支加成数。至于在贵校可支钟点费若干,自当由贵校定之。目下人人由政府发一份薪水,由何机关开支,事实上毫无分别。故拟请先生惠允锡予先生之薪水,由本年一月起至本年六月止(六月以后另定之),由敝所支付。庶几锡予先生之收入可稍多,且锡予先生决不因此而减少在贵校之义务,并不因此而增加在敝所之义务,无非求手续合法而行得通而已。务乞惠允,无任感荷! 专此,敬颂

　　道祺!

　　　　　　　　　　　　　傅斯年谨上　五月七日①

由于胡适需要倚重先生在北大协理诸多事务,因而调动之事未获批准。但是傅斯年仍聘请先生兼任中央研究院历史语言研究所驻北平办事处主任,月薪200元。先生尽管接受了主任一职,可当发薪时,他却如数将薪金退回,说:"我已在北大拿钱,不能再另拿一份。"②

　　当学生反饥饿、反迫害、反内战的"五二○"运动发生后,5

①该函首载《胡适研究丛刊》第三辑,北京:中国青年出版社1998年8月版,第371—372页。
②汤一介:《代序:昌明国故,融会新知》,《汤用彤选集》,天津:天津人民出版社1995年版,第14页。

月 27 日,有三十一位北大教授发表宣言声援,三十二位燕京大学教授发表宣言响应。此际,有学生找先生,请他在宣言上签名,尽管先生一度矜持说:"先生不应该要学生帮他争薪水。"①但是,不久先生还是随同清华、北大两校教授于 5 月 29 日发表了《为反内战运动告学生与政府书》。

6 月 24 日,胡适写信给傅斯年说:"汤公之出国,我很舍不得,但为他计,不能不让他出去一趟,现请朱孟实代理(北京大学文学院长)一年。"②

7 月,先生所撰《魏晋思想的发展》发表于《学原》第 1 卷第 3 期,后来作为附录收入《魏晋玄学论稿》。该文综述魏晋玄学的产生发展及与外来佛教的关系,可视为先生对自己玄学研究的总结。

7 月 9 日,先生致函胡适校长说,因应美国加利福尼亚大学之聘,特请假一年。

8 月,先生休假,出国讲学,由上海乘船赴美。朱光潜代理文学院长。同月,朱光潜列名为国民党中央监察委员。

9 月,先生开始在美国加州柏克莱大学讲授"The History of Chinese Thought from Han to Sui Dynasty"(中国汉隋思想史)一课。该课讲义简明地勾画出了早期佛教、道教,以及魏晋玄学的整体发展轮廓。他在"导论"中评述道教形成时期的这种兼容并包特点:"在佛教初来中国时,中国的星相术、炼丹术、占卜术、流行的迷信观念和各种带有宗教性质的教团以及某些哲学思想被糅合在一起,形成了一个庞大的宗教体系,也就是说,这一时期

①汤用彤"思想检查"未刊稿。
②汤一介:《1945—1948 年汤用彤先生与北大复校——汤用彤与胡适、傅斯年》,《北京大学学报(哲学社会科学版)》2013 年第 3 期。

是道教的形成期。"①后来,施舟人(K. Schipper)依此立论以道教文化为"中国文化的基因库"②。鲁迅的名言"中国根柢全在道教,从此考虑,一切问题迎刃而解"③,也可以从道教兼容性的方面来理解。

　　"中国汉隋思想史"一课现存讲义,主体内容是玄学。先生不仅首次用"魏晋玄学"(Wei-Tsin Metaphysics)之名概括魏晋时期的思想文化,而且用欧洲语言将魏晋玄学系统介绍到西方。他称魏晋时期为"The discovery of man"(人的发现)的"an age of individualism"(个人主义时代),认为玄学家们是在回归自然中实现真实自我的价值,并盛赞他们关于社会道德规范需符合自然之理,必须体现个体价值的思想④。《中国汉隋思想史》讲义是先生对魏晋玄学最后的系统研究⑤。

---

①原文为:"It was also at that period that Chinese astrology, alchemy, Art of Divination, popular superstions, various religions cults, and some philosophical ideas were brought together and syncretized to form a gigantic system of religion, that is to say, it was the Formation Period of Taoistic Religion."汤用彤: The History of Chinese Thought from Han to Sui Dynasty,《汤用彤全集》第4卷,第188页。

②详见施舟人:《中国文化基因库》(汤用彤学术讲座之三),北京:北京大学出版社2002年版。

③鲁迅:《致许寿裳》,《鲁迅书信集》,北京:人民文学出版社1976年版,第18页。

④此课程英文讲义收入《汤用彤全集》第4卷,第187—255页。

⑤他的各种玄学讲义相关内容现大多已整理收入《汤用彤全集》,但他的玄学讲义、笔记和往来书信中还有许多关于玄学的重要研究成果,当前仍多被忽视。如,他在玄学方面的未刊稿有:《魏晋玄学》提纲、《扬雄的〈法言〉》、《名理家言》、《玄学读书笔记》、《何邵〈王弼传〉玄理略释》、关于章太炎《读郭象论秕绍文》的笔记、《向郭与支道林》、《列子与向郭》等。

时陈世骧教授在加州大学任教①，正在将陆机《文赋》译成英文出版。他在《前言》中提到先生在加州大学讲课事。女钢琴家姚锦新与陈世骧两人间的争执日渐频繁，终于导致姚锦新提出了离婚要求。姚锦新的要求得到了在旧金山的中央大学校长顾孟余的理解和支持，他认为解除不幸婚姻是对封建意识的叛逆。为此顾孟余特邀请姚、陈夫妇到自己家里吃了一顿"最后的晚餐"。在顾孟余和先生主持下，姚、陈夫妇正式离婚，由先生在离婚书上签了字。

先生所撰《王弼之〈周易〉〈论语〉新义》一文由奥地利汉学家李华德译成英文，刊于美国《哈佛亚洲研究杂志》②，引起了西方学术界的重视。

1948 年（戊子）　先生五十六岁

本年夏，先生在美国柏克莱大学讲学满一年，又收到哥伦比亚大学的聘请，治学条件和生活待遇远非国内大学可及。但因他眷恋故土，加之与胡适有一年之约，故谢绝邀请，如期返回了行将解放的祖国。对此，先生在解放后的一份"思想检查"中说："我到美国去教书，正当北京学生运动高潮的时候，我离开祖国也是逃避革命的火焰。当时心下未尝不想能继续在美多教几年，假使我的希望能够实现，我现在已成了美洲的白华，永为民族的叛徒，当时之所以有这样的思想，是由于长期受了资产阶级的教育，我一向醉心于英美的所谓'民主自由'，站在剥削阶级的

①陈世骧（1912—1971），字子龙，毕业于北京大学，留学美国，执教于加利福尼亚大学。

②Wang Pi's New Interpretation of the I Ching and Lun Yu（Translation and Notes by Walter Liebenthal），*Harvard Journal of Asiatic Studies*，Volume10，No. 2. 李华德（Walter Liebenthal，1886—1982）曾英译《肇论》（其中发挥了先生的相关论述）、《六祖坛经》。

立场,迷恋寄生虫一样的生活,而不敢正视祖国的现实。畏惧与自己个人利益有冲突的斗争,这种个人的利益无疑地和统治阶级有依存的关系。所以,遇到学校学生运动到了最激烈的时候,我的态度就非常恶劣,站在反动统治阶级的立场,非常显明。"①

8月,先生回国抵达上海,汤一介先生前往迎接。他们小住后,便往苏州看望钱穆。钱穆住在一座大花园内,他在亭子中招待先生喝茶聊天。为不打扰他们谈话,汤一介先生喝茶后见花园有水塘、假山、奇石、树花繁茂,即去欣赏园景,没有听到他们所谈内容。幸好钱穆暮年记述了此际他俩的一段谈话:

> 其时汤锡予赴美国哈佛讲学归,特来访。告余,傥返北平,恐时事不稳,未可定居。中央研究院已迁至南京,有意招之,锡予不欲往。彼居江南大学数日,畅游太湖、鼋头渚、梅园诸胜,其意似颇欲转来任教。然其时适在秋季始业后不久,余告以此校初创,规模简陋,添新人选,须到学年终了,始能动议,劝其且暂返北平。不意时局遽变,一时小别,乃竟成永别。②

随后先生父子又去南京数日,即回北平。

8月12日,清华中文系主任朱自清病逝。8月16日上午,清华师生举行朱自清追悼会,浦江清介绍朱自清生平,梅贻琦、冯友兰、清华学生代表、北大教职员代表罗常培、燕京大学校长陆志韦等致悼词③。

9月12日,辽沈战役爆发。

---

①该手稿未刊,本书写作时藏北京大学燕南园。
②钱穆:《八十忆双亲·师友杂忆》,第273页。
③笔者曾在中国现代文学馆里见到朱自清追悼会所用一幅白布制成的签到簿,上面有先生与陈寅恪、罗常培、朱光潜、吴晗、霍秉权等参加追悼会人员十分工整的签名。

　　汤一介先生对此间情况回忆说:"由于我们家和胡适住隔壁,偶尔胡适也到我们家来,只记得他穿一黑色长袍,西裤,很稳重地走来,见他来,我就回避到我住的那间小房去。但有一次胡适先生则帮我一次忙。我当时参加了共产党的外围社团组织腊月社,在48年秋腊月社曾把图书室设在我住的小房间内,并常在那里开会。因而为国民党特务所注意,此事胡先生知道后,就让他的秘书邓广铭先生通知我父亲。父亲把这事告诉了我,于是我和北大历史系学生刘克钧偷偷把有可能引起麻烦的书籍装在两个大麻袋里由翠花胡同(东厂胡同大院有一小门可通往翠花胡同的北京大学文科研究所)运到红楼去了。"[1]

　　1929年8月,行政院决议以北平的大学研究机构为基础组建国立北平研究院,由李煜瀛任院长。国立北平研究院前期采取研究所和研究会并用的体制。1945年春起,该院积极筹划将院内各学会或研究会改造为国内高层次的学术会议组织,并在实践中形成了北平研究院会员制,规定由院务会议推荐和院长聘任。1946年3月和1948年9月,该组织先后两次举办会议,其参会会员按学科分十组,凡90人,其中史学组为先生、徐炳昶、陈垣、陈寅恪、顾颉刚、姚从吾、张星烺、董作宾和李俨等9人[2]。

　　1948年秋,中央研究院第二届评议会主持完成了首届院士的选举。评议会设计了周密的推荐和选举程序,充分体现民主和公开公正,评议员以学术贡献为标尺,尊重同行评议意见,从而确保了选举的顺利进行。中央研究院经过评议和选举,产生了中国的第一批院士81人。分为数理、生物、人文三组,每组院士人数大致相等。其中数理组有陈省身、华罗庚、苏步青、吴大猷、吴有训、叶企孙、严济慈、李四光、竺可桢、侯德榜、茅以升等,

①详见汤一介:《汤用彤与胡适》,《中国哲学史》2002年第4期。
②《国立北平研究院第一届会员题名录》,《科学大众》1948年第6期。

生物组有贝时璋、童第周、胡先骕、戴芳澜、汤佩松、俞大绂等著名科学家,而人文组更是群星璀璨,有先生、吴敬恒、金岳霖、冯友兰、余嘉锡、胡适、张元济、杨树达、柳诒徵、陈垣、陈寅恪、傅斯年、顾颉刚、李方桂、赵元任、李济、梁思永、郭沫若、董作宾、梁思成、王世杰、王宠惠、周鲠生、钱端升、萧公权、马寅初、陈达、陶孟和,共28人,皆国内一时之选。由此,中央研究院基本完成了以院士为主体,由院长主持,评议会负责学术评议,各研究所则从事学术研究的体制建设。

9月21日,先生到南京出席中央研究院第一届院士会议,在会上与冯友兰等人共同入选评议员(即常务委员,属人文组哲学门)。

9月23日,先生在南京出席中央研究院成立二十周年纪念会(与众院士集体合影今存)。23日到24日,又参加在北极阁召开由朱家骅主持的第一届院士会议。

9月24日,经过八昼夜激战,济南被解放军攻克。当消息传到正在南京召开的中央研究院首届院士会议上时,院士们深受震动。先生遂与傅斯年谈起他们在北平多年苦心经营的中央研究院历史语言研究所大批珍贵典籍的安全和保管问题。当时在坐的语言学家丁声树院士毫不隐讳地说:"你不用着急,共产党来了,还不是叫你接收吗?"当时,先生听后颇受刺激。解放初,他在一份未刊的"思想检查"稿中自述:"我听了这话,心里很难过,反而以为他是侮辱我,充分证明我是站在什么立场,好像要替国民党效忠到底的样子。由此可见,我平常也讲所谓'气节',实在是士大夫对于主子的共存亡。我平常也提倡所谓'忠诚',那决不是对于祖国人民的利益。并且当时我听了那个话,我虽然半信半疑,但是,据我的判断,南京、北京可不是那样容易拿下。"①但是丁声树的预言很快就应验了。

---

① 据未刊手稿整理,时存北京大学燕南园。

逯钦立《〈文赋〉撰出年代考》一文刊于《学原》1948 年第 1 期,首次据陆云写给陆机的 35 通书信,考证《文赋》"至早为永宁元年岁暮之作品",时陆机四十一岁。《文赋》究竟是陆机何年所作,以往众说纷纭,该文基本解决了这一问题。

9 月,先生在南京参加中研院首届院士会议期间,逯钦立前往拜望。先生告诉他,陈世骧对《文赋》撰年也有考证,并建议逯钦立将文章寄陈世骧一份。陈世骧收到逯钦立所寄文章后即回信①。虽然二人见解大体相同,但在细节上仍有分歧,遂就各自结论"微有出入处"继续"往复辩论"。

10 月 15 日,先生给逯钦立的信谈到《文赋》撰出年代考证诸事:"钦立足下:归国以来得知贤契学业猛晋,甚为欣慰。在京谈及陆平原作《文赋》之年事,前接陈子龙函(九月十三日),彼之考证已定为陆年四十之时,是与尊著意同,但未知其立论根据是否相同也。前闻陈磐先生有关于'禁不得'一文,彤拟引用,乞向陈先生要一份寄下,为荷。王则诚关于河上公注文已收到,当交五十周年纪念编辑会,看后即附印,乞并代为转达。"《学原》原拟发表逯钦立、陈世骧及先生的通信,但由于杂志停刊而作罢。这些信 1958 年在香港一家杂志刊出,题为《关于〈文赋〉疑年的四封讨论信》,并注明系"民国三十八年春《学原》存稿"②。

11 月 3 日下午 4 时,胡适校长于蔡子民纪念堂主持北京大学校务会议第 70 次会议。胡适报告:"中央研究院办理三十八年度院士选举,函请本校提名候选人,本校拟请俞大跋、胡适、殷宏章、张景钺、许宝騄、汤用彤、饶毓泰七教授组织'中央研究院

---

① 《汤用彤、逯钦立、陈世骧关于〈文赋〉撰年的通信》,《中国社会科学报》2010 年 1 月 14 日。

② 《汤用彤、逯钦立、陈世骧关于〈文赋〉撰年的通信》。

院士提名委员会',由汤用彤召集。决议通过。"①

11月2日,东北全境解放,全国军事形势发生根本变化。11月29日,平津战役开始,毛泽东对北平暂实施"围而不打"的战略部署。北平行将被围之际,南京政府急令北大等校南迁。11月22日,胡适在蔡孑民纪念堂召开校务会议,表示不考虑迁校,拟由教授会来表决。11月24日,胡适与先生主持教授会,讨论并正式通过不迁校的决议。

此际,傅斯年感到平津行将不保,因而迟迟不回北平,并积极考虑史语所在北平图书史料的处理问题。他提出先把清廷遗留的三法司档案转给北京大学,请先生去落实。先生办妥之后,给胡适留的便条中说:"烦告傅孟真先生:三法司档案,北大可以接受。但由午门运至东厂胡同,约略估计,需用运费数百万元,现拟仍暂留午门,由北大负责保管。"②

11月27日,傅斯年致电先生:"北平沙滩东厂胡同一号。汤锡予兄 弟之缓行,正因筹款,日内必有著再告。斯年。戌感。"③

12月13日,解放军开始围城,迫使傅作义陆续将部队撤至城内。12月14日,蒋介石连发电报敦促胡适南飞,称时间紧迫,不容拖延。胡适仓惶间来不及向同事们告别,行前只给先生和郑天挺留下便函委托先生和郑天挺共同维持北大,成了他的诀别之言。有关传记、文章对此函往往辗转引用,在文字、日期等方面错讹迭生,今据原件,全录如下:

锡予、毅生两兄:

①原件今藏北京大学档案馆。
②《汤用彤给傅斯年便条一通》,耿云志主编:《胡适遗稿及秘藏书信》第36册,合肥:黄山书社1994年版,第484页。
③原件藏台北中研院,档案号:京4—2—31,页末收发注记"中华民国37年11月27日送发"。

今早及今午连接政府几个电报,要我即南去。我就毫
无准备地走了。一切的事,只好拜托你们几位同事维持。
我虽在远,决不忘掉北大。

弟胡适　卅七、十二、十四①

函中所谓政府命其立即南去才"毫无准备地"临时决定南下之
说,我们联系胡适当时的状况来看,应非托词,而是实情,因他此
前一直表示:为北大不考虑离开。

12 月 15 日,胡适携夫人飞抵南京明故宫机场。胡适一走,
北大没有了校长,群龙无首,一时成瘫痪状态。北大教授会随即
召开会议,决定成立校务委员会以主持学校各项事宜。通过选
举,先生被推选为校务委员会主席,成为事实上的北大校长。考
虑到先生的责任心和影响力,胡适走前还曾单独留一信,请先生
出面主管北大。对此,先生虽婉拒,但他对那封共同维持北大的
便笺,则表示"还是人多些好"。于是,周炳琳也进入领导核心小
组,与郑天挺一起成为先生主持校务的左膀右臂。

2 月 16 日,即在胡适走后的第二天,北京大学召开第 74 次
行政会议,决议推举先生、郑天挺和周炳琳三先生为行政会常务
委员。

12 月 17 日,校庆会议上宣布,北大校务由先生、郑天挺和周
炳琳三人小组负责维持②。17 日,正当先生为首的校委会在北
大举办校庆纪念会时,胡适在南京也应邀出席当地校友会举办

---

① 胡适《致汤用彤、郑天挺》留言便笺,是用毛笔行楷竖写在一张宣纸上,并
在"北大"下划了一道杠以示着重强调。现藏北京大学档案馆,案卷号:
BD1948519。又载《胡适全集》第 26 卷,第 835 页,惟"北大"二字未加下
划线。
② 王学珍、王效挺、黄文一、郭建荣主编:《北京大学纪事》,北京:北京大学
出版社 1998 年版,第 394 页。

的"北大五十周年校庆大会"。

当北平逐渐沦为孤城时,蒋介石已然看清其结局。在抢运故宫珍宝和国库黄金的同时,他也制定了"抢救"知名学者计划,并委派傅斯年、朱家骅、蒋经国等人负责实施。计划中有四种人必须"抢救"南下:院校负责人、中央研究院院士、因政治原因必须离开者、学术上有杰出贡献者。先生符合其中三项标准,所以被列在第一份名单里,属重点"抢救"对象,而胡适四项尽占,自是"抢救"之首选。胡适一下飞机也立即投入策划"抢救"的工作,并致电先生,请他主持空运同人事宜,还表达了对自己离职的极其愧疚之情。17日下午,先生收到了胡适的这封电报:

> 安抵京,即与家骅、孟真、雪屏筹划空运同人事,必须获得傅总司令协助始有效,请兄与梅袁二校长切实主持,并与实斋兄密切联系。另电详达。此次在校庆前夕远离同人,万分惭愧。适。①

胡适刚到南京即专门致电先生委以重任,说明他还是期望先生能代替他在北平的职责。胡适所说另一封电报至今尚未发现,先生与梅贻琦等人如何共同落实此计划的情况不详。但通过现存梅贻琦与先生等人的通信,我们仍可探知北大与清华在此时的一些密切合作。

梅贻琦南下前夕致函先生、郑天挺和周炳琳,请他们照料留在城内的清华师生,诸如商请北大垫借清华教工底薪,北大如开课"请令清华学生依班寄读,俾得完成本期学业"(清华已于13日停课)等事。梅贻琦把重要事情安排妥贴后,才提着一架打字机,拿着两本书,率领第二批被"抢救"的学人,如北平研究院副院长李书华、北平图书馆馆长袁同礼和清华杨武之等二十四位

---

①胡适:《致汤用彤》,《胡适全集》第26卷,第836页。

教授,从容有序地走上接他们的飞机。12 月 21 日中午,梅贻琦一行从刚建成的东单临时机场起飞,傍晚抵达南京。时值孙科组阁,授予梅贻琦"教育部长"之职,但他表示:"不出来对南方朋友过意不去,来了就做官,对北方朋友不能交待。"故始终婉谢,卒不就职,转赴海外。

此后,先生继续负责组织人员南飞,并收到政府派人送他的两张机票。他的去留和态度势必影响其他学者的选择。若其南下,学者们或将蜂拥南去,而刚刚成立的北大管理机构也将面临解散。经地下党竭力挽留,加之师生们的信任,先生决定留下来,履行校长职责,与北大师生共济时艰。在其影响下,北大等校绝大多数教授也选择了留下。

汤一介先生对父亲没有南下的原因回忆说:

> 父亲不是没有考虑去南京,因为他曾让我母亲收拾两口箱子,并把这两口箱子放在我们住的东厂胡同大院内的图书馆书库中。并且对我母亲说:"有点准备总是必要的。"为什么我父亲会有这样的考虑呢?我认为,他有不少顾虑。一则是他对共产党一点也不了解,二则是由于他和胡适、傅斯年的关系比较密切,而且他在解放前几乎没有参与反对国民党政府的民主运动,也就是说他既不是民主党派的成员,也不是无党派的民主人士。……由于这些原因,他曾在去留之间有所考虑也是很自然的。

> 他之所以留下没有南下,我认为是他的学生汪子嵩同志(当时是地下党员)工作的结果。除此之外还有两个问题也是他当时要考虑的:一是父亲在北大已工作十几年,他对北大有着深厚的感情,而胡适临走的信又拜托他和郑天挺先生来维持,他怎么好离开北大呢?现在,我甚至可以认为父亲那时会幻想他们这一批学者留下或者可以维持北大的

传统。从这方面看,他们这些学者是对共产党全然的不了解,我想只是在他们读了毛泽东的《丢掉幻想,准备斗争》后,才知道自己的"幻想"的多么不切实际呀!二是父亲想到我不会跟随他南下,而于抗战时期他已失去了一子一女,他和我虽非死别,但却是生离了,又等于再失去一子,这不会不是他要考虑的一个问题。这一时期父亲虽未对我说什么,而母亲则对我说:"我们都老了,不知以后能否再见面。"

在这里,我要说说在父亲拿到去南京机票的一个小故事。父亲拿到机票如何处理?这时我母亲想到,她的侄女婿的妹妹周化一。周化一当时是辅仁大学教育系的学生,来北平最初曾住在我们家。母亲对我说:"化一年轻,而她的父母、兄弟姐妹都在南方,不如把机票给她,让她和家人团聚吧!"奉母之命,我去辅仁大学找化一,她不在宿舍,听同宿舍的女生说,化一可能到什刹海溜冰去了。我在什刹海找到了她。于是她带着冰鞋就到我家,母亲把票给了她,还给了她一些银元说:"飞机不知会飞到那里,有点钱走路方便些。"于是周化一就与钱思亮教授乘同一飞机离开了北平。1983 年,我作为罗氏基金访问学者到美国曾和周化一见面,谈起往事,都有隔世之感了。①

围城期间,大批国民党军队紧缩至城内,容身之处有限,遂到处征用民宅,胡宅亦不断有军人要来强住。先生和郑天挺为保护胡适留下的藏书和手稿不受损失,于是想出办法,约请胡适的几家名人朋友住进胡宅,以免遭乱兵侵占②。

---

①汤一介:《我们三代人》,第 131—133 页。
②1949 年 1 月 7 日,胡思杜在给母亲的家书中曾记述了此事。耿云志:《跋胡思杜写给父母亲的信》,《胡适研究通讯》第 2 期(2008 年 5 月 25 日),第 14、15 页。

　　北平开始围城时,先生仍担任中央研究院历史语言研究所北平办事处主任,兼管史语所北平图书史料整理处,在动荡的局势中依然在尽职工作。12 月 21 日,先生主持制作了数份《中央研究院历史语言研究所北平图书史料整理处现有在平员工名额》和《房屋器具简略说明》,并以"主任"的名义在上面签名盖章。接着,他又详细统计出了该整理处自 1948 年 12 月 22 日至 1949 年 1 月 3 日的一份《流动资产略记》①。

　　12 月 28 日,傅斯年以挂号公函致北京大学,请求派员全面接管中央研究院历史语言研究所北平图书史料整理处留下的所有图书、房屋和器具,乃至员工编制和工作等一切事务。信中说:近因时局变化,交通道阻,经本院研究,决定将本所北平图书史料整理处,敬乞北大接管,并特别强调希望北大能够接续该处未竟的史料整理工作:"平整理处整理图书工作尚未完毕,有继续工作之必要。兹将平处员工名额,函教育部转移贵校,以后各员名额及工作,请贵校全权支配处理。"②信末落款处钤有历史语言研究所所长傅斯年的签名印章和"国立中央研究院历史语言研究所关防"的篆文公章。

---

①现藏北京大学档案馆,案卷号:2011949041。
②现藏北京大学档案馆,案卷号:2011949041。

汤用彤先生编年事辑卷四

（1949—1964）

1949 年（己丑）　先生五十七岁

　　1 月 5 日，傅斯年在 1948 年 12 月 28 日写的信寄达北京大学。先生接函即与郑天挺协商，随后召开北大行政会议讨论此事。会上决议成立保管委员会负责接收和管理事宜，历史语言研究所专任研究员、北大文科研究所导师梁思永任主任，余逊（兼任秘书）、先生、王重民和张政烺为委员。先生亲自起草了该保管委员会各位成员的任命通知书，并于 1 月 10 日由北大下发①。

　　1 月 12 日，各项工作安排就绪后，先生指示北大复函中央研究院历史语言研究所，同意照办，同时以北大校长胡适的名义致函南京教育部备案②。北大接收中央研究院历史语言研究所北平图书史料管理处后，将其转入文科研究所。解放初，原北平图书史料管理处和原北平研究院史学研究所都划归中国科学院，并以此为基础开始酝酿成立考古研究所③。

　　围城中，北平地下党发动各界群众，开展和平解放北平运

----

①现藏北京大学档案馆，案卷号：2011949041。

②有关函件长达三十余纸，现藏北京大学档案馆，案卷号：2011949041。

③参见赵建永：《傅斯年两封遗札笺释》（之一、之二连载），《中国社会科学报》2014 年 8 月 20 日、9 月 22 日 B05 版。

动,使和平解决北平问题成为当时人民群众的一致要求。陈国符等北大教授纷纷集体上书和平请愿。1月中旬,在北平和平抉择的最后关头,傅作义委托华北伪"剿总"副总司令邓宝珊将军出面,通过《大公报》记者徐盈邀请先生、郑天挺、周炳琳和杨振声在邓家吃午饭,探询教育界对局势的意见,以作定夺。大家一致认为,必须保全北平,以民意为依归(即和平解放),邓亦表示赞同。几天后,傅作义又在更大范围内约请北大等校文教界名人二十余位到中南海座谈,大家亦皆如此表示。当天散会后,傅作义正式指示同意与解放军签订和平协议。

1月底,傅作义召集各大学及其他机关负责人宣布和平解放之事,并说次日晨有飞机去南京,愿走的仍可以走。先生决意坚守岗位,保护学校,迎接解放。

2月3号上午,解放军举行盛大的入城式,北大组织师生上街列队热烈欢迎。同日,先生代表北大,接受新政权管理。解放军入城后,北平市军事管制委员会文化接管委员会召集各校代表开会,北京大学由先生和郑天挺参加。

傅斯年为想接的朋友大多没来而大失所望,但此后傅斯年一直未放松"抢救"大陆学人的努力,从1949年初到年末,甚至1950年初,屡屡邀请郑天挺、先生、罗常培、向达、周一良、沈从文和在岭南的陈寅恪赴台,只是受邀者出于多方面考虑未作响应。中研院八十一位院士绝大多数未走,各所仅傅斯年领导的史语所比较完整地迁台[1]。最终,或走或留成为中国知识界的分水

---

[1]1948年12月,中央研究院数学、历史语言两研究所大部迁往台湾,留在大陆的各所被中国科学院接管。八十一位院士中,去台湾者仅有7人。中研院迁台湾后,设有物理、数学 、化学、资料科学、地球科学、统计学、原子分子科学、植物、动物、生物化学、生物医学、分子生物、历史语言、民族、近代史、经济、美国文化、三民主义等十八个研究所及一个计算中心。

岭,个人命运皆由是而泾渭分明。

2月28日,文管会主任钱俊瑞等10人到北大,与先生及师生员工代表在孑民纪念堂开会,商谈接管及建设新民主主义的北京大学诸问题。吴晗以副军代表身份参与接管北大,从此步入仕途,开启了"书生从政"的人生道路。

当天下午,接管大会在民主广场举行,先生致词表示欢迎。钱俊瑞宣布正式接管北大,并讲述了新民主主义文化教育方针,同时宣布:国民党、三青团等反动组织立即解散;取消训导制和党义等反动课程;学校行政事宜由先生负责。会后,文管会代表和北大师生员工一起举行庆祝游行,先绕场一周,然后出西校门环行景山,复入民主广场。4时30分,在"庆祝北大新生"、"北大新生万岁"的口号声中散会①。

2月29日,周炳琳致函校委会主席先生,要求辞去各项行政职务,专任本校教授。

据贺麟回忆,北平解放不几天,先生与郑天挺、周炳琳等北大主要负责人和各院长,联名写信给南京的胡适,告知解放后北大师生们平安无事②。该函可算是对胡适临别嘱托的一种圆满交待。

3月14日,胡适在南京收到先生、郑天挺、周炳琳、饶毓泰等北大老同事联名发来的问候函,他在日记中用"喜极!"来描述见信后的欢欣③。只是信里未见原北大训导长贺麟的署名,胡适不知道他出了什么事,颇为担心。

---

①王学珍、王效挺、黄文一、郭建荣主编:《北京大学纪事》,第403页。
②贺麟:《我和胡适的交往》,《文史资料选编》第二十八辑,北京:北京出版社1986年版。
③胡适:《日记1948年》,《胡适全集》第33卷,第722页。日记所述此信当即贺麟所忆那封联名信,因为内容相符,且没有贺麟的署名。

　　4月6日，胡适在拒绝了蒋介石为他安排的驻美大使等政府要职后，从上海坐轮船赴美。但先生主持下的北京大学在图书馆依然为胡适保留了一个职位。

　　为加强集体领导，更加有效地推行和改进校务，北京大学于5月4日成立了由先生、许德珩、钱端升、曾昭抡、袁翰青、向达、闻家驷、费青、樊弘、饶毓泰、马大猷、俞大绂、胡传揆、严镜清、金涛、杨振声、郑天挺、俞平伯、郑昕十九位教授，还有讲师、助教代表俞铭传、谭元堃，以及学生代表许世华、王学珍，共23人组成的校务委员会。先生任常务委员会委员兼主席，每月给予相当于1500斤小米的待遇。在常委中，有九三学社理事长许德珩教授、钱端升博士、闻家驷教授，还有历史学家向达、化学家曾昭抡、袁翰青、讲助代表俞铭传、学生代表许世华。军管会同时宣布：学校行政工作从即日起由新成立的校务委员会领导；任命曾昭抡为教务长，郑天挺为秘书长①，先生为文学院院长，饶毓泰为理学院院长，钱端升为法学院院长，马大猷为工学院院长，俞大绂为农学院院长，胡传揆为医学院院长，向达为图书馆馆长②。

　　5月9日，文管会宣布：由于成立了校务委员会，随即撤销派驻北大的军管代表和联络员。新一届校委会较胡适刚走后的校委会人员③多有增加，当与先生所说"还是人多些好"的建议有

①1950年5月8日，教育部批复，准郑天挺辞去秘书长职务，专任历史学系主任和明清史料整理室主任。1952年，他调任南开大学副校长。
②1949年5月5日发出的这份布告今存北京大学校史馆，北京大学档案馆亦藏有一份，案卷号：201949003。
③先生任北京大学校务委员会主席时，现存一份领导集体成员名单的手写稿，其中有副主席钱端升、王学珍、汪家缪及干事李天授等，并含分工。自胡适走后到次年5月4日期间的校委会组成情况，校史研究上往往付诸阙如，而这份名单则可填补这一空白。先生留下的相关文献和实物具有珍贵的文物价值，对研究北大校史和中国现代教育史有一定意义。

关。同日,周恩来到北大,在孑民堂与先生诸教授座谈①,并由周恩来主谈新民主主义教育和外国文化中国化等问题。他的为人、气度和见识让先生深感敬佩②。

5月13日,北平市军事管制委员会主任兼北平市长叶剑英正式任命先生为北京大学校务委员会主席兼文学院院长③。

6月1日,华北人民政府主席董必武任命先生、黄炎培、郭沫若、徐特立等人为华北高等教育委员会委员④。

6月6日,华北高等教育委员会在北京六国饭店举行第一次会议。6月7日《人民日报》第1版发表金凤《华北高等教育委员会 首次集会讨论学制等问题》报道:"到会董必武、张奚若、周扬、马叙伦、李达、许德珩、曾昭抡、吴晗、郭沫若、吴玉章、徐特立、马寅初、范文澜、成仿吾、邓初民、张志让、汤用彤、郑振铎……等四十二位委员。会上正副主任委员董必武、张奚若说明了高等教育委员会成立的意义与任务。高等教育委员会副主任委员周扬与黄松龄委员,分别报告平津各大学接管以来工作进行情况。继就大学学制、课程改革、私立大学之管理、秋季招生、本期各大学毕业生训练与分配等工作,广泛交换意见,讨论甚为热烈。会议一致同意授权常委会对所讨论诸问题继续研究并分别筹组各种专门委员会,提交将于最近召开的第二次会议

---

① 参阅中共中央文献研究室编:《周恩来年谱一八九八——一九四九》,北京:中央文献出版社1989年版,第826页。
② 参阅中共中央文献研究室编:《周恩来年谱一九四九——一九七六》,第174—175页;金冲及《周恩来传》,北京:中央文献出版社1998年版,第1188—1191页。
③ 中国人民解放军军事管制委员会"管委字006号"的委任状原件,本书写作时存汤一介先生处。
④ 召开成立大会的函件及先生的委任状,存北京大学档案馆,案卷号:2011949006。

正式通过,以利工作进行。"

北大校务委员会召开常委会第二次会议,记录本开篇写有"三十八年六月八日下午七时蔡先生纪念堂。主席汤用彤。记录郑天挺"①。会议记录附录有:工学院致锡予先生函,以及先生6月1日的批复;袁翰青致校委会汤主席函(1949年6月1日)1页。

6月16日,北京大学西语系主任朱光潜致函先生:

> 西文系为适应新时代之需要,拟添设俄文组与法文组,其课程大致与英文组相近,惟俄文组后期不偏重文学而重俄国一般文化及制度之研究。现距招生不远,如决添设应从速准备。②

同日,先生批复,提交校务委员会会议讨论。解放后,朱光潜很快就发现自己不适应做领导工作,多次向先生辞职。随后朱光潜认真研究马列著作,并在1951年翻译出版了用马克思主义观点探讨艺术问题的路易·哈拉普所著《艺术的社会根源》。

当时北大不设校长,亦未实行后来的党委负责制,校务委员会遂成为北大最高领导机构。1949年制定的《大学校务委员会组织大纲》规定:"校委会为全校最高权力机关,主持全校校务。""校委会采用民主集中制,主席有最终决定权,并对主管机关负责。""校委会会期每月一次,常委会每周一次,遇必要时得由主席召开临时会议。"③这种情况一直延续到1951年马寅初来接任校长后为止。因此,在北大校史上,都把先生排在胡适之后、马寅初之前的校长行列,成为北京大学第二十二任校长。而且,先生既是"老北大"的末任校长,也是"新北大"的开山校长。

---

①详见北京大学档案馆,案卷号:201949003。
②原件今藏北京大学档案馆。
③原件今藏北京大学档案馆。

北平解放初,由"新哲学会"和"中国哲学会"发起筹备全国性的中国新哲学研究会,并将旧中国的"中国哲学会"融入了新学会。1949 年 7 月 8 日,在北平召开发起人会议,讨论筹备组织章程和暂行草案,选举李达、艾思奇、何思敬、胡绳、汤用彤、郑昕、何干之、马特、金岳霖、张东荪、夏康农 11 人为筹备委员会常务委员,并推举李达为主席,艾思奇、郑昕为副主席;同时还成立了筹备委员会上海分会,由冯定、郑易里等人负责。该会宗旨是团结全国哲学工作者,传播马列主义及毛泽东思想,以正确认识新民主主义社会发展的规律和批判继承旧哲学遗产,在文化思想战线上对各种错误学说展开批判。随后,该研究会每两周开一次讨论会,学习马克思主义哲学,并研讨各种专业问题。

据张岱年撰文回忆:该研究会主要由汤用彤先生和胡绳先生领导。先生在会上建议在北大清华等校开设"近代思想史"课程,内容涵括中西,既讲中国的,又讲西方的。他在一次课程讨论会上说:"我们一定要把工作做好,一定要把工作做好!"[1]态度非常恳切,听者为之动容。先生还请金岳霖、冯友兰、邓以蛰诸同仁到家中午餐,一见面,他就问张岱年:"听沈有鼎说,你在清华对学生讲辩证唯物论是当代最伟大的哲学,是这样吗?"张岱年回答说,确实如此。先生在 1949 年即率先聘请艾思奇、何思敬、胡绳到北大主讲"辩证唯物主义和历史唯物主义"、"思想方法论"等课程。

7 月 11 日下午 7 时,先生在蔡子民纪念堂主持召开北大校务委员会常委会第 6 次会议,由郑天挺记录。会议记录附录有:先生致曾昭抡函(1949 年 6 月 9 日),及曾昭抡回复。

7 月 17 日,《人民日报》第 2 版刊登《中苏友好协会发起人名

---

[1]张岱年:《深切怀念汤锡予先生》,汤一介编:《国故新知:中国传统文化再诠释——汤用彤先生诞辰百周年纪念论文集》,第 41 页。

单》名单中有：宋庆龄、刘少奇、周恩来、郭沫若、丁玲、胡绳、贺龙、傅作义、彭德怀、焦菊隐、汤用彤、邓颖超、邓宝珊等共 698 人。

7 月 28 日，《人民日报》刊出报道：先生与丁西林、马叙伦、黄炎培、董必武、楚图南、潘梓年、钱俊瑞等中华全国第一次教育工作者代表会议筹委会常委发出向毛主席、朱总司令致敬电，以及致新政协筹备会贺电。

解放初，政府对各校采取"接而不管"的政策，北大各项事宜仍由先生负责。先生除领导学校日常的教务、行政、后勤工作外，还要筹建工会等组织，开展新民主主义学习运动，组织师生员工参加各类游行及声援抗美援朝等活动，并经常请中央领导、知名人士、战斗英雄来作报告。先生曾邀请陈毅、陆定一、周扬、谢觉哉、艾思奇、范文澜、胡绳等到北大作讲演，并聘请卞之琳、张志让、沙千里、千家驹、沈志远、楚图南、何干之、薛暮桥等专家来校任教①。

9 月 21 日，中国人民政治协商会议第一届全体会议在中南海怀仁堂隆重开幕，先生作为"中华全国教育工作者代表会议筹备委员会"的代表出席了大会。其中正式代表共 15 人：成仿吾、叶圣陶、钱俊瑞、林砺儒、张如心、晁哲甫、陈鹤琴、俞庆棠（女）、竺可桢、江恒源、汤用彤、叶企孙、杨石先、戴白韬、柳水是，候补代表 2 人：江隆基、葛志成②。会议讨论通过将北平改名为北京，

---

① 上述专家任教聘书和名人演讲等各项学校活动在北京大学档案馆都有详细记录。从现存档案中先生批示的大量文件可略窥其繁重校务之一斑。这批档案连同先生家藏遗稿的发掘整理，将为重新发现先生、研究北大校史和中国教育史乃至文化史提供丰富的史料，并开拓出新的途径。

② 会场合影照片由汤一介先生保存至今，先生前排左一，中排左一、二、六为叶圣陶、叶企孙、钱俊瑞，后排左一、二为江隆基、杨石先。先生现存遗稿中还有 1949 年"新政治协商会议筹备委员会便笺"数张。

并作为首都。

10月16日，"北京大学教职员联合会"在蔡子民纪念堂举行第一届第一次代表会，宣告正式成立。先生与中共北大总支代表叶向忠、青年团北大团委代表汪家缪、学生会代表王学珍、工警工会代表赵广继到会祝贺并讲话。北京市工会筹委会主席肖明、华北高等教育委员会副主任钱俊瑞以及中共中央委员、华北大学校长吴玉章等来宾也在会上讲了话。大会选出了北大教职联合会和分会的执委，总会主席为钱端升，副主席为陈明绍、钟之琦、沈承昌、谭元堃。

10月18日，《人民日报》第4版刊出报道："北大教职员联合会(简称北大教联)经过了三个多月的筹备，于十五、十六两日召开了第一次代表大会，宣告成立。北大教联系由北大教授会、讲助会、职员会合并而成。……通过了教联成立宣言及向毛主席、朱总司令致敬并祝贺广州大捷的通电。华北大学校长吴玉章、高教会副主任钱俊瑞、吴晗、市总工会筹委会主任萧明、北大校委会主席汤用彤均应邀出席大会讲话。"

熊十力1948年底由浙江大学南下广州，当获知北平解放后社会稳定，与之同道的先生出任北大校务委员会主席，方打消疑虑，决意留在大陆。10月25日即广州解放的第十天，熊十力致函先生，询问能否重回北大教书。次年春，熊十力在叶剑英、董必武、郭沫若的关照下北上。3月，熊十力抵京，政务院秘书长齐燕铭到车站迎接。当时郭沫若劝熊十力到中国科学院工作，但他仍坚守与先生的约定，回北大哲学系做教授。他以特别邀请人士身份参加首届全国政治协商会议，后入选第二、三、四届全国政协委员。

10月30日，《人民日报》刊登新华社新闻《苏文化代表团离京返苏　刘少奇等百余人到车站欢送　郭沫若致欢送词·西蒙诺夫致答词》载：

　　【新华社北京二十九日电】苏联文化艺术科学工作者代表团杜伯洛维娜、斯托列托夫、格拉西莫夫等一行已于今日上午十一时乘专车离京返苏。代表团团长西蒙诺夫尚需在京稍作逗留。我国中苏友好协会、中国保卫世界和平委员会、中央人民政府外交部代表均到车站欢送，计有中苏友好协会会长刘少奇，副会长吴玉章、沈钧儒、张澜、黄炎培，理事董必武、陈云、马叙伦、沈雁冰、李立三、蔡畅、章伯钧、滕代远、李德全、张奚若、彭泽民、钱俊瑞、周扬、冯文彬、谢邦定、邵力子、张治中等，中国保卫世界和平委员会主席郭沫若，秘书长刘宁一，委员袁牧之、廖承志、刘清扬、曹孟君、许德珩、李达、余心清、周新民、周建人、汤用彤、胡愈之等，及外交部部长周恩来代表李克农、外交部办公厅主任王炳南、副主任阎宝航等百余人。代表团在掌声和军乐声中进入车站后与欢送者一一热烈握手，接着由郭沫若代表中苏友好协会和中国保卫世界和平委员会致欢送词，并由西蒙诺夫团长致答词。……致词后代表团与欢送者均热烈高呼："中苏友好万岁"、"毛泽东主席万岁"、"斯大林大元帅万岁"等口号。……献花毕代表团再一次和欢送者热烈握手告别，旋即登车。十一时十分代表团专车在热情的招手和欢呼中开离首都车站。

11月22日，《人民日报》第4版刊登林洪所写《感谢人民自己的政府——记北京市第二届各界人民代表会议第二日》，文中记载北京市第二届各界人民代表会议讨论聂荣臻市长施政报告的情形："掌声象海涛一般一阵一阵地泛过会场，每个人的心激动着，充满了无限的喜悦和骄傲之感，'感谢我们人民自己的政府，拥护政府的一切措施'的声音，无数次地经过扩音器传到每一位在座的人的耳里，这是四百二十四位北京市人民代表的声音,也是北京二百万市民内心里要说的话!……北京大学校务委员会主任汤用彤代表因病不能出席,但他觉得不能不说话,于是便请樊弘教授代为向大会表达了他的意思,他对政府执行了各界代表会议百分之九十四的议决案表示十分满意,并且认为第二届各界人民代表会议的民主范围更加扩大了,人民自己选举自己的市长,是中国几千年来所没有的事。"

12月,在筹备新北大第一次校庆之际,应学生会的要求,经先生和郑天挺协商同意,决定以北大全体师生的名义,给毛泽东写封信,请他来参加校庆,并给北大校徽题字。该信于12月12日发出,寄往中南海。后来了解到,12月6日毛泽东率代表团离京,前往莫斯科,同斯大林商谈签订中苏友好同盟互助条约去了。

12月16日,在新北大首次校庆的前一天,《北大周刊》第21期刊出先生纪念校庆51周年的文章,一方面批评老北大的"为学术而学术"脱离现实的弊端,一方面力图重新阐释"兼容并包"口号[①]。《北大周刊》同一期发表罗常培教授的《祝北京大学的新生》,认为:北大的思想自由传统在过去三十年是可以推动社会发展的,可是在新民主主义时代它却可以阻碍社会的发展。

12月17日上午,在北大三院礼堂举行五十一周年校庆纪念大会,教育部副部长曾昭抡、中宣部副部长徐特立到会祝贺。先生致开幕词,回顾了北京大学的历史,特别是再度着重分析了蔡元培校长提出的"兼容并包"在当时历史条件下所起的进步作用。他说,今天,按此精神,凡古今中外有利于人民利益的文化均可包容,而帝国主义和封建主义之流毒则不能兼容。愿全体北大人在怀念过去、瞻望将来之际,同心协力担负起建设新民主主义文化教育的任务。针对当时与老北大传统彻底决裂的激进

①汤用彤:《纪念解放后第一次校庆》,《北大周刊》1949年12月16日。

主张,先生总是维护和发扬蔡元培"兼容并包"的思想,提出应以尊重历史连续性为前提,谋求新机制在旧体制内的渐进成熟,以实现新旧思想的平稳过渡。

由于先生的佛道教著述没有专门探讨寇谦之与崔浩的关系,以致这一大公案犹有许多待发之覆。年底,陈寅恪在先生研究的基础上,写成并发表《崔浩与寇谦之》一文,认为:

> 浩之思想行为纯自社会阶级之点出发,其所以特重寇谦之者,以寇氏本为大族,……又谦之所清整之新道教中,种民礼度之义深合于儒家大族之传统学说也。……浩为一代儒宗,于五胡乱华之后,欲效法司马氏以图儒家大族之兴起,遂不顾春秋夷夏之大防,卒以此触怒鲜卑,身死族灭,为天下后世悲笑。[1]

本年,先生在北京大学开设的"欧洲大陆理性主义"和"魏晋玄学"课程,对比斯宾诺莎的"自然"观和郭象《庄子注》中的自然主义,以此展开中西文化异同的比较。他认为中西文化异中有同,同中有异;不能因为两种文化的表面相同而强求一致,也不能因为存在差异而加以排斥,而应不囿于名相,寻求相通之处和一致性[2]。他既注意文化现象的普遍性,又注意其特殊性,坚持共性与个性的相互统一[3]。他的著作、授课及治校办学方针都体现了上述精神。

———————

[1] 陈寅恪:《崔浩与寇谦之》,《金明馆丛稿初编》,第140页。原载《岭南学报》第11卷第1期,1950年初刊。
[2] 张岂之在"中西印文化的融合及其发展前景国际学术研讨会"上的发言,载《中国文化书院简报》1993年12月10日第3期。
[3] 张岂之:《汤用彤关于中外文化比较的观点和方法》,张岱年、汤一介等:《文化的冲突与融合——张申府、梁漱溟、汤用彤百年诞辰纪念文集》,第115页。

1950 年(庚寅)　先生五十八岁

3 月 14 日,中国新哲学研究会筹备会常务委员会致函先生:

> 敬启者:我们的第二十三次哲学座谈会定于三月十九日(星期日)上午九点在沙滩北京大学总办事处后院蔡先生纪念堂举行,请艾思奇作报告:"关于日丹诺夫《关于西方哲学史的发言》的意见。"
>
> 又第二十四次座谈会定于四月二日的同时同地举行,请侯外庐先生讲"关于中国哲学研究的几个问题",请届时出席为荷。
>
> 此致
>
> 汤用彤先生
>
> 中国新哲学研究会筹备会常务委员会
>
> 三月十四日

先生把该信夹在当年上学期他开设的"欧洲大陆理性主义"系列课程之一的"笛卡儿《沉思集》(Meditation)"讲义中,并在信的背面写道:"与报告结合起来。"这当是建国后以苏联日丹诺夫关于唯物与唯心主义对立的方式来理解哲学史并引入教材的最早尝试之一。①

3 月 17 日,刚从苏联回京不久的毛泽东即把亲笔书写的北京大学校徽题字函件,经中共中央办公厅秘书室送到了先生的

————————

①该信和该课讲义都由汤一介先生保存下来,成为了解当时哲学动态和教学改革的重要历史文献。三十年后,汤一介先生发扬先生科学探索的精神,在《中国社会科学》发表《论中国传统哲学范畴体系的诸问题》一文,率先打破划分唯物和唯心主义的研究范式,提出从认识发展史的角度来看待哲学问题,由此引发中国哲学界持续多年的"范畴研究热"。

校长办公室。北大校委会当即决定在全校师生中广泛征求校徽图案,随即制成长4厘米、宽1.5厘米,印有红底白字或白底红字的长方形校徽,分别由教工和学生佩戴。

5月4日,先生所撰《五四与北大》发表于《文汇报》第8版。

6月初,先生出席中央人民政府教育部召开的首届全国高等教育会议。6月14日,《人民日报》第1版发表新华社讯《首届全国高等教育会议闭幕　高等教育方针任务确定　通过高等学校暂行规程等五项草案》内容如下:

> 该会经过两天预备会,听取了各地高等教育工作情况报告后,于六月一日上午正式开幕。到会者有各大行政区教育部及全国各主要院校负责人,车向忱、吴有训、楚图南、潘梓年、江隆基、陈剑修、邹鲁风、唐守愚、汤用彤、叶企孙、林砺儒、陆志韦、李达……等,中央人民政府各部会、院署代表及高等教育方面专家,中央教育部司长以上级干部,共一百八十余人。连同列席者共计三百余人。政务院董副总理、郭副总理、黄副总理,文教委员会副主任陆定一,财经委员会副主任马寅初,政法委员会副主任张奚若等均亲临指导。马叙伦部长致开幕词。他根据国家总的情况和高等教育的情况,指出新中国高等教育的方针和任务,要求高等教育密切配合国家经济、政治、文化、国防的建设,并根据理论与实际一致的原则,有计划有步骤地改革旧有高等教育的内容,要求高等学校准备和开始为工农开门,并使高等教育随着国家建设的逐步走上轨道,逐步走向计划化。……六月二日至六日进行小组讨论。七日、八日进行大会全体讨论。会议在讨论后一致通过了高等学校暂行规程、专科学校暂行规程、管理私立高等学校暂行办法、关于高等学校领导关系的决定、关于实施高等学校课程改革的决定等五项

草案,呈请政务院批准。

八日下午,毛主席、周总理曾亲莅大会。周总理向大会讲话,就"新民主主义教育方针"、"理论与实际一致"、"团结与改革"三个问题给了具体明确的指示。

九日上午,由钱俊瑞副部长作总结报告。下午举行闭幕式,由马叙伦部长致闭幕词。马部长在闭幕词中指出,这次会议经过各方面反复的研讨,把新中国高等教育的方向明确地确定下来,这是这次大会最大的收获。他又指出这次会议高度发挥了民主协商的精神,从而巩固了教育工作者的团结。

建国初,陈铭枢①写过不少有关宗教政策和佛教教义方面的文章,并上呈与毛泽东论佛法书信,其中提及先生。

6月18日,现代佛教学社正式成立,负责出版发行《现代佛学》月刊事宜,推举陈铭枢为社长、巨赞为主编。1954年6月,中国佛教协会成立,《现代佛学》遂成为该会机关刊物。先生非常关注这份杂志,常年订阅,且多由汤一介先生保藏下来。

秋,杨祖陶于北京大学哲学系毕业留校任助教兼管系办公室事务,先生派他去沙滩附近隆福寺街上的线装书店采购一些中国近代思想家的集子,那时他揣测先生是打算研究中国近代思想史,但未及仔细考虑先生为何这时开展这项研究。六十年后,杨祖陶教授在看到《汤用彤学记》中张岱年的回忆文章时,才

---

①陈铭枢(1889—1965),字真如,广西合浦人,早年参加同盟会和二次革命。1945年10月,陈铭枢与谭平山等人成立三民主义同志联合会(民联),后来成为中国国民党革命委员会一个重要组成部分。1949年9月,陈铭枢作为三民主义同志联合会的代表,出席中国人民政治协商会议第一届全体会议。新中国成立后,历任中央人民政府委员、中南行政委员会副主席、中南农林部部长、全国人大常委、全国政协常委、民革中央常委兼理论政策研究委员会主任等职。

恍然大悟道:"原来用彤先生当年派我到隆福寺街买那些书是为开设《近代思想史》课程做准备。但是,那时先生为何要提出这样的建议呢? 我从《汤用彤学记》中似乎找到了答案:这是先生根据其文化学术观和对当前文化学术发展之现实需要的考虑提出来的。"①他因之撰文《哲人的"常态"——〈汤用彤学记〉读后》,将其对此问题的认识陈述如下:

> 用彤先生主张,文化学术虽异代不同,然其变迁悉由渐进。新文化学术都在过去文化学术中有所本,从而形成了一种客观的变迁之迹,这是研究者必须弄清楚的。但另一方面变迁也有其根据和理由,这就是时代思潮的影响和治学的新眼光和新方法。这两者中尤以后者最为重要,否则就只有支离破碎的言论,而不能有织组完备的新时代文化学术。而新眼光和新方法之获得则主要由于外来文化学术的影响。本土文化学术与外来文化学术相接触,其结果必然是:一方面本土文化学术因接受外来因素而有所变化;另方面外来文化学术则必须适应本地文化学术而有所改变,否则不能为本地接受而得以生存下去。
>
> 学习和研究中国近代思想史,就是要懂得和找出近代中国文化学术中延续而被吸取的优秀部分的渐进轨迹,为正确地接受当前外来的马克思主义哲学(新哲学)的影响以发展中国固有的民族文化学术做准备。学习和研究西方近代思想史则是要懂得和找出西方近代文化学术思想史中延续而被接受的优秀部分的渐进轨迹以明了马克思主义哲学实为西方近代文化学术思想优秀传统的继承和发展,从而为中国文化学术对马克思主义哲学之在中国生根发芽、即

①杨祖陶:《哲人的"常态"——〈汤用彤学记〉读后》,《读书》2011 年第8 期。

中国化采取一种正确的态度。换言之,先生正是从中国近代文化学术和马克思主义哲学相接触双方都必然变化——中国文化学术因接触马克思主义哲学而现代化和马克思主义哲学因接触中国文化学术而中国化——这样一点出发提出上述那个建议的。我以为,只有这样来领会用彤先生当年派我去采购中国近代思想家著作的深层原因才恰当。①

先生经过上述研究,认为新哲学是相对于旧哲学而言的,马克思主义已取代旧哲学占据了主导地位,原来的中国哲学会也结束了,没有旧哲学也就无所谓新哲学,所以新的哲学会不必有"新"字。因此,在成立大会上,拟议的"新哲学研究会"名称简化为"中国哲学会",并推选李达为会长,潘梓年、艾思奇等人为常务理事。

9月22日,香港《大公报》上刊出胡思杜文章《对我父亲——胡适的批判》。接着京津地区高校和文艺界陆续掀起整风和批胡运动。这场批判到1952年1月底,因为"三反"运动而搁置,其间先生、北大法学院院长钱端升、清华哲学系主任金岳霖和梁思成、朱光潜、费孝通、顾颉刚、马大猷等名教授,都写了思想反省,表明立场,批判以胡适为代表的自由主义思潮。

10月12日,先生被聘请为中国科学院专门委员。郭沫若院长颁发的"院人字3096号"聘书今存。

11月4日,《人民日报》发表《北京大学教员三百七十六人签名 上书毛主席决心反侵略 愿为保卫祖国献出最大力量》的报道,内容如下:

————————

①杨祖陶:《哲人的"常态"——〈汤用彤学记〉读后》,《读书》2011年第8期。

　　北京大学教员以愤怒的心情发起上书毛主席的签名运动，抗议美帝侵略，表示愿意并且决心献出最大的力量，为保卫祖国而奋斗。截至一日晚，签名的已有汤用彤、曾昭抡、王鸿桢、饶毓泰、钱端升、马大猷等三百七十六人。这个自发的签名运动是在十月二十七日该校化学系教学研究指导组教员讨论美帝侵略台湾朝鲜与我们应持什么态度时发起的。当场大家情绪很高，有人建议发起签名上书毛主席，表明自己的态度。第二天化学系贴出墙报，并通知各系征求签名。这一庄严的爱国举动，迅速得到了全校教员的热烈支持。现在差不多全体教员都已经签了名。他们给毛主席的信和三百七十六人的签名如下：

敬爱的毛主席：

　　我们，大学中的教育工作者，在今天美国帝国主义正在扩大侵朝战争，严重地威胁着中国安全的时候，愿意向你表示一点意见：

　　我们清楚的了解，美国帝国主义者妄想用战争来改变历史发展的进程，来解决他的外在和内在的矛盾与困难，来巩固独占资本的地位，并取得世界统治。美国帝国主义这样的侵略政策，正在严重地威胁着亚洲和全世界的和平。

　　由于过去经历，我们现在更加深切地认识到美国帝国主义在不断地侵犯人民的基本权利，民主和自由，对于进步民主力量采取着法西斯镇压，对于和平人民施行血腥屠杀、掳掠和奸淫。这些帝国主义的罪行，比之日本法西斯强盗实在有过之而无不及。

　　朝鲜人民正在反对美国侵略者的正义卫国战争中，表现出无比坚决勇敢的英雄气概。我们相信胜利是属于人民的。可是美国帝国主义疯狂地扩大战争肆行侵略，直接威胁着中国的安全。

我们大学的教育工作者,爱好和平,而且需要和平,以恢复发展我们的文化教育事业。然而,在祖国安全受到威胁,迫使我们所进行的事业受到阻碍的时候,我们也决不害怕反抗侵略战争。

我们现在在向你表示:

我们坚决拥护周总理的报告:"中国人民决不能容忍外国的侵略,也不能听任帝国主义者对自己的邻人肆行侵略而置之不理。"

我们完全相信你的领导,在你的领导下,我们愿意并且决心献出最大的力量,为保卫祖国而奋斗。

谨致

最崇高的敬礼!

信中签名者除先生等校院领导外,还有孙承谔、蒋明谦、邢其毅、唐敖庆、张龙翔、唐景一等北大教师。

1951年(辛卯)　先生五十九岁

1月1日,先生的《新年笔谈》发表于《新建设》。

1月28日上午9时,"新哲学研究会"举行座谈会讨论毛泽东的《实践论》。会议由艾思奇主持,与会者有先生、冯友兰、郑昕、金岳霖、贺麟等数十人,发言甚为踊跃。大家一致认为《实践论》属于创造性的著作,应多加研究,决定以后再召开座谈会继续讨论。《人民日报》1951年1月30日第3版对此座谈会作了报道。

2月21日,冯友兰在新哲学研究会的座谈会上,从发展马克思主义解决中国问题的视角,作了《〈实践论〉——马列主义底发展与中国哲学传统问题底解决》的报告。先生、金岳霖、沈有鼎等与会代表展开热烈讨论,提高了对毛泽东思想的认识。"新哲学研究会"有力地推动了理论界对马克思主义哲学的学习及其中国化的探索。

3 月 18 日,《人民日报》第 1 版发表《北京市人民代表会议协商委员会扩大会议　要求政府严惩反革命罪犯　大家一致拥护执行惩治反革命条例》,载北京市新闻处讯:"北京大学校务委员会主席汤用彤提出学校的安全问题。北京大学发现反革命分子在五四图书馆阴谋纵火,幸亏发觉得早,要不然,整个理学院都要被烧掉;还有一次是在毛主席和李大钊先生的工作纪念室写反动标语。这些事实证明不少的反革命分子混进了学校。"

当新北大的运行基本步入常规后,先生多次提出辞职。他在卸任前,推荐李四光接任北京大学校长,但因李四光就任中国科学院副院长等职而改成马寅初。

6 月 1 日,北大召开全校师生员工大会,作为祝贺马寅初校长到任的庆典。当时北大在沙滩旧址,没有礼堂,大会主席台设在民主广场南侧学生大食堂门前的平台上。上午 9 时大会开始,由教育部党组书记、第一副部长钱俊瑞宣读政务院任命通知。接着,原校务委员会主席先生致欢迎词,并宣布校委会即日起撤销。随后,文、法、理、工、农、医各学院代表分别致欢迎词,并向马校长献花。

最后,马校长进行就职演说,充分肯定以先生为首的校务委员会做了许多工作,获得了极大成就,他能否像校务委员会和汤先生那样取得成绩,还成问题。但他表示,在教育部直接领导下,只要全校师生互相学习、帮助,团结一致发扬北大的光荣革命传统和学术成就,就不会令人失望。他着重讲这点而不谈办校方针,因为那是中央确定的,作为校长只有执行中央方针政策的工作任务。这篇讲话也是一篇鼓励北大师生努力改造思想的动员报告。

北大校史把先生长校离任时间定在 1951 年 9 月,而马寅初就职校长典礼则为 1951 年 6 月 1 日。这看似矛盾的日期,实际上反映了北大领导机制过渡时期的特点。1949 年初到 1951 年 5

月期间,北京大学公函中校长一栏只由先生签名,而 1951 年 6 月到 9 月间公函的校长一栏往往由马寅初和先生同时签署,亦可说明北大当时领导班子的过渡情况①。

6 月 16 日,先生所撰《"有益士林"的武训》发表于《学习》。

6 月 18 日,教育部通知北京大学,政务院第 89 次政务会议已通过先生为北京大学副校长,除提请中央人民政府委员会批准任命外,请即通知先行到职②。

8 月 22 日,周恩来作了《目前形势和任务》的报告。在周总理人格魅力的感染下,先生、张景钺、张龙翔等教授自动发起组成北大教师学习会③,以期能够尽快适应新时代需要。

9 月 3 日,经中央人民政府委员会第 12 次会议通过,毛泽东主席亲笔签发"府字第 3984 号"令,正式任命先生为北京大学副校长④,至此北大圆满实现了领导体制的新旧更替。因此,不少论著往往把马寅初任校长的起始时间写成 1951 年 9 月⑤。此后,先生负责主管基建⑥和财政,助手为张龙翔⑦。对先生这样一位老教授来说,这类业务不能说没有困难,但这是党的安排,

---

① 先生接待马寅初校长到校就职的材料,详见北京大学档案馆,案卷号:2011951004。

② 王学珍、王效挺、黄文一、郭建荣主编:《北京大学纪事》,第 436 页。

③ 该会情况参见中共中央统一战线工作部编:《周恩来统一战线文选》,北京:人民出版社 1984 年版,第 208、506 页。

④ 在本书写作时,任命通知书存于汤一介先生处。

⑤ 参见《今日北大(1998—1988)》,北京:北京大学出版社 1993 年版,第 582 页。详见北京大学档案馆,案卷号:2011951001、2011951002、2011951003、2011951014、2011951021 等。

⑥ 据任继愈回忆,"中关村"(原名中官村)之名就是由先生在主持北大校园规划时定下的。

⑦ 张龙翔(1916—1996),生物化学家。1946 年起,历任北京大学化学系、生物学系教授,副校长。1981 年 5 月至 1984 年 3 月任北京大学校长。

先生愉快地承担了这一任务,虽学非所用,仍勤恳工作,还学会看施工蓝图。当时正处在教学改革和全面向苏联学习的时期。他同时继续兼任文学院长,并在钱端升外出参加土改期间曾任代理法学院长。

9月3日,《周恩来年谱》记载:"和北京大学校长马寅初谈话,听他介绍北大汤用彤、张景钺、杨晦、张龙翔等十二位教授响应周恩来八月关于进行思想改造的号召,发起北大教师政治学习运动的情况,并就马提出拟邀请中央负责人为北大教师学习会作报告事交换意见。九日,致信毛泽东、刘少奇,报告本月以来马寅初以口头和书面邀请周恩来和其他中共中央负责人为北大教师会作报告,以推动思想改造为目的的学习运动开展的情况。"①

当时马寅初给周恩来写的信中说:"北大教授中有新思想者,如汤用彤副校长、张景钺教务长、杨晦副教务长、张龙翔秘书长等十二位教授,响应周总理改造思想的号召,发起北大教员政治学习运动。他们决定敦请毛主席、刘副主席、周总理、朱总司令、董必老、陈云主任、彭真市长、钱俊瑞副部长、陆定一副主任和胡乔木先生为教师。嘱代函请先生转达以上十位教师。"周恩来把这封信转给了毛泽东。9月11日,毛泽东在马寅初给周恩来的那封信上批示:"这种学习很好,可请几个同志去讲演。我不能去。"②毛泽东委托周恩来先去。周恩来地接受了任务,并建议教育部把北京、天津各大学的师生代表也请来。

9月29日,周恩来在中南海怀仁堂会上连讲了五个多小时,以亲切感人的态度,阐释了共产党对知识分子的方针政策,并以自己思想改造的切身体会现身说法,解答了知识分子为什么需

①中共中央文献研究室编:《周恩来年谱一九四九—一九七六》,第179页。
②中共中央文献研究室编:《建国以来毛泽东文稿》第2册,北京:中央文献出版社1988年版,第448页。

要改造和如何进行改造的问题。这场著名的《关于知识分子的改造问题》的报告,在知识界引起了热烈反响①,思想改造运动由此在全国范围内展开②。10月23日,毛泽东在全国政协一届三次会议的开幕词中接过这一话题讲:"知识分子思想改造,是我国在各方面彻底实现民主改革和逐步实行工业化的重要条件之一。"③

先生有一册笔记本,时间从9月29日周总理的动员报告开始至11月18日的"'三反'、'五反'、思想改造运动"的总结为止。这是了解当时一些"资产阶级知识分子"思想状况具有典型意义的史料。

由于新北大的校务委员会成立于"五四"运动三十周年纪念日,且原校庆日在12月17日,正是天气太冷、期末较忙时节,因此,1951年12月,经先生提议并最终确定以每年的5月4日为北大校庆日。这样既能发扬"五四精神",又利于校友返校。

王学珍(1984年3月—1991年1月任北大校长)等撰写的《北京大学纪事》记载1951年12月7日:"汤用彤副校长建议把北大校庆改为五月四日。他认为现在的校庆时间(12月17日)临近期末,师生都很紧张,不宜搞大的活动。"④这一建议当时虽未在会议上形成决议,但此后校庆纪念活动实际上已逐渐改到5月

---

① 时任南开大学校委会主任的杨石先在二十六年后还撰文写到:周总理这一报告"至今仍牢记在我的心里"。总觉得"是针对我的思想讲的,他说的是那么真挚,那么中肯啊!"杨石先:《回忆敬爱的周总理对我的教益》,《天津日报》1977年1月24日。

② 大型电视文献纪录片《周恩来》第五集《风雨情深》曾演述此事。

③ 原载1951年10月24日《人民日报》第1版。收入《毛泽东选集》第5卷,北京:人民出版社1977年版,第48—52页。

④ 王学珍王效挺、黄文一、郭建荣主编:《北京大学纪事》,北京:北京大学出版社2008年版,第442页。

4日。

12月26日，先生所写《改良主义的思想与所谓"清高"》发表于《进步日报》。1949年1月15日，天津解放的当天，《大公报》天津版停刊，该版经过一番改造，2月27日更名为《进步日报》正式发行。

本年，先生所写《论格义——最早一种融合印度佛教和中国思想的方法》，发表于 *Radhakrishnan*：*Comparative Studies in Philosophy Presented in Honour of his Sixtieth Birthday*（London：Allen and Unwin，1951）。

本年，北大课程改革时，先生的课程全部停开，而开始认真学习研究马列主义。同时，他忙于处理校务，可惜无暇将隋唐佛教、魏晋玄学等讲稿扩充整理成书。

本年，先生所写一份"思想检查"中坦言："当我到哈佛大学研究院以后，遇到了陈寅恪先生，觉得他学问渊博，妄想和他竞争，我便选择了哲学史。表面上是说，哲学纷无定论，各有一套，所以不主张创造，而注重哲学史的研究。实在是知道，自己的才能不够，便选择这样一门自己容易出色，使别人更加佩服的哲学史。"①对此，汤一介先生也颇有感慨，回忆起一段往事予以解说："在昆明时，有次我和父亲一起去大观园游玩，走到大观楼180字的长联下。他对我说：'我们联大一批教授，有陈寅恪先生等人，曾来到这里。大家都读长联，然后背出，只有陈先生背诵得一字不错。'"多年的深交使先生对陈寅恪钦佩之至。陈寅恪过目不忘，其录像机一般的记忆力，由此可见一斑。他学术成就卓绝，既是因其过人的天资，也是因其罕见的勤奋。先生曾对任继愈说："在学问上第二等聪明的人，如果努力可以取得一流的学术成果。但是第一等聪明的人，不努力则连三流的学术成果

———————
①汤一介：《我们三代人》，第150页。

都取不到。"因此,汤一介先生认为:"我父亲很可能认为自己并不是第一等聪明的人,而视陈寅恪先生为第一等聪明之人,并取得了第一等的学术成就。"①

解放后,熊十力所著书虽多能出版,但印数常仅几百册,主要用来赠送好友。先生藏书中有熊十力1951年所撰《论六经》的初版。该书分论六经,对《周礼》发挥尤详,阐述了儒家治世之道与社会主义的关系。

1952年(壬辰) 先生六十岁

1月3日,根据上级要求,北京大学校务委员会决定成立"北京大学节约检查委员会",领导本校的"三反"运动。委员会成员有行政代表:马寅初、先生、钱端升、张景钺、王鸿祯、马大猷;工会代表:庞家驹、董申保、朱云博;党委代表:王学珍;团委代表:胡启立;民主党派代表:闻家驷(民盟)、孙云珠、胡筍(九三)、学生会代表刘樸。运动中,先生检讨了自己的因循敷衍、不负责任的错误。

汤一介先生回忆父亲有关"三反"等运动的情况时说:

> 我曾看到一份中共中央办公厅机要室印发的《关于知识分子问题的会议参考资料(第二辑)》,其中有一份《北京大学典型调查材料》(1955年12月9日)。这份材料把当时北大的369位教授、副教授分成五类:进步的、中间的、落后的、反动的、反革命或重大反革命嫌疑等。其所谓"进步"、"中间"、"落后"基本上以"思想改造"的好坏来划分的。例如所谓"进步的"又分两类,第一类多是解放前的老党员,如翦伯赞;第二类是"过去是学有成就的脱离政治的

①汤一介:《我们三代人》,第149—150页。

正派学者,解放后安排、使用得当,经过不断的教育,逐渐转变提高,并有显著的进步的。这种人有十三人,如汤用彤、周培源、金岳霖、张景钺、游国恩等。"第一类中还有"虽学术地位不够高,但有发展前途,如陈阅增、周一良等"。第二类中间的有叶企孙、杨人梗、唐钺、贺麟等,落后一类的有王瑶、林超等,这些今天看来都是十分错误、而且荒唐、可笑的做法。而在当时却是当局对中国知识分子的普遍看法。在具体说到用彤先生有如下一段:"如汤用彤'三反'前仍保持明哲保身的黄老之术,在'三反'和思想改造运动中,通过大量贪污浪费事实的揭发,认识了自己旧思想的危害,同时由于党对他采取了'保护过关'的政策,使他体会到党政策的正确和对自己的器重,于是一反过去的态度,积极靠拢党,工作中力求进步。"我记得开始"三反"、"五反"时,用彤先生还是北大校委会主席,当时北大反贪污、打大老虎的重点之一是唐兰先生,说他倒卖文物;还有说刘国钧教授把一批重要图书运往海外等等,但这些后来都说是"事出有因,查无实据"而不了了之了。至于北大的浪费自然会很多,记得当时统计了北大有多少个水笼头,其中有多少笼头漏水,然后用一个盆在一个笼头上接水一小时计算出水量,再乘以漏水的笼头数,说明每小时北大要浪费多少水。如此等等,对这些用彤先生一一作了"失职"的检查。①

9月13日,汤一介与乐黛云结婚。乐黛云教授晚年回忆说:

　　我第一次近距离接触汤用彤先生是在1952年全校学生毕业典礼上。当时他是校务委员会主席,我是向主席献花、献礼的学生代表。由于我们是解放后正规毕业的第一

①汤一介:《我们三代人》,第157—158页。

届学生,毕业典礼相当隆重,就在当年'五四'大游行的出发地——民主广场举行。当时全体毕业生做出一个决定,离校后,每人从第一次工资中,寄出五毛钱,给新校址建一个旗杆。目的是希望北大迁到燕园时,学校的第一面五星红旗是从我们的旗杆上升起!毕业典礼上,我代表大家郑重地把旗杆模型送到了汤先生手上。如今,五十余年过去,旗杆已经没有了,旗杆座上的石刻题词也已漫漶,但旗杆座却还屹立在北大西门之侧。

就在这一年,我进入了汤用彤先生的家,嫁给了他的长子汤一介,他1951年刚从北大哲学系毕业。我们的婚礼很特别,即便是在50年代初期,恐怕也不多见。当时,我希望我的同学们离校前能参加我的婚礼,于是,赶在1952年9月结了婚。结婚典礼就在小石作胡同汤家。按照我们的策划,婚礼只准备了喜糖、花生瓜子和茶水。那是一个大四合院,中间的天井能容纳数十人。晚上8点,我的同班同学,共青团团委会的战友们和党委的一些领导同志都来了,气氛热闹活跃,如我所想。这是一个"反传统"的婚礼,没有任何礼仪,连向父母行礼也免了,也没有请父母或领导讲话。汤老先生和我未来的婆母坐在北屋的走廊上,笑咪咪地看着大家嬉闹。后来,大家起哄,让我发表结婚演说。我也没有什么"新娘的羞怯",高高兴兴地发表了一通讲话。我至今还记得大概的意思是说,我很愿意进入这个和谐的家庭,父母都非常慈祥,但是我并不是进入一个无产阶级家庭,因此还要注意划清同资产阶级的界限。那时的人真是非常革命!简直是"左派幼稚病"!两位老人非常好脾气,丝毫不动声色,还高高兴兴地鼓掌,表示认同。后来,两位老人进屋休息,接着是自由发言,朋友们尽情哄闹,玩笑。大家说什么我已不记得了,只记得汤一介的一个老朋友，闻一多先生的长公子闻立鹤，玩笑开得越来越过分，甚至劝告汤一介，晚上一定要好好学习毛主席的战略思想，说什么"敌进我退"，"敌退我攻"之类，调侃之意，不言自明。我当即火冒三丈，觉得自己受了侮辱，严厉斥责他不该用伟大领袖毛主席的话来开这样的玩笑！大家看我认真了，都觉得很尴尬……我的婚礼就此不欢而散。我和汤一介快快不乐地驱车前往我们的"新房"。为了"划清界限，自食其力"，我们的"新房"不在家里，而是在汤一介工作的北京市委党校宿舍的一间很简陋的小屋里。

第二天，汤老先生和老夫人在旧东单市场森隆大饭店请了两桌至亲好友，宣布我们结婚，毕竟汤一介是汤家长子呵。汤老先生和我的婆母要我们参加这个婚宴，但我认为这不是无产阶级家庭的做法，结婚后第一要抵制的就是这种旧风俗习惯。我和汤一介商量后，决定两个人都不去。这种行为现在看来确实很过分。一定很伤了两个老人的心。但汤老先生还是完全不动声色，连一句责备的话也没有。

毕业后我分配到北大工作，院系调整后，汤老先生夫妇也迁入了宽敞的燕南园58号。校方认为没有理由给我再分配其他房子，我就和老人住在一起了。婆婆是个温文尔雅的人，她很美丽，读过很多古典文学作品和新小说，《红楼梦》和《金粉世家》都看了五六遍。她特别爱国，抗美援朝的时候，她把自己保存的金子和首饰全捐献出来，听说和北大教授的其他家属一起，整整捐了一架飞机。她从来不对我提任何要求，帮我们带孩子，分担家务事，让我们安心工作。我也不是不近情理的人，逐渐也不再提什么"界限"了。她的手臂曾经摔断过，我很照顾她。他们家箱子特别多，高高地摞在一起。她要找些什么衣服，或是要晒衣服，都是我帮她一个个箱子搬下来。汤老先生和我婆婆都是很有涵养的人，我们相处这么多年，从来没见他俩红过脸。记得有一次早餐时，我婆婆将他平时夹馒头吃的黑芝麻粉错拿成茶叶末，他竟也毫不怀疑地吃了下去，只说了一句"今天的芝麻粉有些涩"！汤老先生说话总是慢慢地，从来不说什么重话。因此在旧北大，曾有"汤菩萨"的雅号。这是他去世多年后，学校汽车组一位老司机告诉我的，他们至今仍然怀念他的平易近人和对人的善意。

汤老先生确实是一个不大计较名位的人！像他这样一个被公认为很有学问，曾经在美国与陈寅恪、吴宓并称"哈佛三杰"的学者，在院系调整后竟不让他再管教学科研，而成为分管"基建"的副校长！那时，校园内很多地方都在大兴土木。在尘土飞扬的工地上，常常可以看到他缓慢的脚步和不高的身影。他自己并不觉得这有什么不好，常说事情总需要人去做，做什么都一样。①

秋季，全国高校实行了院系调整。北京大学自城内沙滩搬到西郊的燕园，融进了清华大学、燕京大学等校的文理科，组成了一个新的综合性大学。经济学家马寅初任北大校长，先生任副校长，原清华校务委员会副主任、教务长、物理学家周培源任教务长。10月初，江隆基任第一副校长，主持学校的日常工作，不久又兼任党委书记。他主管教学改革及思想政治教育②，实际

①乐黛云：《我心中的汤用彤先生》，《四院·沙滩·未名湖：60 年北大生涯（1948—2008）》，北京：北京大学出版社 2008 年版，第 134—139 页。
②江隆基身为北大的党代表，没有以改造者姿态出现在同事面前，而是给予他们应有的尊重。他有着北大渊源，亦有留学背景，还有多年从事教育工作的实践，是党内深谙教育规律的学者型官员。因此，在如何办好北京大学这样一座世人瞩目的学府上，北大领导集体有着共同的认识：（转下页）

上先生也兼管教学和科研。

本年,冯友兰随全国院系调整调任北京大学哲学系教授,兼中国哲学史研究室主任。从此冯友兰住进北大燕南园,先住54号,随后搬进57号,冯友兰将之命名为"三松堂"。他与隔壁58号院住的先生比邻而居,直至1990年以九十五岁高龄去世,可算在燕南园居住时间最长者之一。

先生治校的特点之一是以人格魅力团结人才。院系调整后,全国的哲学专家一度皆调集到北京大学,作为校领导,他尽力做好团结工作。对此,张岱年回忆说:"汤先生以博大的胸怀、诚挚的态度,使哲学界同仁都感到温暖。汤先生的高尚的情操,令人至今感念不忘。"①

燕南园聚居了北大的领导人与一批著名的教授。人们至今还记得燕南园当年有一种被称作"滚雪球"的风俗。过年了,孩子们放完炮仗之后,马寅初、江隆基、先生、周培源等人打头,一一挨家拜年,起初三五人的拜年队伍,像雪球似的逐渐壮大,最后形成了一大群人。队伍中有冯友兰、严仁庚、褚圣麟、饶毓泰、朱光潜、王力、林庚、侯仁之等中国一流学者。人们喜气洋洋,互贺新禧,团结、祥和、民主、平等的氛围笼罩了燕南园,波及整个北大。

本年,中国政法大学前身的北京政法学院在北京市东城区沙滩原北京大学礼堂举行成立典礼,谢觉哉、马叙伦、张奚若、彭泽民、钱端升、吴玉章、先生分别致辞,祝贺学院成立,并对学院的建设与发展提出了殷切期望。

(接上页)教师是学校的主体,学校的水平取决于教师的质量。教员不仅是教学上的骨干,也应成为科学研究上的能手,北大应该办成教学兼研究型的大学。

① 张岱年:《深切怀念汤锡予先生》,《汤用彤学记》,第17页。

1953 年(癸巳) 先生六十一岁

初春,北大校长办公室副主任文重告诉来访的上级统战部门人士:"相对来说,汤副校长在职权问题上还是解决得比较好的。"在马寅初不被党委书记江隆基等党内负责人看重,马寅初有意规避的情况下,先生时常会以校方行政代表人物的身份出场。先生转任副校长后,总体境遇比马寅初校长要好些①。

7 月 22 日,先生的长孙女汤丹出生。先生为孙辈们取的名字很有讲究,据汤双回忆:

> 爷爷很爱我们,在我们出生之前,他就为我们取好了名字。一共五个(似乎他已经预见到这一代应该有五个):丹,与单谐音,就是一;双,是二;珊(如是男孩儿,则用山),与三谐音;方,四方为四;正,一共五划,字形也像五。所以我们就是一、二、三、四、五。丹、双是我们姐弟,珊、方是我的两个堂妹。可惜汤正只存在了短短的几个月,正好赶上"文革"乱世,被人工流产,没能降生到人间!②

8 月 5 日,中共中央批准历史问题研究委员会成员名单,毛泽东指定陈伯达为主任。9 月 21 日,陈伯达主持召开委员会第一次会议,决定出版一个全国性的历史刊物。10 月,委员会召开第二次会议,确定刊物名称为《历史研究》,编委会由党内外十七位史学家组成,郭沫若为召集人。历史研究委员会决定在中国科学院设立三个历史研究所,拟由郭沫若、陈寅恪、范文澜分别出任一所(上古史研究所)、二所(中古史研究所)及三所(近代史研究所)所长。由先生兼任中国科学院历史考古委员

---

① 参见陈徒手:《汤用彤:五十年代的思想病》,《读书》2012 年第 5 期。
② 汤双:《燕南园旧事》,《万象》2008 年 4 月。

会委员。

10 月 25 日,熊十力致函马寅初、江隆基、先生,并附录有他
给林伯渠、董必武函。信文如下:

> 寅初校长,江、汤副校长垂鉴:
>
> 　　力恳请回南,所有一切情况,详在与林、董两老书中。
> 附录奉上,请便垂察,俯允是幸,并致敬礼。
>
> 　　　　　　　　　　　　　　　　　熊十力启
> 　　　　　　　　　　　　　　　　　十月廿五日①

信末左首有北京大学秘书处所盖"呈阅:√马(寅初)校长、√江
(隆基)副校长、√汤(用彤)副校长"的红色长方形印章,三人名
前划有"√"表示业已送达。此外,还有兼任北大党委书记的江
隆基副校长在当月 29 日所批示的"看过　江　29"等字样。信
稿在人名前和"政府"前皆空格,甚至另起一行以示敬重。

熊十力全信以身体状况与治学成效的关系为主线,反映了
作者的独特观察视角和学术成长道路,可视作一篇他的"自传",
信文如下:

> 　　我年近弱冠,即弃科举,走鄂营,……备尝困厄,此为武
> 兄所闻。知而真正专力于学,则自三十五岁始。孔子曰:
> "年四十而见恶焉,其终也已。"余当时深怀此痛。从此竭尽
> 吾之生命力,以从事于学与思。……以学思两困,我之神经

---

① 现藏北京大学档案馆校长办公室专档,档案号:2011953083。此类函件在
北大校长办公室的专门档案里有些遗存,但还没对外公开。借搜集整理
先生主校北大时期文稿以新编全集的机缘,经汤一介先生亲写申请,获
得校方批准,笔者由是重新发现这一份尘封了六十载的档案,原题"熊十
力请求回南京给北大校长、林伯渠、董必武的信"。原信未署年份,据信
中内容和档案号:2011953083,我们可以推知此信与附录的熊十力致林伯
渠、董必武信函,皆为 1953 年所写。

衰弱乃抵于极度。吾向不肯找西医，最怕开刀办法。又恐其说得太坏，致令胆怯，反速其死。此吾平生不住医院之故也。吾一向不找西医，故人中如宰平、漱溟及北大汤用彤诸君，皆共见而深知之。……吾从三十五岁志学之后，即独身在外，不以眷属自随，故得以精力用于学。医曰："此所以能到高年之故也，然犹须多打针以保胃，且无住寒地。寒气最伤胃，此于先生甚不宜也。"吾闻医言，喜其说颇合于吾之经验。……人之求住北京而不可得者多多矣！我何故求回南，……此必有特别病况在。此信拟缮一份，附函寄北大马校长及江、汤两副校长。请其俯察，公同酌量。①

熊信中各项要求都得以批复和落实后，熊十力于 1954 年秋起程，冯友兰、先生诸友前往送行。

10 月，由于当年面粉生产紧张，北京市对面粉供应出台新规定：出于对体力和脑力劳动之别的考虑，每月工人供应面粉 18 斤，教授供应 12 斤。政府担心教授们不易接受。10 月 30 日上午，北大党委召开干部会议，希望做通与会的系主任、教授们的思想工作。与会者的意见都持拥护和理解的态度。向达在会上说："我们不是没有粮食，而是保证大家都有饭吃。过去粮食分配不合理，穷人没饭吃。关于面粉问题，政府想了很多办法。今天政府关于面粉的决定很正确，可以刺激农民生产量的提高。向苏联领要面粉不行，咱们要机器，向澳洲买也不行。昨天小组会上讨论时大家谈到过去在国民党时吃美国面都感到难过，因为我们是以农立国，我们应该自己想办法。"先生紧接着说："目前关于面粉问题绝不是说我们粮食有什么问题，1952 年全国粮食产量是往年产量的最高峰，今年至少不比去年少，不但没有问

①现藏北京大学档案馆校长办公室专档，档案号：2011953083。

题,而且还有剩余去换战略物资。面粉产量比以前增加,是因为过去大家的习惯看法认为吃细粮生活水平高,所以细粮不够,这不是说粮食有什么问题,而应从积极方面看,它是社会主义改造的一部分,是最好的事情,是国家往前进的问题。昨天一千七百多人一致拥护,而且提了一些建设性的意见,可以看到人民觉悟的提高。"①

先生回家后,就决定每天早晨要吃一顿粗粮,并且向夫人讲增产节约的道理。11 月 16 日,北京市高校党委会刊出名为《各校教授对面粉计划供应的反映》的一期简报,先生的这一生活细节被记录其中,当做"积极宣传执行"的先进典型登在该期首页。

先生在公开场合一般对政治问题附和较多,不挑头引话题,难以把握时就说些模糊性言语。但先生在适宜场合也说真心话、敢于担当。院系调整时,教育部撤并了除北大外的高校哲学系,集中调到北大,不料矛盾滋生,宛若一盘散沙。作为北大哲学系资深老人,先生对其负面效果深有体会。1953 年 11 月,他在教育部综合大学会议上,大胆提到师资调整存在的弊端:"北大哲学系集中了全国六个系的教师,但并没有考虑如何发挥那些人的作用,只是把他们放在一个地方就算了。"严仁庚副教务长补充说:"有些教师感到冷落,情绪波动,我们甚至怀疑到政府对他们的政策,如有人说,'是不是说是一套,做是一套,怎么没有人理我们呢?'"他们的发言直接面对院系调整的众多主事者,并涉及教育体制层面,这种批评是尖锐的,多少透着一种不满和无奈②。教育部一黄姓副部长在报告中正面说到接受思想遗产

---

① 见 1953 年 10 月 30 日北京大学党委会《北大教授情况反映》,转引自陈徒手:《汤用彤:五十年代的思想病》,《读书》2012 年第 5 期。

② 详见陈徒手:《汤用彤:五十年代的思想病》,《读书》2012 年第 5 期。

的问题。张景钺在小组会讨论中高调表示,对于旧教师说来,还是应将资产阶级思想打碎了再建新的好。先生当场回应说:"文件中提资产阶级陈腐的一面,现在看来是否不恰当。"①

11 月中旬,北京大学历史系副教授汪篯②南下广州,拟请陈寅恪北上出任中国科学院新设立的历史研究所二所所长。他们对话的最终结果,便是 12 月 1 日由汪篯记录的陈寅恪所谈《对科学院的答复》。汪篯回去后,陈寅恪似乎感到这并不是事情的终结而是事情的开始,随即致函先生,表明自己对此事的态度。他还恳请汤用彤转告北京大学校方,今后不要再为此类事情批准任何人员来找他。"文革"初期,汤一介先生因怕惹祸,将陈寅恪的这封信连同其他书信统统烧毁。

11 月 18 日,先生所撰《加强锻炼,进一步搞好体育活动》发表于《北京大学校刊》第 4 期。

12 月 13 日,《人民日报》第 3 版刊登《中国美术家协会、中央美术学院 举行画家徐悲鸿先生纪念会》载:"中国美术家协会、中央美术学院于十一日上午在北京举行我国著名画家徐悲鸿先生纪念会。徐悲鸿先生遗作展览会也在同日下午举行预展。参加纪念会的有文学艺术界人士和徐悲鸿先生生前友好周扬、张奚若、李四光、田汉、丁玲、罗隆基、阳翰笙、萨空了、邵荃麟、冯雪峰、王阑西、汤用彤、翦伯赞……周扬向徐悲鸿先生遗像献花圈后,全体到会的人肃穆起立,为祖国的这一卓越的美术家的逝世默哀。"

年底,先生在北京大学发表演说《迎 1954 年新年讲话》。

---

① 见 1953 年 11 月高校党委《综合大学会议简报中有关北大情况摘录》,转引自陈徒手:《汤用彤:五十年代的思想病》,《读书》2012 年第 5 期。

② 汪篯(1916—1966),江苏人,北京大学历史系教授,著有《隋唐史论稿》、《唐太宗与贞观之治》,"文革"初自杀。

1954 年(甲午) 先生六十二岁

经过解放初的知识分子思想改造、全国院系调整和"三反"、"五反"等运动,到 1954 年,学校的教学秩序初步稳定。先生遂提出,大学虽以教学为主,但也要积极开展科学研究。为此他筹备创办《北京大学学报》,开展学术上的自由论辩以推动科学研究工作。先生、冯友兰、马寅初、江隆基、翦伯赞、向达、金岳霖、唐钺、黄子卿就出版发行《北京大学学报》事宜举行座谈会,并发表了意见。先生的意见是:"根据最近几个月与校内各方面接触——绝大多数人要求办学报。全校办报,人人办报,以办学报为自己责任。问题:1. 是否应登载译稿? 2. 人文似多(希望多出),自然似少。"①为此先生还亲自积极组稿。侯仁之先生发表在《北京大学学报》创刊号上的那篇关于北京水资源研究的论文②,就是汤先生向他约稿而写成的。文中首次提出的水源问题至今还是制约北京城市发展的首要因素。

2 月,《历史研究》创刊号出版。毛泽东为该刊提出"百家争鸣"的办刊方针。1956 年 4 月,他在中央政治局扩大会议上正式宣布了"百花齐放、百家争鸣"方针。郭沫若直接领导《历史研究》编委会和编辑部的组建工作并撰写发刊词。第一届编辑委员会成员有郭沫若、尹达、白寿彝、向达、吕振羽、杜国庠、吴晗、季羡林、侯外庐、胡绳、范文澜、陈垣、陈寅恪、夏鼐、嵇文甫、先生、刘大年、翦伯赞。

6 月,国家公布宪法草案,其中不少立意和框架令先生颇感欣慰。先生说:"宪法草案的公布是中国人民历史上的一件大

①原件未刊,今藏北京大学档案馆。
②侯仁之:《北京都市发展过程中的水源问题》,《北京大学学报》1955 年第 1 期。

事,是值得高兴的。有了自己的政权,才有这样的宪法,我们的宪法是革命的结果,是不折不扣的人民的宪法,超过了过去人们的梦想,对流血牺牲的先烈们也是很大的安慰。"他还称赞草案有一种"意想不到的好"①。9月23日,先生所撰《认清我们的职责,迎接祖国第一个宪法》发表于《光明日报》。

9月15日,第一届全国人民代表大会第一次会议在中南海怀仁堂开幕。会前,毛泽东点名北大教授马寅初、江隆基、汤用彤、周培源、翦伯赞、叶企孙、俞平伯、马坚、冯至、华罗庚、曹联亚等11人为全国人大代表并出席会议。

《人民日报》1954年10月13日第1版刊登《苏联驻我国大使尤金举行招待会　招待苏联政府代表团　毛泽东等党政负责人应邀到会》载:"应邀出席招待会的,还有首都科学界人士陈伯达、张稼夫、陶孟和、吴有训、范文澜、华罗庚、钱三强、陈康白、侯德榜、茅以昇、周培源、涂长望、林巧稚,教育界人士蒋南翔、汤用彤……会上,苏联驻我国大使尤金院士首先致词,接着,赫鲁晓夫团长、周恩来总理先后讲了话。招待会在热烈友好的空气中进行。招待会后,放映了苏联电影,以伊·莫伊塞耶夫为首的苏联国立民间舞蹈团演出了精彩的节目。"

《人民日报》1954年10月20日第1版刊登新华社19日讯《周总理招待尼赫鲁总理》载:"出席酒会的,有国务院副总理陈云、邓小平、邓子恢、贺龙、乌兰夫、李富春、李先念、秘书长习仲勋……教育界人士胡锡奎、聂真、蒋南翔、江隆基、汤用彤……参加酒会的共有五百多人。酒会在热烈友好的空气中进行。"尼赫鲁签赠先生的图书在"文革"中尚存。

先生晚年的治学重点已逐步转向了道教。他的学生王明教授曾说:"汤先生在1954年大病以前,似乎酝酿着一个研究佛教

---

① 转引自陈徒手:《汤用彤:五十年代的思想病》,《读书》2012年第5期。

和道教的宏伟计划,兴致勃勃。"①这从先生现存的大批读书札记可以得到证实,他的第一份读《道藏》札记开头自记是从1954年4月起开始动笔,至迟在当年11月13日病倒前停笔②。

先生与任继愈合写《魏晋玄学中的社会政治思想和它的政治背景》一文,发表于《历史研究》1954年第3期。任继愈在写作的过程中参考了先生的《魏晋玄学与政治思想》提纲③。

秋,批判胡适思想的运动声势浩大地展开,先生和胡适有长期非同寻常的友谊,深感自己难逃干系。因为此前就有人指责他与胡适关系密切,两人"引为知己",治学一直沿用胡适考据那一套。时任北大哲学系副教授的任继愈悄悄地来问:"对考证怎么看?"先生不知如何应对,只好反问道:"苏联对考证怎样看?"④自从《人民日报》刊登展开批判胡适思想的社论,先生看后,连续数日到哲学系资料室翻看《胡适文存》,并参加中文系讨论《红楼梦》的座谈会,仔细地记下他人发言,还不断催促哲学系也召开座谈会。先生找到思想追求进步的任继愈,提议合作写批判胡适的文章。但几天后先生改变了主意,对他说:"看来这是一次比'三反'思想改造更深刻的思想改造运动,我们还是应当各人搞各人的。"任继愈向前来了解情况的北大党委人员,反映先生的焦虑,担心地表示:"批判政治问题对这些老教授还没什么,但一搞学术问题,这是旧知识分子的本钱,就紧张了,这当

---

① 王明:《道家和道教思想研究》,北京:中国社会科学出版社1984年版,第376页。

② 汤用彤:《读〈道藏〉杂抄》,《汤用彤全集》第7卷,第583页。

③ 该文后收入刘泽华等:《中国政治思想史研究》,武汉:湖北教育出版社2006年版。

④ 见1954年11月11日高等学校动态简报《讨论〈红楼梦〉问题的党内外思想情况》,转引自陈徒手:《汤用彤:五十年代的思想病》,《读书》2012年第5期。

中思想情绪的变化也会比较大的,希望领导派人下来,就像搞总路线时派干部到农村一样。"①

11月13日,先生与冯友兰等人出席由《人民日报》主持的胡适批判会议,先生本就长期积劳成疾,此时又受刺激,而患脑溢血。11月16日,中共北京市高等学校委员会办公室印发的简报中刊载《北京大学副校长汤用彤患病情况》:

> 汤用彤十三日晚中风,十四日送协和医院检查,系血管阻塞。十五日脊椎穿刺发现有脑溢血现象,北京医院苏联专家诊断认为病况危险,中医施今墨诊断认为尚可挽救。至今仍昏迷不醒,未脱险期。在此期间北大江隆基、史梦兰、程贤策、汪子嵩等同志及马寅初、向达、郑昕等教授都曾去看他,并派了校长办公室秘书高望之同志及护士一人住院看护,市委统战部及高校党委统战部也曾派人看望,并关照协和党委多加照顾。

> 汤素日血压高,此次人民日报号召展开对胡适的实验主义的批判,他表现比较紧张,曾接连几天到哲学系看胡适文存,参加中文系讨论红楼梦的座谈会时,自始至终仔细地做了记录,并且很坚持地催促哲学系召开座谈会。据了解,他过去与胡适关系很密切,"引为知己"。他治学一直是用胡适那套考据的方法,十三日下午人民日报召开批判胡适思想的座谈会,同时北大举行苏联文化部赠送北大洛蒙诺索夫大理石像授礼大会,郑昕教授劝汤不要去参加座谈会,他一定要去,说:"不去要受批评的。"座谈会上他第一个发言,激烈地批判考据的方法,认为"毫无用处",一反他平日的看法,会上邓拓同志总结时也说明了考据还是有作用的。

---

① 转引自陈徒手:《汤用彤:五十年代的思想病》,《读书》2012年第5期。

汤回家后又对家中人说:"你们都有胡适的思想,都应该拿出来批判,你们都是大胆地假设我有高血压症,就小心地求证我有高血压症。"睡下后就发病了。

汤患病后,郑昕教授说:"搞学术问题比'三反'更紧张,对汤照顾不够。"并嘱汪子嵩同志(党员):"对外不要说汤是因思想生病。"邵循正教授对王宪钧教授说:"汤老的病大概是批判胡适搞出来的吧!"金岳霖对汤老的病表示惊奇,又说:"不是老之将至,而是老之已至。"①

宗璞的散文《霞落燕园》记述了此事:"一天,他和我的父亲同往《人民日报》开会批判胡适先生,回来车到家门,他忽然说这是到了哪里,找不到自己的家。那便是中风先兆了。"②

张岱年回忆当时情景说:"科学院社会科学部召开了批胡的预备会议,北大由汤先生、郑昕和我参加。那次会是晚上开的,汤先生作了长篇发言。会后同车回校,在车上汤先生仍不断谈话,下车后郑昕对我说,'汤先生的情况不对呀!可能是病了'。果然,汤先生次晨就患了偏瘫之疾,经检查是脑血管有破裂处,逐渐恢复。"③

乐黛云教授回忆说:

在《人民日报》组织批判胡适的那个会上,领导要他发言。他这个人是很讲道德的,不会按照领导意图,跟着别人

---

① 中共北京市高等学校委员会办公室编印:《北京大学副校长汤用彤患病情况》,《高等学校动态简报》第 19 期(1954 年 11 月 16 日)。该报注明:"已发:高校党委常委、市委办公厅、市委统战部、市委宣传部、市委研究室、高教部李云扬、中宣部;科学卫生处及吴寄寒、北京日报:范瑾。共印三十五份。"现藏北京市档案馆,档案号:001—022—00067。
② 宗璞:《霞落燕园》,《中国作家》1986 年第 4 期。
③ 张岱年:《深切怀念汤锡予先生》,《汤用彤学记》,第 18 页。

讲胡适什么,但可能他内心很矛盾,也很不安。据当时和他坐在一起的,当年哲学系主任郑昕先生告诉我们,晚餐时,他把面前的酒杯也碰翻了。他和胡适的确有一段非同寻常的友谊。当年,他从南京中央大学去北大教书是胡适推荐的。胡适很看重他,临解放前夕,胡适飞台湾,把学校的事务就委托给担任文学院院长的他和秘书长郑天挺。《人民日报》组织批判胡适,对他的打击很大,心理压力也很大。当晚,回到家里,他就表情木然,嘴角也有些歪了。如果有些经验,我们应该当时就送他上医院,但我们都以为他是累了,休息一夜就会好起来。没想到第二天他竟昏睡不醒,医生说这是大面积脑溢血!立即送到协和医院。马寅初校长对他十分关照,请苏联专家会诊,又从学校派了特别护士。他就这样昏睡了一个多月。

这以后,他手不能写,腿也不能走路,只能坐在轮椅上。但他仍然手不释卷,总在看书和思考问题。我尽可能帮他找书,听他口述,然后笔录下来。这样写成的篇章,很多收集在他的《饾饤札记》中。①

批判胡适思想运动全面铺开后,先生却忽然中风病倒。这构成当年教育界一件影响颇大、议论较多的焦点事件,稍稍搅乱了政治运动行进的走向和速度。哲学系主任郑昕曾鼓励先生在运动初期起一个带头的作用,但事后他颇为自责。汪子嵩也表示:“前几天汤用彤就比较紧张,是我们没照顾到。”②

围绕先生突患重病,议论四起,多有埋怨和不理解之意。11月16日到12月中旬,《高等学校动态简报》编写组持续选登一

①乐黛云:《我心中的汤用彤先生》,《四院·沙滩·未名湖:60年北大生涯(1948—2008)》,第139—140页。
②参见陈徒手:《汤用彤:五十年代的思想病》,《读书》2012年第5期。

些教授对批胡运动的意见,同时也表达了对先生病情的关注。中文系章廷谦教授认为:"汤老头子的病还不是这个(指批胡适)搞的。"贺麟说:"汤老血压高已很久了,开人代会时受了累,回来还听专家的课,这一周就在闹头疼。他这次犯病不是什么偶然的事。"了解内情的校长办公室副主任尹企卓向校党委反映说:"汤老生病固然与开人民代表大会受了累有关系,但主要是因为开展学术批判,所以个别交代政策很必要。"先生的病倒使北大党内对思想运动的开展一时不知如何组织下一步的斗争。如,哲学系教师支部提出:"党内感觉在学术斗争中没有力量,开展起来问题复杂,目前如何搞法还不明确。除批判胡适思想外,冯友兰也有许多问题,搞不搞?"当时,先生的儿媳乐黛云对组织表示:"思想斗争对这些老头如何掌握是个问题。"①

熊十力很早就有意创办哲学研究所,常与先生探讨此事,先生也深以为然。先生忽然病倒之事对熊十力触动很大,促使其立即于 12 月 15 日致函郭沫若,提请中国科学院筹备成立哲学所,并请转交毛泽东主席:"今兹回沪,适闻锡予病重。渠年少于我,吾南还时,彼与冯芝生送车,见其外貌强硕,不意猝尔病困。余因有感,未知住世久暂。惟生存一日,不当坠废平生志事。又自念迂庸,虚縻学廪,无以报党国,无以报领袖,无以酬人民,无以酬故旧。惟当本其素业,竭尽心力。不管所言当否,愿效荆人献璞之忱,谨布区区,尚希赐正。并恳代陈主席赐览。迂妄之谈,倘荷导师指示谬误,是所切祷。引领北望,弥觉依依。"②

近来在北京大学档案馆的校长办公室专档中发现有北大感谢苏联文化部赠送先生、金岳霖、冯友兰礼物的函件 3 页(1954

①转引自陈徒手:《汤用彤:五十年代的思想病》,《读书》2012 年第 5 期。
②熊十力:《与郭沫若》,《熊十力全集》第 8 卷,第 690—699 页。

年11月17日),另有一档案题目为"冯友兰为汤用彤给苏联文化部长的信致负责同志",系冯友兰替刚发病的先生代写的说明函。

杨祖陶在《哲人的"常态"》一文中记述:

> 1952年院系调整后,我被借调到直属学校的"马列主义基础"教研室,任务是讲本科生的"马列主义基础"大课和协助苏联专家主持由全国高校选派来的教师组成的研究生班。工作十分忙碌,以致很长时间我都没有去看望用彤先生了,特别是1954年先生患上了脑溢血,一直在病中。直到1954年底一个晚上,我才抽出时间,抱着深深的歉意和自责,向中风后卧床养息的先生问安。先生虽然重病在身,被迫卧床,但仍是那样平静豁达、和颜悦色,没有丝毫愁容不展、忧心忡忡的影子。先生和往常一样,静静地听我讲话,有时也插上一两句。先生处病不惊的平常心态给我留下了深刻的印象。
>
> 就在那一天,我在先生家——燕南园58号邂逅了乐黛云的好友、北京医学院女大学生肖静宁。这样,我到先生家的次数就日渐增多。我几乎目睹了先生在师母的搀扶下下床站站,慢慢移动一两步,后来走到走廊、后凉台、直到走进客厅,在那儿坐一坐、听晚辈后生们谈话……这样康复起来的全过程。令我暗中惊异的是,先生罹病时毫无忧色,在逐渐康复中也未见喜色,总是那样从容、淡定,一如常态。当时我只是将此归结为哲人大师的涵养和风范而已矣。
>
> 现在,从《汤用彤学记》中我才进一步领悟到先生这种非同寻常的"常态"是来之于先生对人生意义的定位。何兆武先生忆及在联大求学期间曾请教先生人生的意义是否在于追求"光荣"的问题:"汤先生说,人生追求的不是光荣,而

是 peace of mind(心灵的平静,心安理得)。"(《学记》,第 11
页)我体会,在这里"心安理得"既是人生追求的一种心灵境
界,也是一种行为的准则或规范。那么,怎样才能达到和做
到"心安理得"呢? 我以为,在用彤先生看来,作为一个"学
者",那就是要追求真理,因为正如先生所主张的"文化之研
究乃真理之讨论"。邓艾民先生告诉我们:1945 年在西南联
大他们年级毕业时,汤先生"语重心长地一再勉励我们毕业
以后,要坚持为真理献身的精神,发扬中国文化的优良传
统,不要追逐名利,'学得文武艺,卖与帝王家'"。(《学记》,
第 74 页)显然,在用彤先生心目中,要追求真理,首先就是
要有为真理献身的精神,其次就是要淡泊名利,自甘寂寞,
安于默默无闻地做别人看不见、甚至看不起的所谓"第二等
的工作"(《学记》,第 55 页),实即探究真理的工作。这两
个方面是互为条件、互相促进的:坚持为真理献身才能淡泊
名利,反之淡泊名利才能坚持为真理献身。只有将这两方
面高度统一起来永不停息地追求真理的人才能达到和做到
用彤先生所说的"心安理得"。①

经马寅初请卫生部长组织苏联专家会诊,特护治疗数月,先
生方脱险。此后,他长期卧病,文章多由任继愈、汤一介先生夫
妇等人协助撰写,但他仍谆谆教导后学,耕耘不辍。

1955 年(乙未)　先生六十三岁

1 月,中央发出《关于在干部和知识分子中组织宣传唯物主
义思想批判资产阶级唯心主义思想的讲演工作的通知》,全国形
成了一场梁漱溟思想批判运动。各大报刊发文,批判梁漱溟的

①杨祖陶:《哲人的"常态"——〈汤用彤学记〉读后》,《读书》2011 年第
8 期。

思想和社会活动。其中也有一些文章虽冠以批判之名,却以真正科学的态度与梁漱溟进行学术上的交流探讨。如:署名先生与任继愈合写的《批判梁漱溟的直觉主义的主观唯心主义的世界观——生命主义的实质和它的危害作用》发表于《北京大学学报》1955年第2期。署名先生与任继愈合写的《批判梁漱溟的生命主义哲学》发表于《人民日报》1955年9月22日。上述主要文章收入三联书店1955年12月与1956年4月出版的《梁漱溟思想批判》(论文汇编)第一、二集,其中《批判梁漱溟的生命主义哲学》一文收入第二集。与此同时,科学院也召开过几次座谈会,邀请梁漱溟参加,对他的思想进行批判。梁漱溟表示在政治上拥护,而学术思想上则仍然坚持自己的一贯观点。

2月25日,吴宓从贺麟的来信中得知,先生去年自批判胡适座谈会后一直住在医院。吴宓深感悲凉,在日记里写下长篇感言:"得麟函,告彤'十一月半由批判胡适座谈会归来,患脑溢血,不省人事者一月,后渐清醒,肢体略能动,今仍住协和医院'云云。宓深惧彤年来(北大副校长)趋承操劳,恐及从此溘逝(亦得吴梅村、黄晦闻师之年)。而兔死狐悲,朝露空华,宓之辞世之期当亦不在远。盖自解放后五年来,宓备经忧愤困辱……然我之一身,犹冀能隐忍苟存,乘暇完成一己之著作,择人托付,传之后世。……乃最近半年来,奉命完成之工作日重,自晨至晚,不获须臾休息,尚苦堆积填委,不能如期完缴。如……批判胡适资产阶级唯心论思想之运动,如狂飙怒潮,驱迫我等再经一次思想改造运动,其苦人最甚。……平日之政治思想学习……开会及组织生活等学习、讨论、检查、批判不休。……于是宓有限之光阴,宝贵之精力,尽耗于上列十事之中,而犹患不给。身为'人民教师'而无暇备课,奉命'学习苏联'而无暇细读译出之苏联教本《世界古代史》诸书,且不论其他所谓'马列主义之经典著作'巨帙。号召同人'学习俄文'而使宓虽在教师俄文班上课者,亦无暇熟读与旁通。在此杂乱繁复之章程政令与严急督责之下，无人能尽职完责，只得草率敷衍，虚饰空谈，以了'公事'而已。是故宓近半年来，未尝为预备教课而读书。……朋友书信断绝不复，诗不作，课外之书不读，更不亲圣贤典籍、古典名著，于是志愈摧、气愈塞、情愈枯、智愈晦、神愈昏、思愈滞，而身愈瘦、肢愈弱、目愈眩、发愈白、容愈蹙、胆愈怯，尚为不足重轻者矣!"①

3月，《哲学研究》创刊，由中国科学院哲学研究所编辑出版，先生、冯友兰等人任编委。

6月，中国科学院学部委员会成立，先生被选为哲学社会科学部学部委员。

《人民日报》1955年6月4日第1版发表《中华人民共和国国务院命令》:"中国科学院学部委员名单共二百三十三人，已由一九五五年五月三十一日国务院全体会议第十次会议批准，现在予以公布。总理　周恩来　一九五五年六月三日。"同时刊登出中国科学院学部委员名单。

当时负责学部筹备工作并担任社会科学领域学术秘书的刘大年回忆:"第一届学部委员的产生属于协商性质，是协商产生的。自然科学方面的人选是科学家推荐，但推荐不是选举。……社会科学方面是在提出名单之前，征求了各学科主要人物的意见。我当时参加了这些活动，主要在北京地区找有关人士谈。北京以外的就没有去找，是书面征求意见的。我记得当时找了这样几方面的人:哲学方面有杨献珍、艾思奇、张如心、汤用彤;语言学方面有王力、罗常培、丁声树、吕淑湘;历史学方面有季羡林;经济学方面有狄超白，等等。……在征求意见时，我们首先把科学院的精神告诉他们。当时提出的人选标准主要

---

①吴宓:《吴宓日记续编》第2册，北京:生活·读书·新知三联书店2006年版，第131—132页。

有这么两条:一条是政治的标准,社会科学的的政治标准主要是
拥护社会主义,拥护共产党;另一条是学术标准,即在本学科中
是否有成绩。所谓成绩就是看他的著作,以及群众对他学术著
作的评价。根据这个要求,来征求他们认为适合做学部委员的
人选来。然后,党组根据这些意见拟出名单。"①最后选出学部
委员 61 人,如陶孟和、汤用彤、冯友兰、冯至、冯定、黄松龄、杨树
达、杨献珍、刘大年、潘梓年、翦伯赞、邓拓、郑振铎、黎锦熙、钱俊
瑞、骆耕漠、包尔汉、薛暮桥、魏建功、罗常培等。在自然科学方
面,1949 年未离开大陆的原中央研究院院士大都成了中国科学
院的学部委员。未成为学部委员的人文组院士有张元济、柳诒
徵、陈达、周鲠生、钱端升、顾颉刚、梁思永(1954 年逝世)、余嘉
锡(1955 年逝世)。

9 月,中华书局重印《汉魏两晋南北朝佛教史》上下册。当
时正值批判胡适运动,该书所有提及胡适先生、钱穆先生的内容
尽被删去或被修改。而解放后再版该书,除个别影印初版外,多
是以 1955 年版为蓝本翻印的。

翦伯赞为了揭露向达鄙视靠马列主义做学问的"阴暗心
理",曾说:"北大老教授汤用彤在《魏晋南北朝佛教史》再版时,
做了个后记,里面说到自己'试图用马列主义的观点指出本书的
缺点'。向达看了则说:'这是降低身份。'"②翦伯赞时为北大历
史系主任,一向关注全国史学界的走向和风气。他从向达等
人的言论里,察觉到抵制以马克思主义研究历史的动向。

镰田茂雄晚年说:"记得当年在东京大学研究所就读时,得
获汤用彤教授的《汉魏两晋南北朝佛教史》上、下二册(中华书

①刘潞:《刘大年忆郭沫若》,《百年潮》1998 年第 4 期。
②章诒和:《忆父亲章伯钧与翦伯赞的交往(下)》,《江淮文史》2004 年第
　6 期。

局,一九五五年九月初版),如饥似渴拜读的情景,恍如昨日。装订不甚完好的初版书上画满了红绿相间的线条,封面也残破不堪,但就在这样反复熟读之下,奠定了我对中国佛教史学术研究方法的基础。现在,手捧着这本书的最初版,往事历历,令人感怀不已。在倾慕汤用彤教授的学识之余,我决心投注一生的时间来研究中国佛教史,因此才完成六册《中国佛教史》的出刊(全八册,尚有二册排印中)。"[1]

12月2日,先生与任继愈合写的《纪念释迦牟尼涅槃三千五百年》发表于《人民日报》。

本年,先生与任继愈合写的《南朝晋宋间"般若"、"涅槃"佛教学说的发展和他的反动的政治作用》发表于《哲学研究》1955年第3期。

1956年(丙申)　先生六十四岁

1月,党中央召开关于知识分子问题会议后,为落实重视知识分子的政策,应先生等老专家的要求,北大相继为他们配备了助手,以传承其学说。是年10月汤一介、杨辛[2]调到北京大学哲学系,做为助手帮助整理先生的著述。从此先生开始抱病为北

①镰田茂雄:《序》,《汤用彤全集》第1卷,台北:佛光文化事业有限公司2001年,第5页。

②杨辛后来成为著名美学家和书画家。他晚年手书怀念先生夫妇的诗句:"春风化雨,绿草如茵,燕南庭园,有我双亲。"在北京大学举办的先生生平图片展上,他还写下一书法条幅:"余自幼父母双亡,生活道路坎坷。解放前,幸蒙用彤先生及师母关爱有加,视同子侄,使我倍感家庭温暖。特别是一九五六年应用彤先生要求,组织上调汤一介和我到北大哲学系做先生助手。这是我一生中最重要的一次转折点,从此在北大度过五十个春秋。回首往事,用彤先生严谨的治学精神,正直善良的品德,淡泊名利的人生境界,以及培养青年的一片热忱,都深深铭记于心,成为激励我前进的动力。"

大哲学系部分师生讲授印度佛教哲学。

2月,先生与任继愈合撰的长文《魏晋玄学中的社会政治思想和它的政治背景》,题目改为《魏晋玄学中的社会政治思想略论》,由上海人民出版社出版单行本。

4月28日,中央提出"百花齐放、百家争鸣"的方针。《哲学研究》编辑部组织开展对"双百"的笔谈,先生和冯友兰等20名学者参加①。先生的文章是《贯彻唯物的精神克服教条主义》,发表在《哲学研究》1956年第3期。此后,《人民日报》、《光明日报》相继发表郑昕、冯友兰、任继愈、张岱年等人文章,对上述问题及中国哲学史的其他问题进行讨论。8月12日,先生发表《"百家争鸣"是学术上的群众路线》于《人民日报》第7版。

先生真正把医学史作为自己的重要治学对象,是在晚年1954年的大病之后,先生患中风昏迷近一月,经施今墨等名医会诊和针灸治疗才转危为安。亲身经历使先生改变了以往对中医的误解,从此他读书时非常注意关于针灸的记载。他说:"对于针灸的问题,因为我原来以为是一种迷信,就是偶然听见它的疗效,也以为是谣传,所以我对针灸毫不留心。但是在解放以后,由于亲身的经历及耳闻目见,我从对中医的极端反对变成极端的推崇,使我常常在书中留心关于针灸的记载。"②这在近代名人对中医的认识与态度的转变方面颇具代表性。

病愈后的十年中,先生身体一直不好,但仍坚持带研究生和指导青年教师学习,同时继续从事佛道教史研究。这期间,他积

---

①其余学者是冯定、贺麟、陈修斋、朱谦之、赵纪彬、唐钺、周建人、沙英、丁浩川、杨荣国、金岳霖、邓初民、陈圭如、汪奠基、周太玄、马坚、熊十力、王学文。贺麟与陈修斋联名发表《为什么要有宣传唯心主义的自由》指出,只有让唯心主义也有宣传的自由,才能促进自由思想,使辩证唯物论内部的争论很好地展开,唯物主义本身也才能有迅速的发展。
②汤用彤:《针灸·印度古医书》,《汤用彤全集》第7卷,第683页。

累了十几本读书札记,并写出九篇极有价值的学术论文,其中有关于佛教史的,有关于印度哲学史的,还有一部分是翻阅《道藏》的摘录。他把这些成果集成为《康复札记》①。

大病初愈后,先生开始构思《从〈吕氏春秋〉看中国哲学史中的养生问题》一文。先生晚年的治学重点转向道教,并涉及医学哲学史问题。他的读《道藏》札记中现存三份关于《吕氏春秋》中养生哲学的未完稿,皆由其口述,助手汤一介先生笔录而成。先生该文首次把养生(身)问题作为中国哲学史上的一个根本问题揭示出来,并从修身、齐家、治国、平天下的方法论视角加以开创性研究②。

11月28日,先生刚能勉强执笔,便投入道经的研究中。先生读《道藏》札记中有一份《养性延命录》校勘手稿,首页是该书之序,开篇颤抖地以毛笔楷书自题:"钢笔改错、毛笔校勘,以《七签》(简称《云》)三二引文为主。五六·十一·二八,开笔大吉!""开笔大吉"指一年中开始写字,或写作某一著述前,举行"开笔"仪式以期盼好的兆头,在旧时对读书人别有一番意味。先生认为,魏晋时,书之大旨往往皆备于序文,故此他先从序言入手来研究《养性延命录》,进而推展至其他相关问题。

先生《养性延命录序》校勘手稿有云:"其集乃钱(《云》作"前")彦张湛、道林之徒,翟平、黄山之辈。"③《读〈道藏〉札记》在先生身后整理发表时没有采用这则校勘,仍是将"钱彦、张湛"并列。其他各家相关著述往往按照《正统道藏》本,或转引《读

①赵建永:《跨文化对话视野下汤用彤对医学哲学史的开掘——以从佛道比较研究看针灸起源为例》,《中国哲学史》2014年第1期。
②赵建永整理校注,汤用彤:《从〈吕氏春秋〉看中国哲学史中的养生问题》,《中国哲学史》2014年第1期。
③赵建永整理校注,汤用彤:《〈养性延命录序〉校勘札记》,《中国哲学史》2014年第1期。

〈道藏〉札记》,把"钱彦"当作一个人,与张湛并称。但多年来在古籍中并未检索出名为"钱彦"的养生家。其实,"钱彦"应为"前彦",意指前代的贤人。

本年,杨辛先生担任先生的助手后,先生曾提出与他合写一篇关于道家"养生论"的短文,并指导他到图书馆查阅《道藏》中的资料,以写成文章①。杨辛对笔者谈过,先生曾对患病中的他讲,养生要在勿过劳损耗,否则就像失修而松垮的河堤,水来一冲便会崩塌。在先生校勘的《养性延命录》中,紧接张湛《养生集叙》有一句话,即陶弘景引《仙经》曰:"我命在我不在天。但愚人不能知此道为生命之要,所以致百病风邪者,皆由恣意极情,不知自惜,故虚损生也。譬如枯朽之木,遇风即折;将崩之岸,值水先颓。今若不能服药,但知爱精节情,亦得一二百年寿也。"②

本年冬,在北京大学哲学系进修的萧萐父向先生请教如何读王充之书。先生蔼然指点应注意王充与秦汉道家的关系,认为王充书中累称黄老,值得研究。为此应考查王充晚年所著《养性之书》存于今本《论衡》究系哪些篇,"养性"即"养生"乃道家思想的重要一环,由贵己养生推到天道自然。蒙文通提出先秦道家分为南北两派之说,先生认为此说甚精。至于秦汉之际道家更有新的发展,或衍为黄老之学,或衍为神仙家和医家,如《楚辞·远游》、《黄帝内经》所述③。这些论断可与后来马王堆出土帛书《黄帝四经》相互参照印证。

根据先生的指引,萧萐父在经过二十多年的积淀后发挥师

①杨辛:《谁言寸草心,报得三春晖》,汤一介、赵建永编:《会通中印西》,第470页。

②赵建永整理校注,汤用彤:《〈养性延命录序〉校勘札记》,《中国哲学史》2014年第1期。

③萧萐父:《秦汉之际学术思潮简论》,《燕园论学集》,第107页。

说,于1982年写成《秦汉之际学术思潮简论》一文,论证了秦汉之际黄老学作为新道家的渊源及演变过程,并补充以马王堆新出土的文献,因而"深感汤、蒙诸前辈硕学所论,常中肯綮,是以启迪来学。……兹篇所述,苟能'继其声'而'新其故'于万一,盖汤先生当时娓娓数语实有以启之"①。受先生启发,萧萐父在黄老新道家方面颇有研究,他将这些成果编入与李锦全合著的《中国哲学史》中。在萧萐父的关心支持下,熊铁基教授出版了《秦汉新道家略论稿》。萧萐父认为此书"持论有据,颇与所闻相契合",遂把为纪念先生而写成的《秦汉之际学术思潮简论》作为该书序言,以旁证其说,且附记以上学问因缘,足证薪尽火传。熊铁基教授在其书《后记》中亦言:"我这里请萧萐父教授写一篇代序的文章,则是本书必不可少的。有了这篇代序,不仅这十数篇文章有了依靠,我想论说的一些问题也就更清楚些。"②二十年后,该书又全面增益再版,更名为《秦汉新道家》③。秦汉之际的黄老新道家研究,自先生首倡以来,今已成为道家和道教研究的重要领域和重大突破口。

本年,先生经多方治疗,逐渐康复。他经常对人说:"若不是解放了,若不是党和人民的关怀,我这个病是不可能治好的。"季羡林对先生的爱国心态评论道:

　　爱国是中国知识分子几千年来的一个传统,硬骨头又是一个传统。陈先生不到北京,是不是表示他的骨头硬,若然,这下就出问题了:你应不应该啊?你针对谁啊?你对我们中华人民共和国骨头硬吗?我们50年代的党员提倡做驯服的工具,不允许硬,难道不对吗?所以,中国的问题很复杂。

①萧萐父:《秦汉之际学术思潮简论》,《燕园论学集》,第107—108页。
②熊铁基:《秦汉新道家略论稿》,上海:上海人民出版社1984年版,第102页。
③熊铁基:《秦汉新道家》,上海:上海人民出版社2001年版。

我举两个例子，都是我的老师，一个是金岳霖先生，清华园时期我跟他上过课；一个是汤用彤先生，到北大后我听过他的课，我当时是系主任。这是北方的两位，还可以举出其他很多先生，南方的就是陈寅恪先生。

……有一次开会，金岳霖先生非常严肃地作自我批评，绝不是开玩笑的，什么原因呢？原来他买了一张古画，不知是唐伯虎的还是祝枝山的，不清楚，他说这不应该，现在革命了，买画是不对的，玩物丧志，我这个知识分子应该做深刻的自我批评，深挖灵魂中的资产阶级思想，不是开玩笑，真的！当时我也有点不明白，因为我的脑袋也是驯服的工具，我也有点吃惊，我想金先生怎么这样呢，这样表现呢？

汤用彤先生也是伟大学者，后来年纪大了，坐着轮椅，我有时候见着他，他和别人说话，总讲共产党救了我，我感谢党对我的改造、培养；他说，现在我病了，党又关怀我，所以我感谢党的改造、培养、关怀，他也是非常真诚的。金岳霖、汤用彤先生不会讲假话的，那么对照一下，陈先生怎么样呢？我不说了。我想到了孟子说的几句话：富贵不能淫，贫贱不能移，威武不能屈，此之谓大丈夫。陈先生真够得上一个"大丈夫"。

现在有个问题搞不清楚，什么问题呢？究竟是陈先生正确呢，还是金岳霖、汤用彤先生和一大批先生正确呢？我提出来，大家可以研究研究，现在比较清楚了。改革开放以后，知识分子脑筋中的紧箍咒少了，感觉舒服了，可是50年代的这么两个例子，大家评论一下。像我这样的例子，我也不会讲假话，我也不肯讲假话，不过我认为我与金岳霖先生一派，与汤用彤先生一派，这一点无可怀疑。到了1958年大跃进，说一亩地产十万斤，当时苏联报纸就讲一亩地产十万斤的话，粮食要堆一米厚，加起麦秆来更高，于理不通的。"人有多大胆,地有多大产",完全是荒谬的,当时我却非常真诚,像我这样的人当时被哄了一大批。我非常真诚,我并不后悔,因为一个人认识自己非常困难,认识社会也不容易。

我常常讲,我这个人不是"不知不觉",更不是"先知先觉",而是"后知后觉",我对什么事情的认识,总比别人晚一步。今天我就把我最近想的与知识分子有关的问题提出来,让大家考虑考虑,我没有答案。我的行动证明我是金岳霖先生一派、汤用彤先生一派,这一派今天正确不正确,我也不说,请大家考虑。①

本年,先生病情好转时,打算完成《隋唐佛教史稿》诸书的写作,于是购买了一套20世纪20年代起由商务印书馆陆续编校出版的百衲本《二十四史》。可惜在"文革"中,这套书由于家人三餐不继而变卖了。

本年,先生的学生郑昕接任北大哲学系主任(任期1956—1966年)时说:"汤先生任系主任时行无为而治,我希望能做到有为而不乱。"汤一介先生对此评论道,北大哲学系在此后,越是"有为"越乱,致使"文化大革命"之火首先是在北大哲学系燃起的。现在看来,"无为"比"有为"确实高明②。

1957年(丁酉)　先生六十五岁

1957年1月22日至26日,北京大学哲学系举行"中国哲学

---

①季羡林:《一个真正的中国人,一个真正的知识分子》,《辽宁大学学报(哲学社会科学版)》2003年第1期。该文系季羡林1999年11月在广州中山大学召开的纪念陈寅恪先生学术研讨会上的主题报告。文章涉及关于什么是爱国主义、爱国主义的种类有哪些、如何评价等重要历史课题,在学界引起极大反响,对于当今进行爱国主义教育仍具有重要指导意义。
②汤一介:《昌明国粹,融化新知》,《汤用彤选集》,第14页。

史座谈会",这是中国当代哲学史上一次颇具深意的盛会。会议充满自由争辩的空气,体现了学术上"百家争鸣"的方针。会上争论的问题主要有二:一、讨论最热烈的是哲学史上唯物与唯心主义斗争的问题;二、如何继承祖国的哲学遗产,特别是继承遗产的标准问题,即哲学的阶级性与继承性的问题。

汤一介先生为后世保存下来的《北京大学中国哲学史座谈会的工作总结(草稿)》第一节"座谈会前哲学系教师的思想情况和座谈会所讨论的问题的提出"中写道:

> 我们认为,应该看到这几年我系老教师努力学习马克思主义还是出于自觉自愿的,学习态度也还是诚恳的,因而对于一些马克思主义的基本原理也还是基本上相信的。例如:"应该对哲学家进行阶级分析","社会经济状况对哲学思想决定性的作用","日丹诺夫对于哲学史对象的定义"等等。但也应该看到,对他们本身的学术思想在很多根本观点上是并没有改动的。贺麟对于黑格尔唯心主义的看法:黑格尔的绝对理念就是马克思的社会存在。冯友兰认为:他的新理学中还有合理的内核。对于马克思主义的一些原理也不是完全没有怀疑,张岱年对于基础和上层建筑间的关系问题有怀疑,但因为在思想上有些顾虑而不敢提出。汤用彤说:"我以前认为空宗和有宗是不同的。有宗里面有唯物主义的因素,一想到他是宗教,就不敢提出来。现在苏联提出了,我才敢说。"因此,我们认为,老教师一方面愿意思想改造,另一方面对他们自己的旧观点尽量保留,或用马克思主义附合自己的思想,或是留在心中不敢提出。

> 老教师思想上的顾虑,一方面阻碍了认真的学习马克思主义,另一方面又只得用马克思主义来分析这些问题,这

样就一定分析不好。①

身居学界高位的先生在学术研究中,低调回避政治性话题,三思张口。他曾经认为空宗与有宗存在不同之处,甚至从史料中发现有宗里面具有唯物主义的因素。但始终不敢贸然提出这个说法,直到有一次苏联专家提到有宗的积极政治意义,他才敢表露自己的真实观点。直到召开中国哲学史座谈会,先生才讲述了自己的这一心曲,他的表述极为简洁,颇得与会者的理解和共鸣②。

3月15日,先生所撰《高校应重视科研　目前北大的科研潜在力量尚未充分发挥》发表于《光明日报》。

3月25日,先生在助手汤一介先生协助下写成《魏晋玄学论稿·小引》。《小引》从多方面对其魏晋玄学研究工作加以解说,这对于进一步揭示玄学发展的线索,以及了解他的治学理路及其当时的思想状况都颇有价值,可以作为阅读其《论稿》的一种向导或序言。在《魏晋玄学论稿》首版前夕,先生还写成《引用书简目》,不仅写明其资料来源,还列出相关的较为可靠版本的信息,为学界更好地阅读该书和研究书中的问题提供了便利。

春,中国共产党发动了整风运动,先生从报纸上看到他的一些朋友、学生对党提出了不少意见,这对他也有一定影响。因此,他常引用一句《诗经》所云"谁生厉阶,至今为梗",以说明他当时的心情,并仍以"事不避难,义不逃责"的态度试图解决问题。这在他发表的以下意见中有详细的表述。

乐黛云教授回忆说:

---

① 《北京大学中国哲学史座谈会的工作总结(草稿)》由参加这次会议的汤一介先生起草。2011年,汤一介先生在北京大学燕南园50号将该文稿交给笔者整理。
② 详见陈徒手:《汤用彤:五十年代的思想病》,《读书》2012年第5期。

这段时间,有一件事对我影响至深。汤老先生在口述中,有一次提到《诗经》中的一句诗:"谁生厉阶,至今为梗。"我没有读过,也不知道是哪几个字,更不知道是什么意思。他很惊讶,连说,你《诗经》都没通读过一遍吗?连《诗经》中这两句常被引用的话都不知道,还算是中文系毕业生吗?我惭愧万分,只好说我们上大学时,成天搞运动;而且我是搞现代文学的,老师没教过这个课。后来他还是耐心地给我解释,"厉阶"就是"祸端"的意思,"梗"是"灾害"的意思。这句诗出自《诗经·桑柔》,全诗的意思是哀叹周厉王昏庸暴虐,任用非人,人民痛苦,国家将亡。这件事令我感到非常耻辱,从此我就很发奋,开始背诵《诗经》。那时,我已在中文系做秘书和教师,经常要开会,我就一边为会议做记录,一边在纸页边角上默写《诗经》。直到现在,我还保留着当时的笔记本,周边写满了《诗经》中的诗句。我认识到作为一个中国学者,做什么学问都要有中国文化的根基,就是从汤老的教训开始的。①

先生为给整风运动提意见而撰写的《实事求是,分清是非》发表于《人民日报》1957年5月26日第7版,内容如下:

这一次党进行整风,党外人士提出了很多意见和批评。开始时我觉得有些紧张,几乎失去信心了。我想为什么问题这么多,这么严重;但后来这种想法慢慢改变了,感到对于人民内部矛盾的揭露愈多就愈是好。大家对党的缺点提出了这么多的批评,这不是坏事而是好事。这是我们国家在当前历史发展上应有的现象,因为我国社会主义

①乐黛云:《我心中的汤用彤先生》,《四院·沙滩·未名湖:60年北大生涯(1948—2008)》,第140—141页。

革命已经基本上完成,现在进入了社会主义建设的新的历史时期,国内的主要矛盾已经是人民对于经济文化迅速发展的需要同当前经济文化不能满足人民需要的状况之间的矛盾。因此在人民生活内部,特别是在文化教育方面问题很多,大家都觉得非弄好不可,所以大家都急于把话讲出来,这没有什么可担忧的。大家不但应该说,而且应该大说而特说。报上的文章我看了一些,我最赞成马老(寅初)、陈垣先生、傅鹰先生的意见,他们的意见和我的意见虽然不完全相同,但基本上一致。不过我想起诗经上的话,"谁生厉阶,至今为梗",这句话是值得深思的。我想我们一些民主人士,像我这样的人,是应当反省一下的。党团结我们,倚赖我们是想把事情办好。有好些事情没有办好,这是不是完全要怪党呢?我想不是。有些事情办得不好也要怪我们当时未动脑筋,不肯说话。比如院系调整时,试问你姓汤的干嘛呢?当时你是不是知道有毛病,知道了是不是争了呢?毛病就出在你没有动脑筋,不肯说话——不敢说、不愿说,现在缺点暴露出来了,我想我们的精神应当以"惩前毖后"、改正缺点为最主要。事情没办好固然是由于党内的三害,可是我们民主人士也是不能辞其咎的。我们应该觉悟,以后不要放弃责任了。从现在起就要多说、大说、经常说。

马老说得好,不要只看见坏处,不看见好处,出气的态度是不好的。最要紧的是实事求是去分析,缺点究竟是怎样来的,有几分责任,就说几分责任。学校里一些事情我也有份,不能只怪党委书记江隆基同志。解放初,我并不怎么明了党的英明、正确和伟大,不敢讲话。以后对党了解一些了,开始靠拢党,和党合作,但主人翁的思想还是不够的。总是抱这样的态度:"既然党内决定了,就这样吧!"这就放弃了自己的一份责任。

为了说明这一点可以举一件事情为例。北大的房子不够,这个问题很严重。招生多,任务多,需要相应地扩大基本建设,可是高教部不给我们足够建筑面积。高教部有一个主观的看法,就是认为北大房屋的潜力很大,没有充分利用。我们多次向张宗麟司长提起这个问题,说房子实在不够用,为证明他的看法不对,曾陪他亲自在北大各处去看了一看,让他了解情况,可是他还是不肯相信。我病以前有一次到高教部和部长谈北大的房子问题,部里副司长张健也激昂地对张宗麟同志说:"我们对北大的房子卡得太紧了!"我以为此后问题比较好解决了,那知我大病住了一个时期医院以后,问到房子问题,还没有很好解决。据说高教部现在开始认识到北大的房子恐怕是没有潜力了。但也必须指出房子挤,有时候是由于我们规划不够全面,例如1952年院系调整时,在教员中我们只对有家属和单身的人做了安排,可是没有想到年青的教员就要结婚,而他们结婚所需要的房子我们就没有规划进去。这说明在房子问题上高教部的主观主义、官僚主义固然有责任,但我们由于关心同志不够,在规划工作上也存在缺点。

高教部的官僚主义很多,这不过是一例,还有好多事情也是这样。对于有的问题,我不是没有提过意见,但没有力争。心里总以为"领导上已经决定了,这是你们共产党的事"。这难道是主人翁的态度吗?

所以对待问题要实事求是。——提意见时要实事求是,接受意见时也要实事求是。光戴帽子或光接受帽子而不加以分析是不能解决问题的。

高教部没有真正地研究一下高等学校究竟应该怎样办。我有这样的印象:在工业的恢复和建设方面,党是很早就注意了的,而且花了很大的气力来研究的。可是在文教方面,我的印象就不是这样。接管后并没有一套成熟的方案,先是提出团结和改造知识分子的问题,以后是抗美援朝、"三反""五反"。到院系调整时总该知道高等教育应如何办了吧?结果不然。这几年的情况完全可以证明高教部的工作很盲目。钱俊瑞同志开始是盲目地、主观地强调全面学习苏联,甚至说:学习坏了也可以,也比不学好。这就是不考虑我们自己的需要和自己的传统,这就是教条主义。当然,钱俊瑞同志也不是完全错的,我们是应该学习苏联的,但是如果说学习坏了也可以,这是什么话呢?

其实高教部的领导人盲目地学习苏联,不联系中国实际,不顾我国的传统,已经是教条主义,况且他们那时并不深知苏联是怎样办高等学校的,只是听说如何如何而已。举一个例:高等学校到底搞什么?这就是一个问题。当然,既是学校,总应该以教学为主,但这并不等于说就不要搞科学研究。可是高教部并没有深入了解苏联高等教育的经验如何,盲目地以为高等学校是以教学为主,就忽视了科学研究。"三反"运动和思想改造运动时,着重批判"纯技术观点",这是对的。可是这也不等于说不要搞科学研究。由于高教部片面强调教学,就有许多人不愿意做或不做科学研究。现在看来,轻视科学研究,这是一个很大的错误。这样一来,教学和科学研究分了家,教学质量就不能提高。其实苏联是不是这样呢?不是的。1953年苏联专家到北大,他们十分鼓励教师做科学研究,说大学非做科学研究不可。这时我才大吃一惊:原来是我们过去了解错了。苏联高教部部长叶留金最近作报告也说:教学和科学研究不能分开。现在这个问题算是明确了。那时,高教部只强调教学,强调得把科学研究也挤掉了,好像教学是学校的事,科学研究是科学院的事。至于教学质量的提高是否与科学研究有关系，以前高教部也很少过问。

由于把教学和科学研究割裂开来，这样，也发生了高等教育部系统和科学院不能很好合作的问题。高等学校和科学院这两方面是配合得不够好的。为什么"人心向院"呢？因为高教部和科学院都有同一的错误观点，以为科学研究和教学不必联系起来，高等学校不必重视科学研究，而科学研究应归科学院包下来，因此高等学校的专家们认为，既然学校不重视科学研究，而科学院又需要人，就产生了"人心向院"。我的意见是学校的教授也应该做科学研究，科学院的研究人员在需要时也应当教学。我国过去学术上的一些成绩，好多是在学校教学中搞出来的。金岳霖先生留学回国后一直当教授，他的"逻辑"就是他的教本。华罗庚先生这次得了科学奖金一等奖，表明他在科学研究上有很大的成绩，但他也是多年在学校里任教的，现在有不少后进的科学家是经过他们培养的。科学院想把我们的一些专家都请去，其实，如果明确肯定教师必须做科学研究，那又何必叫他们放弃教学呢？我也觉得科学院的做法是错误的。他们想拉北大的人，我们就对科学院有了不应有的戒心。这样关系就搞不好。我认为大学必须进行科学研究，至于科学研究工作可以由科学院来统一规划，统一领导，但不必把人材都请到科学院去。

最后，我还想谈谈高等学校中党的领导问题。

整风是好事。党，由于是为人民服务的，所以勇于揭发错误，又由于它是用马克思列宁主义武装起来的，所以又一定能改正错误。但是尽管党有错误，有缺点，我们不能怀疑党的英明、伟大和正确。

以我个人的经历来说，我在小的时候看到的中国是一个极端贫困、落后而将被列强所瓜分的弱国,而现在我看到的中国是一个新兴的、强大的社会主义国家。……至于解放以来我国国际地位的提高,那就更不用说了。只有在党的领导下,人民群众才改变了旧中国的面貌。中国人民提起了共产党常常是用感激和骄傲的心情称呼中共为"我们的党"。的确,党已经得到全国人民的信任,人民相信党的领导。"察往以知来",既然党过去能很好地领导政治、军事和工业农业建设。那么,现在在文化教育上又为什么不能领导呢?特别是现在在院系调整四五年以后,又经过这次整风,难道党还不能更好地领导高等学校吗?我们可以断定党一定能很好地领导文化建设,领导科学事业和教育事业。

但是现在我听到有人提出了这样的口号:党退出学校。这是不是对党的领导权和领导能力有怀疑的意思呢?假如有这个意思,我是坚决地、极端地不赞成的。文教界要党来领导,这一点是不能动摇的。我绝不同意叫党退出学校。如果党退出学校,那么需要把人民的文教事业交给谁去领导呢?教授治校之类的意见是可以从长讨论的,但是我们不要忘了在这方面我们过去也有过经验,教授治校并不一定就很民主。我也不喜欢听"民主治校"的名词,我觉得这名词不妥。说现在"民主治校"就好像过去是不怎么民主似的。据我了解"八大"以后才明确学校的党委领导下的校长负责制。党员干部作风有缺点,党和非党之间有墙,这是事实。但不能因此认为党不民主。我们的党本来就是人民的党,民主的党,所以只能说某些党员干部的作风不民主,而不能说党不民主。当然,也可能提"民主治校"的人原来不是这样的意思,不过容易引起误会,应该说清。

现在也有人提出来:思想改造、"三反"、"五反"等搞的不好,这一点我也不同意。虽然在这些工作中有些偏差,但是我们知识分子可以考察一下,我们的"旧我"和"新我"之间的变化,以及这种变化从何而来?难道这不是党的教育(包括思想改造运动、"三反"、"五反"、忠诚老实运动、肃反运动、院系调整等)的功效吗?所以我觉得思想改造运动应该继续下去。参加当前的整风运动就是一个思想改造的绝好机会。

有人觉得现在缺乏知心朋友,我自己也常有这感觉。我想这种寂寞之感,固然和党员同志的宗派主义作风有关,但我们自己是否也有些问题(如自高自大之类)?我赞成墙是要从两边来拆的。

傅鹰先生提到党不应该只喜欢听歌功颂德的话。这意思是很好的,是叫党员提起警惕。有些党内领导同志是爱听好话,不爱听批评,而下面有些干部也习惯于报喜不报忧,这是不好的。不过我觉得也还可以分析一下:现在的"歌功颂德"和过去那种奴才对反动统治阶级的"歌功颂德",在本质上是根本不同的。我们喊"共产党万岁",这不是要恭维谁——毛主席就不喜欢别人恭维。我想傅先生的话如果被人了解为现在人民对于自己事业的胜利的欢欣鼓舞就是旧社会的拍马屁,这就混淆了本质上不同的两件事情。

5月27日,先生向中国科学院学部委员会第二次全体会议递呈书面发言,此发言稿由助手汤一介先生笔录而成。发言批评了科学院、高等院校及生产部门相互隔离的现象并提出具体意见,认为这"实质上是宗派主义"。发言中对"十二年科学规划"提议说:"在旧社会有力量印出《四部丛刊》、《四部备要》等成套丛书,我想我们也应该能印出比那些更有用的丛书来。"因而特别提出应整理出版比日本所出《大正藏》"更好的大藏经来供全世界的学者应用",还呼吁"像《道藏》、《太平御览》等数量大的书也应逐步印出来"。发言还反对学术界对外闭关,主张恢复教授休假制度,派他们出去考察研究,加强与国际文化、学术界的交流和联系。

先生在这次学部会议上还说:"现在南开大学图书馆长冯文潜先生不仅是一个最好的西洋哲学史专家,而且也是一个多年研究美学的专家。"他批评当时社会科学界领导对冯文潜、蒙文通等老专家不了解、不重用的官僚主义现象;建议中国科学院应迅速协助"十二年科学规划委员会"向这些老专家们请教,以了解各门学科的情况,保证科学规划的顺利完成。先生这番话的有关背景是,南开哲学教育系在全国院系调整中被撤并后,冯文潜虽为哲学界一流学者却无用武之地。随后,南开大学开始恢复建立哲学系的工作,并于1958年设哲学班招生,为重新振兴南开哲学系做了师资准备。

5月28日,《改善科学院和高等学校的关系——学部委员汤用彤的书面发言摘要》发表于《光明日报》。这份书面发言提出的主要问题是"应纠正科学研究和教学分家的想法"。对此问题,汤一介先生回忆当时情况说:"用彤先生曾对科学院挖走北大的教授有些看法。例如,他认为科学院不应把张政烺先生挖走,这使北大的中国上古史无人教,而在此之前院系调整时把郑天挺先生调出北大,使历史系清史的教学与研究成为空白,以至于北大历史系的中国史不能形立自上古至近代的一个教学与研究队伍。他也觉得哲学所从北大挖走的人太多,削弱了北大哲学系的力量。而中文系则因院系调整,致使元气大伤,例如把杨振声、冯文炳等的调出都非明智之举。特别值得注意的是,他对1952年的院系调整有不同的看法,认为这样做使教学与科研分开来了,影响学校的发展。在这里用彤先生也许考虑北大文科建设太多,或仍然存在着希望维持北大之传统地位的'本位主义'。但我想,如果当时把一批有真才实学的专家集中有一个学校,而且给以适当的教学与研究条件,也许我国早就有了世界第一流大学了。"①

《人民日报》1957 年 5 月 28 日第 1 版发表《科学院学部委员会全体会议开始大会发言》载:"在(27 日)下午的会议上,发言的有农学家陈凤桐等九人,哲学家汤用彤、动物学家秉志、农学家丁颖、微生物学家方心芳、土木工程学家茅以升等作了书面发言。"

5 月 28 日,《科学研究和教学不能分家——汤用彤批评科学院的本位主义思想》发表于《人民日报》第 7 版,这是近年整理新编先生全集时才重新发现的。此篇与《光明日报》的摘要相比,内容详略互有不同,合而观之,可窥先生书面发言全稿的梗概。全文如下:

> 汤用彤委员在他的书面意见中批评了科学院存在的本位主义思想。他说:科学院、高等学校和生产部门的关系上有着很大的隔阂,造成这种隔阂的主要原因就是本位主义(实质上是宗派主义)的思想。科学院成立以后,在人们(包括高教部方面在内)的思想中有着这样一种错误的想法:科学院是搞科学研究的地方,而高等学校是教学的机构。因此,就形成了教学与科学研究分家和脱节的现象,近一两年

---

① 汤一介:《我们三代人》,第 159 页。先生的意见至今仍然不失有其重要参考价值。汤一介先生晚年一直在查寻这一书面发言的全文,他曾托胡孚琛同志在中国社会科学院的档案中找,但没找到;又写信给中国科学院办公厅,亦未果。2001 年,笔者查找到刊登在《光明日报》的这篇"书面发言摘要"提供给汤一介先生,他写成《1957 年用彤先生在中国科学院学部会议上的书面发言》一文,连同这篇书面发言摘要,一并收入《我们三代人》一书。

这样的观点虽有些纠正,但并未从思想上根本解决。这种情况使双方的工作都受到损失。我认为今后首先应在思想中纠正这种科学研究与教学分家的想法。他说,我并不反对科学院应集中一批人力,来建立一些科学据点,但科学院过多地迷想于建立新所和分院,无限制地扩大机构,这样就不能不陷入行政事务工作、人事工作等等方面,而不能认真地考虑如何组织各方面的力量来进行科学研究工作,是不合适的。如果把一些科学据点放在高等学校和生产部门,我想这并不是削弱科学研究的力量。例如,应该把哲学史的研究据点放在北京大学。因为过去北大有研究哲学史的传统,而现在事实上人力也较多地集中在北大,这都是作为据点的条件。应该把辩证唯物主义和历史唯物主义这门科学研究的据点放在高级党校,因为那里有这方面的第一流专家。这样,哲学所就不必集中过多的人,不需要另设机构,哲学所主要做一些组织工作,把各方面的研究力量组织领导起来,这样并非把科学院的力量削弱,而实际上是加强了科学院的研究力量,使工作的完成更有保证。我认为科学院主要的应该去研究如何把科学研究的任务分配下去,并保证它完成,帮助在高等学校的科学据点巩固和发展,这样将会有利于工作。

他对于科学院如何协助规划委员会,认真地组织各方面的力量来保证十二年科学规划的完成,也提出了几点建议:(一)迅速了解每门科学可以进行研究的人才和他们的特长。例如,蒙文通先生是个上古史学家,但很少人知道蒙先生在中国思想史方面也有特长,他对唐宋思想的发展也极有研究。现在南开大学图书馆长冯文潜先生不仅是一个最好的西洋哲学史专家,而且也是一个多年研究美学的专家。钟泰先生是我国最早做哲学史的老专家之一,听说现在在教中学。我还听说有一个人对佛教三论宗很有研究，但在一个纱厂工作。应对这些老学者进行一次普遍深入的了解，根据他们的特长分配一些任务。再如，道教史的研究是迫切需要的，它对研究我国农民革命、自然科学史、哲学史等等方面都将能起推动作用，应尽快地去发掘这方面的人才。目前在北京大学图书馆系任教的刘国钧教授曾在这方面做过一些研究，似乎应请他花一部分的力量和时间来参加这一工作。(二)有计划地编印供科学研究的书籍文献等。(三)帮助专家了解国外科学研究的情况，并且帮助专家到国外直接了解情况。(四)迅速解决专家助手问题。

6月7日，《人民日报》第7版发表洪谦的文章《应该重视西方哲学史的研究》，他在先生科学院学部会议发言基础上提出四点具体建议："最近北京大学中国哲学史教研室、科学院哲学研究所与人民大学哲学史教研室为了推进今后关于中国哲学史的研究工作，召集了全国性的'中国哲学史的工作会议'。这种会议对于中国哲学史的前途发展来说，是具有积极意义的。……西方哲学史这门科学已经面临着危机，如果我们不让它在中国死亡下去，那末必须迅速地克服这种危机。我们怎样才能克服这种危机呢？第一，我认为领导这方面工作的同志们必须放弃重'中'轻'外'的思想，必须将这门科学在中国今后的发展前途作全面的考虑，并且征求这方面中国专家的意见，共同拟定切实可行的计划；第二，我同意汤用彤先生在科学院的发言，将哲学史的研究据点放在北京大学哲学系；如果哲学研究所要想分担这方面的研究任务，那末请它设法去发掘潜力，不要企图用所谓'兼任研究员'的办法在大学范围内釜底抽薪；第三，我认为高教部或其他领导机关应努力设法解决购买图书和期刊的问题。"

6月，《魏晋玄学论稿》由人民出版社印行(32开平装，132

页,1版1印8500册,迄今在大陆和台湾已再版十多次)。该书是在汤一介、杨辛协助下,先生将1938至1947发表的九篇论文略加修订①汇集而成。魏晋玄学的主要方面,像玄学各派的演变、自然名教之争、言意之辩、玄学与佛教关系、本末有无之争等问题之讨论,皆由《魏晋玄学论稿》中诸文所揭橥。书中深入分析了玄学主要问题,揭示出魏晋思想与汉代思想之区别,总结了玄学的主要发展阶段,对玄学代表人物的思想做出了精湛的评述,呈现了魏晋玄学的起源、发展、流变的清晰轮廓及其内在线索,而且将当时佛教般若学放在玄学思潮中予以研究,开文史哲结合以研究玄学与佛教的风气。

　　蒙文通在《魏晋玄学论稿》首版刊行之际就致函先生,评论《魏晋玄学论稿》:"体大思精,分析入微,实魏晋以后之奇书。论诸家异同,如辨缁渑,于古人思想体系和造诣,论之极深,于各家学术问题范围,所论亦广。""其每造一句、每下一字皆有来历。此唯精熟古书而后能之。""读论首小引,于兄拟作诸章,不免小憾,但读之及半,然后知未作各章亦可不续作,倘读得此书明了者,亦可以循旨补作。"②

　　6月8日,毛泽东发出"关于组织力量准备反击'右派'分子进攻"的指示。同日,《人民日报》发表题为《这是为什么?》的社论。从此,全国展开大规模"反右"斗争。先生从报纸上看到对"右派言论"的批判,很吃惊。汤一介先生回忆说:"他常问我和来看他的人:'他们为什么要反党呢?'并认为不应该'反党'。1957年反右,还用他的名义发表过反右派的文章,这虽然是我们

————————

①笔者曾将《魏晋玄学论稿》与其原手稿对勘,发现先生的修订多在字句的表述方面,如删简了一些中英文对照的范畴中的英文词。
②蒙文通:《致汤锡予书》,四川大学历史文化学院编:《蒙文通先生诞辰110周年纪念文集》,第36页。

这些年轻的共产党员代他写的,但也是经过他同意的。他的学生向达被划为右派,他本可推托生病不参加批判,但领导找他,也就答应了,他命我根据发给他的有关向达右派言论的材料写批判稿,我写了并代他在批判会上发了言。"①"这点我父亲一直没有清醒的认识。这固然与他长期与世隔绝、受着当时官方的舆论影响外,我认为和他所具有的'明哲保身'作风不无关系,也和他病中受到党和政府的照顾和关怀有关,致使他说了一些不应该说的话。也说明中国知识分子中相当多的人的软弱性。"②"当时用彤先生很想研究中国历史上'无神论'传统的问题,开始我们帮他搜集了一点材料,还帮他编辑了《魏晋玄学论稿》。但没多久就发生了所谓'整风'和'反右',用彤先生的学术工作也就中断了,而且他还为了想再重操'旧业'作了'检讨',认为应该克服'资产阶级知识分子的名位'思想,并在1957年秋在《人民日报》上发表了一篇《知识分子应过好社会主义》的文章。这说明,用彤先生当时对党是很信任的。1957年秋时,北大党委还考虑发展他入党,陆平曾说:'如果汤老不是生病,可以发展他入党。''反右'之后我和杨辛同志也就不再作为他的助手了。用彤先生还算当时北大文科中最幸运的,在我们不作为他的助手之后,学校还派了一位年老的原校办职员李长霖同志为他做抄写工作。后来他写的《康复札记》以及《论中国佛教无十宗》等文章都是在李长霖同志帮助下写成的,这一点他在《中国佛教问题补论》的后记中提到。这说明他对别人的帮助总是不忘的。"③

　　10月,先生所撰《文字改革是从六亿人民的利益出发的》发表于《语文建设》。文章在表态支持国家号召的文字改革的同

---

①汤一介:《我们三代人》,第159页。
②汤一介:《我们三代人》,第159—160页。
③汤一介:《我们三代人》,第161页。

时,也含蓄地透露出对汉字拼音化后果的忧虑和不满。他说,一想到自己将来会看不懂每日必阅的《人民日报》就十分懊恼。这一心态与吴宓相似。本年,吴宓因文字改革而作《感事》诗云"嘉陵春水七回黄,不死惊看汉字亡","嚼字今来不识字,扫盲我老竟成盲",对汉字简化和拼音化极力反对,并以"文盲"自嘲。

冯契自1946年到上海工作后,和先生见面的机会虽然少了,但解放后冯契每次到北京,总争取时间去看望他。冯契回忆说:"我发现他已完全没有了狷者气息,谈起祖国前途和社会主义事业来是那么意气风发,信心十足,连对学校行政事务都那么态度积极,真使我颇为吃惊!记得有一次他跟我谈起毛主席,说:'毛主席是伟大的思想家,又是最富有常识的人,他能用常识的语言,讲最深刻的哲理,真了不起!'这是他发自内心的赞叹,又像是在跟我继续讨论'言意之辩'。他还是很关心我的哲学研究工作。"本年,冯契又到北京看望先生。冯契回忆说:"我告诉他我正在探索中国传统哲学的发展逻辑,但觉得自己有局限性,已不可能像汤先生那样把握世界三大哲学系统来进行比较研究。他还是用那句老话来鼓励我:'慢慢来,你行的!'我说:'等我写出来,请汤先生提意见。'我没有料到后来的岁月竟如此艰难,等我把我的《中国古代哲学的逻辑发展》写成时,再也无法请汤先生过目了。"①

1958 年(戊戌) 先生六十六岁

2月,乐黛云被划为极右派,这对先生的打击也很大。乐黛云回忆说:

> 我被划为极右派,老先生非常困惑,根本不理解为什么

---

① 冯契:《忆在昆明从汤先生受教的日子》,汤一介编:《国故新知:中国传统文化再诠释——汤用彤先生诞辰百周年纪念论文集》,第40页。

会这样。在他眼里,我这个年轻小孩一向那么革命,勤勤恳恳工作,还要跟资产阶级家庭划清界限,怎么会是右派呢?况且我被划为右派时,反右高潮早已过去。我这个右派是1958年2月最后追加的。原因是新来的校长说反右不彻底,要抓漏网右派。由于这个"深挖细找",我们中国文学教研室解放后新留的10个青年教师,8个都成了右派。我当时是共产党教师支部书记,当然是领头的,就成了极右派。当时我正好生下第二个孩子,刚满月就上了批斗大会!几天后快速定案。在对右派的6个处理等级中,我属于第二类:开除公职,开除党籍,立即下乡接受监督劳动,每月生活费16元。

汤老先生是个儒雅之士,哪里经历过这样急风暴雨的阶级斗争,而且这斗争竟然就翻腾到自己的家里!他一向洁身自好,最不愿意求人,也很少求过什么人!这次,为了他的长房长孙——我的刚满月的儿子,他非常违心地找了当时的学校副校长江隆基,说孩子的母亲正在喂奶,为了下一代,能不能缓期去接受监督劳动。江隆基是1927年入党的,曾经留学德国,是一个很正派的人。他同意让我留下来喂奶8个月。后来他被调到兰州大学当校长,"文化大革命"中受迫害上吊自杀了。我喂奶刚满8个月的那一天,下乡的通知立即下达。记得离家时,汤一介还在黄村搞"四清",未能见到一面。趁儿子熟睡,我踽踽独行,从后门离家而去。偶回头,看见汤老先生隔着玻璃门,向我挥了挥手。①

3月,先生《发扬革命干劲,促进文字改革》一文发表于《语文建设》1958年第3期,文中以吴宓为例谈文字改革中的问题。

---

①乐黛云:《我心中的汤用彤先生》,《四院·沙滩·未名湖:60年北大生涯(1948—2008)》,第141页。

5月8日,在党的"八大"二次会议上,毛泽东主席发表了《破除迷信》的重要讲话。北京大学哲学系中国哲学史教研室响应号召,当年即编出《破除迷信》一书,由中华书局出版。其中"荀子"、"王充"两章为先生所写。

5月18日,先生复函中华书局,提出他准备整理《高僧传》的具体办法,并征询编辑部意见,要点如下:

①整理本书的目的,是为用此书的人得到一个较可用的版本;并对这书做一些加工工作,帮助别人更好的利用此书。

②根据上述目的,准备用以下办法:第一,以校勘为主,并非以作考据性的批注为主;第二,加工以对用书人给如下帮助:标点,大体上参照古籍出版社标点《资治通鉴》的办法;给读本书的人一些对本书了解的参考数据,如下应为在字年代下注以公元;地名下注以现在所在地,对书中人物有见于其他书中的主要数据,以注的方式列出;对一些外国僧人已经有固定的梵文对音,列出一表;第三,其他的有助于读者的简单批注。

③有两个问题请你们提出意见:第一,校勘办法拟用鲁迅校《嵇康集》的办法,以一个版本为主(丽本),用其他刻本及其他书加以校勘,"书其同异";你们看如何? 第二,将来排印是照标点《资治通鉴》的办法呢? 还是用大字加双行小注?

④关于中国佛教史资料问题,我听说吕澂先生正在整理中国佛教文献,你们是否可以先找他联系一下。如果他没有做这个工作,我们再联系。

⑤另外,我正准备编辑一汉文印度哲学史数据,帮助别人研究印度哲学史,并配合我已交人民出版社的《印度哲学

史略》一书出版之用。因为我目前身体还不很好,什么时间能完成很难说,大体《高僧传》可以先搞出来,因较有基础。

这是先生计划正式开展僧传校勘的最早文字记录。由于当年先生患心脏病住院治疗等原因,直到一年后才展开这项整理工作。

12月11日,《人民日报》第6版刊登《湖北省举行人代大会选出省长和出席全国人代大会代表》载:"新华社武汉9日电湖北省第二届人民代表大会第一次会议在2日到6日举行。……会议最后选出王任重等五十三人组成新的省人民委员会,选举张体学为湖北省省长……会议还选出第二届全国人民代表大会的代表四十八人……曹禺、梅龚彬、汤用彤、董必武……"

12月24日,先生长孙、汤一介先生之子汤双出生。他回忆说:

> 燕南园不大,一共只有十几栋建筑,既有中西合璧的独家小院,也有二层的小洋楼。每户都有很大的院子,各种各样的花草树木应有尽有。不高的围墙使燕南园成为一座园中之园,一部分墙上还有铁丝网,多多少少让它带上了一点神秘色彩。两个公共出入口,一个朝西,在第二体育馆侧后,被我们称做大下坡;一个朝北,对着哲学楼,被称做小下坡。水泥小路连通着各家各户,小汽车勉强可以在上面行驶。在冯友兰先生家(57号)大门的北面有一小块空地,接人的小汽车通常都等在那里。当时北大一共也没有几辆小汽车,真正能开的好像只有三辆,每次来接我爷爷的,都是一辆呆头呆脑的黑色吉斯。而我们认为最漂亮的,是那辆经常来接周培源先生的白色伏尔加,可惜我从来没坐过。
>
> 沿着大下坡走进燕南园,很快就会看到一对驮着石碑的乌龟,也不知道是不是古迹。只记得小时候常常会骑到石头乌龟的脖子上去。由于经常有人爬上爬下,乌龟的脖

子被磨得光光溜溜的,爬上去,还真得有点儿冒险精神。

燕南园中央有一块小小的林间空地,被我们称为"小操场"。这里四周环绕着矮矮的松墙,里面有秋千,翘翘板,攀登架以及一个供儿童用的小小游泳池(可能是为了安全起见,只有早先几年池中有水,后来一直是干的)。我常常和伙伴们一起在小操场里玩"攻城","打梭","木头人","大本营",在没有水的游泳池里玩摸瞎子……那时,和我年龄相近的孩子在燕南园里不是很多,最常在一起玩的有周培源先生的两个外孙,王力先生的小儿子,侯仁之先生的小儿子,王宪均先生的小儿子,冯定先生的小儿子和陆平校长的小女儿。另外住在冰窖(燕南园外的一排平房,不知为什么叫这么个名字)的姓何的两兄弟也常来玩儿。属于这个年龄层的,还有沈同先生的几个孩子以及王宪均先生的大儿子,但他们都是少先队里挂三道杠臂章(大队干部)的好学生,平时没功夫跟我们一起瞎玩;只有一项活动是他们有时也参加的,那就是踢足球。踢得最好的,是王积宪(王力先生的小儿子),他曾是北大附小足球队的守门员兼队长。……

自从1952年北大由沙滩迁入燕园,我们家就住在燕南园东南角的58号,我们的西邻是冯友兰先生家,北面则对着周培源先生的寓所。我们家是那种中西合璧的平房。前后有两个很大的院子。大门朝北。两扇大门上各镶着一个铁环。大门黑框红底,因年代远久,颜色有些暗淡,古色古香。门上一边书"园林无俗韵",另一边写"山水有清音"。字体工整,苍劲,不知是否出自名家之手。门口有两个石礅和一道挺高的门槛儿。门上面是灰色园瓦铺成的飞檐。大门东边有一棵紫藤萝。开花时节,空气中弥漫着淡淡的甜香,一串串紫色的藤萝花儿挂在飞檐上,非常好看。我姐姐汤丹小时候常常坐在一根离地不高的藤条上,手里拿着一本小人儿书荡来荡去。藤萝的另一头沿着门边的花墙一直伸展到墙外的大树上。藤萝花盛开时,看去竟是满树繁花。花墙大概有两米高吧,中间有十字形的墙洞,很容易便可攀上墙头。坐在墙头上,晃着两条腿,吃着伸手可得的藤萝花芯儿,悠哉悠哉。

走进大门,右手边是一个月亮门。月亮门里是一个小跨院儿。院里有两棵大柏树。北边是一间简易厕所和煤屋。东边则是一间储藏室。由于我们家有自己的暖气锅炉和大灶,要用很多煤,煤屋放不下,就堆在小院里。两棵大柏树就像长在煤里一样。煤屋里堆满木柴和废弃的家具,是捉迷藏的好去处。储藏室里有两口大缸,奶奶每年都用它们腌雪里蕻。腌好的雪里蕻放上点肉末儿和辣椒一炒,是爷爷最爱吃的一道菜。

腌雪里蕻是我们家的一个大工程。季节一到,奶奶总是让做饭的保姆去订购,再由供销合作社用车送来,一大堆。家里的全部"闲人",奶奶,姑奶奶,两个保姆和工友齐上阵,择掉黄叶子,清洗干净,再挂在一条绳子上沥水,然后一层层放到缸里,洒上大盐粒儿,再用大石头一压,便大功告成啦。奶奶会时常看看腌的雪里蕻会不会起"噗"(腌菜缸进了杂菌,会起的一层白膜),我姐姐也时常装模做样地跑去看。由于缸很高,踮着脚尖都看不到里面,每次都要用力一撑,撑在缸沿儿上观察,做饭的保姆就吓唬说谁谁家的孩子掉进缸里淹死了云云,勇敢的姐姐当然不信。终于有一天一头栽进缸里,把脑门儿磕了一个大青包。

正是这间储藏室在"文革"中一度成为姐姐的栖身之地。爸爸成了黑帮之后,我们被勒令腾房子,姐姐便和被查封的书一起搬进了这个房间。房间里顶天立地地堆满了各种"毒草",在两个书架之间架上一块床板,姐姐便睡在这"毒草"丛中,博览群书。姐姐那时不过十二三岁,有些书根本看不懂,但就此养成了读书的习惯。姐姐还认识了一些北大学生(都是红卫兵),他们也喜欢到这儿坐坐,借几本"毒草"回来"批判"。他们玩笑地称这块乐土是"资产阶级的窝儿"。那是一段非常难忘的日子,虽然爸爸妈妈都进了劳改队,外界压力很大,但生活是充实的,还有几分快乐。

　　小跨院儿南边是进厨房的门。厨房门前是一个挺大的水泥平台,有两尺来高吧。春天的时候,奶奶会把藏了一冬的豆子拿出来晾,红红绿绿地铺了一地。夏天是晒箱子,秋天是腌雪里蕻,冬天则是冬储大白菜,一年四季都不闲着。快入冬的时候,做饭的保姆会到"河那边"去买白薯(未名湖北面有一个粮食站,不知道为什么家里人都称它为"河那边")。买回来就堆在水泥台的一角,从那时候起,厨房的烤箱里时常会散发出烤白薯的香味儿,而我们对烤白薯的热爱也是从那个时候培养起来的。

　　过了月亮门,小院儿往南一点是锅炉房——我们称之为地窖子。到锅炉房要下十几级台阶儿,里面黑乎乎的,一个不太亮的灯泡悬在头顶,由于光线不好,那个灯泡就像悬在半空中一样,颇有点儿神秘之感。一旦我们在家里为非作歹,"关地窖子"便是最严重的警告。地窖子是烧锅炉的刘大爷的地盘。刘大爷长得黑黑瘦瘦,掌管着燕南园很多家的锅炉。每当我们在地窖子门口儿探头探脑的时候,刘大爷总是不客气地大喊:"去去去,这不是小孩儿玩儿的地方!""文革"开始后,各家的锅炉都停烧了,刘大爷无事可干,只好回乡。临走前,也许是为了弄一笔养老费吧,他挨家挨户去算"剥削账"。可能他知道我们家不是特别富,说了几句,就放了我们一马,也没真的拿钱。那是我们最后一次见到他。……

地窖子侧面是一间佣人房和一间洗衣房。洗衣房里有两个并排的大水池,足有一米高,通常用来洗衣服,保姆也常用它洗澡,但我们却用来"大战三百回合",一人占领一个水池,刀枪剑戟,打得不亦乐乎,有时还大打水仗,搞得满地是水。

逢到春节,奶奶总是要做很多水磨年糕。开始用一个大盆泡江米,然后用一个小石磨磨江米面。小磨上有一个眼儿,一勺一勺连米带水喂进去,转动小磨,带水的江米面便沿着小磨边的槽流进一个布袋里。洗衣房的水池里便渐渐地堆起这样的布袋,一袋压一袋,上面再压上小磨盘,这样,过年的时候就可以吃上各式年糕了。那时没有塑料袋,洗衣房的另一个水池里是用布袋装的炸萝卜丝丸子。那种炸萝卜丝丸子凉着非常好吃,后来我姐曾经试着做过好几次,再也找不到那个味道了。记得有一次奶奶让做饭的林阿姨拿一袋萝卜丝丸子送给隔壁家的冯奶奶,姐姐等在厨房里,想看看林阿姨是否会从冯奶奶家带回什么别的好吃的,结果竟是冯奶奶炸的另一包萝卜丝丸子,真是大失所望!

冯奶奶家和我们家其实是一个整体,合起来是一个长方形的完整的四合院,两边的建筑完全对称。中间用一堵薄砖墙将长天井隔成相等的两个方形,墙上还有一个木制的月亮门,但从来没有开过。冬天时,小鸟喜欢到这个比较暖和的小天井来找吃食,我最喜欢的事就是在我们的小天井中捉麻雀。方法是拿一节劈柴支住煤筛子的一边,劈柴上拴一根绳子拉到屋里,在筛子下面和外面都撒上一些米,就可以坐等麻雀来自投罗网了。麻雀吃了筛子外面的米,尝到甜头,就会去吃筛子下面的米,这时候把绳子猛地一拉,麻雀就被扣在筛子里面。最难的是怎么把麻雀从筛子底下弄出来,通常得请叔叔汤一玄出马。他会用一根筷子伸进筛子眼,先将麻雀压住,再掀开筛子把麻雀拿出来,这绝对属于高难动作!

曾经有一段时间,姐姐在天井里面养了一对荷兰猪(一种鼬鼠)和两只大白兔。一年冬天,隔壁冯家在他们的天井里晒大白菜,两只兔子可能是闻到了白菜味,居然在地上掏了一个洞,钻到墙那边,把冯家的白菜吃了个乱七八糟。弄得我们家非常狼狈,不知如何是好。……

除了西边有月亮门的那堵墙外,天井的北面是一间很大的客厅,爷爷将它隔为两间,里间较小,用作餐室;外间较大,是爷爷的书房和客厅。这里四壁都是装满古书的玻璃橱柜。爷爷常在这里读书和接待一些来访的客人。天井的南侧是两间向阳的大房子,一间是爷爷和奶奶的卧室,另一间是叔叔一个人的房间,堆满了冰球杆、手风琴、录音机、电唱机等时髦玩意儿。……

爷爷自从一九五四年患脑溢血后,身体一直不好。所以在他的房间里装有一只通到厨房里的电铃,如果有紧急情况,可以向厨房里的人呼救。记得一年春节,大家都在厨房里忙活,爷爷在他房里看书。我正好在隔壁的厕所里大便,那时我很小,还不会自己"善后",完事儿之后,就在厕所里大声叫人。由于别人都在厨房里,只有爷爷听到了,可他老先生却不知如何处理,无奈之下,只好摁响了电铃。厨房里的人们听到铃声,还以为他的心脏病犯了,大家匆忙赶来,却是一场虚惊。这恐怕也是那只电铃派上的唯一一次用场。爷爷常坐着轮椅在燕南园的水泥小径上散步,有时也在家里的草地上晒太阳。这时候我喜欢骑着小三轮车在爷爷身边转来转去。爷爷常摸着我的头,说一些我不明白的话。有一次,我爸爸告诉我说,爷爷说的是他认为他的这个孙子是"大智若愚",就是聪明而不外露的意思。①

1959 年(己亥) 先生六十七岁

3月12日,《人民日报》第2版公布《中华人民共和国第二届全国人民代表大会代表名单》,先生列为湖北省代表。本年,先生除当选为第二届全国人民代表大会代表外,还兼任第三届全国政协常委。第三届政协任期时间为1959年4月至1965年1月。

3月17日,社会学家朱亦松②写成长函致先生:

> 阔别以来,每忆丰仪,山川修远,无由良觌,此之为恨,如何可言?
>
> 去冬内子省女之便,获瞻道范,并敬承款曲,欣慰无量。今吾二人垂垂老矣,朱颜凋谢,白发日新,相见之日少,觉生平怀抱有不得不罄述者。老氏云,"知我者稀",良用慨然。

---

① 汤双:《燕南园旧事》,《万象》2008年4月。汤双毕业于中国科技大学物理系,曾任职近代物理研究所。美国纽约大学石溪分校物理学博士,马里兰大学、俄勒冈大学博士后。现任美国某公司首席工程师。

② 朱亦松(1891—1974),江苏南京人。1918年毕业于南京金陵大学,获文学学士学位,1919年留学美国,入西北大学研究院社会学系,1921年获硕士学位。回国后先后在暨南学校、河海工程学校、大同大学、东南大学、中央大学、北京师范大学、北京大学、河南大学、东北大学、中山大学、女子师范学院,历任教授、系主任。解放后在圣约翰大学、上海财经学院任社会学、经济学及社会心理学教授。主要著作有:《社会学原理》(1928年)、《现代社会主要问题》(1934年)等;译著有:美国社会学家 W. 奥格本与 A. 高尔敦卫塞合编的《政治学与其他社会科学》、《社会科学与哲学、自然科学》、《经济学与其他社会科学》。朱亦松毕生从事社会学教学研究,主张把社会视为一整体,将社会学当作各种特殊社会科学的综合。按照这种"整体综合论"的观点,认为社会的性质、变化发展是多种因素影响的结果。

以吾二人曩年忘言之契而左右卒不免有所误解，岂不遗憾于无穷乎？

寒家自先十三世祖紫山府君由关门卜居南都后，世操儒术，□近七叶，诚有显达者。而清门之风，□乎父兄，终始未替，忠恕仁爱，每以训勖子孙，此固非为愚生今日犹憧憬于孔孟政治经济之教条也。

咸同叔世，欧风美雨澎湃飚袭，中土环境浸改旧观，不待辛亥鼎革时久矣。所谓"孔家店"已摇动倾欹，但国无中坚信仰，此数之万万人庶直是一盘散沙，外患内忧，方殷孔炽。而弟少年气盛，不自量度，辄欲扶此颠危，有所树立。是以负笈关邦时，不纳先堂兄公钊先生之劝告，选习铁道管理或法律二科，而唯以钻研社会经济政治与哲学为务。杨子"为我主义"返躬无之。忆侨居彼土时，曾面询爱德礼教授（美），彼国种族来自日出没各隅，以往之昌大繁荣洵为奇迹，后之长治久安果何种途术可资遵循？答曰："唯自由平等之二大理想，沁入于人心，体现于制度，载在宪章，举国拥护。"此其念力的理想与实况的程度，时代不同，断乎不能混为一谈。弟虽深味乎其言，辗转思维，此二大理想间颇多矛盾，西方社会今时杌陧关键岂不在是？

自十七世纪初年迄于十九世纪中叶，自由主义高唱入云，唯是岁月推移，社会变迁，其中经济的个人主义所含毒素乃酿成资本主义之专横；十九世纪后半叶，平等理想逐步抬头，社会主义或共产主义遂为劳工之喉舌，彼马恩诸人岂无的放矢？但二理想倾轧局面绝非圆颅方趾者之幸福，譬诸鸟之二翼，胡可偏废？由斯言之，沟通之道必须讲术。若夫平等理想，审其伦理含义，实吻合我孔门忠恕之道，所谓"不废江河万古流"。至于自由理想，则中国历代患苦暴君专制之日久矣，一旦数万万人发奋为雄，挖掘各个储能，自觉自悟，互助互荣，亦岂能拨置一边？是故区区之愚，思欲合二为一炉而冶铸之，以此作为新中国建设之指导原则。本此方针，弟于前民国二十年至二十五年间所发表的政论二十余万言，前要旨在斯而已。北平《再生》杂志一卷六期暨九期所载《中国国家之伦理的基础》及《新时代的民治主义》二文六万多字，与夫香港《宇宙》旬刊针对胡适、丁文江、蒋廷黻、钱端升辈发布的《独裁与民治的一个大论战》一文四万余字最足参证。弟何人斯，敢自矜夸？所以抛砖为引玉，拙作对当代流行的各派主义，如共产主义、法西斯主义、无政府主义与工团主义悉加批判，附带及英国各色各式修正的民治主义已莫不有所诘难，就中尤以批判共产主义、法西斯主义为最严厉。凡此皆鲰生二十年前自作之孽也，获罪于天，无所祷也。

昔年广东友人颇怀疑弟对北平《独立评论》之编辑人夹有妒嫉邪意，打倒此"声名卓著"之学者，藉出头地，其实大谬不然。弟对此君态度略有数言可说，弟之印象，胡君言谄恂恂，与人交徇私情，爱虚荣，不肯斥言。就私人说，弟愿负荆；就公义论，弟实无愧疚。何者？私之与公限界綦严，当东北四省沦陷之后，有人焉尚为伪朝廷作鹰犬，此真隋文帝所谓陈叔宝"全无心肝"矣。

前国社党领导人张君邀约弟之言曰："今日寇难已深，南京仍倒行逆施，包办国事，排除异己，我辈三数书生，极当倡导勇敢，力抗专制，有胆量否？"此为当年结合时之握手语也。其后弟于前民国二十五年五月五日登报脱离该组织，则以南京订于是日有伪宪章之颁布，而弟之夙苛政治理想已经发表，种子已播，其能结实与否有时代之命运焉，非可强为。身对弱妻稚子亦有责任，孤军奋斗，前后六年，似可息我后□矣。又弟专门学术粗有心得，不忍辜负多年心血。如斯情境，老友何尝知之？或出或处，或语或默，大丈夫光明磊落，所祈慕焉。

迫后抗战军兴，十载播越，生民涂炭，国事如麻，而伪蒋并无丝毫觉悟之心。国社党既改组民社党之后，其领导者张君以旧交故，又以南京立委竞选，该党缺乏适当候选人，或为国民党所窃笑。而弟则以不能忘情，畴昔一己之政治理想，亦愿得一机会以伸张之，遂迨临时之因缘。日月烛天，何惭衾影？夫子不云乎："吾岂匏瓜也哉？"弟因绝非该党主要成员，岂唯如是，甚至该党普通党员证亦无之。如其不然，以中共组织之严密，暨九年反复调查，无有不水落石出的。而且此事无涉宏旨，坦白承认，何用疑畏，但不能妄诬自家耳。弟于一九五二年参加大同大学思改运动时，已有斩截交代。

身为堂堂一男子，心迹双清，陶诗云："纵浪大化中，无忧亦无惧。"老友或能信得过也。老友如今为一笃信共产主义者，已登彼岸，为之额手。关于个人主义的哲学，语重心长，辱承启示，甚感之，弟愚窃愿补充一二。

首先弟应声明，弟绝非一个追求世俗名利思想的个人主义者，更非一个放僻邪侈的个人主义者。所谓个人主义一名词，近代西籍中始有，中土无有也。其概念极复杂，蕴藏多方面的意义。当然囊括乎中外古今之事实，暨学说在内，弟无意多所缕述。……

二千载下，弟固为孔氏之下一个私淑弟子也，狂狷之性有所进取焉，亦有所不为焉。安心立命处，兄师已垂教我矣，子舆氏已昭告我矣。弟虽未营生圹，现已撰就自挽诗联，计八个字。文云："有书未著，无位空愁。"去岁冬月二十七日，内子返里次日，微醺后，诗兴忽动，辄为代拟《劝进酒》四韵一首同样的感怀身世，录呈求正。诗云：

如此寒宵进一杯，劝君摄卫莫心灰；今来古往皆成梦，世变时移又几回。

千载忧谁劳荷负，百年身底事徘徊；清闲岁月人应羡，偕而腊前访早梅。

弟之襟抱已倾囊倒箧矣，从此老友将视我为一怪物。现欲与老友磋商一事，想能谅之。弟之困难情形，今夏一男卒业师院后，当可稍救涸急，一女明岁来夏卒业大学后，当可稍好。所迫切者为目前四五个月难关。忆曩年，弟曾存留尊府什物若干件（红木），往者承见云：老友不在北京时，已为令贤兄颇公先生售出。现时其子女如有职业，不悉能否为其先父负责偿还若干？弟只希望人民币百元之数，约合战前旧币购买力三十元左右。如其无力，可否由老兄暂时假我少许？一年外，二年内，二儿皆毕业后，即当全部返赵，如何？如老兄现时手中亦不方便，敬盼即惠复数行。至感至盼，不尽欲言。敬候俪安，侄男在念。①

先生是朱亦松的老友，在思想改造运动时，多次致函朱亦松，劝其彻底抛弃旧思想与个人主义世界观，学习马列，以跟上社会主义革命的时代步伐。因而朱亦松有此回信，它真实反映了当时两位著名学者面对社会剧变持有的不同态度与应对方式。

5月9日，先生复函捷克斯洛伐克汉学家鲍格洛：

一年多来，收到寄来的大作六本，很感谢。我因多病未能全部回答，请原谅。现在我只就桓谭的问题提出一些材料和意见，供你参考：

第一，桓谭可能看到过《庄子》，因为他从他的朋友班嗣借过《庄子》，但班嗣没有借给他（看《汉书》一百卷）。

第二，桓谭的朋友是"杜房"，不是"杜林"（汉朝的"京房"姓京名房，此处"杜房"是姓杜名房）。

---

① 手稿未刊，现已整理收入即将出版的11卷本《汤用彤全集》。

第三，Saddharma pundarika Sutra①的406 A. D.译本曰：
"如薪尽火灭，分布诸舍利。"但是在286 A. D.译本说："尽
执光耀，其佛舍利，而广分布。"

第四，慧远的《沙门不敬王者论》是在元兴三年（404
A. D.）作的。

第五，请允许我提出一个问题请你考虑："慧远"是用了
《庄子》，还是用了《法华经》？

最后，亲爱的同志，桓谭是一个唯物主义者，他反对谶纬仙
道等迷信。我希望您将来多介绍他的这方面的事实和言论。

在此捷克斯洛伐克解放十六周年的日子，特向你祝贺，
并祝你康健和进步。②

9月5日，中华书局编辑部致函先生、郭沫若③、侯外庐、刘
国钧、陈国符等学者，就出版王明编校的《太平经合校》征求
意见。

秋，在杨祖陶即将告别北京大学奔赴武汉大学任教时，他专
程去燕南园58号向先生全家辞行。杨教授回忆说："1959年令
我没有想到的是，先生这时主动地把他珍藏而我每次都'爱不释

---

①编者按：（梵文）《妙法莲华经》。

②据汤一介先生家藏原件整理，时存北京大学燕南园。鲍格洛（Timoteus
　Pokora, 1928—1985），1956—1957年在北京大学读研究生，师从朱谦之研
　究桓谭《新论》，后将《新论》翻译为英文。

③郭沫若接信后即于9月10日回复如下："我对于三书不曾做深入研究，
　提不出独到的意见。不补，自然省些；最好早印出来，好供学者们研
　究。补是王先生的业绩，他是用过工夫的。能先出不补的，再出补的，想
　也不失为一种办法。"陈福康：《郭沫若关于出版《太平经合校》的意见》，
　《郭沫若学刊》2008年第4期。"三书"指《太平经》和与《太平经》有密切
　关系的《太平经钞》、《太平经圣君秘旨》。先生和王明都认为，对后两种
　书应该跟《太平经》经文同样看待。

手'的 Erich Adicks 校注本《康德〈纯粹理性批判〉》(1891 年柏林 Mayer & Müller 出版社出版)夹上一张亲笔写的'此书借给杨祖陶'的纸条交到我手里。先生当时慈祥和蔼的面容和对后学寄予殷切希望和鼓励的眼神,至今还鲜明地印在我的心底。但是,令我万分悲痛的是,想不到与先生的辞别竟成了永诀。我以而立之年初到珞珈山经过艰苦奋斗在德国古典哲学的研究领域刚好站稳脚跟,还来不及向先生汇报,先生就于 1964 年五一劳动节与世长辞了,我心头的悲痛难以言表。从 1945 年我一进联大第一次谒见用彤先生,先生应我之请借给我《高僧传》珍藏本,到 1959 年我离开北京大学时先生善解我意主动借给我德文版《康德〈纯粹理性批判〉》珍藏本,透过这两件'小事',回顾十四年来先生的言传身教的历程,我深深地感受到先生对我这个学生无微不至的关爱、培育、扶持和期望。这是我一生最有幸承受到的刻骨铭心、没齿不忘、重于泰山的师情和师恩!"①

10 月 13 日凌晨 4 点半到 7 点半,毛泽东把任继愈请到中南海的家里长谈,见面就说:"你的书我都看过。我们过去都是搞无神论,搞革命的,没有顾得上宗教这个问题。宗教问题很重要,要开展研究。"随即又问他:"北大有没有人研究宗教?"任继愈说,除他和先生研究佛教外,还没有人从事这一方面的研究②。

11 月 25 日,先生复函捷克斯洛伐克汉学家鲍格洛。信文如下:

---

① 杨祖陶:《哲人的"常态"——〈汤用彤学记〉读后》,《读书》2011 年第 8 期。
② 毛泽东又问:"道教有没有人研究?""福音书有没有人研究?"任答:"基督教也没有人专门研究。"毛泽东再问:"你们哲学系有多少人?"任答:"师生加起来有 500 人。"于是毛泽东说:"500 人一个系怎么能没有人研究宗教呢?"1998 年,在北京大学百年校庆之际任继愈的一场讲座结束后,笔者曾见一学生就毛泽东深夜召见之事好奇地询问任继愈,任先生很低调,对此问题轻描淡写地做了简略的答复。任继愈的诸多(转下页)

　　我很高兴接到您的来信和文章。在这篇文章里我看出有关中国的资料以及几十年来欧苏的文章您都已经看过了,足见您研究很深入。虽然您的文章有些地方打字较模糊,我看不清楚,并且您引用大量的欧洲、美洲的书籍和杂志,我在这儿找不到,有些问题我很难下判断。但是我们社会主义国家的科学工作者,有互相帮助的义务,所以我先提一点初步的看法,请您考虑。

　　我的意见可以分成:(Ⅰ)总的意见;(Ⅱ)零碎的意见。

　　(Ⅰ)总的意见:

　　您的文章的主要结论是说:(A)佛教在王莽的时候,或者以前,已经到了中国;(B)在桓谭所著的《新论》那部书中表现出他对于佛教或瑜伽(Buddhism or yoga)有些知识。

　　关于(A),我看肯定是对的。在我的佛教史书中有与此相类似的意见。所以桓谭和佛教有接触是可能的。

　　对于(B),在理论上也说得过去,我分析了一下您的主要的根据有两方面:

　　(1)论形神(On the Body and the Spirit)那篇文章。它的主要意思是用薪火的譬喻(the comparison of fuel fire)来证明灵魂的不灭。我想您或者知道在《庄子·养生主》那一

───────────

(接上页)经历中,最受世人关注的是他与毛泽东的交往。任继愈生前对此基本闭口不谈,他去世七年后,任远和任重在整理父母遗稿时,无意间发现一个很旧的硬纸夹子,里边有两份手抄《毛主席接见任继愈谈话经过》记录。其中记录当时在座者除了毛泽东和任继愈外,还有陈伯达、胡绳和毛泽东秘书林克(任远、任重:《1959年毛泽东与任继愈的谈话记录及半个世纪的演绎》,《中华读书报》2016年4月6日)。由此,这段往事被再度广泛传播。

篇的最后一句就用了薪和火这一个譬喻。桓谭是不是用了《庄子》的意思呢？

(2)《仙赋》和其他关于仙道的记载。您一定知道仙是指王乔和赤松子两个人。桓谭说他们是"呼则出故，翕则纳新"（这是所谓导引或道引之术），行这种术的人只呼吸空气不吃粮食（这叫作"辟谷"），据说可以长生不老，能在天空中飞行（这叫作"轻举"）。赤松子的名字见于汉朝司马迁的《史记》第五十五卷里面。司马迁所记载也就是这样的一个仙人。在此以前《庄子》书里面《刻意》那一篇中，也讲到"导引之士"，并且说他们"吹呴呼吸，吐故纳新"等等。由此可见，在庄子的时候已经有一种关于用呼吸的锻炼可以长生的这样一类的说法了。

总起来说，从上面所讲的看来，我们就发生这样的问题：如果根据(1)、(2)两点，我们断定桓谭知道佛教和瑜伽，那么庄子（或著庄子书的人）不也知道佛教和瑜伽吗？但是从您的文章（第八页）批评 Conrady 的意见来说，您是不相信在汉朝以前会有人知道佛教的。

(Ⅱ)零碎的意见：

(A)在您的文章的第六页上提到《望仙赋》（我查了一下书，只找到他那一篇文章叫作《仙赋》）。道教的人是相信仙人可以在天空飞的，所以人们盼望他来就要向空中或向远方望，因此应该翻译成 Looking up to 或者 Looking for，不可翻成 Looking at。

(B)您的文章第四页上提到汉哀帝时秦景的事情。关于这个事情有很多的古书里记载过，但是最早的是《三国志注》，其次是《世说新语注》。《三国志注》的原文是：

汉哀帝元寿之年博士弟子景卢受大月氏王使伊存口受浮屠经……

这一段的问题复杂，并且我又不能找到 Chavannes 和 Pelliot 的文章来看，相关资料您必定熟悉，所以只简单地指出这样的问题：您知道上文中的"使"字，是指使臣(外交官员)；"口受"就是口授，《世说注》里面作"口传"。所以上面所说的可这样的了解：

在公元前二年的时候，大月氏的王派了一个使臣到中国来，他的名字叫作伊存，他口头地传授了一些佛经给中国的一个博士弟子景卢(《世说注》作景虑，后来的记载才有秦景或者秦景宪的名字出现)。

我不知道 Pelliot 根据什么理由和证据说那个博士弟子不是秦景，并且说他到了大月氏。换句话说，我们为什么要根据晚出的书而不根据早出的书。

(C)在您的文章第九页上提到梵人的一点，我觉得在佛经的版本校刊学(textual criticism)上有这样很普遍的现象，就是原来佛书中用"胡"字或"戎"字的地方常常被后来的人写成或印成"梵"字，这是因为信仰佛教的人，他们不愿意称西方或者印度为胡，所以常常把"胡书"改成"梵书"，"胡人"改成"梵人"。

亲爱的同志，读了您的文章以后，我深知您是一个努力的青年学者，我并且相信在今天马列主义的真理昌明的时候，您在马列主义的思想和方法指导之下，避免老一辈(连我在内)的研究的缺点，掌握更大量的材料，您一定可以成为一个新型的汉学家的。

最后让我祝贺您身体健康，并且获得更大的学习上的和研究上的成就。①

---

① 据汤一介先生家藏原件整理，时存北京大学燕南园。

12 月,先生写成《印度哲学史略·重印后记》,提到:"现在为着促进对印度哲学方面的研究,我正在编一汉文中的印度哲学资料汇编——在大藏经中广泛抄集,无论经论或章疏中的有关资料长篇或零片均行编入。目的为今后研究印度哲学者之用,只于资料注明出处及原作或译者人名等。"①他抱病组织人员抄录,并亲自分类,以颤抖的手迹——标明选篇的内容、出处、作者、译者、年代等。他虽曾说"不做任何加工",但还是总想尽量多做些必要的注释和说明,以便于读者理解。

本年,陈撄宁入主中国道教协会,第三次研读《太平经》,并参考先生等学者相关研究成果。

本年,汉学家许理和《佛教征服中国》一书出版,他屡屡称引先生的著述,盛赞其"大师风范"(masterly fashion),并奉汤著为"价值至高之工具和导引"②。研究中国佛教史,必然会遇到"佛教中国化"的问题。与国外早期流行的"佛教征服中国"说相比,先生的研究表明,中华文明不但没有被"征服",反而彻底同化了外来之教,这最为切合历史真相。因此,汤著成为此后海内外学者研究此类问题的起点。许里和虽以"佛教征服中国"为书名,

---

① 汤用彤:《印度哲学史略·重印后记》,北京:中华书局 1960 年版。把笔者近来从先生遗稿中发现的《编辑汉文印度哲学史资料计划》与他 1959 年 12 月所写的《重印后记》对勘,便可发现"后记"第五节的文字大体上都脱胎于以上计划,如,"似应编一汉文中的印度哲学资料汇编……译者人名等"一段,"似应"改为了"我正在"。这说明这一计划的制定当在写此后记之前。

② 原文为:"Like all students of Chinese Buddhism, I owe a deep-felt of gratitude to Professor T'ang Yung-t'ung(Peking), whose works have become invaluable tools and guides, …" E. Zürcher, The Buddhist Conquest of China: the Spread and Adaptation of Buddhism in Early Medieval China, Leiden: EJ Brill, 1972 (First published 1959), p. 18. 汉译本参见(荷)许里和著,李四龙、裴勇等译:《佛教征服中国》,南京:江苏人民出版社 1998 年版,第 2 页。

但其书基本内容却如其副标题所示,诠释了佛教传入之初如何与中国文化调适的早期历史,并加强了社会性因素的研究。

李四龙教授在《佛教征服中国》的《译后记》中认为:《汉魏两晋南北朝佛教史》"这部力作不仅给予我们学识上的帮助,而且在治学方法上提供了一种近于完美的范例"。"汤先生的佛教史研究贵在传透佛教的'心法',而许(里和)先生本书(《佛教征服中国》)的特色是能借用一些社会科学的观念传透佛教的'心所法'。这两种研究方式的精美之处在于能使'心法'和'心所法'互为表里、相得益彰,正像佛教所说的是一种'心相应行'。"①

本年,先生把拟写的《魏晋玄学》一书的纲目增订为21章:

> (1)五变(附荆州之学);(2)魏初名理之学;(3)言意之辨;(4)本末有无之争;(5)王弼、何晏贵无;(6)嵇康、阮籍贵无;(7)张湛、道安贵无;(8)裴頠崇有;(9)向郭崇有;(10)支道林崇有(即色);(11)王弼与郭象之异同;(12)支愍度心无义;(13)僧肇不真空义;(14)道生顿悟义;(15)谢灵运《辨宗论》;(16)自然与名教;(17)自然与因果;(18)自然与人生;(19)玄学与文学;(20)玄学与经学;(21)结语。②

此稿涵括了玄学的各类重要问题,对了解先生的玄学研究体系意义重大,但因被水浸过,不易辨认,而未能及早整理出来。先生晚年打算对研究了三十余年的玄学进行系统总结,去世前不久还由汤一介先生等助手协助准备整理出版《魏晋玄学讲义》,我们从《魏晋玄学》提纲的章目中亦可以略窥其梗概。

①李四龙:《译后记》,(荷)许里和著,李四龙、裴勇等译:《佛教征服中国》,第628、630页。
②该手稿在本书写作时存北京大学燕南园。

1960 年(庚子) 先生六十八岁

1 月 10 日,先生致函蒙文通论学时提到:"近年颇思研究道教史,记得《图书集刊》中,有刘咸炘老前辈关于道教史研究一文,不知兄处尚存有《图书集刊》否?如有,望寄弟一份。《图书集刊》中,似尚有其他与道教史有关论文,望一并寄弟。"①先生率先关注到槐轩学派传人兼浙东学派大家刘咸炘的道教研究②。

2 月,在先生和郭沫若等人的积极支持下,《太平经合校》由中华书局出版,推动了学界对《太平经》的研讨。王明在《太平经合校》"前言"中声明"这书是旧稿重编。前蒙北京大学教授汤用彤先生帮助最多"③。

3 月 21 日,林宰平病逝于北京医院。建国后,他曾任中国佛教协会第一、二届理事会理事,国务院参事。先生、赵朴初、陈叔通、吕澂、熊十力等 18 人成立治丧委员会。

4 月 19 日,《人民日报》刊载"中国科学院副院长陶孟和逝世"讣告:"陶孟和先生治丧委员会已经组成,名单如下:郭沫若、

---

①蒙文通:《汤锡予来函》,四川大学历史文化学院编:《蒙文通先生诞辰110 周年纪念文集》,第 37 页。

②刘咸炘的祖父刘沅(1767—1855)所著《槐轩全书》融道入儒,旁通禅佛,创立槐轩学派,同时形成了一个民间宗教派别,即刘门教,至今仍盛行不衰的中医火神派系其支脉。经过先生、萧天石、肖萐父、李学勤、马西沙诸先生的开拓,近年来海内外已展开对刘门教的系统研究。

③王明编:《太平经合校》,北京:中华书局 1960 年版,第 17 页。《太平经合校》的编纂以明《道藏》五十七卷残本为底本,参照各类引书,加以校、补、附、存,基本上恢复了《太平经》十部、一百七十卷的原貌,并在书中考订说明了《太平经》有关的一些问题,为道教史研究提供了重要的史料依凭。该书以扎实的功底和独创的体例成为国内外公认的最权威最详备的版本。

尹赞勋、陆定一、李维汉、李四光、吴有训、严济慈、杜润生、陈伯达、陈垣、周恩来……汤用彤、杨石先、裴丽生、潘梓年、钱三强、钱昌照、聂荣臻。"

8月,《印度哲学史略》经先生的助手王森校改文字上的错落百余处后,由中华书局重印。当时国家经济困难,印刷纸张较劣,也有些排印错误,但能得以出版已属不易,先生仍是倍感欣慰。

本年,先生重读家藏已久的杨文会所撰《十宗略说》,做了摘抄并加按语①。

本年,中华书局影印出版了《太平御览》,先生1957年在科学院学部会议上呼吁"像《道藏》、《太平御览》等数量大的书也应逐步印出来"的倡议得以初步落实。

1961 年(辛丑)　先生六十九岁

6月,先生所撰《康复札记四则:"妖贼"李弘·云中音诵新科之诫·何谓"俗讲"·佛与菩萨》发表于《新建设》。

北朝时出现了多次托名李弘的民众叛乱,由于事关寇谦之对旧天师道的改革,所以先生札记《"妖贼"李弘》细致考察了史料中所述的"李弘"现象。他首次提出了李弘和农民起义的关系问题,认为"李弘"一名是魏晋南北朝时期领导农民起义的道教领袖的代名词。以此读史,其时出现众多"妖贼李弘"作乱的现象和"清整道教"的必然性就得到了合理的解释。

刘勰《灭惑论》记载了有关道教之事:"事合氓庶,故比屋归宗,是以张角、李弘,毒流汉季;卢悚、孙恩,乱盈晋末。"(《弘明集》卷八)先生分析了刘勰之言,并结合史书和《道藏》的相关记载,揭示出"李弘"领导起义的普遍现象。先生指出,"李弘"之

---

①汤用彤:《佛史资料摘抄(丁类第二册)》,《汤用彤全集》第7卷,第309—310页。

名在汉末史书未见,但从《晋书》中已查出五个。除《李熹传》中的李弘外,其余四个全为"妖贼"。先生通过以上梳理得出三点结论:第一,从322—416年的近百年间,东起山东,西至川、陕,南到安徽等地,均有以李弘为名义领导的农民起义,此起彼伏,相继不断,验证了《老君音诵诫经》所言"称名李弘,岁岁有之"符合当时的事实。第二,"李弘"为其时利用道教领导农民起义之领袖的代名词。道教认为得道者可分身,此处是以"李弘"名义来号召群众,故言"应谶当王"。第三,寇谦之新道教与佛教攻击"妖贼"李弘的道教,要点在其"事合氓庶","惑乱万民"。然李弘的道教之所以能"合氓庶",当因它"坏乱土地",破坏了农民所反对的土地制度,并"称官设号",自立政权①。

唐长孺以先生的研究成果为基础,进而指出李弘姓名在广泛地区长期作为起义领袖出现,是因道书中说李弘是"老君"众多化名之一,或其转世,下为人主②。在先生的研究基础上,方诗铭从《晋书》、《魏书》中检出九个"李弘",均以原始道教谶记为根据③。先生不仅提出向来不被学界注意的道教方面的李弘与农民起义的问题,还提出佛教方面的弥勒与农民起义的问题。他在解放初就对王明说:"弥勒佛与农民起义可以注意。"王明根据先生的教示进行了专门研究,认为两晋南北朝的"李弘"和隋唐宋元时期的"弥勒佛"是分别代表民间的道教和佛教两个象征性的起义领袖之偶像④。

此前,陈国符所著《道藏源流考》只是简单地提到《老君音诵

---

① 汤用彤:《康复札记四则·"妖贼"李弘》,《汤用彤全集》第7卷,第1—3页。
② 唐长孺:《魏晋南北朝史论拾遗》,北京:中华书局1983年版,第210页。
③ 方诗铭:《释"张角李弘毒流汉季"——"李家道"与汉晋南北朝的"李弘"起义》,《历史研究》1995年第2期。
④ 王明:《农民起义所称的李弘和弥勒》,《燕园论学集》,第250—259页。

诫经》"盖即《云中音诵新科之诫》"①。汤文则进一步提出,今《道藏》力帙诸诫律《老君音诵诫经》、《正一法文天师教戒科经》、《女青鬼律》、《太上老君戒经》等经均系寇谦之的著作,而《云中音诵新科之诫》当原为这些诫律之总名。从现存《道藏》力帙各种戒经残缺不全的情况看,应为寇谦之原书的一部分,有的仅存篇目,但大体保存了原书的构架。其中文句虽在辗转抄录中有错落或增改,然各戒经内容与《释老志》所载寇谦之思想基本相同。他的这些研究成果,至今仍被作为权威结论而为道教史学界所称引②。

7月,先生《针灸·印度古医书》一文发表于《新建设》。针对国外流行的针灸起源于印度之说,先生利用中国古籍、汉译佛经和英译巴利文材料,证明针灸并非由印度传入,而是中国原本固有,并由此揭示中外文化交流中应注意的一些关键问题。持针灸外来说者,多以汉译佛经为据。因此,先生首先从考辨佛经中的相关记载入手来加以辩驳。先生广泛借鉴国际前沿成果,最后特别指出,达士古布塔教授强调医学理论在印度哲学中的重要,并且指出它是"因明"的一个来源,这是哲学史工作者应该注意的。至于佛经里医学资料,如律藏、密教中之材料和耆婆事迹等,先生都曾计划搜集③。

①陈国符:《道藏源流考》,北京:中华书局1963年版,第101页。
②如:卿希泰主编:《中国道教》第1卷,上海:知识出版社1994年版,第243页;葛兆光:《道教与中国文化》,上海:上海人民出版社1987年版,第143页;卢国龙:《道教哲学》,北京:华夏出版社1997年版,第91页;任继愈主编的《道藏提要》中《正一法文天师教戒科经》、《女青鬼律》等条目下,亦引先生的论断为据。参见《道藏提要》,北京:中国社会科学出版社1991年版,第568—569页。
③汤用彤:《针灸·印度古医书——康复札记之二》,《汤用彤全集》第7卷,第16—19页。

7月,先生与汤一介先生合作写成长文《寇谦之的著作与思想——道教史杂论之一》,基本同意陈寅恪《崔浩与寇谦之》一文的看法,并参引了陈文的主要观点,还就其未尽之处展开论证。汤文认为,崔浩与寇谦之的关系,有似一种政治家与思想家的关系。崔浩推尊道教,反对佛教,是与其反对长孙氏相联系的,势在必行,不得不然。寇谦之虽与崔浩一起进行政治改革,但他作为思想家则更多地考虑他们根本的和长远的共同利益,并企图用宗教幻想将其利益固定下来。因此他反对把解决统治阶层的内部斗争和不同民族之间的斗争放在第一位,而主张集中力量改革道教,消除内乱,实现其政教合一的理想。他把重点放在革新和完善道教自身,主要斗争的矛头指向"三张伪法"。其书未见诋毁佛教之言论,亦无敌视异族之事,其戒律多针对犯上作乱者而发。经过寇谦之等人的革新,道教与原始道教比起来已是内容大异。此后虽然尚有农民起义利用道教,但已非道教的主要作用了。10月,《寇谦之的著作与思想》发表于《历史研究》第5期。

8月5日,章正续、詹铭新的采访记《燕园访汤老》,发表于《光明日报》。先生总结其治学方法说,材料数据有两种——基本数据和一般数据,像研究寇谦之必须掌握基本数据《魏书·释老志》,然后遍及其他。他还认为:"著书立说和整理古籍是同样值得重视的,古籍有真有伪,有糟粕有精华,不加整理,运用时就有困难。"先生谈到建国后古籍整理工作时说:"影印古籍的优点,是可以避免编排的错漏,只是影印必须有好的版本。他说,如果有好的版本,像《大藏经》这类佛教经典,也值得影印出版。"[1]后来,任继愈主编的《中华大藏经》正是选用了先生看重的《赵城藏》为底本,补以其他各种善本佛典影印编成。

①章正续、詹铭新:《燕园访汤老》,《光明日报》1961年8月5日第2版。

《燕园访汤老》中,先生针对解放后流行的将《太平经》视作农民革命纲领的观点,指出:《太平经》中虽是包含着一些农民的思想,但从它的体系看,还是统治阶级的观点。因此,把《太平经》作为农民革命的纲领是缺少根据的。他晚年搜集了不少张角太平道、张鲁政权以及早期道教与农民起义关系的一手史料,打算对此问题做一番梳理,惜未能完成。陈撄宁基本上认可先生的上述观点,并对这些问题做了更为具体的论证。他认为:《太平经》虽是张角太平道的根源所在,却并不带有革命意味。但黄巾起义所宣传"苍天已死,黄天当立"的谶记式标语,未必没有来源,也许受了甘忠可预言的影响①。

8月19日,先生与宗白华的访谈录《漫话中国美学》发表于《光明日报》。

9月4日,吴宓拜别陈寅恪北上赴京。9月6日晨,吴宓抵北京遍访诸友。11日,由钱学熙陪同,吴宓访冯至、叶企孙、郑桐荪,将近中午来到燕南园汤宅。吴宓在日记中载:"11:30 a.m. 企孙别去,钱学熙独导访副校长汤用彤兄嫂,相见执手并坐甚亲,貌似古僧,短发尽白,不留须;欲留宓午餐(面),宓坚辞,出。……钱君导送宓至宁宅,别去。于是,在宅同宁及夫人述华午餐……午餐中,汤公遣其子汤一介(哲学系讲师),约宓明日在其家午餐,宓辞却,但托汤一介下午在颐和园上班,面告吴泽虞,约虞今夕或今晚来宁宅晤叙,云云。"②

9月,先生于国庆前夕写成一篇读书札记《谈一点佛书的〈音义〉》提到:"两年来,我校读《高僧传》,因陈(垣)先生之启示,一方面用慧琳的《音义》作校勘的资料,另一方面开始查阅名

---

①陈撄宁:《道教知识类编》,《道教与养生》,北京:华文出版社1989年版,第107页。

②吴宓:《吴宓日记续编》第5册,第177—178页。

辞,搜寻资料,有时也得些帮助。"①这是先生正式开展僧传校勘的最早文字记录。先生《高僧传》整理工作的启动最初是在1959年9月左右,但此后一两年内这项工作时断时续。

本年,先生再次恢复《高僧传》的整理工作,并由黄枬森的夫人刘苏协助誊录及校对,共做了三卷。

此顷,先生已难以撰写长文,每天只能遵医嘱工作一两个小时,仍坚持治学,撰写短文。

先生发表《针灸·印度古医书》后,收到一些读者来信。其中辽宁何爱华邮赠了自己在1960年《人民保健》杂志刊登的文章《驳关于经络学说起源于印度的说法》。该文系驳日本学者长滨善夫等人主张的中国针灸源于印度之说。1949年,日本医学家长滨善夫和丸山昌朗,经科学实验研究发现针灸循经感传的现象与传统经脉的走行基本一致,而得出经络确实存在的结论,并于次年出版《经络之研究》一书②,引起世界范围内的关注。该书专辟一章"经络说的起源",举出多种汉译佛经来证明针灸起源于印度。鉴于该书国际影响广泛,因而其中关于针灸起源的谬论,就有较大的误导作用。先生对何爱华文章的论证也很赞同,但是,关于《经络之研究》以汉译佛经来证明针灸起源于印度的论据,当时人们都未做出有力辩驳。

10月19日,先生所撰《读一点佛书的"音义"》发表于《光明日报》。文中指出:从道理上讲,在中国针灸已经流行了几百年以后才出世的印度文献,恐怕不是针灸发源于印度的好佐证。从具体事实来讲,长滨等举证的《金光明经》是义净于703年所

①汤用彤:《谈一点佛书的〈音义〉》,《汤用彤全集》第7卷,第19页。
②长滨善夫、丸山昌朗:《経絡の研究》,东京:杏林书院1950年版;译本《经络之研究》,上海:千顷堂书局1955年版;上海:上海卫生出版社1956年再版。

译。该经《除病品》中提到"八术"谓"针刺、伤破……延年、增气力"等。但凉、隋二译本并无此文。根据唐人注疏及其音义,印度医方中并无针灸。此亦可见音义书的学术参考价值。

1962 年(壬寅)　先生七十岁

2 月 24 日,胡适去世。自二十七岁任北大教授三十年以来,胡适大部分时间和精力都投入北大的事业。唐德刚曾说,胡适有三大爱好:安徽、北大、哥伦比亚大学。胡适晚年遗嘱将他留在北平的藏书全部捐赠给北大,而在其葬礼上,身盖北大校旗,可见胡适致先生函中所说"我虽在远,决不忘掉北大",实发自肺腑。胡适暮年曾让助手去搜寻大陆新版的汤著《汉魏两晋南北朝佛教史》,想看看先生的观点有无新的发展。胡适临终前将自己使用的1944 年版《汉魏两晋南北朝佛教史》借给台湾商务印书馆,于 1962年 2 月影印出版。其中胡适做了很多圈点和批注,并改正了若干行文中的错字,使其成为汤著在台湾最流行的版本之一。

3 月,在陆平的建议与努力下,国务院任命历史学家翦伯赞、化学家傅鹰、理论物理学家王竹溪、语言文字学家魏建功四位教授担任副校长,加上已任副校长的先生、物理学家周培源,共有六位文理科教授进入校领导班子。为提高北大师资水平,次年陆平制订了《北京大学师资培养暂行办法》,强调依靠老教授们传帮带来培养青年教师。

3 月初,先生到医院做了一次身体检查,情况还好。他遂改杜甫《野望》颈联"惟将迟暮供多病,未有涓埃答圣朝"为"虽将迟暮供多病,还必涓埃答圣民",以表达他的暮年心愿。稍早前,先生在《康复札记四则》前言中也说:"现应《新建设》杂志之约,将近年读书所得写成札记,以供参考,这也是我对人民所尽涓埃之力。"①

---

①汤用彤:《康复札记四则》,《新建设》1961 年 6 月号。

4月9日,何爱华致函先生:

　　这二年里,我尽力克服了一些我所认为的困难与障碍,撰写了一篇关于古代中国与罗马交流医学——脉学的稿子。但由于问题的复杂,特别是我的水平之所限,更难写好此稿,有鉴于此,故而拟请您老人家在百忙之中给予斧正和指导,以期其能获得有立足之点,这点,委实地影响了您老人家的安静休息,这是我的罪过,应当先行告罪的!我以一个孩子般的天真想法,即:我还希望您老人家能够帮助我,借助于您老人家的学术和同事之间的关系,并转请您校季羡林和齐思和二位教授,共同看看这篇稿子,这是我的一个最大的希望!过去,我曾与季、齐两位教授有过书面往来,但很疏远,故不敢冒昧相扰!因而恳求于您老人家,望力求从中斡旋之,克于出成,更为不胜之翘企也!①

　　春,《高僧传》校注的工作改由李长霖协助。

　　4月13日,先生致函北京图书馆科学方法研究部说自己"现从事校勘《高僧传》",请帮助查找《释氏六帖》一书②。现存的当时北京图书馆的回函称,馆藏没有此书。《释氏六帖》共二十四卷,后周高僧义楚所撰,又称《义楚六帖》,是一部佛教类书。由于该书未编入《大藏经》,传本较少,知者不多,但此书引证广泛,保存了不少典籍佚文,且所引文字较优,文献价值颇高,故先生非常重视。

　　4月26日,先生复函何爱华:

　　关于请我与季、齐二先生帮你看文章一事,我同季先生

①据汤一介先生家藏原件整理,时存北京大学燕南园。
②汤用彤:《致北京图书馆科学方法研究部》,《汤用彤全集》第7卷,第641页。

对印度文化方面稍为知道一些,对中国和罗马的医学毫无所知,自难参加意见,并且我知道季先生现在工作异常繁重,恐不易抽出时间。齐先生患眼疾甚重,双目几失明,目前正在修养,情况如此,实难为力,尚祈鉴原。记得《北京晚报》曾登载,北京有医学史学会,你不妨向该会联系,或能对你写这篇文章和研究工作有所帮助。①

5月4日,《人民日报》第1版刊发了一则题为《北大许多知名学者关怀后一代师资的成长》的新华社消息,提到先生教研近况:"汤用彤教授虽然因病长期休养,但仍然热心地尽力培养青年教师。最近青年教师汤一介就在他的指导下,学习魏晋玄学,同时正在有计划地编写有关资料。汤用彤还为新成立的东方哲学教研组的青年教师每两周讲一次有关印度哲学的汉文资料。他对中国古籍中所保存的有关印度哲学的记载非常熟悉,他的这门课向青年教师介绍了中国古籍中记载印度哲学派别的一些主要线索,为青年教师进一步钻研提供了方便条件。"

5月15日,何爱华致函先生:

从来教中获悉,季、齐二位教授的近况,这是您所给我的无比珍贵的惠赐!唯令人感到失望与不幸的是齐教授正患眼病!齐教授不仅精于古代罗马史,尤其对中世纪世界史更为娴熟,久负素养,正当渴望求教之际,巧遇这位教授生病休养,这对我来说,是非常之不幸,引以为憾事。……我写这篇东西的目的,是想从医学史上来论证,祖国的科学文化,早在古代罗马的后期,即已传入欧洲,影响着西方世界的科学与文化,为我们的国家与民族争光,从历史来证明

---

① 汤用彤:《致何爱华同志》,《汤用彤全集》第7卷,第641—642页。

祖国的伟大。……像这样的问题,请想,它是多么迫切需要史学界老一辈科学家的帮助指导呵!①

5月22日,先生复函何爱华:

　　尊稿如不太长并不急于需要,无妨寄下。只是限于我的健康情况(患动脉硬化、心脏病,一眼有白内障症),何时能看,何时看完,不能预期。再者,我一向认为:两个国家或两个民族,在文化科学方面,有某些相同之点,除非在文献上有确凿的证据,并对所载事实有深切的了解才能说是谁影响了谁。我对罗马文化既无所知,医药更属外行,对你所研究的题目诚恐帮助不大,有负厚望耳!②

5月28日,先生复函吴宓:

　　前次一面已深欣慰,忽接来示更加雀跃。所询之事,弟已转向本校教务处。据说近年来北大不直接接受外校进修人员,必须经过教育部分配,今年本校可容纳进修教师的专业亦已报部。因此,邱、陈二先生来本校进修的事,应请由西南师院直接呈请教育部核办,如批准来京后,当尽量予以照顾。年来贱躯健康情况大有进步,稍做了一点事,心情尚称愉快,可以告慰知己也(但尚不能执笔)。③

　　6月,先生所撰《论中国佛教无"十宗"》发表于《哲学研究》第3期。汤文指出,日人所谓中国佛教旧有"十宗"、"十三宗"的说法,系出于传闻,并非真相。他运用比较方法对佛教各宗进行考证解析,界定了"宗"的两层含义:一是宗旨,指学说与学派,相当于西方宗教中的"sect";二是教派,即有创始人、传授者、信徒、

①据汤一介先生家藏原件整理,时存北京大学燕南园。
②汤用彤:《致何爱华同志》,《汤用彤全集》第7卷,第642页。
③汤用彤:《致吴宓》,《汤用彤全集》第7卷,第642—643页。

教义、教规的宗教团体,这是与"学派"的不同之处。隋唐以前,"宗"是学派的含义。从隋唐开始,才具有教派的含义。前者属佛学史,后者属佛教史。二者互有关联,且因时变迁。若以经论之讲习为宗,则数目亦不定是十宗或十三宗。质言之,这是把学派之"宗"和教派之"宗"混同为一。隋唐佛教宗派实有三论宗、天台、禅宗、华严、法相、密宗、律宗和民间流行的三阶教等八宗,而各宗兼修的净土宗在隋唐时期能否成为单独的宗派还值得探讨。

6月7日,先生就《论中国佛教无"十宗"》中的校勘问题致函《哲学研究》编辑部。汤一介先生暮年撰文回忆有关情况说:

> 北京的春天很短,夏天却很长。1962年北京的春天也是很短,匆匆而过,就到了夏初。自父亲汤用彤生病后,他很少外出,"政协会议"和"人大会议"他都请假,一次也没参加。但这年初夏,他忽然提出想去香山小休息一下。我记得上个世纪三十年代,他在初夏也常去香山住一两周,有时住在钱穆先生租的房子里,有时住在香山红叶山庄。因为钱穆先生早已不在北京,就只能去住红叶山庄了。我推想,他之所以想去香山小住,很可能有两个原因:一是他写完了《论中国佛教无"十宗"》松了口气,觉得对研究中国佛教隋唐宗派问题有了点底,可以休息一下,静静地思考如何继续下去;二是他对香山旧情难忘,因为他的《汉魏两晋南北朝佛教史》最后就是在香山定稿的。

> 在香山红叶山庄父亲和我有几次谈话,现在大多淡忘了,只记得有一次他谈到我的祖父。他说:祖父虽中进士,但没做过什么大官,而大多时间在甘肃,只是最后几年在北京。祖父喜欢"汉易"。祖父在甘肃时参与了办新式学堂,所以到北京后就把我父亲送入顺天学堂。这是我父亲和我

谈到祖父的唯一一次谈话。只是后来我看到《颐园老人生日宴游图》才对祖父有了进一步了解。另一次谈话是讲他自己。他说:你们现在的生活比我读书时好多了。我上清华,当时坐不起车,只能步行,来回几十里,每月总得回城里看望你的祖母几次,否则她会骂我"不孝"。但她思想很开通,我考上了"留美预备班",要到美国去四五年,她不但没有阻拦,反而说不要恋家,学成再回来。所以父亲到美国是专心攻读,生活非常清苦,吃饭只吃最便宜的面包,吃点切下的牛肉末,喝清水,为的是省下钱买书。他从美国回国时带了四五百册英、德文书。他说,这些书让我一辈子受用无穷。其实父亲在读清华和留美时的艰苦生活,我不止一次听母亲述说过,但这次是父亲自己对我说的,也许是有某种警示的意思。父亲还说:做学问主要是认真读书,勤于思考。读书要真读懂,要会利用各种工具书。遇到问题不要轻易放过,可以找相关的书相互对比,以求得解决。父亲批评我说:我看你读书很快,是不是都弄清楚了,我有点怀疑。你选修过我教的课《英国经验主义》,我让你读洛克、休谟的书,但你很少提问题,这说明你没有下功夫读书,也没有动脑筋思考问题。今天我回想当时的情况,感到我和我的同学们可以说都没有认真读书,我们当时一门心思只是想着了解那些教授的思想,以供批判用。父亲和我的谈话是"有心"还是"无意"?在当时我并未仔细想过。这说明我的无知。

父亲和我的谈话并不多,我能记得的只有以上几点。在香山时,他比较多的是和孙女汤丹(九岁)、孙子汤双(五岁)同乐。父亲常和汤丹、汤双到红叶山庄的"九曲回肠"(将山泉引入弯弯曲曲象征九曲黄河的小水槽),看着两个孩子把手帕放在"九曲回肠"的上端漂流,然后孩子跟着手帕顺水往下流处跑着、叫着、笑着,父亲很开心,孩子们更开心。夜晚两个孩子到山坡的草地去捉萤火虫,他们把萤火虫放在南瓜叶的空茎里,萤火虫一亮一亮很好看,两个孩子就争着跑去给爷爷看。汤双对爷爷说:"爷爷,你看它像不像灯笼?"汤丹说:"我看它更像霓虹灯。"

离红叶山庄不远处有个小游戏场,这是孩子们最爱去的地方。我们将一把轮椅带到山上,父亲坐着,我和乐黛云推着,孩子们走着、跑着。……香山半山腰处有个"玉华山庄",可以喝茶、吃零食。零食包括瓜子、花生、小糖块,有时还可以买到包子吃。这是父亲喜欢去的地方,也是孩子们喜欢去的地方,坐在那儿可以看见香山的远景,天气好时还可以看到北京城。父亲因中风,留下后遗症,走路有点困难,我们用轮椅合力把他推上去。玉华山庄很大,有各种花树草木,任由孩子们跑来跑去。

在红叶山庄,每天早上八点以前,我们吃过早饭,父亲和母亲就坐在朝南的走廊上晒太阳,我和乐黛云和孩子们去游览香山的景点:双清、眼镜湖、碧沙帐、枫林村……父亲和母亲坐在廊子上,好像在说着什么,我们都没过去,怕打扰他们。我想,他们也许在谈着往事,回忆着自己的"幸"与"不幸"。我母亲生了6个孩子,早逝了4个,这是她一生的"隐痛",这可能是她"不幸",但嫁了一个"言听计从"的父亲,也就是她的"大幸"。父亲的"不幸"也许是各种"运动"耽误了一些时间,使他没有能完成写整部"中国佛教史"的愿望。他的"幸福"也许是他能及早中风,而免去各种"运动"的苦恼和免于回答各种不能不回答的"说不清道不明"的问题。早饭后,父亲要在床上小憩,我觉得他在想什么,但也不好问他。我们大概在红叶山庄住了十多天,山间的清风明月相伴,一切平静而自然。

一日,父亲对我们说:"该回家了吧!"这样,我们就下山了。回到家里的第二天,父亲就把他的秘书招来,说:"我们开始工作吧!"于是父亲开始了他的《中国佛教宗派问题补论》。同时应《新建设》杂志约稿〔继续〕开始写《康复札记》。在"札记"前有一段话:"现应《新建设》杂志之约,将近年读书所想写成札记,以供参考,这也是我对人民所尽涓埃之力。"看来,香山红叶山庄两周的休息,父亲实际上是思考着一些他关注的学术问题。因为他晚年一直想着的是:"虽将迟暮供多病,还必涓埃答圣民。"——这就是中国真正有良心的学人的心声!①

7月30日,《哲学研究》编辑部寄来黄心川的《印度十九世纪爱国哲学家和社会活动家辨喜的思想》一文,请先生审稿。8月4日,先生就黄心川《印度十九世纪爱国哲学家和社会活动家辨喜的思想》一文审稿事,复函《哲学研究》编辑部。

8月,陈撄宁所撰长文《太平经的前因与后果》发表在《道协会刊》创刊号上。陈撄宁把《道协会刊》杂志逐期赠送给先生、梁漱溟等学者交流②。同一时期,他主编的教材《道教知识类编》有于吉、太平道、太平经等词条,吸收了学界的研究成果③。在汤一介先生所保藏下来的先生读道藏资料辑录中有一份《道教知识类编初集(续)》,此亦反映出见学界对陈撄宁研究成果

①汤一介:《与父亲在香山红叶山庄小住》,《文汇报》2014年5月16日。
②汤一介先生告知笔者,陈撄宁当年所赠的《道协会刊》,将随自己的所有藏书一起捐赠给北京大学。陈撄宁赠《道协会刊》给梁漱溟的境况,详见梁漱溟:《陈著〈静功疗养法〉跋语》,《梁漱溟全集》第7卷,第400页。
③文中论及学界关于《太平经》上承老子遗教和《太平经合校·前言》的观点。陈撄宁:《道教知识类编》,《道教与养生》,北京:华文出版社1989年版,第141、143页。

的重视。

陈撄宁在研究中，一方面证实了陈寅恪、先生关于《太平经》的一些观点，另一方面也以新视角对陈寅恪、先生之说多有推进。陈撄宁首次揭示出《太平经》"三一为宗"的主旨，开启了从生命修炼方面研究《太平经》的内在理路，也完善了前贤观点。他们三人在这些问题上各尽其妙，使学界对早期道教与《太平经》之间的关系有了更为完整的理解。

先生接续 1957 年在科学院学部会议书面发言中的提议，而为编纂《中华大藏经》写过一份"意见书"，时任文化部副部长的齐燕铭回信表示支持，并委托潘梓年负责这项工作。本年夏，先生、陈垣、吕澂、周叔迦、向达等学者开会讨论此事，会议决定由吕澂先编一份《中华大藏经目录》。

9 月，《魏晋玄学论稿》由中华书局再版，印两千册。

9 月 18 日，吴宓复函先生：

锡予老兄：

　　前次之函，早已奉悉。丘晓教授因本学年授课多，故取消来京进修之举；敬谢　兄为洽询之劳。《佛教史》宓自藏之一部（二册），保存甚好。惟以（一）其上有宓之圈点及眉批按语，亦有　兄讲说指示之笔记，宓视之甚为珍重，不愿寄出；（二）此间孙培良教授正在研读——故不寄书来，而由宓将宓所作校勘，逐页抄录，凡二纸、四叶，随函奉上，以供书局改版之用。

　　宓去年年底，左肩生痈，曾入西南医院治愈。旋又续生至第十二痈（均小）；后服中药（丸药），自五月初，痈未再出，身体健好。惟本期工作甚重，凡授（一）进修班第二年《英语》4 小时；（二）讲授进修学员三人之小班《外国文学》、《世界史》等 12 小时；（三）个别辅导 8 小时，以上共每周 24 小时，故甚

觉劳倦。每忆清华及哈佛同学,以至天南精舍同居,不胜
神往!

　　敬叩

颐安

　　　　　　　　　　　　　　　弟宓上
　　　　　　　　　　　　　1962 九月十八晚①

先生 9 月 24 日复函吴宓:

雨生兄:

　　来函及佛教史勘误表均收到,极为感动。兄工作甚忙,
自是佳事,仍希劳逸结合多加保重。旧情固使人神往,但更
好的是我们前途的美妙。难道我们以后必不能碰在一起
吗?身体是一切的前提,希共勉之。

　　敬候

教安

　　　　　　　　　　　　　　　汤用彤
　　　　　　　　　　　　　1962.9.24②

9 月 19 日,宋大仁致函先生:

　　本会嘱记我向您请教,我们是医学史的爱好者,拜读您
在 1961 年 7 月号《新建设》发表的《针灸、印度古医书》大
作,这对我们增加不少医史知识,最后一段谈到印度达士古
布塔教授的《印度哲学史》第 2 册(英文);印度都特所著
《古印度文明史》第 2 册卷 5 第 11 章,韩莱氏的印度医学史
的研究(英文)和牛津的五册医学史,我们很想知道他的内

①吴学昭:《吴宓书信集》,北京:生活·读书·新知三联书店 2011 年版,第
412 页。
②汤用彤:《致吴宓》,《汤用彤全集》第 7 卷,第 647 页。

容,可惜我们没有这几种上述的书籍,同时我们的英文程度很浅薄,或是有这样书籍,也翻译不出来。我知道您是很忙的,希望您能够请您的助手将有关医史方面的资料译出发表,对我们研究医史的人,帮助很大,希望您能接受我们的建议和意见,并盼不吝指教。①

先生当月接函后,即复函宋大仁:

我在《新建设》发表的《针灸·印度古医书》一文中,曾经提出几部有关印度医学方面的外文书籍。原意是目前国内这类书籍和文章出版很少,有意多写几个书名,以便引起有关方面注意。你今建议翻译出版,本人也有同感。我曾翻阅了达士古布塔的《印度哲学史》和都特的《古印度文明史》二书,有关的资料很少,韩莱的《印度医学史的研究》及牛津的《医学史》,可能对研究古印度医学史较为重要。我并未找到此二书,希望你们在上海各图书馆或研究机关询借。据闻有俄文的医学史亦可查找一下,至于翻译出版问题,我患血管硬化心脏病目前正在休养,无法承担此项工作,实属有心无力也,敬乞谅之。②

9月20日,列宁格勒大学东方系教员庞英致函先生:

我是苏联国立列宁格勒大学东方系的教员。我在研究"变文"一题中,有许多地方是牵涉到佛教问题。在苏联很难找到一本适应的参考书。我在中国中华书局一九五九年八月的图书目录中见到您的大作《汉魏两晋南北朝佛教史》的广告。为了有幸拜读先生的名山著述,我曾跟国内外书店打了不少交道,但都得不到满意答覆。故冒然

---

① 据汤一介先生家藏原件整理,时存北京大学燕南园。
② 汤用彤:《致宋大仁先生》,《汤用彤全集》第7卷,第646页。

奉函,烦求先生曲全其事。我想先生手中如尚有余册,是否可寄下一阅,阅后即时奉还。望先生不弃葑菲。恭候函教。切切。①

10 月 4 日,先生复函列宁格勒大学庞英:

> 九月二十日来信收到。拙著《汉魏两晋南北朝佛教史》一书中华书局准备再版,因此我手中仅有的一部目前正在用来校对,实无法奉寄,敬希见谅。如果不是急迫需要,希望等该书再版出版,当为设法。敬希鉴原。②

10 月 4 日,《光明日报》学术部致函先生:

> 本报接到巨赞的一篇关于和你商榷的文章。现寄给你请抽时间看一下,并请提出你的意见。希阅后将原稿连同意见一并寄还本报学术部,以便转覆作者为荷。③

先生收到来函及所附巨赞的文稿后,10 月 12 日,复函《光明日报》学术部:

> 前见《文汇报》载有巨赞关于"楚狱"的文章④,知道他正在深入地研究佛教史,大是佳事。此次看到他对拙著所提的意见,更为感谢。此文我研读了两遍,并查对了一些书卷,觉其旁征博引用功甚勤。据我初步的意见,他所陈述的理由似欠充分,有的地方引用资料不尽确当,我虽然有些意见要说,只是由于老病善忘,脑筋迟钝,作文章很为吃力,并且进行极慢,为了文章早日发表,兹先将稿件奉还,关于我

---

① 据汤一介先生家藏原件整理,时存北京大学燕南园。
② 汤用彤:《致庞英同志》,《汤用彤全集》第 7 卷,第 647 页。
③ 据汤一介先生家藏原件整理,时存北京大学燕南园。
④ 指巨赞:《佛教传入中国之初的"楚狱"问题》,原载《文汇报》1962 年 7 月 19 日。

的意见以后视贱躯情形再定。①

10 月 15 日,《历史研究》第 5 期刊发一篇题为《陈垣、陈寅恪、汤用彤、顾颉刚著述情况》的学术资讯,介绍了汤著的重印及新编中的《往日杂稿》和《魏晋玄学讲义》,还特别介绍了他古籍整理的进展:"作者目前正在整理校点《高僧传》。《中国佛教史料》和《中文佛经中的印度佛教史料》(名暂定)也正在搜集资料,进行编订。后者辑录的资料,都是在印度佛经中译成汉文的资料,在现在的印度佛经中已不存在了。"该文中提到先生"仍在助手的帮助下辛勤的进行研究和古籍整理工作"②。

简讯所载"中国佛教史料"这一系列,除宗派部分多已收入《汤用彤全集》外,还包括未刊的《经钞》、《读书杂钞》、《佛教史料杂钞》(全应二十三册,首册遗失)、《〈全唐文〉中的排佛思想》、《佛教碑铭资料》、《关于三阶教、净土宗的材料》等资料摘抄,以及《佛法之性质》、《寺院与教育》、《佛性本有始有的争论》、《佛教对中国影响与现在中西文化关系之比较》等读书札记和写作提纲,涉及从汉唐到宋元明清的佛教及其与儒道关系乃至中西之争等问题。这类遗稿的主要意义在于,弥补了他佛教史讲义中《隋唐佛教史稿》和《五代宋元明佛教事略》的不足,可以呈现出中国佛教史的全貌③。

---

①汤用彤:《致光明日报学术部》,《汤用彤全集》第 7 卷,第 648 页。

②7 月 30 日,中华书局编印的《古籍整理出版情况简报》第 7 号亦登载《陈垣、陈寅恪、汤用彤、顾颉刚著述情况》。

③先生的印度哲学类资料现存《印度佛教史料》、《印度哲学史料汇编》、《佛典选读课程资料》、《印度哲学史资料课教学提纲》、《印度佛教汉文资料参考提纲》、《印度古代的宗教文献》等。其中已整理刊布的有《汉文佛经中的印度哲学史料》、《印度佛教汉文资料选编》,以及一些散篇。详见赵建永校注,汤用彤:《编辑汉文印度哲学史资料计划》和《翻译英文印度哲学史资料的计划》,《中国哲学史》2012 年第 4 期。

10 月 14 日,先生所撰《关于慧深》发表于《文汇报》。

10 月 15 日,《北京大学学报》编辑部送来罗荣渠《评朱谦之先生新编的〈慧深年谱〉》一文,请先生评审。10 月 17 日,先生复函《北京大学学报》编辑部说:《评朱谦之先生新编的〈慧深年谱〉》一文"陈述的理由,同我在本年十月十三日《文汇报》所发表的《关于慧深》那篇文章大致相同",并提出两点具体意见①。

11 月 21 日,先生在《光明日报》的《史学》栏目发表《从〈一切道经〉说到武则天》。此前,探讨武则天与佛教关系的研究成果,主要着眼于政教关系,着重论证武则天怎样依靠佛教改朝换代,没有超出陈寅恪的研究框架。先生《从〈一切道经〉说到武则天》补陈文之不足,以其发现的武则天所撰《一切道经》序文为契机,指出武则天在敬佛的同时,亦与道教有密切关系。这一结论是先生在结合敦煌史料梳理道教发展史的过程中揭示的,并由此修正了学术界对武则天宗教信仰的片面认识。尽管武则天标榜自己是弥勒佛化生,但这并不妨碍她也深信道教。先生据伦敦藏敦煌写本斯字 6502、2658 号《武后登极谶疏》(即《大云经疏》)中征引的道教天师寇谦之铭"火德王,王在止戈(武字)……武兴圣教,国之大珍",指出武则天"登极所用之符谶,固非专依佛教,并有道教也"②。唐朝诸帝为自身利益,时而拜佛,时而求道,甚至几乎同时崇信佛道二教,这以武则天最为典型。汤文根据伦敦藏敦煌道经写本并结合《金石萃编》、新旧《唐书》等各类文献,考辨出武则天亲撰《一切道经序》的前因后果。

汤文由《一切道经》的编写缘起,进而论述武则天的宗教信仰。武则天少时当过尼姑,利用《大云经谶》登上帝位,奖励华严

①汤用彤:《致北大学报》,《汤用彤全集》第 7 卷,第 575 页。

②汤用彤:《从〈一切道经〉说到武则天》,《汤用彤全集》第 7 卷,第 47 页。

宗、禅宗等,是她广为人知的崇佛事实,但这在一定程度上也遮蔽了人们对她与道教关系的认识,甚至造成她一向崇佛抑道的错觉。先生则发掘了不少史实,证明武则天与道教渊源深厚,认为武则天笃信道教的热情乃承继太宗、高宗之遗制,并深刻影响了她的后人章怀太子、太平公主、睿宗、玄宗诸人以及时代风尚。

《从〈一切道经〉说到武则天》手稿的文末有一节论述,对于总结全篇颇为重要。近来编纂新版《汤用彤全集》时才将其发现出来,原稿云:

> 《册府元龟》影印本 589 页:"睿宗景云二年正月,加银青光禄大夫行太子率更令史崇玄为金紫光禄大夫太清观主。"史崇玄即史崇,是前述编纂《一切道经音义》及《妙门由起》的主持人。《音义》编纂的参加者有达官学者二十四人,其中如崔湜、薛稷、卢藏用、沈佺期、徐坚、刘子玄(知几)等;有名的道士为太清观的张万福等十八人。比之在武后时撰《三教珠英》集名士二十六人(见《唐会要》卷三十六),规模尤为宏大。史崇那时的官衔(已见本文首段)按《册府元龟》载乃是景云二年加封的,因此《音义》应是睿宗景云二年或以后不久敕撰的。先天二年六月太平公主与史崇欲发动政变,失败伏诛;参加编纂《音义》者数人亦均被杀。故《音义》至迟是在先天二年完成。
>
> 现据本文上面零星所述关于唐初一切道经主要事实,依年列述于下:
>
> 上元二年(675),武后为李弘写一切道经三十六部,作《一切道经序》。
>
> 景云二年(711),睿宗敕撰《一切道经音义》,编《妙门由起》。
>
> 先天二年(713),《一切道经音义》及《妙门由起》编撰

完成。玄宗及史崇为之作序。

> 按《一切道经音义》现已亡失，只（整理者按："按"到
> "只"字间 12 字被划去）《道藏经》中尚存有张万福撰《无量
> 度人经音义》。《广韵序》言及之元青子、吉成子，或均唐时
> 作《音义》之道士。

或许是因为当时毛泽东对《光明日报》"史学"栏目非常关注，而
汤文中"发动政变……参加编纂《音义》者数人亦均被杀"等表
述较为敏感，故发表时改成用马克思主义的观点分析武则天的
信仰。先生还以王维在安史之乱时的讽刺诗为例，说明虔诚之
宗教徒"固亦可为有爱国思想之诗人"，以此表明宗教信仰与历
史进步、爱国主义之间并不矛盾①。

汤文最后谦虚地说自己"对于唐初道教，主要就武周的事迹
举出一些例证，粗略论述，希望可供读者一些参考。如要详细研
讨，则只能借用古文一句：'仆病未能也。'"②由于健康原因，先
生未及彻底完成这项工作。随后，饶宗颐、富安敦（Antonino
Forte）、神冢淑子、任继愈、胡孚琛等海内外学者进而考察了这一
时期道教的发展，认为武则天的宗教信仰前后有重大转变：她早
年即深受佛教和道教的双重影响；在其与薛怀义接近时期，主要
是出于利用目的而崇佛；及至晚年常游幸嵩山，求长生，兴趣愈
加转向道教。全面掌握材料③，特别是注意综合使用敦煌道经等
新旧史料，是先生研究能超越前人、启发后进的重要原因。正如

---

① 参见赵建永：《汤用彤与陈寅恪在初唐皇室信仰问题上的学术思想互
　动》，《哲学研究》2013 年第 7 期。
② 汤用彤：《从〈一切道经〉说到武则天》，《汤用彤全集》第 7 卷，第 47 页。
③ 先生晚年的读书札记在研究武则天与道教关系的同时仍继续注意搜集
　她与佛教关系的新史料，见《佛史资料摘抄》，《汤用彤全集》第 7 卷，第
　279 页。

陈鼓应主编《道家文化研究》"敦煌道教文献专号"中所说,先生"在利用敦煌道教经卷方面,树立了崇高的典范"①。

11月22日,先生与中华书局总编金灿然②签署了《高僧传校点》的出版约稿合同,约定1964年8月交稿。在此前后,先生与中华书局、北京图书馆、金陵刻经处等单位频繁书信往来,讨论整理方案,查找有关资料。

11月29日,先生复函《哲学研究》编辑部:

> 张德钧同志的稿件我反复翻阅了三四遍,兹简单提两点如下:(一)文章很好,可以发表,供大家讨论。引用书籍很认真,但我手头没有书,大部分又忘记了,所以在这方面提不出什么意见。(二)此稿批评任继愈的文章,我个人感觉似乎方向不对,因为提出的批评实际是说法相宗内也是有唯物主义的,并且引用了好多列宁的话,似乎唯心主义里边也有纯粹的唯物主义。近年来国内常讨论唯心唯物互相

①《道家文化研究》编委会:《编者寄言》,陈鼓应主编:《道家文化研究》第十三辑,北京:生活·读书·新知三联书店1998年版,第1页。

②金灿然(1913—1972),编辑出版家,1936年考入北京大学历史系。肄业后1938年到延安,在抗日军政大学学习,后任马列学院历史研究室研究员。解放战争时期,任绥南地委宣传部长等职。1949—1958年初,他在中宣部、华北人民政府教科书编审委员会、人民教育出版社、总署编审局、文化部等单位工作,历任秘书主任、办公室主任、图书期刊副司长、出版局局长等职。曾主编《人民日报》副刊《图书评论》。1958年中华书局改组为整理出版古籍和当代学者文史哲研究著作的专业出版社。他任国务院古籍整理出版规划小组成员兼办公室主任、中华书局总经理兼总编辑,组织了许多著名古籍如《二十四史》、《资治通鉴》、《册府元龟》、《永乐大典》、《全上古三代秦汉三国六朝文》、《文苑英华》、《全唐诗》、《全宋词》等及一批专家学者论著的校点整理或影印出版。1959年,在金灿然等人的倡议筹备下,北京大学中文系创办古典文献专业,以培养古籍整理研究人才。

转化的问题,我的理论水平很低,莫明其妙,但是私心不以
为是好的方向。此点仅是个人的感觉,提出来只供编辑同
志参考而已①。

巨赞在 1962 年第 6 期《现代佛学》发表《汤著〈佛教史〉关于
"〈太平经〉与佛教"的商兑》,质疑《太平经》所谓"四毁之行"是
针对佛教而发,认为"四毁之行"是驳斥当时流行的其他一些道
术。先生看到巨赞这篇文章后读过多次,并在北大快放寒假时,
抽出空来查书研究。

12 月,《往日杂稿》由中华书局出版,平装,124 页,定价六
角。他在本年春节所作《前言》中说:"这本杂稿,多半是有关宗
教史的论文书评。前面三篇是关于隋唐佛教史的论文;第二组
为书评,这些书评多半写在'九一八'前后;后三篇是关于道教及
早期印度佛教;附录二篇是我在解放前对文化思想的一些看法,
编入本文集,便于读者在读本书和作者其他著作时,于我的思想
有所认识。"附录是指《评近人之文化研究》、《文化思想之冲突
与调和》两文。

1963 年(癸卯) 先生七十一岁

年初,吕澂编出中华大藏经目录,并油印成册分送各位专家
征求意见。先生所写《关于中华大藏经目录的意见致哲学社会
科学部并转潘老》"意见"函中对吕澂和周叔迦在目录分类问题
上的争论提出了自己的看法。周叔迦、巨赞也对《目录》提出了
书面意见,后因"文革"才中断了这项有望替代《大正藏》的编纂
工程。改革开放后,在任继愈的主持下编成了《中华大藏经》,佛
教藏经的集成由此进入了一个新的阶段,但因先生诸老多已谢

---

①汤用彤:《致哲学研究编辑部》,《汤用彤全集》第 7 卷,第 650 页。

世,当年的初衷未尽落实。

1月15日,先生致函巨赞,对其质疑的"四毁之行"予以答复。发表后的该信与燕南园现存先生原信底稿不尽一致,如:信末有"并贺新年及春节——碰到周叔迦居士时乞代为问候,因医嘱我休息"一句未刊。底稿日期落款是1963年元月7日。

春节前夕,先生由夫人陪同,赴政协礼堂参加招待会,与陈毅晤谈。

巨赞接到先生来信后,在春节期间到先生家中拜访,并讨论相关的问题。

2月15日,巨赞复函先生继续加以论述。信中写及对先生的印象:"蒙拨冗接谈,得以亲承謦欬,使我对于著名学者的谦以自牧有了深刻的体会。《易象》云:'地中有山,谦,君子以裒多益寡,称物平施。'这或者就是古今来学者们在学术研究上所以能够成其高深与博大的基本原因。"①

2月23日,先生致函张范中说:"日昨枉顾,并携来巨赞法师的大札,业经拜读,希望贵刊将我的原函连同此次巨赞法师的赐书予以刊登,无任感谢。"②

巨赞将这两封信以《关于东汉佛教的几个问题的讨论》为题,发表于《现代佛学》第2期。他们的论辩主要是由佛教徒是否"食粪"等问题而引发。先生在信中表示自己"写书时实未想

①巨赞:《关于东汉佛教几个问题的讨论》,《汤用彤全集》第7卷,第33页。
②汤用彤:《致张范中先生》,《汤用彤全集》第7卷,第652页。张范中居士(1913—2011),湖北松滋人。早年出家,依止印光大师、慈舟法师等多位高僧。20世纪30年代得到周叔迦居士的悉心栽培。解放初,被分配至宁波税务局。随后,中国佛教协会副会长周叔迦再次邀请他来中国佛学院深造,并参与中国佛协工作,担任《现代佛学》(《法音》杂志前身)杂志编辑。20世纪50年代末至60年代初,参与房山石经的整理工作。"文革"后,巨赞法师邀请其回中国佛协,在教务部及图书馆工作。

到可能引起‘佛教徒吃粪便’的误会",并为自己的"轻率"表达了歉意。巨赞在回信中依然据"理"力争道:"关于‘食粪饮小便’的问题,大札既然说明‘并没有佛教徒食粪饮小便的意思’,而从佛教经典以及中国佛教史料研究起来,似乎可以初步肯定,《太平经》所驳斥的‘食粪饮小便’,并非针对佛教或佛教徒而言,这就是拙作首先讨论这个问题的用意所在。如果这种说法可以初步肯定的话,那末,认为‘四毁之行’是道教排斥佛教的论断,就发生了动摇,也就是说,《太平经》驳斥‘四毁之行’,并非完全是为了排斥佛教。"①但他未能找出充分有力的文献证据驳倒先生的论断。正如巨赞所承认的:"‘四毁之行’,是否为驳斥佛教而发,诚如大札所云‘还要考察所据资料及相关记载,结合当时社会历史的情形,重新详细研究,得出适当的结论’。确为不易之论。"②

3月23日,为使僧传系列的出版体例一致,先生复函中华书局哲学组就整理《宋高僧传》计划提出详细意见:一、古籍整理出版,应不同于翻印,僧传整理除以不同版本互勘外,还应参考其他有关资料,如当代史籍及其他佛教书籍,酌量引证,指出异同。二、"僧"字本训为"众",本不是指个人,因此简称"僧传"更符合原义。三、音释已不完全适合现代读者的需要,且非原著所有,似可不要。四、可附录本书作者传,最好再加些相关材料,并分析介绍所编僧传内容,如一般出版物的说明。五、分段有无必要,可考虑。标点既系边排,则用书名号亦不费工。六、索引可

①巨赞:《关于东汉佛教几个问题的讨论》,《汤用彤全集》第7卷,第34页。
②巨赞:《关于东汉佛教几个问题的讨论》,《汤用彤全集》第7卷,第34页。
在与巨赞反复的讨论中,先生补充了一些论证的材料,因其病体难支,不能多写,所以没有把这些资料充分叙述到信中去。这些论证材料今存先生晚年所写《佛史宗派资料杂抄》中,他标注说"为巨赞文所查的材料,记在下面备用或备而不用"。汤用彤:《佛史宗派资料杂抄》,《汤用彤全集》,第7卷,第618—620页。

编,宜继许地山先生之志愿,作完《佛教史传引得》。可先在目录
上加页码,以便读者翻阅。七、鉴于僧传的文字特点,以不用简
化字为宜,并用竖行排版,以便夹注①。以上建议不只对整理僧
传,对今天的古籍整理也有借鉴作用。

　　5月1日晚,汤一介先生夫妇带两个儿女,陪同先生夫妇上
天安门城楼参加劳动节观赏焰火等联欢活动,由周恩来总理导
见毛泽东主席②。毛泽东询问其身体状况,嘱咐他量力而行写短
文,说自己阅读过先生"所撰全部文章"③,并与全家人握手。

　　乐黛云教授对此回忆:

①汤用彤:《致中华书局哲学组》,《汤用彤全集》,第7卷,第653—654页。
②汪荣祖教授说:"前年我在德国参加讨论中西史学的会议,就有人把陈寅
　恪当作跟共产党对立的英雄,其实没有那么严重。我觉得共产党根本没
　有把他当作威胁,陶铸还一直照顾他,他也没发表什么有争议性的东西。
　他不参与政治,他那些诗也不是给人家看的,根本没有什么影响。我听
　蒋天枢先生说,陈寅恪作诗等于发牢骚。这也很正常,从古以来,诗人都
　是借诗发牢骚。他不满意的时候就发,还寄给好朋友看,包括寄给汤用
　彤。汤用彤当时比较佩服毛泽东,他觉得陈寅恪怎么可以这样,他也看
　出陈寅恪在发牢骚啊。据蒋天枢说,汤用彤把陈寅恪的诗给毛泽东看,
　讲得不好听的话就是打小报告啦,可是毛泽东看看,笑了笑,根本没有什
　么,毛泽东也是会作诗的,他晓得这个传统,所以根本不是那样对立。研
　究陈寅恪,要实事求是,不应把他与政治牵强附会得太厉害。"(林华、晓
　涛:《汪荣祖教授访谈录》,《史学史研究》2004年第1期)笔者就文中"汤
　用彤把陈寅恪的诗给毛泽东看"之事请教过汤一介先生。汤先生说:"当
　无此事。毛泽东接见用彤先生时,他一直陪同父亲在场。其余几次父亲
　见到毛泽东都是在大会上,没有单独交谈的机会,也更不可能把陈先生
　诗作转呈给毛泽东。"汤一玄夫妇也告知笔者,他们在1963年国庆节陪
　同父亲上天安门观礼的细节,说他们虽站在毛泽东、刘少奇附近,但这次
　并没有机会与之交谈。由此可见,所谓先生向毛泽东"打小报告"之说,
　当属误传。
③孙尚扬:《汤用彤年谱简编》,《汤用彤全集》第7卷,第683页。

我觉得汤老先生对我这个"极左媳妇"还是有感情的。他和我婆婆谈到我时，曾说，她这个人心眼直，长像也有福气！1962年回到家里，每天给汤老先生拿药送水就成了我的第一要务。这个阶段有件事，我终生难忘。那是1963年的五一节，天安门广场举办了盛大的游园联欢活动，集体舞跳得非常热闹。这是个复甦的年代，大跃进的负面影响逐渐成为过去，农村开始包产到户，反右斗争好像也过去了，国家比较稳定，理当要大大地庆祝一下。毛主席很高兴，请一些知识分子在五一节晚上到天安门上去观赏焰火、参加联欢。汤老先生也收到了观礼的请帖。请帖上注明，可以带夫人和子女。汤老先生就考虑，是带我们一家呢，还是带汤一介弟弟的一家？当时我们都住在一起，带谁去都是可以的。汤老先生是一个非常细心的人，他当时可能会想，如果带了弟弟一家，我一定会特会别难过，因为那时候我还是个"摘帽右派"。老先生深知成为"极右派"这件事是怎样深深地伤了我的心。在日常生活中，甚至微小的细节，他也尽量避免让我感到受歧视。两老对此，真是体贴入微。我想，正是出于同样的考虑，也许还有儒家的"长幼有序"罢。最后，他决定还是带我们一家去。于是，两位老人，加上我们夫妇和两个孩子，一起上了天安门。那天晚上，毛主席过来跟汤老先生握手，说他读过老先生的文章，希望他继续写下去。毛主席也跟我们和孩子们握了握手。我想，对于带我上天安门可能产生的后果，汤老先生不是完全没有预计，但他愿意冒这个风险，为了给我一点内心的安慰和平衡！回来后，果然有人写匿名信，指责汤老先生竟然把一个右派分子带上了天安门！带到了毛主席身边！万一她说了什么反动话，或是做了什么反动事，老先生能负得起这个责任吗？这封信，我们也知道，就是住在对面的邻居所写，其他人不可能反应如此之快！老先生沉默不语，处之泰然。好像一切早在预料之中。①

任继愈回忆：

> 一九六三年五一节的晚上，在天安门上看焰火，周总理见
> 到汤用彤先生，关心地问起他身体恢复的情况，并把他领到毛
> 泽东同志身边。毛主席对他说：你的病好了？你的文章我都
> 看了，身体不大好，就写那种短文吧！那天回来，汤先生十分
> 兴奋，表示要更好地把他的知识贡献给人民。总是每天读书、
> 学习、接待哲学系来问问题的青年师生，直到他的逝世。②

张岱年回忆：

> 约在 1963 年，汤先生身体康复，有一天在汤先生家召
> 开了一次教研室的讨论会，汤先生作了长时间的发言。当
> 时朱谦之先生对教研室工作有些意见。汤先生先充分赞扬
> 了朱先生的学术成就，又对朱先生说了一些劝勉的话，朱先
> 生听了非常高兴。我感到汤先生真是善于做团结工作，同
> 时为汤先生康复而高兴。③

先生的藏书中今存一本朱谦之所写手稿，当为他请先生提
意见而呈阅的。

本年夏，许抗生、武维琴考上先生的研究生。许抗生回忆说：

> 汤用彤先生响应党和国家的号召，为了培养青年一代，
> 使得我国佛学研究后继有人，决定招收中国佛学史专业研
> 究生。中国佛学是中国哲学史的一个重要组成部分，不懂

---

① 乐黛云：《我心中的汤用彤先生》，《四院·沙滩·未名湖：60 年北大生涯
（1948—2008）》，第 141—143 页。

② 任继愈：《汤用彤先生治学的态度和方法》，《燕园论学集》，第 34 页。

③ 张岱年：《深切怀念汤锡予先生》，汤一介编：《国故新知：中国文化的再诠
释——汤用彤先生诞辰百周年纪念论文集》，第 41 页。

得中国佛学,要想研究清楚中国哲学史的整个发展过程,那是不可能的。那时我正处在大学毕业的前夕,由于我平时比较喜爱中国哲学史这门课,因此也想学习一下这方面的专业知识。当时我想,汤用彤先生是我国的一位著名学者,他对党对社会主义有着深厚的感情,学问渊博,治学严谨,是我一向所崇敬的,如果有机会在他的指导下学习,那有多好啊!我的这一想法得到了汤一介老师的积极支持,于是我就报考了汤老的研究生。

汤老当时已经七十岁高龄了,并且患着重病。然而,他人老心不衰,一心想的是尽快把青年人培养起来。因此他不顾自己的病痛,坚持指导我的学习,给我讲解佛经,解释佛教名相(术语),辅导我学习《出三藏记集经序》与《宏明集》等书。当时汤师母还健在,汤师母为了爱护汤老的身体,常常要求他每次讲课不要超过四十分钟,我当时担心把先生的身体累坏,也常劝说汤老每次给我少讲一些。但是,汤老每次给我讲课,总要大大超过这个时间。先生常说:中国佛学的知识那样丰富,佛经又是那样难懂,不多讲些,你们青年人怎么能学好呢?汤老总感到自己的年岁大了,身体又患有重病,因此他很想把自己所学到的全部知识,一下子都能交给我们青年人,使得我们能够接好他们老一辈的班,所以他总是这样不辞劳苦地为我的学习操心着。①

任继愈用朱熹晚年的境遇来形容汤老:"'虽疾病支离,至诸生问辨,则若陈疴之去体。一日不讲学,则惕然常以为忧。'汤先生只要一谈起学问来,什么医生的嘱咐、家人的劝告全都忘了。"②

8月12日,北医精神病院王洙馨医生致函先生:

---

① 许抗生:《忆在汤老身边学习的岁月》,《燕园论学集》,第73页。
② 任继愈:《汤用彤先生治学的态度和方法》,《燕园论学集》,第31页。

　　我院住院病人姚锦新患精神症,有些关于发病早期客观情况,我们无从了解。听病人说她是离婚后才得病的,并说您在离婚书上签过字。我们想您对她情况可能有所了解,可否请您告诉我一些情况:1. 病人离婚的原因是什么? 2.病人在离婚前有否被人认为有些精神失常的地方? 她离婚时,您是否发现她有什么不正常的地方(如过分怀疑等)? 听说您正在疗养,如不妨碍您的身体健康,望能请人代写一封信,不胜感谢。①

8 月 16 日,先生收信后立即复函王洙馨医生:

　　关于姚锦新患病我很关心,至于她过去的情况,我觉得不是三言两语可写清楚,为了帮助治疗,最好能面谈一下。如果你认为有必要,可以在八月廿日以后任何一天的上午九时来北大燕南园五十八号敝寓。我有心脏病,谈话时间希望不超过半小时。②

9 月,《高僧传》整理工作全面铺开。

10 月 1 日,先生由汤一玄夫妇陪同,上天安门参加国庆观礼。

　　在随后的政协会议期间,汤一介先生陪同先生前往民族饭店看望来京与会的熊十力。两位老人谈了一些各自学术研究的情况,对当时国家的困难也颇为关心。这当是先生父子最后一次见到熊十力③。熊幼光回忆说,熊十力每次赴京开政协会议期

----

①据汤一介先生家藏原件整理,时存北京大学燕南园。
②汤用彤:《致北医精神病院王洙馨医生》,《汤用彤全集》第 7 卷,第 655 页。
③汤一介先生在为《熊十力传》所撰序中写道:“熊先生是我尊敬的老前辈,当代国学大师。由于我父亲汤用彤先生和熊先生在北京大学同事多年,因此我在青少年时也有不少机会见到熊先生,而在那时我和我的妹妹都称他‘熊伯伯’,有时也称他‘胡子伯伯’,当我们这样称呼他时,他总会哈哈大笑。后来,在 1947 年,我也考入了北京大学哲学系,可惜(转下页)

间,能有机会与多年未曾谋面的老友叙旧,他心情十分高兴。

10 月,任继愈将自己于 1955—1962 年发表的七篇关于佛教思想的论文,其中包括与先生合写的一篇,结集为《汉唐佛教思想论集》,由三联书店出版。文章题目是:《汉唐时期佛教哲学思想在中国的传播和发展》、《南朝晋宋间佛教般若、涅槃学说的政治作用》(与先生合写)、《天台宗哲学思想略论》、《华严宗哲学思想略论》、《禅宗哲学思想略论》、《论胡适在禅宗史研究中的谬误》(作为前一篇的附录)、《法相宗哲学思想略论》。此书出版之后,毛泽东很快就读到了它,并作出反应。

冬,先生身体日衰,仍坚持工作。许抗生教授回忆说:

> 一九六三年冬天开始以后,汤老由于工作的劳累,身体一天不如一天,最后只能卧床休息。但是汤老仍然不肯停止工作,他一面躺在病床上,一面还继续坚持给我讲课,讲解佛教典籍中的一些难以读懂的地方。由于讲课的时间不如以前那样长了,讲的东西更少了,汤老为了弥补这一不足,当他在病床上精神稍好一些的时候,就拿起笔来,在指定我阅读的《出三藏记集经序》一书的一些篇章上,加上文字注解,交给我读。在这些注释中,包括有佛教名相的解释、佛教年代的考证、人物的考证、乃至有关文字校勘等,所有这些,对于帮助我读懂佛教典籍都有着很大的作用。汤老如此认真、负责,不惜自己

(接上页)没有听过熊先生的课,这是我终身的遗憾。……1968 年 5 月 23 日熊先生去世,当时我不知道,只是后来听说他老人家在‘文化大革命’中受到各种折磨而去世。我们后辈学者都深深感到悲恸。我们民族失去了一位代表中国文化的大师。为了纪念熊先生,我和武汉大学的萧萐父等学者,1985 年在湖北黄冈熊先生的家乡召开了‘纪念熊十力先生诞辰一百周年国际学术讨论会’,会后出版了《玄圃论学集——纪念熊十力先生诞辰一百周年国际学术讨论会论文集》。”汤一介:《序》,叶贤恩:《熊十力传》,武汉:湖北人民出版社 2010 年 6 月版。

带病的身体坚持指导我学习的精神,是我一生难以忘却的。

可惜的是,我跟随先生学习还不到一年,无情的病魔竟过早地夺走了我的导师的生命。汤老从此与我永别了,当时我是多么地悲痛啊!我流下了热泪……

每当我回忆起在汤老身边学习的那些日子,汤老和蔼可亲的面容,就会浮现在我的面前。他那严肃认真的教导,一丝不苟的治学态度,总给我以极大的鼓舞与力量。我只有加倍地努力学习,才不致辜负汤老对我的期望与栽培。①

12月13日,先生将卷首部分已基本定稿的六个僧人传记和《关于高僧传》、《关于慧皎》、《高僧传分科分卷人数对照表》三个附录作为样张油印出来征求意见。样张的后面附有一份信函如下:

近年来,我们国家对古籍整理出版工作,更加重视。我过去多年积累了一些有关高僧传的资料,想把它校勘整理出版,直到一九六二年,得到李长霖先生协助,做了准备工作,至本年九月进行全面整理,现将开头一小部分作为样张,油印出来。送上,请提出宝贵的意见。我们力量有限,问题难免,希望帮助我们做好这一工作。

此致

敬礼

汤用彤

十二月十三日②

———————

①先生诞辰九十周年之际,许抗生特作一文以表对先师怀念与崇敬之情,并将汤老指导他阅读《出三藏记集经序》一书上所写的一些注解,抄录出来以为纪念。许抗生:《忆在汤老身边学习的岁月》,《燕园论学集》,第73—78页。

②据汤一介先生家藏原件整理,时存北京大学燕南园。

　　这份油印的样张的开头是"简略说明"，并附有两个僧传，即摄摩腾、竺法兰两传的校注。"简略说明"后来被节选收入中华书局版《高僧传》中，但也有些重要信息被遗漏了。如其言"版式则仿照中华书局 1962 年出版的向达《蛮书校注》"。《蛮书校注》系正文大字加双行小注。

　　先生在"简略说明"中提到原拟写一《绪论》，但未及完成①。"简略说明"提出了整理此书的基本原则：首先是校勘时"宁滥勿缺，有闻必录"，相关材料尽可能收集完备；在此基础上，定稿时采取"宁缺勿滥，去芜存精"的标准，从大量繁芜的材料中筛选出有用的部分，择善而从，有参考价值者存之，无参考价值者弃之，以确保校勘的准确。其治学之广博视野与谨严态度，于此可窥一斑。这实际上在古籍整理方面起到了一种示范作用。

　　冬，周恩来访问非洲十四国前，给中央写了一个报告，建议加强研究外国的工作，筹备建立一些研究所，还成立了以廖承志为组长的"国际研究指导小组"。12 月 31 日，毛泽东在这个报告上批示说：这个报告很好，但唯独没有宗教研究，"对世界三大宗教（耶稣教、回教、佛教），至今影响着广大人口，我们却没有知识，国内没有一个由马克思主义者领导的研究机构，没有一本可看的这方面的刊物。……用历史唯物主义观点写的文章也很少，例如任继愈发表的几篇谈佛学的文章，已如凤毛麟角，谈耶稣教、回教的没有见过。不批判神学就不能写好哲学史，也不能写好文学史或世界史"②。次年，根据毛泽东的批示，任继愈受

①笔者 1999 年校订《校点高僧传》时，见卷首也有一《绪论》，遂请教汤一介先生其间缘由。汤先生告知，《绪论》是他根据用彤先生《汉魏两晋南北朝佛教史》中的材料写成的，并让我将此话以编者注的形式写入《汤用彤全集》本《校点高僧传》。赵建永：《汤用彤有关〈高僧传〉通信解读》，《中国社会科学报》2015 年 5 月 25 日 B02 版。

②《文汇读书周报》1992 年 10 月 17 日引《统一战线》文。

命组建了中国社会科学院世界宗教研究所,成为新中国第一个宗教研究机构。

先生所开的最后课程是本年为他的研究生讲授的中国佛教课程,还兼授数论哲学,他亲笔所出的此课试卷至今仍存,其特点是在每题下注明考核要求:如"略述僧佉学说之变迁发展"一题下注云"此题考我们的理解和综合能力(说理功夫),答案宜简明"等①。

本年,先生完成《道藏资料杂抄》。先生从中发掘出《西升经》"伪道养形,真道养神"的思想②。随后,北大哲学系中国哲学教研室所编《中国哲学史》在讲佛、道教形神观异同时,采用了这则史料③。《道藏资料杂抄》还发现,明《正统道藏》洞真部本文类《摄生纂录》内引用了《养生要集》。由于该篇遗稿直到编纂《汤用彤全集》时才整理面世,故而这则新材料未能及早引起杨伯峻等相关研究者的注意。先生的《道藏资料杂抄》注意三教融合背景下佛道之间的冲突与融会,其中写道,"宋元时代,(道教)多与禅宗搞在一起,书名多用金丹二字,但实每只偏于内丹也","一时有一时学风,注意的问题,这类文可见宋元儒家之道学、佛家之禅学及道教搞了些什么"④。

《道藏资料杂抄》特选录元代李鹏飞著《三元延寿参赞书》序一段曰:"所谓养生者,既非垆鼎之诀,使惮于金石之费者,不能为;又非吐纳之术,使牵于事物之变者,不暇为。郭橐驼有云:'驼非能使木寿且孳也,以能顺木之天而致其性焉耳。'仆此书不

---

① 据汤一介先生家藏原件整理,时存北京大学燕南园。
② 汤用彤:《读〈道藏〉杂抄》,《汤用彤全集》第 7 卷,第 625 页。
③ 北京大学哲学系中国哲学教研室编:《中国哲学史》上册,北京:中华书局,第 347 页。
④ 汤用彤:《道藏资料杂抄》,《汤用彤全集》第 7 卷,第 585 页。

过顺夫人之天,皆日用而不可缺者。故他书可有也,可无也,此书则可有也,必不可无也。"①先生按云:"很好!"②本年,先生当选第三届全国人民代表大会代表。第三届人大任期为1965年1月至1975年1月,先生入选后,未及参会就病逝了。

本年,《汉魏两晋南北朝佛教史》由中华书局再版。解放后,先生对《汉魏两晋南北朝佛教史》又有增删,直到去世前一年,他还对中华书局1963年版进行修订,成为其最终的定稿。该版在任继愈1955年对初版所作修订的基础上,由吴忠匡先生及其助手李长霖做了认真的校勘,并采纳巨赞法师商榷文章的部分意见做了修改,可惜排版时又印错了一些字。《汉魏两晋南北朝佛教史》以1938年初版和1963年版最具代表性,且两者各有千秋。1938年初版虽保持了汤著的原始风貌,但战乱流离中未惶仔细校勘,因而排印错误较多。

本年,先生所撰《中国佛教宗派补论》发表于《北京大学学报》第5期。由于相关宗派研究的中外典籍浩繁,先生在文末说:"限于体力,只能查阅,未行细读,因之论据当有漏略,论断可能有误。纠谬补正,亟希望于读者。"先生晚年中风后,在身体稍好时,抱病写成《论中国佛教无"十宗"》和《中国佛教宗派问题补论》二文。为此,他翻阅了《大正藏》、《续藏经》、《大日本佛教全书》中数千卷的资料,充分利用了正反方面的材料,溯源中日

---

① 《三元延寿参赞书》详论生活起居各方面的养生之道,载《正统道藏·洞神部·方法类》深字帙。

② 汤著皆尽量避免表现出自己的主观好恶,而此处难得的感叹表明了他对道家基于人本性需要而敬重生命的普世价值的共鸣与契赏。道家道教通过回归自然的方式返本复性以发现真实自我(包括身体和心灵方面),先生颇为欣赏这种思想所蕴含的现代价值。因为违背自然之道是世乱祸首和罪恶的根源,道家则对消除这种异化、发扬人之自然本性早有清醒的自觉。

佛教交流史实,以全面了解宗派的形成及其性质①。他以毕生之
力研究中国佛教宗派问题,不仅是要纠正长期以来某些日本学
者的误导,恢复历史本来面目,更主要是因为印度佛教传入中国
后,由学派到教派的转变是中国化佛教成熟的重要标志。

先生为含糊不清的"宗"字区分出在各个时代不同的涵义,
并以学派和宗派之名分别指称隋唐前后佛教的发展,彻底推翻
了中国近七十年来承袭日本的旧说,从而使学界对宗派佛教的
研究进入一更高层次。由于考辨精详,其说已成为学术界的主
流观念。石峻认为这表明:"汤先生真正能做到摆脱国外专家所
制定的框架,从而建立了我国学者独到的体系。这是千真万
确的。"②

本年,当时世界上最权威的佛学辞书日本《望月佛教大辞
典》最终完成。该书为日文综合性佛教辞典,16 开本十册。1—7
册为望月信亨主编,历时三十载,成于 1936 年。8—10 册为补
遗,先后由望月信亨、塚本善隆主编。其所收条目,广引经文,详
加解释,查阅简便而详实,颇受各国佛教研究者重视。《汉魏两
晋南北朝佛教史》被《望月佛教大辞典》所多次引用③。

1964 年(甲辰)　先生七十二岁

张德钧《读汤用彤先生〈汉魏两晋南北朝佛教史〉记》一文,
连载于《现代佛学》1964 年第 1、2、3 期,与先生商榷的问题共 13

①先生晚年研究佛教宗派问题的读书札记,笔者自 1997 年起,以读作者所
　读之书的方式进行校订,经一年努力才整理出来,收入《汤用彤全集》第
　7 卷,第 61—621 页。
②石峻:《汤用彤先生的治学与为人》,《石峻文脉》,北京:华夏出版社 2012
　年版,第 85 页。
③《望月佛教大辞典》第 8 册,东京:世界圣典刊行协会,昭和 48 年(1973),
　第 14、76、146、193、212、232 页。

条,内容未刊毕。张文中说,汤著言《庄子·天下篇》举儒、墨、阴阳、名、法诸学,但是《庄子·天下篇》中没有"举"到"阴阳家"①。该文刊出时先生已经病重,未知其意见。

3月7日,先生在回复中华书局"64(编)字266号"来函中,表示将考虑出版社对《高僧传》校勘所提意见,还预计:"如工作顺利,本年底或可脱稿,否则至迟明年上半年即可完成。"②当月,先生因劳累过度心脏病发而入住北京医院治疗。

4月2日,先生在医院口述了《高僧传》校注计划,秘书李长霖将它笔录下来,这是现知他最后的学术工作。这份计划称:"本学期做高僧传的初步校注工作。至学期末可以完成译经、义解两科共八卷(全书十四卷,前八卷较为繁难)。只是初步的校注,以后还需要进一步整理。"③

5月1日上午,在庆祝劳动节的欢呼口号声中,先生心脏病发作去世。他临终前念念不忘的,一是研究计划还没完成,二是他的两个研究生还没培养到毕业。先生忙忙碌碌地度过了生命中的最后一个时期。他所拟的雄心勃勃的教研计划,也只能被视为未竟的宏愿,让后学扼腕吁叹不已了。

任继愈当时的悼念文章写道:"两周以前,曾去医院看过汤用彤先生。他在病榻上还对我说:'我的病不要紧,我有信心会好的,我还能工作……'长期卧病,人是消瘦多了,看来精神还好,我劝他安心养病,过几天再来看他。没有想到,这次见面竟成永诀!"④任继愈晚年曾作一假设,如果先生活到"文革"期间,

---

① 笔者认为,先生据《天下篇》"易以道阴阳"而言"阴阳"诸学,在广义上使用这一指称亦未尝不可。

② 汤用彤:《致中华书局哲学组》,《汤用彤全集》第7卷,第661页。

③ 据汤一介先生家藏原件整理,时存北京大学燕南园。

④ 任继愈:《悼念汤用彤先生》,《历史研究》1964年第3期。

以他那样的身体,恐怕也难渡过难关。因此,虽痛惜他去世过早之余,又不无另一番庆幸。

乐黛云教授晚年对此回忆说:

> 不幸的是老先生的病情又开始恶化了。1964 年孟春,他不得不又一次住进医院。那时,汤一介有胃癌嫌疑,正在严密检查,他的弟媳正在生第二个孩子,不能出门。医院还没有护工制度,"特别护士"又太贵。陪护的事,就只能由婆婆和我来承担。婆婆日夜都在医院,我晚上也去医院,替换我婆婆,让她能略事休息。记得那个春天,我在政治系上政论文写作,两周一次作文。我常常抱着一摞作文本到医院去陪老先生。他睡着了,我改作文,他睡不着,就和他聊一会儿天。他常感到胸闷,有时憋气,出很多冷汗。我很为他难过,但却完全无能为力!在这种时候,任何人都只能单独面对自己的命运!就这样,终于来到了1964 年的五一劳动节。那天,阳光普照,婆婆起床后,大约 6 点多钟,我就离开了医院。临别时,老先生像往常一样,对我挥了挥手,一切仿佛都很正常。然而,我刚到家就接到婆婆打来的电话。她嚎啕大哭,依稀能听出她反复说的是:"他走了!走了!我没有看好他!他喊了一句五一节万岁,就走了!"汤老先生就这样,平静地,看来并不特别痛苦地结束了他的一生。①

> 汤老先生离开我们已近半个世纪,他的儒家风范,他的宽容温厚始终萦徊于我心中,总使我想起古人所说的"即之也温"的温润的美玉。记得在医院的一个深夜,我们聊天时,他曾对我说,你知道"沉潜"二字的意思吗?

---

① 乐黛云:《我心中的汤用彤先生》,《四院·沙滩·未名湖:60 年北大生涯(1948—2008)》,第 143—144 页。

沉,就是要有厚重的积淀,真正沉到最底层;潜,就是要深藏不露,安心在不为人知的底层中发展。他好像是在为我解释"沉潜"二字,但我知道他当然是针对我说的。我本来就习惯于什么都从心里涌出,没有深沉的考虑;又比较注意表面,缺乏深藏的潜质;当时我又正处于见不到底的"摘帽右派"的深渊之中,心里不免抑郁。"沉潜"二字正是汤老先生对我观察多年,经过深思熟虑之后,给我开出的一剂良方,也是他最期待于我的。汤老先生的音容笑貌和这两个字一起,深深铭刻在我心上,将永远伴随我,直到生命的终结。①

5月3日,《人民日报》、《光明日报》、《北京日报》同时刊出先生逝世的讣告。《人民日报》在第2版发布《全国人大代表汤用彤教授病逝》消息载:

> 新华社一日讯:全国人民代表大会代表、中国人民政治协商会议全国委员会常务委员、中国科学院哲学社会科学部委员、北京大学副校长汤用彤教授,因病于一九六四年五月一日十时十五分在北京逝世,享年七十一岁。汤用彤先生是湖北黄梅县人,终身从事教育事业,是研究中国佛教史的著名专家。

先生清华时期的老同学王正基(字复初)闻讯,不胜感伤,遂作挽诗一首,写完最后一字时,即突发中风,倒地而逝。《人民日报》随即刊出了全国政协委员王正基逝世的消息。

先生追悼会由陈毅元帅主持,葬于八宝山公墓一墓区"月字组"(由东边数第二位)。冯友兰赠送的挽联是"锡予兄灵右:病

---

① 乐黛云:《我心中的汤用彤先生》,《四院·沙滩·未名湖:60年北大生涯(1948—2008)》,第147页。

榻犹呼口号,劳动节显平生志;儒林同感痛惜,佛教史有未完篇。
冯友兰敬挽"①。

　　文学家宗璞照顾父亲冯友兰生活数十年,她 1986 年 5 月写
成的散文《霞落燕园》也记述了先生逝世后的情况:"记得曾见一
介兄从后角门进来,臂上挂着一根手杖。我当时想,汤先生再也
用不着它了。以后在院中散步,眼前常浮现老人矮胖的身材,团
团的笑脸。那时觉得死亡真是不可思议的事。"②

　　先生病逝后,为照顾汤夫人的生活,国家按月给她发放生活
费,但"文革"开始后被取消,汤一介先生又受到冲击,老人生活
陷入困境。周恩来在日理万机中仍过问此事,在总理的关怀下,
有关部门又恢复了她的生活费。汤夫人的生活费发放情况在北
京大学校长办公室的专门档案中存有记录。

　　先生的教学生涯主要在北大度过,几部传世之作皆发表于
北大期间,至今仍是哲学系和宗教学系的基本参考教材,使他深
得北大师生敬重,因而"长期担任北大重要职务,起着文科教学
和学术研究的主要组织者和带头人的作用。因此,他的治学态
度、方法和办学方针对北大文科的学术传统的形成与发展,对北
大之特殊精神的弘扬,都产生了深远的影响"③。1946 年北大复
校至 1964 年病逝,他在北大培养的学生有汤一介、张岂之、杨祖
陶、黄心川、萧萐父、武维琴、许抗生等。

　　先生遗稿的整理编纂,在他去世后,即由汤一介先生着手进
行。6 月,汤一介先生起草的《郑昕主任请转陆平校长》长函,专

---

①据汤一介先生家藏原件整理,时存北京大学燕南园。
②宗璞:《霞落燕园》,《中国作家》1986 年第 4 期。
③汤一介、孙尚扬:《不激不随至博至大——汤用彤与北大》,萧超然主编:
　《巍巍上庠　百年星辰——名人与北大》,北京:北京大学出版社 1998 年
　版,第 115 页。

门就先生遗稿的搜集和整理,提出了初步的规划意见,拟以先生的助手和弟子为主,于五年内将遗稿整理完毕。像《高僧传校释》(此为当时暂定的书名,收入《汤用彤全集》时定名《校点高僧传》)"由李长霖继续进行,由向达、任继愈指导";《汉文印度哲学史资料选编》"由王森负责,武维琴协助";《魏晋玄学讲义》1966—1967年进行这项工作,由汤一介负责,李长霖协助"。此外,黄心川、许抗生等弟子也都有明确分工①。

先生生前曾说,以后他的书交由中华书局统一排印。先生逝后不久,中华书局来人联系,表示愿意继续出版他的一些遗稿,并与汤一介先生反复磋商,拟定了出版计划,但在随后的"文革"中止了这一计划。

史学意识与马克思主义方法相结合的方式,构成了新中国佛教研究的主体内容。在这方面的代表性著作是任继愈主编的三卷本《中国佛教史》,该书较全面地继承并发展了先生佛教史研究的体系。先生解放后曾多次对任继愈说要他协助自己重写一部中国佛教史②。

8月18日,毛泽东在一次谈话中说:"任继愈到底是不是马克思主义者?很欣赏他讲佛学的那几篇文章。有点研究,是汤用彤的学生。只讲到唐朝的佛学,没有触及到以后的佛学。宋朝的理学是从唐朝禅宗发展起来的,由主观唯心论到客观唯心论,不出入佛道不对,有佛道,不管它怎么行?"③毛泽东让人找来任继愈主编的《中国哲学史》阅读,并在第五章第一节"华严宗的相对主义和诡辩论"留下了批语,并划线划圈。

---

① 据汤一介先生家藏原件整理,时存北京大学燕南园。
② 任继愈:《〈中国佛教史〉序》,《中国佛教史》第1卷,北京:中国社会科学出版社1981年版,第15页。
③ 王兴国:《毛泽东与佛教》,北京:中国书籍出版社1996年版,第104页。

先生去世后不久,汤一介先生在遗稿中整理出一组文章,以《读〈道藏〉札记》为题,发表于《历史研究》1964 年第 3 期。《读〈道藏〉札记·关于〈养性延命录〉》指出《道藏》临帙有《养性延命录》二卷,题陶隐居集,但序后又云"或孙思邈所集"。先生据其内容及文体,推断应以前说为是。《隋书·经籍志》载张湛纂有《养生要集》十卷,但早已散失。杨伯峻著《列子集释》附录《张湛事迹辑略》收集张湛的资料颇全,而据《养性延命录》尚可补遗。如《养性延命录》引张湛《养生集》叙曰:"养生大要,一曰啬神,二曰爱气,三曰养形,四曰导引,五曰言语,六曰饮食,七曰房室,八曰反俗,九曰医药,十曰禁忌,过此已往,义可略焉。"先生认为以上十项,当即已佚的张湛《养生要集》内容之大要,应为张湛辑录当时诸家之说而成,由此可得窥当时道教养生学说的梗概。杨伯峻于 1978 年重新修订旧作《列子集释》,吸收了这一成果①。

---

① 由于道教和佛教有密切关系,先生注意搜集整理佛藏中的道教资料和道藏中的佛教资料。近年来,笔者找到大量先生有关道家道教的未刊手稿。有些道教经史笔记虽在"文革"中被水泡过,但仍隐约可辨。由于整理的难度和规模都比较大,所以一直未能录入初版的七卷本《汤用彤全集》。像《辛未(1931)读书札记·三教融合论》、《壬申(1932)读书札记·晋代儒道释》、《甲戌(1934)读书札记·关于太平道》、《乙亥(1935)读书札记·古旧道经》、《佛教史料杂钞》(共二十三册)中关于道、佛关系的史料等,现刚整理出来,收入新版的 11 卷本《汤用彤全集》。还有些他的遗稿也将列入整理计划陆续刊出,如:《〈道德真经取善集〉所引河上公注考察》、《从〈吕氏春秋〉看中国哲学史中的养生问题》、《〈黄帝内经〉笔记》、《〈云笈七签〉读后记》、《〈千金翼方〉养性篇札记》、《〈孙真人千金要方〉养性问题札记》、《〈册府元龟〉养生篇笔记》、《一九五六年零星笔记》、《〈太平御览〉笔记》、《敦煌资料》、《敦煌杂录稿底》、《道教经史资料》、《有关寇谦之、陆修静、陶弘景的资料》、《〈神灭论〉校释》、佛藏中的道教和医学史料等札记及资料汇编等。

中印文化交汇产生了中国化的佛教,促成了从魏晋玄学到隋唐道教重玄学再到内丹心性学及宋明理学的发展。先生的相关札记文稿和资料汇编就是对这一文化发展路径探索的梳理总结。汤一介先生去世前夕仍在主持搜集整理近千万字的大全本的《汤用彤全集》续编,其中多为未刊稿。

附录一　忆锡予

钱　穆

当前全世界人类种种灾祸,正本清源,一切应归极于人类思想问题上。就历史演变言,全世界人类思想大体可分别为三型,一中国,一印度,一欧洲。孔子、释迦、耶稣为其代表人物。默罕摩德创始回教,应与耶稣同归纳于欧洲型,不再细作分别。

中国自东汉时期,佛教即传来。唐代时,回教亦即在中国流行。释回两教,得在中国传统下平安相处,发芽生长,至今不绝,此为中国社会中国文化传统所特有,其他民族甚少其例。

吾友汤锡予,少年报考北京清华学校留美预备班。其时校中缺一国文课教师,即命锡予以学生身份充任,其时锡予之国学基础已可想见。及留学美国,进入哈佛大学哲学系,获博士学位,则其对西方哲学之研寻亦有成绩。归国后在南京中央大学哲学系任教,又好学不倦,屡去支那内学院从欧阳竟无听受佛学,则其于中印欧三方思想之同有造诣,亦可知。

其后遂转应北京大学聘,余是年亦转任教北大。某日,锡予来余寓,适余外出未相值。翌日,锡予母来告吾母,锡予少交游,长日杜门枯寂。顷闻其昨来访钱君,傥钱君肯赐交,诚汤家一家之幸。翌日,余亟趋访,一面如故交。锡予告余,在北大任教主要为东汉魏晋南北朝中国佛教史一课。此课在中大已任教有年,并撰有讲义,心感不满,须从头撰写。余心大倾佩。余授课有年,所撰讲义有不满,应可随不满处改写,何必尽弃旧稿,从头新撰。因知锡予为学，必重全体系、全组织，丝毫不苟，乃有此想。与余辈为学之仅如盲人摸象者不同。然锡予与余乃绝少谈及其治佛学之经过，乃最近从新撰写讲义之一切。

随锡予来北京后，又来蒙文通、熊十力两人，皆与锡予同在支那内学院听欧阳竟无佛学者。时十力对欧阳竟无唯识新论有意见，撰文驳斥。四人相聚，文通必于此与十力启争端，喋喋辩不休。自佛学又牵涉到宋明理学。遇两人发挥已意尽，余或偶加一二调和语，锡予每沉默不发一语。

有时又常与梁漱溟相聚，十力漱溟或谈及政事，余亦时参加意见，独锡予则沉默依然。其时北平学术界有两大争议，一为胡适之诸人提倡新文化运动，主西化，曰赛先生、德先生，科学民主，又主哲学关门，亦排斥宗教。一则为时局国事。北京阢陧在前线，和战安危，众议纷纭。独锡予于此两争议一无陈说。

但锡予既不可谓一佛门信徒，处身世外者。锡予有老母，有长兄，其妻室，其子女，余皆熟稔。锡予之奉长慈幼，家庭雍睦，饮食起居，进退作息，固俨然一纯儒之典型，绝不有少许留学生西方气味。而其任职处事，交游应世，又何尝有少许佛门信徒之形态。然则锡予之为学似一事，其为人则又似一事，而在锡予，则融凝如一，既不露少许时髦之学者风度，亦不留丝毫守旧之士大夫积习。与时而化，而独立不倚，极高明而道中庸，锡予庶有之矣。

故锡予既不可谓是一佛学家，亦不可谓是一西方哲学家。既非擅交际能应世，亦非傲岸骄世，或玩世不恭。锡予之毕生好学，劬劳不息之精神，则尽在其为人处世之日常生活中表现。徒读其书，恐将终不及其为人。徒接其人，亦将终不得其为学。锡予之为学与为人，则已一而化矣。余与锡予交，不可谓不久，不可谓不亲，惟所能言者，仅如此。

孟子曰："柳下惠圣之和。"锡予殆其人乎。居今世，而一涉及学问,一涉及思想,则不能与人无争。而锡予则不喜争。绝不可谓锡予无学问,亦绝不可谓锡予无思想,而锡予独能与人无所争。但锡予亦绝非一乡愿。中庸言:"苟非至德,至道不凝焉。"人性有异而德不同。伊尹之任,伯夷之清,皆易见,亦易有争。锡予和气一团,读其书不易知其人,交其人亦绝难知其学,斯诚柳下之流矣。

今再扩而论之,世界人类三大型之思想,亦尽由于民族性之相异。而民族性相异,则根据其区域之天时地理积久酝酿而来。亦可谓欧洲型近于伊尹之任,印度型则近于伯夷之清,而中国型则近于柳下惠之和。故欧洲型一主于进,印度型一主于退,而中国型则主执两用中。即中国高僧,亦多为慈悲救世而出家,不为逃避生老病死之四大苦痛而出家。而其救苦救难,亦似偏少耶稣之十字架精神。惟谓中国人乃无视于一世之苦难,则大不然。则锡予之为人为学,与世无争,而终不失为一性情中人,亦正见其为一有意于致中和之中国学人矣。

余与锡予交,其时已成《先秦诸子系年》,方为《近三百年学术史》。锡予告余,君好藏《竹书纪年》,古今异本几尽搜罗,予窃慕之。愿藏《高僧传》,遇异本必购取。其日常随身亦必携一本《高僧传》,累年如是。则佛法僧之宝,锡予所慕,最在僧之一宝,即此一端可以想见其为人为学之大要矣。人能宏道,非道宏人。当由僧侣来宏扬佛法,非可以佛法来宏扬僧侣。锡予之为人为学,则非欲以僧侣来宏扬佛法者,实乃以中国人来宏扬中国传统之道。此则读锡予书者不可不知也。

余之《近三百年学术史》成稿,草为一序,曾论及南北朝之南北为学相异。锡予告余,君此一意,对于编写佛教讲义启益良多。则知锡予为学无门户,无界域,和通会合,不自封闭之精神所在矣。而如余以一不通西方哲学,不通佛学,仅仅稍窥中国几本古典籍,亦得与锡予为密友,岂不可从此想象其为人为学之大要乎。

及锡予书成,已抗战军兴,余屡劝锡予为隋唐天台禅华严三宗续有撰述。锡予谓,心力已瘁,亟求休息,无他奢愿矣。及余《国史大纲》成书,询锡予以此下为学当先。锡予告余,君于古今典籍四部纲要窥涉略备,此下可开始读英文书,或穷研佛典,求新接触,庶易得新启悟。锡予之意,非欲余改途易辙。日知其所无,乃能月无志其所能。锡予之治佛书,正多从中国典籍与西方哲学中悟入,而岂如近代专家之学即就佛书为佛学之所能同类并视乎?

是年余与锡予同离昆明赴上海,又随余同赴苏州。沿街英文书满目皆是,锡予为余选购三书,嘱先试诵。余语锡予,街头英文书堆积如山,何竟为予仅选此三书。锡予言,君北平所藏五万册书,今皆何在。试先读此三书入门,何早安排,为此奢图。余之开始读英文书始此。然一年后,即转赴成都,读英文书工夫,递减即止。而于佛书,亦少精研。余之孤陋一如往昔。回念锡予此一番语,岂胜惘然。而予与锡予,自苏州别后,仅得两面,亦不稔锡予此后为人为学之详矣。

余与锡予交最久,亦最密。自初相识,于最后之别,凡追忆所及,均详余之《师友杂忆》中。此书最近方印,不日出版,均不在此赘及。今闻有锡予纪念论文集之编印,欲余为一文。回念前尘,一一如在目前,亦一一如散入沧海浮云中。人生如是,岂为道为学亦复如是。不得起锡予于地下而畅论之。不知读锡予书纪念于锡予之为人为学者,意想复何如。临笔怆然,岂胜欲言。

钱穆,时年八十有八①

---

①《忆锡予》一文是钱穆晚年应汤一介先生之邀专为纪念汤用彤先生诞辰九十周年而作。原载《燕园论学集》,第23—27页。

附录二 研究目录

本目录也是本书的参考文献,其中尽可能收入了文献的不同版本信息,以便读者查阅。

一、著作专集

[1]《汤用彤全集》,石家庄:河北人民出版社 2000 年版。

[2] 麻天祥:《汤用彤评传》,南昌:百花洲文艺出版社 1993 年版(收于"国学大师丛书");武汉:武汉大学出版社 2007 年再版(收于"三宝斋学术著作四种")。

[3] 孙尚扬:《汤用彤》,台北:东大图书股份有限公司 1996 年版。

[4] 赵建永:《论汤用彤的中国哲学研究——以汤用彤与 20 世纪中国哲学史学科建设为中心》,南开大学哲学系 2009 年博士学位论文,指导教授乔清举。

[5] 汤一介、赵建永编:《汤用彤学记》,北京:生活·读书·新知三联书店 2011 年 4 月初版。

[6] 汤一介、赵建永编:《会通中印西》,上海:东方出版中心 2012 年 5 月初版。

[7] 赵建永:《汤用彤学术思想研究——以汤用彤与中国学术领域的新拓展为中心》,北京大学博士后研究工作报告,提交

日期 2012 年 6 月,指导教授汤一介。

[8] 杨浩:《汤用彤佛学与佛教史研究探微》,北京大学博士后研究工作报告,提交日期 2014 年 6 月,指导教授汤一介。

[9] 汤一介、乐黛云、汤丹、汤双:《燕南园往事》,南京:江苏凤凰文艺出版社 2014 年 8 月初版。

[10] 赵建永:《汤用彤与现代中国学术》,北京:人民出版社 2015 年 3 月初版。书评有:杨年保:《〈汤用彤与现代中国学术〉简介》,《云梦学刊》2015 年第 2 期(3 月 15 日);郑牧野:《论究学术　阐求真知——读〈汤用彤与现代中国学术〉》,《光明日报》2015 年 5 月 5 日第 10 版;郭齐勇:《昌明国故　融会新知——〈汤用彤与现代中国学术〉评介》,《人民日报》2015 年 7 月 6 日第 16 版。中国社会科学网“读书”栏目、中国作家网、新华网、人民网“时政新闻”栏目等转载。

[11] 汤一介、赵建永主编:《中国近代思想家文库:汤用彤卷》,北京:中国人民大学出版社 2015 年 5 月初版。

[12] 汤一介:《我们三代人》,北京:中国大百科全书出版社 2016 年版 1 月初版。

二、专门文章

[1] 邱仲:《立秋日呈柳翼谋汤锡予并怀川中向仙桥陶闇士诸先生》,《学衡》第 45 期,1925 年。

[2]《胡适答汤用彤教授书》,《胡适文存三集》,上海:亚东图书馆 1930 年版。

[3] 容媛:《国内学术界消息(二十七年七月至十二月)》“汉魏两晋南北朝佛教史”条,《燕京学报》第 24 期,1938 年 12 月。

[4] 中共北京市高等学校委员会办公室编印:《北京大学副校长

汤用彤患病情况》,《高等学校动态简报》第 20 期,1954 年 11 月 18 日。

[5] 章正续、詹铭新:《燕园访汤老》,《光明日报》1961 年 8 月 5 日第 2 版。

[6]《汤用彤著文〈论中国佛教无"十宗"〉》,《人民日报》1962 年 6 月 26 日第 5 版。

[7]《陈垣、陈寅恪、汤用彤、顾颉刚著述情况》,《古籍整理出版情况简报》第 7 号,1962 年 7 月 30 日。另载《历史研究》1962 年第 5 期。

[8] 万均(巨赞):《汤著〈佛教史〉》关于〈太平经与佛教〉的商兑》,《现代佛学》1962 年第 6 期。另载张曼涛主编:《现代佛教学术丛刊》第 5 册,中国佛教史论集(一),北京:北京图书馆出版社 2005 年版(还收录汤用彤:《关于东汉佛教几个问题的讨论》;张德钧:《读汤用彤先生〈汉魏两晋南北朝佛教史〉记》)。

[9] 张德钧:《读汤用彤先生〈汉魏两晋南北朝佛教史〉记》,《现代佛学》1964 年第 1—3 期。

[10]《全国人大代表汤用彤教授病逝》,《人民日报》1964 年 5 月 3 日第 2 版。另载《北京日报》1964 年 5 月 3 日第 3 版。《人大代表汤用彤逝世》,《光明日报》1964 年 5 月 3 日。《汤用彤逝世》,龚育之主编《中国二十世纪通鉴》第 4 册(1961—1980 年),北京:线装书局 2002 年 9 月版。

[11]《全校同志沉痛悼念汤用彤副校长》,《北京大学校刊》第 469 期,1964 年 5 月 18 日第 1 版。

[12] 任继愈:《悼念汤用彤先生》,《历史研究》1964 年第 3 期。

[13] 汤一介:《汤用彤传略》,《中国现代社会科学家传略》第一辑,太原:山西人民出版社 1982 年版。另载《中国哲学年鉴》,北京:中国大百科全书出版社 1985 年版。

［14］蓝吉富:《汤用彤及其汉魏两晋南北朝佛教史》,《现代佛学大系》第 27 册,台北:弥勒出版社 1982 年版。

［15］国桢:《〈汉魏两晋南北朝佛教史〉重排出版》,《人民日报》1983 年 8 月 22 日第 5 版。

［16］李中华:《北京大学举行汤用彤先生诞辰九十周年纪念会》,《哲学研究》1983 年第 12 期。

［17］《汤用彤先生诞辰九十周年纪念会在北京大学举行》,《北京大学学报》1984 年第 2 期。

［18］《汤用彤先生诞辰 90 周年纪念会在北京大学举行》,《中国哲学年鉴(哲学社会科学版)》1984 年版。

［19］钱穆:《忆锡予》,《汤用彤先生纪念论文集》编辑委员会编:《燕园论学集》,北京:北京大学出版社 1984 年 4 月初版。另以《忆汤锡予先生》为题,载《钱宾四先生全集·甲编》第 23 册《中国学术思想史论丛(六)》,台北:联经出版事业公司 1998 年版。

［20］石峻:《回忆汤用彤先生的治学精神及其两篇逸稿》,《燕园论学集》。另载《石峻文存》,北京:华夏出版社 2006 年版。

［21］任继愈:《汤用彤先生治学的态度和方法》,《燕园论学集》。

［22］张岱之:《严师——汤用彤先生》,《燕园论学集》。

［23］邓艾民:《汤用彤先生散忆》,《燕园论学集》。节选为《汤用彤先生的一次议论》,刊于《纵横》2006 年第 6 期。

［24］楼宇烈:《"文化之研究乃真理之讨论"——读汤老两篇旧文》,《燕园论学集》。

［25］许抗生:《忆在汤老身边学习的岁月》,《燕园论学集》。

［26］许抗生:《读汤用彤先生的中国佛教史学术论著》,《北京大学学报(哲学社会科学版)》1984 年第 6 期。

［27］韩镜清:《汤用彤先生的一些微言大义》,北京大学哲学系八十周年系庆筹备委员会编:《北京大学哲学系简史》,

1994年。

[28]《汤用彤与北大哲学系》,北京大学哲学系八十周年系庆筹备委员会编:《北京大学哲学系简史》,1994年。

[29] 钱穆:《忆蒙文通与汤用彤》,《文史杂志》1985年第1期。

[30] 宫静:《谈汉文佛经中的印度哲学史料——兼谈印度哲学对中国思想的影响》,《南亚研究》1985年第4期。

[31] 孙尚扬:《"言意之辩"在魏晋玄学中的方法论意义》,《北京大学研究生学刊》1987年第2期。转载于《复印报刊资料(中国哲学史)》1987年第7期。

[32] 孙尚扬:《文化研究乃真理之探求——汤用彤教授对中国文化之探讨》,汤一介编:《北大校长与中国文化》,北京:生活·读书·新知三联书店1988年版;北京:北京大学出版社1999年再版(增订本)。

[33] 汤一介:《兼通中外,以学术闻名于世——纪念汤用彤先生》,《北京大学校友通讯》1988年5月4日。

[34] 张书城:《与汤用彤先生认同乡》,《兰州晚报》1989年4月16日。

[35]《汤用彤写过什么佛教著作?》,中国社会科学院世界宗教研究所佛教研究室编:《佛教文化面面观》,济南:齐鲁书社1989年版。

[36] 钱穆:《忆十力、锡予诸友》,《玄圃论学集——熊十力生平与学术》,北京:生活·读书·新知三联书店1990年2月版。

[37] 王守常、钱文忠:《国故与新知的称星》,《读书》1991年第7期。

[38] 高振农:《汤用彤及其〈汉魏两晋南北朝佛教史〉》,《佛教文化与近代中国》,上海:上海社会科学院出版社1992年版。

[39] 麻天祥:《汤用彤的佛教史和比较宗教学研究》,《西北大学

学报(哲学社会科学版)》1992 年第 2 期。

[40] 汤一介:《也谈用彤先生》,《文汇读书周报》1992 年 9 月
26 日。

[41] 麻天祥:《汤用彤文化观念的形成及对其学术思想的导
引》,《哲学杂志》1993 年 1 期。

[42] 乐黛云:《"昌明国粹,融化新知"——汤用彤与〈学衡〉杂
志》,《社会科学》1993 年第 5 期。

[43] 季羡林:《序》,汤一介编:《国故新知:中国传统文化的再诠
释——汤用彤先生诞辰百周年纪念论文集》,北京:北京大
学出版社 1993 年 8 月初版。另载《读书》1993 年第 3 期。
另以《汤用彤先生的为人与为学》为题,载《出版参考:新阅
读》2007 年第 2 期,及季羡林:《真话能走多远》,北京:新
星出版社 2008 年版。

[44] 张岱年:《深切怀念汤锡予先生》,《国故新知:中国传统文
化的再诠释——汤用彤先生诞辰百周年纪念论文集》。

[45] 冯契:《忆在昆明从汤先生受教的日子》,《国故新知:中国
传统文化的再诠释——汤用彤先生诞辰百周年纪念论文
集》。另载《学术月刊》1993 年第 8 期。

[46] 黄心川、宫静:《汤用彤对印度哲学研究的贡献》,《国故新
知:中国传统文化的再诠释——汤用彤先生诞辰百周年纪
念论文集》。

[47] 吴学昭:《吴宓与汤用彤》,《国故新知:中国传统文化的再
诠释——汤用彤先生诞辰百周年纪念论文集》。

[48] 孔繁:《本体论玄学之发现》,《国故新知:中国传统文化的
再诠释——汤用彤先生诞辰百周年纪念论文集》。

[49] 颜尚文:《汤用彤先生的汉唐佛教史研究》,《国故新知:中
国传统文化的再诠释——汤用彤先生诞辰百周年纪念论
文集》。另载刘笑敢主编:《中西哲学与文化注释,诠释,还

是创构?》第二辑,桂林:广西师范大学出版社 2007 年版。

[50] 牟钟鉴:《研究宗教应持何种态度——重新认识汤用彤先生的一篇书跋》,《国故新知:中国传统文化的再诠释——汤用彤先生诞辰百周年纪念论文集》。另载《佛教文化》1996 年第 5 期。

[51] 孙尚扬:《汤用彤先生年谱简编》,《国故新知:中国传统文化的再诠释——汤用彤先生诞辰百周年纪念论文集》。

[52] 张黎明:《"哈佛三杰"》,《国际人才交流》1993 年第 3 期。

[53] 杨自伍:《汤用彤先生的文学观》,《文汇读书周报》1993 年8 月 28 日第 3 版。

[54] 尚文:《纪念汤用彤先生诞辰百周年学术座谈会在北大召开》,《中国哲学史》1993 年第 3 期。

[55] 尚易:《忆往谈旧话宗师——纪念汤用彤先生诞辰百周年学术座谈会侧记》,《北京大学学报》1993 年第 6 期。删节后以《北大举行纪念汤用彤先生诞辰百周年学术讨论会》为题,另载《北京大学校友通讯》第 13 期,1994 年 2 月。

[56] 尚易:《"纪念汤用彤先生诞辰百周年学术座谈会"侧记》,《哲学研究》1993 年第 10 期。

[57] 汤一介:《再谈用彤先生》,《文汇读书周报》1993 年 5 月 1日第 6 版。

[58] 汤一介:《熔铸古今,会通中西——序麻天祥同志所作〈国学大师汤用彤评传〉》,《中国哲学史》1993 年第 2 期。

[59] 汤一介:《昌明国粹,融化新知——纪念汤用彤先生诞生100 周年》,《中国文化》1994 年第 1、2 期。

[60] 汤一介:《我的父亲汤用彤》(上、中、下),《大公报》1993 年10 月 24—26 日。

[61] 张岂之:《汤用彤先生的思想》("中西印文化的融合及其发展前景国际学术研讨会"发言),《中国文化书院简报》

1993 年 12 月 10 日第 3 期。

[62] 张岂之:《汤先生教我们如何思考》,《北京大学学报》1993
年第 6 期。

[63] 陈俊民:《中国近世"三教融合"与"中西会通"——汤用
彤、冯友兰、陈寅恪文化思想合论》,《北京社会科学》1994
年第 1 期。

[64] 孙尚扬:《汤用彤文化思想探析》(上、下篇),《中国文化研
究》1994 年第 2、3 期。

[65] 麻天祥:《汉魏两晋南北朝佛教史》,及麻天祥、张运华:《魏
晋玄学论稿》,方克立、王其水主编:《二十世纪中国哲学》
第 3 卷(论著述评),北京:华夏出版社 1994 年版。

[66] 刘文英:《哲学家汤用彤》,王文俊主编:《南开人物志》第一
辑,天津:南开大学出版社 1994 年版。

[67] 许抗生:《汤用彤先生与〈魏晋玄学论稿〉》,《传统文化与
现代化》1994 年第 3 期。

[68] 孙尚扬:《和而不同一例》,《读书》1995 年第 3 期。

[69] 孙尚扬:《汤用彤宗教思想探析》,《孔子研究》1995 年第 4 期。

[70] 王煜:《实践无为而治的佛学家扫描——评介麻天祥〈汤用
彤评传〉》,《甘肃社会科学》1996 年第 1 期。

[71] 张三夕:《一位有意于致中和之中国学人——读麻天祥博
士著〈汤用彤评传〉》,《郑州大学学报》1996 年第 2 期。

[72] 陈士强:《〈汉魏两晋南北朝佛教史〉讲解》,《法音》1996 年
第 6 期。

[73] 季羡林:《回忆汤用彤先生》,《光明日报》1997 年 5 月 28
日第 7 版。另以《怀念汤用彤先生》为题,载《谈恩师》,北
京:大众文艺出版社 2000 年版。另载《季羡林回忆文集:
此情犹思》第 3 卷,哈尔滨:哈尔滨出版社 2008 年版。

[74] 季羡林:《序》,张岱年、汤一介等:《文化的冲突与融合——

张申府、梁漱溟、汤用彤百年诞辰纪念文集》,北京:北京大学出版社 1997 年 5 月初版。

[75] 张岱之:《汤用彤关于中外文化比较的观点和方法》,《文化的冲突与融合——张申府、梁漱溟、汤用彤百年诞辰纪念文集》。

[76] 张岱之:《听汤用彤先生讲课》,《春鸟集》,北京:中国社会科学出版社 1997 年版。

[77] 武维琴:《汤用彤先生对印度佛教思想的研究》,《文化的冲突与融合——张申府、梁漱溟、汤用彤百年诞辰纪念文集》。

[78] 许抗生:《汤用彤先生对魏晋玄学研究的贡献》,《文化的冲突与融合——张申府、梁漱溟、汤用彤百年诞辰纪念文集》。

[79] 麻天祥:《汤用彤学术思想概说》,《文化的冲突与融合——张申府、梁漱溟、汤用彤百年诞辰纪念文集》。

[80] 镰田茂雄:《汤用彤先生在中国佛教研究史上的业绩》,《文化的冲突与融合——张申府、梁漱溟、汤用彤百年诞辰纪念文集》。

[81] 王元化:《谈汤用彤》,《清园夜读》,北京:中国社会科学出版社 1997 年版。另载王元化:《人物·书话·纪事》,北京:人民文学出版社 2006 年版。

[82] 杨立华:《高山仰止——第一届汤用彤学术讲座侧记》(附会场照片,高中理摄),《北京大学校刊》1997 年 4 月 15 日第 3 版。

[83] 《第一届汤用彤学术讲座在我校举行》,《北京大学研究生学刊》1997 年第 3 期。

[84] 谢泳:《汤用彤写序》,《学人今昔》,长春:长春出版社 1997 年版。

[85] 谢泳:《汤用彤的顾虑》,《学人今昔》。

[86] 汪维辉:《〈高僧传〉标点商兑》,《古籍整理研究学刊》1997

年第 3 期。

[87] 汤一介、孙尚扬:《不激不随　至博至大——汤用彤与北大》,萧超然主编:《巍巍上庠　百年星辰——名人与北大》,北京:北京大学出版社 1998 年版。

[88] 孙尚扬:《汤用彤学术方法论述略》,《北京大学学报》1998年第 2 期。

[89] 孙尚扬:《汤用彤学述》,《中国哲学史》1998 年第 4 期。

[90] 袁学敏:《汤用彤:智者·学者·圣者》,《成都教育学院学报》1999 年第 3 期。

[91] 吴家栾:《宏通平正,融化新知——汤用彤的学术贡献》,《历史教学问题》1999 年第 4 期。

[92] 董志翘:《〈高僧传〉校点献疑》,《文史》1999 年第 4 辑。

[93] 董志翘:《〈高僧传〉校点商榷(续)》,《古籍整理研究学刊》2000 年第 1 期。另收入《中古文献语言论集》,成都:巴蜀书社 2000 年版。

[94] 赵捷民:《北大教授剪影·冯至教授、汤用彤教授、许德珩教授》,《文史资料选辑》第 108 辑,《文史资料选辑》编辑部编合订本第 1—136 辑,北京:中国文史出版社 2000 年版。

[95] 王苏凤、李文龙:《学坛之盛事　艺林之佳话——〈汤用彤全集〉出版座谈会在京举行》,《出版参考》2000 年第 22 期。

[96] 高志顺:《〈汤用彤全集〉出版座谈会在京举行》,《河北日报》2000 年 10 月 10 日。

[97] 赵彤宇:《〈汤用彤全集〉出版》,《中华读书报》2000 年 10 月 25 日第 11 版。

[98] 李文:《细读大师经典》,《人民日报》2000 年 11 月 17 日第 8 版。

[99]《汤用彤全集出版暨学术座谈会》,《北京大学学报》2000年第 6 期。

[100] 王书华:《汤用彤其人其学》,《中国图书评论》2000年第
11期。

[101]《红楼二将留学出洋　哈佛三杰欧游归国》,马嘶:《学人
往事》,北京:时事出版社2000年版。

[102] 季羡林:《〈汤用彤全集〉序一》,《北京大学学报》2000年
第6期。后改标题,常被转载,如:《学术大师能不能超
越》,载《光明日报》2000年11月23日第2版和《北京日
报》2003年3月10日;《学术大师能不能超越——由〈汤
用彤全集〉出版引发的思考》,《神州学人》第529期,2003
年3月17日;《不可超越的一座丰碑——记汤用彤先
生》,季羡林著,邓九平编:《季羡林散文全编》第四辑,北
京:中国广播电视出版社2003年版。

[103] 任继愈:《〈汤用彤全集〉序二》,《北京大学学报》2000年
第6期。另载《中国哲学史》2001年第2期。

[104] 汤一介:《〈汤用彤全集〉出版》,《文汇读书周报》2000年
12月30日第9版。

[105] 汤一介:《〈汤用彤全集〉评介》,《中华读书报》2001年1
月3日第6版。

[106] 汤一介:《国学大师——汤用彤》,《光明日报》2001年1
月16日。

[107] 汤一介:《记胡适给我父亲的一封信》,《群言》2001年第
3期。

[108] 汤一介、孙尚扬:《〈魏晋玄学论稿〉导读》,《魏晋玄学论
稿》,上海:上海古籍出版社2001年6月初版。

[109] 汤一介:《我的祖父汤霖——读〈颐园老人生日䜩游图自
序〉》,《书摘》2001年第6期。

[110] 王书华:《〈汤用彤全集〉编辑札记》,《编辑之友》2001年
第1期。

[111] 王书华:《走近大师——〈汤用彤全集〉评介》,《中国出版》2001 年第 2 期。

[112]《在〈汤用彤全集〉出版座谈会上的讲话》,《河北出版年鉴》,石家庄:河北出版年鉴编辑部 2001 年版。

[113] 李世琦:《中国现代学术的一座丰碑》,《中国文化报》2001年 3 月 14 日。另以《中国现代学术的一座丰碑——评〈汤用彤全集〉》为题,载李世琦:《倾听灵魂》,郑州:大象出版社 2006 年版。

[114] 汪子嵩:《魏晋玄学中的"有""无"之辩——读〈汤用彤全集〉》,《北京大学学报》2001 年第 2 期。

[115] 牟小东:《同情之默应,心性之体会》,《中国宗教》2001 年第 4 期。

[116] 杨祖陶:《西哲东渐的宗师——汤用彤先生追忆》,《学术月刊》2001 年第 4 期。

[117] 张岂之:《人文学术研究的丰碑——简介〈汤用彤全集〉》,《中国哲学史》2001 年第 2 期。

[118] 蒙培元:《大师风范,学者胸怀——写在〈汤用彤全集〉出版后》,《中国哲学史》2001 年第 2 期。

[119] 钱文忠:《〈汤用彤全集〉第 7 卷〈读书札记〉与"〈隋唐佛教史〉"》,《中国哲学史》2001 年第 2 期。

[120] 孙尚扬:《汤用彤对汉魏两晋南北朝佛教思想脉络的疏寻》,《中国哲学史》2001 年第 2 期。

[121] 镰田茂雄:《〈汤用彤全集〉序》,《汤用彤全集》,台北:佛光文化事业有限公司 2001 年版。

[122] 麻天祥:《汤用彤的佛教史和比较宗教学研究》,麻天祥:《中国近代学术史》,长沙:湖南师范大学出版社 2001 年版。

[123] 孙尚扬:《汤用彤与东方哲学研究》,汝信主编:《中国当代社科精华(哲学卷)》,哈尔滨:黑龙江教育出版社 2001 年

12 月初版。

[124] 汤一介:《汤用彤与东南大学》,《东南大学报》2002 年 5
　　　月 31 日。

[125] 汤一介:《汤用彤先生与东南大学》,《光明日报》2002 年 6
　　　月 14 日。另载闵卓:《东南大学文科百年纪行》,南京:东
　　　南大学出版社 2003 年版。

[126] 汤一介:《汤用彤与胡适》,《中国哲学史》2002 年第 4 期。
　　　《复印报刊资料(宗教)》2003 年第 2 期转载。

[127] 许抗生:《论隋唐佛教的特点——读〈汤用彤全集〉第二
　　　卷》,《普门学报》总第 8 期,2002 年 3 月。

[128] 陶忠辉、陈瞿王:《学问人品两相高——行思于汤用彤与
　　　黄梅之间》,《湖北日报》2002 年 6 月 6 日。

[129] 屈大成:《汤用彤有关印度佛教的研究》,《中国哲学史》
　　　2002 年第 4 期。另载《21 世纪世界与中国:当代中国发
　　　展热点问题》,北京:清华大学出版社 2003 年版。

[130] 丰绍棠:《"纯儒之典型"汤用彤》(附图片 1 张,王小玉/
　　　绘像),《人民日报(海外版)》2003 年 2 月 21 日。

[131] 李兰芬:《评汤用彤在现代玄学研究中的作用》,《中山大
　　　学学报(社会科学版)》2003 年第 2 期。

[132] 李兰芬:《论汤用彤对魏晋玄学的理解》,《中国哲学史》
　　　2003 年第 2 期。

[133] 李江涛:《汤用彤与魏晋玄学研究》,《历史教学问题》2003
　　　年第 4 期。

[134] 李剑锋:《从接受史的角度蠡测陶渊明与慧远之关系——
　　　汤用彤先生〈十八高贤传〉伪作说补正》,《九江师专学
　　　报》2003 年第 4 期。

[135] 李振东:《汤用彤——孜孜治学明国粹》(生平概况;学问
　　　人品俱楷模;西哲东渐乃宗师;致力中和真学人;与世俱

进求真知),李振东:《北大的校长们》,北京:中国经济出版社 2003 年版。

[136] 张岂之:《忆从汤用彤先生学习西方哲学史》,王宗昱编:《苦乐年华》,北京:北京大学出版社 2004 年版。

[137] 肖东发、陈光中:《燕南园 58 号的汤用彤先生》,《北京大学报》2004 年 3 月 25 日第 4 版。

[138] 汤一介:《汤用彤学术交往三则》,《中国文化》2004 年第 1 期。

[139] 汤一介口述:《汤用彤:后半生的恐慌》,《新京报》2004 年 5 月 18 日。另以《汤用彤的晚年》为题,转载于《文摘报》2004 年 6 月 2 日。

[140] 镰田茂雄:《汤用彤先生在中国佛教研究史上的贡献》,《华林》第 3 卷,北京:中华书局 2004 年版。

[141] 董志翘:《〈高僧传〉的史料、语料价值及重新校理与研究》,《东南大学学报(哲学社会科学版)》2004 年第 4 期。

[142] 赵建永:《汤用彤汉魏两晋南北朝道教研究阐微》,北京大学哲学系 2004 年硕士学位论文,指导教授李中华。

[143] 赵建永:《汤用彤先生对〈太平经〉与早期道教关系的研究》,《哲学研究》2004 年第 8 期。

[144] 赵建永:《汤用彤对〈太平经〉的考证研究》,《中国道教》2004 年第 5 期。

[145] 赵建永:《汤用彤先生所开课程及其教学特色》,《北京大学学报》2004 年第 6 期。

[146] 赵建永:《汤用彤先生与我国哲学、宗教学的学科建设》,《学园》2004 年总第 15 期。

[147] 赵建永:《汤用彤未刊稿的学术意义》,《哲学门》2005 年第 2 期。

[148] 赵建永:《汤用彤对〈道藏〉的整理与研究》,《中国道教》

2005 年第 2 期。《复印报刊资料(宗教)》2005 年第 4 期转载。

[149] 赵建永:《汤用彤先生宗教学研究手稿初探》,《北京大学研究生学志》2005 年第 2 期。

[150] 孙尚扬:《从真理到价值——综论汤用彤的文化思想和学术成就》,《新视野》2005 年第 1 期。

[151] 许卫东:《〈高僧传〉标点校勘补录》,《唐都学刊》2005 年第 3 期。

[152] 董志翘:《中华书局版〈高僧传〉校点商补》,《四川师范大学学报(社会科学版)》2005 年第 6 期。

[153] 范玉女:《汤用彤及其印度佛教的研究》,台湾华梵大学东方人文思想研究所 2005 年硕士论文,指导教授何广棪。

[154] 黄国伟:《学贯中、西、印的人文学术大师——汤用彤》,《南京审计学院学报》2005 年第 3 期。

[155]《汤用彤学案》,张岂之主编:《民国学案》第 5 卷,长沙:湖南教育出版社 2005 年版。

[156]《昌明国粹 融化新知——国学大师汤用彤》,张宪文主编:《民国南京学术人物传》(收入"南京文化研究丛书"),南京:南京大学出版社 2005 版。

[157] 蒙文通:《致汤锡予书》,四川大学历史文化学院编:《蒙文通先生诞辰 110 周年纪念文集》,北京:线装书局 2005 年版。

[158] 王欣瑞:《汤用彤中国佛教史研究方法探析》,《西安电子科技大学学报》2006 年第 1 期。

[159] 乐黛云:《探求真理精考事实的汤用彤》,《中国知识分子的形与神》,北京:昆仑出版社 2006 年第 1 版。

[160] 赵建永:《汤用彤哈佛大学时期哲学文稿辨析》,《哲学动态》2006 年第 4 期。

[161] 许抗生:《汤用彤先生的菩提达磨禅宗思想研究》,"菩提

达摩与禅宗文化"国际研讨会(2006年6月28—30日)上提交的论文。

[162] 麻天祥、姚彬彬:《从〈洛阳伽蓝记〉到〈续高僧传〉——汤用彤先生对菩提达摩的研究》,"菩提达摩与禅宗文化"国际研讨会(2006年6月28—30日)上提交的论文。

[163] 王连儒:《汤用彤学术思想述评》,《聊城大学学报(社会科学版)》2006年第3期。

[164] 小云:《〈昌明国故,融化新知——汤用彤与魏晋玄学研究〉出版》,《五邑大学学报(社会科学版)》2006年第3期。

[165] 刘克敌《陈寅恪与"哈佛三杰"》,《陈寅恪和他的同时代人》,北京:文化艺术出版社2006年9月初版。

[166] 刘超:《汤用彤在西南联大》,《书屋》2006年第11期。

[167] 郝虹:《试论汉末名家思想的兴起与魏晋"名教"一词的出现——兼谈与汤用彤先生名教观点之异同》,《中国哲学史》2006年第4期。

[168] 王东:《〈高僧传〉校点札记》,《江海学刊》2006年第4期。

[169] 王东:《〈高僧传〉校点商榷》,《江海学刊》2006年第5期。

[170] 王东:《〈高僧传〉校点拾零》,《江海学刊》2006年第6期。

[171] 王东:《〈高僧传〉校点献疑》,《江海学刊》2007年第1期。

[172] 鲍金华:《〈高僧传〉校点商议》,《古籍整理研究学刊》2007年第4期。

[173] 张淼:《论汤用彤佛学研究的特色》,《宗教学研究》2007年第1期。

[174] 高峰:《汤用彤先生的佛学研究》,《湖南科技学院学报》2007年第1期。

[175] 鹿璐:《汤用彤和他在北京的故居》,《北京档案》2007年第5期。

[176] 徐思源:《孙尚扬编〈汤用彤选集〉》(书评),《哲学门》

2007 年第 2 期。

［177］《汤用彤（1893—1964）》，方宁编著:《风雅颂:百年来百位老学人珍闻录》，北京:新世界出版社 2007 年版。

［178］《汤用彤先生英文课业论文手稿图片》，《世界哲学》2007年第 4 期。

［179］赵建永:《汤用彤留学汉姆林大学时期哲学文稿探微》，《世界哲学》2008 年第 3 期。

［180］《汤用彤留美时期所写的数理逻辑笔记（照片两帧）》，此照片附于上篇文章后，赵建永提供，《世界哲学》2008 年第 3 期。

［181］郭东阳:《〈高僧传〉校点零拾》，《语文知识》2008 年第2 期。

［182］刘飏:《汤注〈高僧传〉校点商榷总汇》，《古籍整理研究学刊》2008 年第 5 期。

［183］林齐模:《关于汤用彤生平几点史实的考证》，《中国哲学史》2008 年第 2 期。

［184］高冬琴:《一代国学大师——汤用彤先生》，南开大学觉悟网（http://jw.nankai.edu.cn）2008 年 4 月 11 日发布。

［185］吴红毓然、龚婉雯整理:《精神灯塔的掌灯人:北大校长历史纪实·汤用彤——中西取长一大师》，《北大青年》总第156 期第 2 版，2008 年 5 月 4 日校庆特刊。

［186］向珂:《汤用彤先生藏书的珞珈因缘记》，《武汉大学校报》第 1125 期第 4 版，2008 年 6 月 6 日。

［187］杨会:《汤用彤对魏晋南北朝隋唐史研究的贡献》，《新学术》2008 年第 6 期。

［188］汪恩乐:《历史与信仰之间——重提汤用彤先生"同情之默应，心性之体会"的研究方法》，《湖南科技学院学报》2008 年第 7 期。

[189] 乐黛云:《我心中的汤用彤先生》,《四院·沙滩·未名湖:60年北大生活(1948—2008)》,北京:北京大学出版社2008年版。另载《嫁入"学术豪门"的女学者》(名家讲谈之六),金羊网2007年12月20日;《北京大学校报》2009年11月25日第3版。

[190] 朱寿桐:《"哈佛三杰"与新人文主义意念理性》,《现代中国文化与文学》2009年第1期。

[191] 赵建永:《汤用彤哈佛大学时期宗教学文稿探赜》,《世界宗教研究》2009年第1期。转载于汤用彤编,李建欣、强昱点校:《印度佛教汉文资料选编》,北京:北京大学出版社2010年版(收入"博雅英华·汤用彤学术精选集丛书")。

[192] 赵建永:《从〈高僧传〉研究看汤用彤治中国佛教史的门径》,《哲学研究》2009年第5期。

[193] 汤一介:《汤用彤先生的治学态度》,《万象》第11卷第8期。

[194]《南开学术名家志·著名哲学史家、佛教史家、教育家——汤用彤》,《南开学报(哲学社会科学版)》2009年第3期。

[195] 张洪:《大师的超越》,《群言》2009年第12期。

[196] 杨绍军:《汤用彤先生在西南联大》,《学术探索》2010年第2期。

[197] 汤一介:《用彤先生有关"中国佛教史"的若干资料》,汤用彤:《汉魏两晋南北朝佛教史(增订本)》,北京:北京大学出版社2010年版。

[198] 汤一介:《关于用彤先生编选〈印度佛教汉文资料选编〉的说明》,《印度佛教汉文资料选编》。

[199] 黄心川:《〈印度佛教汉文资料选编〉整理说明》,《印度佛教汉文资料选编》。

[200] 李建欣:《汤用彤先生〈印度佛教汉文资料选编〉序》,《印

度佛教汉文资料选编》。

[201] 赵建华、赵建永:《外来文化中国化规律的先期探索——从汤用彤的文化双向交流理论看文明的冲突与融合》,《东岳论丛》2010 年第 6 期。

[202] 赵建永:《道通为一:汤用彤与熊十力的学术交往及思想旨归》,《湖北社会科学》2010 年第 10 期。

[203] 赵建永:《从〈道德为立国之本议〉看汤用彤的为学旨归》,《中国哲学史》2010 年第 4 期。

[204] 赵建永:《由〈论成周学礼〉看汤用彤与儒学的现代转化》,《中国哲学史》2010 年第 4 期。

[205] 眉睫:《汤用彤与〈青灯泪〉传奇》,《中国社会科学报》2011 年 2 月 15 日第 19 版。

[206] 马鹏翔:《"辨名析理"与"得意忘言"——冯友兰、汤用彤先生魏晋玄学方法论研究论析》,《中州学刊》2011 年第 2 期。

[207] 梁萧:《水归沧海意皆深》,《襄阳日报》2011 年 4 月 13 日。

[208]《三联书店推出〈汤用彤学记〉》,《光明日报》2011 年 4 月 25 日第 15 版。

[209]《好书速递·汤用彤学记》,《中国文化报》2011 年 4 月 29 日第 8 版。

[210] 杨祖陶:《哲人的"常态"——〈汤用彤学记〉读后》,《读书》2011 年第 8 期。

[211] 赵建永:《汤用彤东南大学时期的文化观发微:以汤用彤与〈学衡〉宗旨为中心》,《东南大学学报(哲学社会科学版)》2011 年 1 月第 1 期。

[212] 赵建永:《昌明国故　融会新知——汤用彤对中国路径的求索》,《光明日报》2011 年 3 月 28 日。

[213]《埋头汤学十五载　学术成果受瞩目》,《天津社科院半月报》2011 年 5 月 27 日第 1 版。

[214] 赵建永:《汤用彤、吴宓与天人学会》(上下篇),《中国社会科学报》2011 年 9 月 22 日、29 日学林版。

[215] 赵建永:《从汤用彤的首篇论文看学衡派的思想渊源》,《哲学研究》2011 年第 11 期。中国人民大学《复印报刊资料(中国哲学)》2012 年第 2 期转载。

[216] 赵建永:《〈汤用彤全集〉的编纂和学术意义》,《出版发行研究》2011 第 12 期。

[217] 赵建永:《汤用彤学术历程考论——基于生活史与学术史相交融的审察》,《天府新论》2012 年第 2 期。

[218] 赵建永:《学衡派与新文化派共生关系新证——从汤用彤清华遗文〈论成周学〉看文化启蒙》,《哲学动态》2012 年第 4 期。

[219] 赵建永:《"汤用彤学术精选集"述评——以印度哲学与佛教类论著为中心》,《哲学门》2012 年第 13 卷第 1 册。

[220] 赵建永:《汤用彤致胡适关于学科建设的信》,《中国社会科学报》2012 年 7 月 30 日、8 月 13 日、8 月 20 日连载。

[221] 赵建永:《从汤用彤论玄学"反本"问题看三教会通——以理学发生史为中心》,《中国哲学史》2012 年第 3 期。节录转载于谢地坤主编:《2013 年中国哲学年鉴》,北京:中国社会科学出版社 2013 年 8 月版。

[222] 赵建永整理校注,汤用彤:《编辑汉文印度哲学史资料计划》,《中国哲学史》2012 年第 2 期。

[223] 赵建永整理校注,汤用彤:《翻译英文印度哲学史资料的计划》,《中国哲学史》2012 年第 2 期。

[224] 赵建永:《汤用彤南开时期讲义手稿》,《中国社会科学报》2012 年 8 月 27 日、9 月 3 日、9 月 10 日、9 月 17 日、2013 年 1 月 9 日学林版连载。

[225] 余佐赞:《一本有思想厚度的书——评汤用彤〈会通中印

西〉》,《文汇读书周报》2012 年 7 月 20 日第 9 版。

[226] 石峻:《汤用彤先生的治学与为人》,《石峻文脉》,北京:华夏出版社 2012 年版。

[227] 陈勇:《汤用彤与钱穆交谊述略》,《湖南科技学院学报》2012 年第 2 期。

[228] 杨明:《关于魏晋哲学与文论关系的一些思考——读汤用彤先生〈魏晋玄学与文学理论〉志疑》,《复旦学报(社会科学版)》2012 年第 5 期。

[229] 蔡振翔:《关于汤用彤〈康复札记〉出版情况的一些资料》,《文化学刊》2012 年第 5 期。另载南京师范大学主办《文教资料》2012 年第 22 期。

[230] 陈徒手:《汤用彤:五十年代的思想病》,《读书》2012 年第 5 期。

[231] 来新夏:《汤用彤先生整理〈高僧传〉的五项建议》,《文汇读书周报》2012 年 9 月 7 日第 8 版。另载《书品》2012 年第 5 辑。

[232] 李兰芬:《理学的另类解读——析汤用彤〈理学谵言〉》,《中山大学学报(社会科学版)》2013 年第 1 期。

[233] 眉睫:《"哈佛三杰"辨》,《文学史上的失踪者》,北京:金城出版社 2013 年 1 月初版。

[234]《汤用彤致中华书局函》,赵胥编著:《朴庐藏珍:近现代文人学者墨迹选》,北京:中华书局 2013 年 3 月初版。

[235] 汤一介:《1945—1948 年汤用彤先生与北大复校——汤用彤与胡适、傅斯年》,《北京大学学报(哲学社会科学版)》2013 年第 3 期。

[236] 姚治华整理,吕澂、柳诒徵:《汤用彤〈汉魏两晋南北朝佛教史〉审查书》,《汉语佛学评论》第三辑,上海:上海古籍出版社 2013 年 8 月 31 日初版。

[237] 赖岳山:《考论:"民国教育部'著作发明及美术奖励'（1941—1949）"与"吕澂柳诒徵〈汤用彤《汉魏两晋南北朝佛教史》审查书〉"》,《汉语佛学评论》第三辑。

[238] 陈林、乐爱国:《民国时期汤用彤〈理学谵言〉对朱子学的阐释与推崇——兼论汤用彤早期的文化观》,《江汉学术》2013 年第 5 期。

[239]《领略大师学术风采学习大师治学之道 中国近现代学术大师系列——汤用彤》,《黑龙江教育学院学报》2013 年第 7 期。

[240] 赵建永:《陈寅恪赠汤用彤文题记》,《光明日报》2013 年 2 月 4 日第 15 版。

[241] 赵建永:《胡适南下时致汤用彤函考述》,《北京大学学报》2013 年第 3 期。中国人民大学《复印报刊资料（中国现代史）》2013 年第 9 期转载。

[242] 赵建永:《汤用彤与陈寅恪在初唐皇室信仰问题上的学术思想互动》,《哲学研究》2013 年第 7 期。

[243] 赵建永:《汤用彤的道家品格》,《中国道教》2013 年第 4 期。

[244] 赵建永:《汤用彤著述整理出版历程述评》,《中国文化》2013 年第 2 期。

[245] 赵建永:《汤用彤先生的南开缘》,《天津文史资料选辑》第 117 辑,天津人民出版社 2013 年 10 月初版。

[246] 赵建永:《季羡林的两篇未刊手札》,《中国社会科学报》2013 年 11 月 4 日学林版 B01。

[247] 赵建永:《汤用彤:〈魏晋玄学论稿及其他〉》,《哲学门》2013 年第 2 册。

[248] 赵建永:《汤用彤与中国现代佛教史研究》,《历史研究》2014 年第 1 期。

[249] 赵建永:《哈佛大学兰曼档案中的名家信札——兰曼与汤用彤相关信函》,《中国社会科学报》2014 年 3 月 10 日学林版 B03。转载于《新华月报》2014 年第 12 期;《美中文化评论》(U. S. -China Cultural Comment, No. 1, Jan 2015, The U. S. -China News Agency, based in Boston, U. S. A.)。

[250] 赵建永整理校注,汤用彤:《从〈吕氏春秋〉看中国哲学史中的养生问题》,《中国哲学史》2014 年第 1 期。

[251] 赵建永整理校注,汤用彤:《〈养性延命录序〉校勘札记》,《中国哲学史》2014 年第 1 期。

[252] 赵建永:《跨文化对话视野下汤用彤对医学哲学史的开掘——以从佛道比较研究看针灸起源为例》,《中国哲学史》2014 年第 1 期。

[253] 赵建永:《〈汉魏两晋南北朝佛教史〉校读记——兼谈〈汤用彤全集〉的编校经过》,《法音》2014 年第 3 期。

[254] 赵建永:《新发现的熊十力两通手札》,《中国社会科学报》2014 年 5 月 26 日学林版 B03。

[255] 赵建永:《汤用彤与新人文主义关系新证——兼论汤用彤与学衡派的关系》,《河南社会科学》2014 年第 6 期。《中国社会科学文摘》2014 年第 9 期以《汤用彤与新人文主义》为题摘编转载。

[256] 赵建永:《傅斯年两封遗札笺释》(之一、之二连载),《中国社会科学报》2014 年 8 月 20 日、9 月 22 日。

[257] 记者彭辉专访:《汤用彤研究者说汤一介先生与天津的渊源:对“南开校友”的身份汤老很看重》,《每日新报》2014 年 9 月 14 日第 B05 版。

[258] 赵建永:《一篇读罢头飞雪:协助汤一介先生编书校书的难忘岁月》,《中国文化》2014 年 10 月秋季号第 40 期。

[259] 赵建永:《从本体论角度解释玄学》,《中国社会科学报》

2014 年 10 月 13 日哲学版 A06。

[260] 赵建永:《"哈佛三杰"考辨》,《光明日报》2014 年 12 月 2 日第 16 版。

[261] 赵建永:《从主体性到主体间性——汤用彤对中国文化建设路径的探索》,杨华、梁枢编:《文明进程的"中国路径"学术研讨会论文集》,武汉:湖北人民出版社 2014 年 12 月版。

[262] 赵建永:《整理汤用彤师友信札背后的故事——汤一介先生与"学林"版"名人手札"栏目》,《中国社会科学报》2014 年 12 月 22 日学林版 B02。

[263] 赖岳山:《补正与简评:汤著所参与民国教育部"著作发明与美术奖励"的审查资料及其他》,《汉语佛学评论》第四辑,上海:上海古籍出版社 2014 年初版。

[264] 张建安:《汤用彤:钝儒之典型,学问之大家》,《江淮文史》2014 年第 1 期。

[265] 汤一介:《父亲汤用彤的矛盾心态》,《炎黄春秋》2014 年第 5 期。

[266] 汤一介:《与父亲在香山红叶山庄小住》,《文汇报》2014 年 5 月 16 日。

[267] 宋寒:《汤用彤与胡适佛学思想之比较研究》,延安大学硕士学位论文,2014 年。

[268] 乐爱国:《民国学人的理学救国论——以汤用彤、唐文治、贺麟为中心》,《广西社会科学》2014 年第 10 期。

[269] 牟钟鉴:《不忘汤门两代师长的教诲》,雷原、赵建永主编:《汤一介学记》,北京:新华出版社 2015 年 3 月初版。

[270] 张树生:《拜望汤用彤先生》,《汤一介学记》。

[271] 许抗生:《在汤用彤先生纪念馆开馆庆典上的发言》,《汤一介学记》。

[272] 刘永明、周建强:《汤霖在甘肃》,《汤一介学记》。

[273] 记者邵毅采访:《汤氏父子两代大师 84 载南开情缘》,《每日新报》2015 年 12 月 12 日第 9—11 版。

[274] 赵建永:《传统儒学现代转化的早期尝试——以汤用彤的理学救国论为例》,《孔子研究》2015 年第 1 期。收录于北京:人民出版社《新华文摘》2015 年第 12 期"论点摘编"栏目。

[275] 赵建永:《言意之辨:魏晋时期儒道释会通的方法论》,《中国社会科学报》2015 年 3 月 4 日宗教学版 B02。

[276] 赵建永:《"虽将迟暮供多病,还必涓埃答圣民"——侍学汤一介师十八年略记》,《中国社会科学报》2015 年 3 月 9 日学林版 B03。

[277] 赵建永:《汤用彤有关〈高僧传〉通信解读》,《中国社会科学报》2015 年 5 月 25 日 B02 版。

[278] 赵建永:《光前裕后　薪尽火传——从〈汤用彤学记〉到〈汤一介学记〉》,《光明日报》2015 年 5 月 26 日 11 版,列入《光明日报》头版"今日导读"。

[279] 赵建永:《教界与学界〈太平经〉研究之比较:以陈撄宁与汤用彤、陈寅恪为中心》,《宗教学研究》2015 年第 2 期。

[280] 赵建永:《从"言意之辨"到"转识成智"——冯契"智慧说"探源》,《中国社会科学报》2015 年 8 月 4 日第 2 版,提要列入头版导读。

[281] 赵建永:《"事不避难,义不逃责"——从汤霖家训看汤用彤、汤一介的家风传承》,《人民日报》(海外版)2015 年 9 月 18 日第 7 版。

[282] 赵建永:《百年中国学人的心路缩影——〈我们三代人〉述评》,《光明日报》2015 年 12 月 15 日第 11 版。

[283] 赵建永:《钱穆〈国史大纲〉写作前后的学术交往》,《中

国社会科学报》2015 年 12 月 17 日第 5 版。

[284] 赵建永:《汤用彤先生学术年表》,"中华现代学术名著丛书"第六辑《汉魏两晋南北朝佛教史》,北京:商务印书馆 2015 年 12 月初版。

[285] 赵建永:《〈汉魏两晋南北朝佛教史〉与中国佛教史学科的创立》,"中华现代学术名著丛书"第六辑《汉魏两晋南北朝佛教史》。

[286] 赵建永:《中国哲学学科创建视域下冯友兰与汤用彤的学术交往》,《云梦学刊》2016 年第 1 期。

[287] 赵建永整理:《熊十力致北大校长诸公函》,《云梦学刊》2016 年第 4 期。

[288] 赵建永:《"一本真正的忏悔录"》,《社会科学报》2016 年 9 月 29 日第 8 版。

[289] 辞典类:《五四以来历史人物笔名别名录》、《二十世纪世界名人辞典》、《宗教大辞典》、《佛光大辞典》、《道教大辞典》、《近代中国百年史辞典》。海外有:Tang Yongtong, Encyclopedia of Religion, Copyright 2001–2006 by Macmillan Reference USA, an imprint of the Gale Group.《望月佛教大辞典》第 8 册,东京:世界圣典刊行协会,昭和 48 年 (1973)。

三、有关文章

[1] 宗璞:《霞落燕园》,《中国作家》1986 年第 4 期。

[2] 常任侠:《往日的回忆(心香一瓣)》,《人民日报》1987 年 3 月 19 日第 8 版。

[3] 杜维明:《中国文化的认同及其创新》,《中外文化比较研究中国文化书院讲演录第二集》,北京:生活·读书·新知三联书

店 1988 年版。

[4] 于良华:《第一个中国哲学会》,《哲学研究》1989 年第 3 期。

[5] 刘成有:《关于〈涅槃无名论〉作者问题的讨论——〈涅槃无名论〉的著作权应归僧肇》,《文史哲》1990 年第 4 期。

[6] 汪幸福《熊十力长女忆乃父(之二)》,《大地》1994 年第 10 期。

[7] 林同华:《哲人永恒,"散步"常新——忆宗师白华的教诲》,《学术月刊》1994 年第 3 期。

[8] 郑涌:《从"言意之辨"说开去》,《读书》1994 年第 6 期。

[9] 杨立华:《回到常见——解读历史的另一种提示》,《北京大学学报(哲学社会科学版)》1996 年第 4 期。

[10] 王晓毅:《魏晋玄学研究的回顾与瞻望》,《哲学研究》2000 年第 2 期。

[11] 周一良:《哈佛大学中国留学生的"三杰"》,《郊叟曝言》,北京:新世界出版社 2001 年版。

[12] 乐黛云:《世界文化对话中的中国现代保守主义重估〈学衡〉》,《跨文化之桥》,北京:北京大学出版社 2002 年版。

[13] 赵建永:《关于中国文化贞元之际的求索》,《北京大学研究生学志》2002 年第 1—2 期。

[14] 王晴佳:《白璧德与"学衡派"一个学术文化史的比较研究》,《中研院近代史研究所集刊》第 37 期,2002 年 6 月。

[15] 季羡林:《一个真正的中国人,一个真正的知识分子》,《辽宁大学学报(哲学社会科学版)》2003 年第 1 期。

[16] 李翔海:《"境界形上学"的初步形态——论魏晋玄学的基本理论特质》,《哲学研究》2003 年第 5 期。

[17] 赵建永:《〈周易·复卦〉初爻的诠释进路》,《周易研究》2004 年第 2 期。

[18] 张志强:《中国"现代性"视野中的近现代佛教》,《博览群书》2004 年第 3 期。

[19] Xuezhao Wu, The Birth of a Chinese Cultural Movement: Letters Between Babbitt and Wu Mi, Humanitas 17. 1–2 (Spring–Fall 2004).

[20] 汤一介、胡仲平:《西方学术背景下的魏晋玄学研究》,《中国哲学史》2004 年第 1 期。

[21]《南开学人自述》第 1 卷,天津:南开大学出版社 2004 年版。

[22] 乐黛云:《世界文化语境中的学衡派》,《中国现代文学研究丛刊》2005 年第 3 期。

[23] 杨扬:《哈佛所见白璧德文档》,《文汇报》2006 年 9 月 26 日。

[24] 麻天祥:《〈三宝斋学术著作四种〉总序》,《云梦学刊》2006 年第 6 期。

[25] 刘克敌:《陈寅恪与"哈佛三杰"》,《陈寅恪和他的同时代人》,北京:文化艺术出版社 2006 年 9 月初版。

[26] 高山杉:《支那内学院和西洋哲学研究》,《世界哲学》2006 年第 3 期。

[27] 高山杉:《谢佛和沈有乾》,《世界哲学》2008 年第 2 期。

[28] 汤一介:《北大有三个"宝"》,《博览群书》2008 年第 4 期。

[29] 高山杉:《陈寅恪传记新史料评议》,《东方早报》2010 年 6 月 27 日。

[30] 肖东发、陈光中:《"有龙则灵"燕南园》,《中国文化报》2011 年 6 月 16 日第 7 版。

[31] 林伟:《陈寅恪的哈佛经历与研习印度语文学的缘起》,《世界哲学》2012 年第 1 期。

[32] 陈怀宇:《陈寅恪留学哈佛史事钩沉及其相关问题》,《清华大学学报(哲学社会科学版)》2012 年第 5 期。

[33] 赵建永:《北魏太武帝时期的儒道释关系》(上下篇),《中国社会科学报》2013 年 5 月 15 日、29 日。

[34] 赵建永:《道教的道家哲学基础》,《中国社会科学报》2014 年

3月19日宗教学版 A07。

[35] 赵建永:《明师引路——深切缅怀恩师汤一介先生》,《光明日报》2014年10月31日第4版。

[36] 赵建永:《从形神关系看佛道二教异同》,《中国社会科学报》2015年7月21日第4版。

[37] 赵建永:《中国新哲学研究会创建始末》,《中国社会科学报》2015年8月24日第8版。

[38] 赵建永:《承负说由本土文化发展而成》,《中国社会科学报》2016年2月23日第4版。

[39] 赵建永:《哈佛大学藏吴宓致白璧德函释》,《中国社会科学报》2016年4月18日第8版。

[40] 赵建永:《"中国哲学会"的历史影响》,《中国社会科学报》2016年6月7日第2版。

[41] 赵建永:《道法自然的智慧》,《光明日报》2016年12月14日第14版。

四、有关著述

[1] 梁锡华编:《胡适秘藏书信选》,台北:远景出版事业公司1982年版。

[2] 吴宓著,吴学昭整理:《吴宓自编年谱》,北京:生活·读书·新知三联书店1995年版。

[3] 刘培育主编:《金岳霖的回忆与回忆金岳霖》,成都:四川教育出版社1995年版。

[4] 钱穆:《国史大纲(修订本)》,北京:商务印书馆1996年版。

[5] 王兴国:《毛泽东与佛教》,北京:中国书籍出版社1996年版。

[6] 钱穆:《八十忆双亲·师友杂忆》,北京:生活·读书·新知三联书店1998年版。

[7] 吴宓:《吴宓日记》,北京:生活·读书·新知三联书店 1998 年版。

[8] 北京大学、清华大学、南开大学等编:《国立西南联合大学史料》,昆明:云南教育出版社 1998 年版。

[9] 王学珍、王效挺、黄文一、郭建荣主编:《北京大学纪事》,北京:北京大学出版社 1998 年版。

[10] 冯友兰:《三松堂全集》,开封:河南人民出版社 2001 年版。

[11] 熊十力:《熊十力全集》,武汉:湖北教育出版社 2001 年版。

[12] 贺麟:《五十年来的中国哲学》,北京:商务印书馆 2002 年版。

[13] 陈锦涌:《魏晋玄学存有论之当代诠释与反省重建》第二章"汤用彤先生的玄学诠释",台湾师范大学国文学系 2003 年博士论文,指导教授庄耀郎。

[14] 《胡适全集》,合肥:安徽教育出版社 2003 年版。

[15] 《牟宗三先生全集》第 25 卷,台北:联经出版事业股份有限公司 2003 年版。

[16] 南开大学校史研究室编:《联大岁月与边疆人文》,天津:南开大学出版社 2004 年版。

[17] 周霞著:《中国近代佛教史学名家评述》第六章"汤用彤的汉唐佛教史研究"(一、治学经历与学术志向;二、汉唐佛教史体系的建立;三、探索文化融合的基本规律;四、独具特色的方法论),上海:上海社会科学院出版社 2006 年版。

[18] 黄见德:《西方哲学的传入与研究》第三章"在历史的山重水复中全面推进西方哲学的传入与研究(1927—1949)"第四节"经验派与理性派哲学研究及其成果"中第一分节"汤用彤的传播经验派与理性派哲学的贡献",福州:福建人民出版社 2007 年版。

[19] 麻天祥:《20 世纪中国佛学问题》第三章第四节《汤用彤的比较宗教学研究》,武昌:武汉大学出版社 2007 年修订版。

［20］马勇:《蒋梦麟传》,北京:红旗出版社 2009 年版。

［21］陈流求、陈小彭、陈美延:《也同欢乐,也同愁:忆父亲陈寅恪母亲唐筼》,北京:生活·读书·新知三联书店 2010 年版。

［22］中国社会科学院近代史研究所中华民国史研究室编:《胡适来往书信选》,北京:中华书局 1980 年版;北京:社会科学文献出版社 2013 年版。

［23］汤双:《三汤对话》,北京:生活·读书·新知三联书店 2016 年 11 月初版。

后 记

早在 1996 年笔者立雪汤门，协助汤一介先生整理《汤用彤全集》和撰写汤学系列论著的同时，就一直留意搜集有关本书的材料，所以从这个角度上可以说本书的编纂费时二十年之久。近十年来因忙于续编《汤用彤全集》诸事，故迟至如今才终于完成修订，感念系之！

本书编写之初是有利时机，先生的一些学生及编年所叙之事的当事人仍健在，尚可求证。但更多细致的资料，包括未收入《汤用彤全集》的文稿，除汤一介先生家藏之外，还有不少文章、讲义、笔记、书信和相关记录等，已散在诸方。相关收集整理工作是十分困难和漫长的，在其中我也深刻体会到著书不易，整理好史料也非常难。每理清一个问题，往往如同在写一篇考证文章。若找先生某一时段的材料，就要遍查该时段所在地域和所属学科的报纸和期刊。如，为找先生北京大学时期的材料而遍翻北大的图书档案资料；涉及先生与某友交游时，则遍览此人的文集、日记和传记——这也是本书耗时二十年才编完的一个原因。

写作中，笔者在《历史研究》、《哲学研究》、《世界哲学》、《中国哲学史》、《天府新论》、《云梦学刊》、《光明日报》、《中国社会科学报》等刊陆续发表了一些相关文章，并撰成《汤用彤年谱简编》、《学术年表》，收入《中国近现代思想家文库：汤用彤卷》等书，这些都为本书的完成打下了坚实基础。同时，汤一介先生为本书编写倾力相助,即使卧病在床时仍手不释卷地校阅拙稿,并在去世前审订完了本书的主体内容,且为之撰序。全书从材料到观点,大都出自汤先生的无私奉献和精心指导,因此也可视为师生合作。因涉及文献繁多,很多内容限于本书体例没有收入,拟于以后补入《汤用彤先生年谱》。

在本书二十年的编写过程中,张岱年、季羡林、饶宗颐、任继愈、乐黛云、汤一玄、张世英、杨祖陶、张岂之、杨辛、罗明锜、黄心川、楼宇烈、许抗生、武维琴、杜维明、陈鼓应、余敦康、庞朴、陈来、李中华、乔清举、魏常海、王守常、叶朗、赵敦华、郭齐勇、周桂钿、张学智、王博、孙尚扬、雷原、高山杉、余佐赞、孟繁之诸先生都热心提供了材料和各种帮助,谨致谢忱!

丙申清明于南开百树村汤先生父子故居旁